정근두 목사의
누가복음 강해 1

구원사의 서곡

정근두 목사의
누가복음 강해 1

구원사의 서곡

지은이 | 정근두
초판 발행 | 2022. 2. 23
등록번호 | 제1988-000080호
등록된 곳 | 서울특별시 용산구 서빙고로 65길 38
발행처 | 사단법인 두란노서원
영업부 | 2078-3352   FAX | 080-749-3705
출판부 | 2078-3331

책값은 뒤표지에 있습니다.
ISBN 978-89-531-4156-8 04230
SET   978-89-531-4159-9 04230   Printed in Korea

독자의 의견을 기다립니다.
tpress@duranno.com   www.duranno.com

정근두 목사의
누가복음 강해

1

구원사의 서곡

정근두
지음

두란노

목차

4부 예수, 시험받으시고 사역을 시작하시다

서문

제가 신학교를 다니면서부터 가지게 된 꿈은 남이 들려준 예수님 이야기가 아니라 제가 확인한 예수님 이야기를 전하는 것이었습니다. 그러다 보니 성경 각 권을 읽고 묵상할 때마다 그 안에서 발견하게 되는 예수님 이야기에 자연스럽게 시선을 모으게 되었습니다. 그러던 중 복음서 가운데 사람들에 대한 폭넓은 이해와 기도와 성령에 관한 유별한 관심이 돋보이는 누가복음을 만나게 되었고, 저는 용기를 내어 이 복음서의 문을 두드렸습니다.

처음으로 누가복음을 유심히 살피게 된 것은 유학 중에 두 가정이 모인 새벽 기도를 인도하기 위해서였습니다. 누가복음 첫 장은 80절이나 되는 긴 분량임에도 아무리 읽어도 전할 말이 없는 것이 그때의 솔직한 심정이었습니다. 정식 설교도 아니고 기도의 지침을 제시하면 되는데 마음속에 할 말이 없는 것을 뻔히 알면서도 무언가를 말해야 하는 고통을 겪으며 이 책을 조금씩 열어 가기 시작했습니다.

두 가정이 모여서 한 주간씩 교대로 인도했는데, 제 차례가 되면 누가복음과 야고보서를 본문으로 선택해서 모임을 인도했습니다. 그렇게 하기를 몇 개월, 누가복음이 점점 밝아져 왔습니다. 처음에는 남아프리카공화국 포체프스트룸에서 새벽 기도 시간에 다섯 사람에게, 다음에는 서울에 개척한 교회에서 100여 명의 성도에게, 마지막으로는 울산교회에 부임해서 약 2천 명의 청중에게 그 말씀을 선포했습니다. 그렇게 선포한 설교들을 이번에 독자들을 위해 간결하게 다듬어서 출판합니다.

초판 이후 30년이 지나 새로이 태어나는 누가복음은 저에게 각별한 본문입니다. 누가복음을 설교하면서 직접 확인한 예수님 이야기를 전하고 싶다는 꿈을 조금씩 이루게 되었고, 그때의 경험이 양분이 되어 지금은 그 꿈의 성취를 향해 한 걸음 더 다가서게 되었기 때문입니다. 그간 누가복음을 설교하며 누렸던 하나님의 크신 은혜가 이 책을 읽고 묵상하는 독자들에게 동일하게 임하기를 기도합니다.

오늘 세상은 여러 가지 예기치 못한 문제로 위기의 때를 지나고 있습니다. 그 어느 때보다도 하나님이 주시는 위로와 평안이 필요한 시대입니다. 바라기는 이 책이 한국 교회와 성도들 안에 하나님 나라의 복음이 허락하는 위로와 평안으로 임하길 소원합니다. 무엇보다 복음 그 자체이신 예수 그리스도를 다시 한 번 붙잡는 소중한 기회가 되기를 바랍니다. 이 책이 나오기까지 수고한 분들에게 감사하며, 하나님의 은혜가 독자들의 심령에 함께하기를 바랍니다.

구주대망
2022년 2월 23일
정근두

1부

구원의 서곡

1.

성취된 사건(1:1-4)

/ /

만인을 위한 책, 누가복음

누가를 감동시켜 이 놀라운 복음을 기록하게 하신 성령님이 우리를 감동시키셔서 이 복음서에 나타난 주님의 마음을 접하게 되기를 소원합니다. 누가복음에 나타난 하나님은 전능자이시고 놀라운 방법으로 역사를 주관하시는 분입니다. 세상의 구원자가 마구간에서 태어날 것을 누가 생각인들 했겠습니까. 더 나아가 구원자의 죽음을 통한 구원의 완성을 누가 상상조차 했겠습니까. 누가는 이렇게 사람들의 구원자로서 예수님을 소개합니다.

하나님의 방법은 항상 우리의 상상을 초월합니다. 눈으로 본다고 하나님의 진리를 깨달을 수 있는 것이 아닙니다. 겸비한 자세로 "하나님이 보여 주셔야 볼 수 있습니다. 들려주셔야 들을 수 있습니다. 깨닫게 해 주셔야 깨닫습니다"라고 기도하는 마음 자세가 있어야 성경에 새겨진 글자가 하나님의 음성으로 우리에게 다가올 것입니다.

누가복음은 '기도의 복음'입니다. 이 복음서에서는 생애의 주요 고비마다 기도하시는 주님을 만날 수 있습니다. 자녀를 바라보는 부모의 마음속에서 기도의 향연이 하늘로 올려진다면 그 자녀는 하나님의 사람으로 자랄 것입니다. 사건을 바라보는 성도들의 마음속에 기도의 향연이 피어나길 하나님은 기대하십니다.

누가복음에 나타나는 성령은 그 백성으로 하여금 기도하게 하실 뿐 아니라 찬양의 소원을 주시는 분입니다. 그래서 누가복음은 '찬양의 복음'이라고도 불립니다. 왜냐하면 누가복음에 나오는 찬송이 신약성경의 다른 책에 기록된 모든 찬송을 합한 것보다 더 많기 때문입니다. 누가복음 1-2장에서 우리는 찬송하는 사람들을 만납니다. 그리고 누가복음의 찬양은 첫 장부터 마지막 장까지 이어집니다.

하나님은 우리가 하나님의 말씀에 귀를 기울이고, 기도로 부르짖으며, 성령으로 찬미하기를 원하십니다. 그리하여 우리 가정에 기쁨, 기도, 감사, 찬양이 가득하기를 바라십니다.

누가복음의 첫 네 절은 누가복음의 서문입니다. 인쇄된 성경이 나오기 전에는 잘 다듬은 양가죽에 한 글자, 한 글자 손으로 베껴 쓴 필사본이 있었습니다. 이러한 옛 필사본 중에는 양가죽에 자줏빛 물을 들이고 은빛 잉크로써 이 네 절을 기록한 것도 있다고 합니다.

누가는 다른 복음서 기자들과는 달리 '서문'을 씀으로써 당시 저술되고 있는 수준 있는 책의 형식을 그대로 따랐습니다. 그는 헬라어를 잘 아는 사람들이 이 처음 네 절과 그다음 구절들의 차이를 느낄 만큼 세심한 문장 구조와 뛰어난 헬라어로써 복음서의 서문을 기록했습니다. 예수 그리스도의 이야기야말로 인류 최대의 이야기요 가장 복된 소식이기 때문에, 누가는 그 내용에 어울리는 서문이 있어야 한다고 믿어 이렇게 아름답고 격조 있는 서문을 작성한 것 같습니다.

다른 복음서들이 교회 안에서 읽히는 것을 일차적인 사명으로 생각한 반면, 누가는 자신의 복음서를 모든 세상 가운데서 당당히 읽혀야 할 책이라고 믿었습니다. 그래서 만인을 위한 책답게 교육을 받은 어떤 계층도 무시할 수 없는 가치 있는 작품으로서 이 책을 쓰고 있습니다. 자기가 믿는 복음에 대한 바른 긍지를 가진 신자로서의 누가의 모습이 엿보이는 서문입니다. '역사가의 아버지'로 불리는 희랍사가 헤로도토스(Herodotos)의 역사책에 나오는 어떤 이야기보다도 자기가 쓰고 있는 이 책에 나오는 그리스도의 이야기가 훨씬 더 중요하다고 누가는 믿었습니다.

네 절의 서문을 잘 살펴보면 두 부분으로 나눌 수 있습니다. 처음 두 절이 누가가 집필을 시작할 즈음의 일반적인 상황을 보여 준다면, 다음 두 절은 누가 자신이 왜 이 글을 써야 하는지 그 이유가 밝혀져 있습니다. 이 장에서는 "(우리 가운데) 성취된 사건"이라는 제목으로 살피려고 합니다.

읽고 또 읽어야 하는 예수 그리스도 사건

"우리 중에 이루어진 사실[사건]에 대하여"(눅 1:1). 여기서 누가가 말하는 '우리 가운데 성취된 사건'이 무엇인지를 생각해 본 적이 있습니까? 역사는 매일매일 일어나는 사건들로 엮어집니다. 그러나 모든 사건을 빠짐없이 엮는다고 역사가 되지는 않습니다. 각 사건이 어떤 의미가 있는지 해석해 주어야 역사적인 의미를 알게 됩니다. 각 사건의 의미를 제대로 파악될 때 가치가 있습니다. 또한 모든 사건이 동일한 의미가 있는 것은 아닙니다. 중요한 사건이 있는가 하면, 그렇지 못한 사건이 있습니다.

그러면 인류 역사가 첫 발자국을 옮겨서 오늘에 이르기까지 발생한 사건 중 가장 큰 사건은 무엇일까요? 누가는 땅 위에서 일어난 모든 사건을 무색하게 만드는 '우리 가운데 성취된 사건'이 있다고 말합니다. 그는 인류 역사는 이 큰 일, 즉 예수 그리스도 사건의 의미를 나타내기 위한 보조 사건에 지나지 않는다고 보았습니다.

역사가의 위대성은 그가 지은 책의 분량에 따라서 결정되지 않습니다. 역사가의 뛰어남은 그가 파악한 사건의 바른 의미에 있습니다. 많은 사건 중에서 어떤 사건이 더 중요한지를 충분히 설명할 수 있는 사람이 훌륭한 역사가입니다. 누가복음 서문의 처음 두 절에 나오는 많은 사람은 바로 예수 그리스도 사건의 중요성을 다 인식한 이들이었습니다.

오늘 우리가 생각할 때 예수 그리스도 사건을 기록하기 위해서 많은 사람이 글을 쓰기 시작했다는 것은 어쩌면 너무나 당연합니다. 하지만 당시의 시각으로는 결코 당연하지 않았습니다. 예수 그리스도 사건이 있은 처음 100년 동안, 어떤 세상의 역사가도 이 사건이 세계사에 부각되리라고 보지 않았습니다. 그러나 여기 이 이름 없는 많은 사람들은 정말 중요한 사건이라는 것을 미리 알고 붓을 들었습니다.

역사(History)야말로 그 핵심은 그분의 이야기(His Story)입니다. 그래서 세계 역사는 주님 오시기 전(Before Christ, B.C.)과 주님 오신 후(Anno Domini, A.D.)로 갈라졌습니다. 세계사를 구분 짓는 분수령이 되신 분이 바로 예수 그리스도이시고, 그 엄청난 사건이 그들 가운데 이루어졌다고 누가는 선언합니다. 주님이 오시기 전의 역사는 인류의 구속자가 오시리라는 약속을 기다리는 역사입니다. 주님이 오신 이후의 역사는 구속자 되신 예수

15

안에서 어떻게 사람들의 삶과 역사가 바뀌고 있는지를 보여 주는 기록입니다. 하나님이 첫 사람이 범죄했을 때 구원자를 보내 주겠다고 하신 약속이 이제 완전히 이루어졌기 때문에, 즉 구속사가 충만히 완성되었기 때문에 그들은 붓을 들려고 시도한 것입니다.

동시에 누가는 이 사건이 '우리 중에' 이루어진 사실임을 강조합니다. 넓게 생각하면 인류 가운데서 이 사건이 일어났다는 의미일 수도 있지만, 범위를 좁혀 생각하면 이 사건은 그 의미를 파악하는 사람들 가운데서 성취되었습니다. 이 사건은 예수 그리스도에 의해서 삶이 변화된 사람들 중에 실현되었습니다.

신앙이란 예수 그리스도 사건의 중요함을 인식하는 것입니다. 신앙이란 예수 그리스도 사건의 영광스러움을 맛보는 것입니다. 신앙이란 예수 그리스도 사건의 성취 속에서 하나님의 신실하심을 확신하는 것입니다. 신앙이란 예수 그리스도 사건의 확증 속에서 하나님의 구원을 체험하는 것입니다. 당신은 이 사건을 어떻게 취급하고 있습니까? 이것은 바로 "당신은 누구냐?"는 질문입니다. 당시의 역사가들이 무시한 예수 그리스도 사건이 하나님의 약속 성취라고 바로 파악했던 사람들이 붓을 들었습니다.

신앙인답게 예수 그리스도 사건의 기록을 대하십시오. 그러면 하찮은 일간지에 보도된 사건이나 인터넷 기사를 읽는 것보다 복음서에 기록된 예수 그리스도 사건에 우리의 시간을 들일 수 있습니다. 이 성취된 사건을 자녀들에게 전달하는 데 시간을 할애할 수 있습니다. 우리가 예수 그리스도 사건을 중요시할 때 하나님이 우리를 중요하게 여기십니다. 이 사건을 얼마만큼 중요하게 생각하느냐에 따라서 세상 가운데에서 어떠한 사람이 될 것인지가 결정되고, 나아가 우리 자녀들이 어떠한 사람이 될 것인지가 결정됩니다.

우리가 예수 그리스도 사건의 중요함을 알고 소중하게 대할수록 하나님의 눈길이 우리에게 향할 것입니다. 하나님이 바라보기 시작하시면 우리의 삶은 달라집니다. 우리의 이름은 영원토록 지워지지 않을 것입니다. 하나님으로부터 온 영예는 지금부터 영원까지 이를 것입니다. "자기를 속이지 마십시오. 하나님은 무시당하실 분이 아닙니다. 사람은 무엇을 심든지 심은 대로 거둘 것입니다"(갈 6:7, 저자 번역). 말씀에 반응을 보이는 것이 건강한 신앙인의 모습입니다. 자신을 속여서는 안 됩니다. 하나님이 중요한 분이시라고 생각한다면, 그 중요하신 분과 함께하고자 시간을 내는 일에 마음을 써야 합니다.

하나님의 말씀이 중요하다고 생각한다면 그분의 말씀을 읽고 듣는 일에 집중해야 합니다. 우리가 하나님에 대해 관심을 가지면 하나님도 우리에게 관심을 가지십니다. 그러므로 성취된 사건을 기록한 성경을 매일 읽고 가까이하기를 바랍니다. 우리 중에 이루어진 예수 그리스도 사건은 읽고 또 읽을 가치가 있습니다.

누가복음 저술의 성격과 원칙, 원천

누가는 맨 먼저 많은 저술가가 있었다는 것을 언급하고, 그다음에 저술의 성격에 대해서 말합니다. "내력을 저술하려고 붓을 든 사람이 많은지라"(눅 1:2). 문학에는 운문, 산문, 희곡 등 여러 장르가 있습니다. '내력'이란 장르에 대한 언급입니다.

장르에 대한 설명 이전에, 먼저 생각해야 할 것이 있습니다. 당시 사람들은 왜 이야기를 그냥 말로써 끝내지 않고 글로써 엮어 남기려고 했을까요? 영속화시킬 가치가 있고, 이례적으로 중요한 사건이기에 그들은 이야기를 글로 쓰려고 했습니다. 같은 이유로 누가를 비롯한 복음서의 기자들은 이야기체(기사체)라는 특수한 양식으로 예수 그리스도 사건을 저술했습니다.

기사체는 특별한 계시 양식입니다. 하나님은 꿈이나 환상, 혹은 선지자를 통해 당신의 뜻을 계시하시지만, 글로써 계시하실 때는 특별히 기사체를 사용하셨습니다. 이는 보는 각도에 따라서 무궁무진한 의미를 파악할 수 있는 양식입니다. 예컨대, 누가복음 19장 1-10절에 기록된 삭개오 이야기는 보는 각도에 따라 네 번 혹은 열두 번, 혹은 스물네 번이라도 독자의 영적 상태에 따라서 감추어진 새로운 의미를 발견할 수 있습니다.

기사체에서 발견할 수 있는 진리는 끝이 없습니다. 그러면서도 이야기만큼 읽기 쉽고 받아들이기 용이한 양식이 어디 있습니까. 무지한 사람도, 학식이 뛰어난 사람도 각자 의미를 발견할 수 있는 형식이 바로 이야기체입니다. 그러므로 성경을 대할 때 항상 새로운 기대감을 가지고 바라보십시오. 그러면 익히 알던 이야기에서 전혀 생각하지 못한 진리를 만나는 놀라운 은혜가 주어집니다.

이스라엘 백성은 메마른 광야, 아무것도 보이지 않는 빈 들판에서 날마다 하늘의 만나를 거두었습니다. 가장 가능성이 없는 단단한 반석에서 생수의 강이 터져 나왔습니다. 특별히 누가복음 서문의 네 절은 '여기에 무슨 메시지가 있을까?' 생각되는 말씀입니다. 그러나 하나님이 보여 주시면 우리의 영혼을 살찌게 하는 메시지를 찾아낼 수 있습니다. 하늘의 만나와 신령한 생수를 전혀 예상하지 않은 이 말씀에서 발견하게 되기를 바랍니다.

누가는 또한 처음 복음 사건을 엮은 이들이 세운 저술의 원칙에 대해서 말합니다. 그들이 어떤 방법으로 책을 저술했는지를 밝힌 것입니다. 그들은 '전하여 준 그대로' 저술했습니다. 그들은 자신들 가운데서 성취되고 확실히 믿어진 예수 그리스도 사건이야말로 영속화시킬 가치가 있다고 판단했을 뿐만 아니라 결코 왜곡되어서는 안 된다고 생각했기에 전하여 준 그대로 엮어야겠다고 결심했습니다. 예수 그리스도 사건이야말로 불변적인 진리라는 사실을 알았습니다. 예수님의 이야기가 전하여 준 그대로 기록되어야 할 필연적인 이유가 있습니다. 여기에 온 인류의 운명이 달려 있기 때문입니다. 예수 그리스도 사건이 바로 전달되지 않을 때 세상에 소망이 사라집니다.

여기서 '전하여 준'이라는 말은 신약성경에서 사용된 하나의 전문 용어로서, 말이든 글이든 권위 있는 가르침이 전달될 때 사용되었습니다. 예를 들어, 대통령이 대사에게 위임장을 전달하는 것과 같습니다. 전달하는 사람의 권위가 따르는 것입니다.

복음서는 누군가가 상상해 지어낸 이야기가 아니고, 받아서 전달해 준 이야기입니다. 예수 그리스도 사건을 처음 보고 들었던 사람을 '사도'라고 합니다. 예수님을 직접 육안으로 보고, 예수님의 음성을 듣고, 예수님을 자기 손으로 만져 본 사람은 이제 세상에 없습니다. 이는 특수한 시대에 살았던 사람들만이 누린 이례적인 특권입니다. 그런 의미에서 오늘날의 교회에는 사도가 있을 수 없습니다. 사도들이 눈으로 직접 보고 들었던 것을 누가 외에 많은 집필가가 전해들은 그대로 기록했습니다. 복음 이야기의 생명이 여기에 있습니다. 복음은 사실 그대로 전달될 때 힘이 있습니다. 성경의 모든 이야기도 사실 그대로 전달되어야 합니다.

누가는 끝으로 저술의 원천에 대해서 밝힙니다. 처음부터 말씀의 목격자요, 말씀의 일꾼 된 자들로부터 복음 이야기는 시작되었습니다. 주님의 사역을 친히 보고 경험한 자들입니다. 사도, 즉 증인이야말로 복음서 저술의 원천입니다. 그들은 보고 들은 것을 말하지 않을 수 없는 사람들이었습니다.

요한과 베드로가 잡혀서 유대 의사당 앞에 섰는데 그들은 당당하게 예수 그리스도가 누구이신지를 증거했습니다. 그러자 유대 지도자들은 그들을 불러 경고하여 "도무지 예수의 이름으로 말하지도 말고 가르치지도 말라"(행 4:18)고 위협했습니다. 그러자 그들은 "하나님 앞에서 너희의 말을 듣는 것이 하나님의 말씀을 듣는 것보다 옳은가 판단하라 우리는 보고 들은 것을 말하지 아니할 수 없다"(행 4:19-20)고 말했습니다.

모든 위협과 타협을 종용하는 어떤 말에도 굴하지 않은 증인들로 말미암아 우리의 복음서는 기록되었습니다. 그러므로 이 진리는 같은 정신으로 전달되어야 합니다. 우리가 믿는 진리는 눈으로 보고 확인한 이야기입니다. 역사적인 사실에 근거한 것이 기독교의 복음입니다. 누가는 서문에서, 기록된 예수님의 행적은 하나님이 하신 은혜의 사건인 동시에 이 땅이라는 시간과 공간 속에서 일어난 사건이라는 사실을 밝히고 싶었습니다.

그런데 그 증인들은 단순한 목격자들만이 아니라 말씀의 일꾼들이었습니다. '일꾼'이라는 말은 다른 말로 번역하면 '사역자', '섬기는 사람', '수종자'라는 뜻입니다. 예수 그리스도 사건을 직접 보고 실제로 체험한 사람들이 이 이야기를 저술하는 사람들에게 전해 준 것입니다. 삶 전부를 예수 섬김에 내던진 사람들이 전해 준 이야기가 복음서에 기록된 것입니다. 그렇게 복음서의 이야기를 받아들일 때 우리의 삶에 의미가 있습니다. 그때 복음서가 우리에게 같은 능력을 발휘하게 될 것입니다.

신자는 어떤 의미에서 모두 말씀의 목격자이어야 합니다. 그리고 일꾼

이어야 합니다. 자녀에게 그리스도 사건을 전하기 위해서는 먼저 부모의
경험이 선행되어야 합니다. 예수 그리스도를 자기 자신의 영적인 눈으로
만나고, 그분의 음성을 자신의 영적인 귀로 듣고, 그분을 직접 만져 본 체
험이 있는 부모가 가르쳐야 복음이 힘이 있습니다. 신앙 교육은 성경의 진
리에 감동한 부모만이 할 수 있습니다. 부모는 자신의 신앙부터 먼저 가다
듬어야 합니다. 샘물이 솟아나면 흘러넘치듯이, 넘치는 은혜가 자연스럽
게 자녀들에게 전달되어야 합니다. 복음으로 인해서 기뻐 뛰는 사람, 복음
때문에 자기 삶을 다 건 사람이 전할 때 그 이야기에 생명이 있습니다.

O

우리는 또 하나의 양가죽 위에 또 하나의 복음서를 기록하기 위해서
부르심을 받은 사람들이 아닙니다. 이미 불변의 복음이 생명을 건 증
인들에 의해서 전하여진 대로 기록되어 있습니다. 그러므로 오늘 우리
는 양피지 대신에 우리 삶의 현장이라는 종이에 복음을 기록해 나가야
합니다. 우리 가운데서 성취된, 우리 마음으로 확실히 믿어진 예수 그
리스도 사건의 의미를 자녀들에게 말해 주어야 합니다. 여기에 기록된
예수 그리스도 사건으로 인해서 내 삶이 어떻게 바뀌었는지, 내 삶에
어떤 의미가 있었는지를 아이들에게 가르쳐 주어야 합니다. 듣는 사람
의 수준에서, 아이들의 눈높이에서 우리가 체험한 예수 그리스도 사건
을 말해 줍시다. 그것이 바로 신앙 교육이요, 복음 전도입니다.

2.

아는 것을 확실하게 (1:3-4)

///

다시 한 번 누가복음 서문을 살펴보겠습니다. 사실 누가복음 1장 3-4절은 엄밀히 말해서 '서문'이라기보다는 데오빌로에게 드리는 '헌정사'라고 말할 수 있습니다. 누가는 이 짧은 헌정사에 그가 이 복음서를 쓰기 위해 어떤 준비를 했는지, 어떤 원리를 가지고 이 복음서를 썼는지, 어떤 목적으로 이 복음서를 썼는지를 밝힙니다.

누가의 집필 준비

누가의 집필 준비에 관해서는 3절 첫 부분이 말해 줍니다. "그 모든 일[예수 그리스도 사건]을 근원부터 자세히 미루어 살핀." 그런데 여기서 '미루어 살핀'이라는 말은 썩 잘된 번역이라 할 수 없습니다. 막연히 추측했다는 인상을 줄 수 있기 때문입니다. 따라서 "자세히 조사해 둔"이라는 공동번역이나 "정확하게 조사하여 보았으므로"라는 새번역이 나아 보입니다.

누가는 예수 그리스도 사건을 낱낱이 살펴보았습니다. 예수님을 만나고 경험해 삶이 변화된 사람들을 만나 보았습니다. 그들의 입으로부터 직접 들어 보았습니다. 자기가 할 수 있는 한도에서 모든 자료를 세밀히 확인해 보았습니다. 그래서 '모든 일을 근원부터 정확하게 조사했'고 말합니다.

'근원부터'라는 말은 사실 두 가지로 생각할 수 있습니다. 하나는 모든 일을 '처음부터' 하나하나 살폈다는 것입니다. 조사의 범위를 예수님 사역의 시작, 그보다 앞선 예수님의 탄생, 그보다 더 앞선 세례 요한의 출생까지 거슬러 올라가 맨 처음부터 살펴보았다는 의미로 생각할 수 있습니다. 또 다른 가능성은 그 모든 일을 '오랫동안' 세밀히 조사했다는 뜻입니다. 누가가 이 일을 위해 정말 오랫동안 철저히 준비했다는 것을 알 수 있습니다.

누가는 자기가 들은 복음 사건을 재확인했습니다. 이 과정을 통해서 예수 그리스도 사건을 바로 파악하고, 그 사건의 의미가 무엇인지 알게 되었습니다. 사건의 전모를 한눈에 다 보게 되었고, 그 사건이 왜 일어났는지에 대해서 깨닫게 되었습니다. 이 사건의 참뜻을 깨닫게 되었을 때 데오빌로 각하에게 이 편지를 써야겠다고 생각했습니다.

누가의 집필 준비는 우리에게 좋은 모범을 보여 줍니다. 달리 말하면, 누가는 자기가 들은 이야기에 만족할 수 없었습니다. 그는 "인류 역사상 가장 놀라운 사건이 성취되었다"라는 말을 다른 사람들로부터 듣는 것으로는 놀라지 않았습니다. 그는 예수 그리스도 사건의 의미를 자신이 맛보기까지는 만족하지 않았습니다. 그는 사건의 내막을 직접 살펴보기를 원했습니다. 그가 살펴보기 이전에도 다른 사람들이 글로써 이 사건을 이미 기록했습니다. 그러나 누가는 다른 사람의 기록으로 만족할 수 없었습니다.

말하자면, 누가는 간증을 들어도 그 이야기를 하나도 빠뜨리지 않고 다 듣는 사람입니다. 듣기만 하는 사람이 아니라 꼬치꼬치 캐묻는 사람입니다. 왜 나한테는 그런 일이 일어나지 않는지를 생각해 보고, 하나님에게 "그 일을 나에게도 허락해 주십시오"라고 부르짖는 사람입니다. 신앙은 결코 한 손 건넌 이야기로 남아 있을 수 없기 때문입니다. 자신이 발견하고 체험한 예수 그리스도 사건이라야 생명력이 있습니다. 누가는 자신을 위해서 먼저 예수 그리스도를 발견하고 마침내 다른 사람을 위해서 붓을 들었습니다. 그는 전하고 싶어서 조사를 하면 할수록 이 사건이 주는 힘에 빨려 들어갔습니다.

전도는 예수 그리스도를 직접 듣고 보고 만진 체험이 있는 사람들의 이야기여야 합니다. 내 삶에 예수님이 어떻게 역사하셨는지를 말할 수 있어야 합니다. 자신의 삶에 일어난 이야기를 들려줄 때 듣는 자들의 삶이 변화됩니다. 당신은 당신이 만난 예수 그리스도의 이야기를 가지고 있습니까? 혹시 남에게서 들은 이야기로 만족하고 있지는 않습니까? 다른 이의 간증을 들을 때 자기 것인 양 착각하며 눈물을 흘리지는 않습니까?

놀라운 주님을 직접 만나 보십시오. 그때 누가복음의 이야기가 나의 이야기로 변할 것입니다. 그러면 누가 시키지 않아도 내가 만난 예수 그리스도 이야기를 들려줄 나의 데오빌로를 찾게 될 것입니다. 날마다 주님과의 만남을 새롭게 하여 자녀들에게 진리를 전달합시다.

누가의 집필 원리

　　누가의 집필 원리가 3절에 나옵니다. "그 모든 일을 근원부터 자세히 미루어 살핀 나도 데오빌로 각하에게 차례대로 써 보내는 것이 좋은 줄 알았노니." 집필 원리는 단순했습니다. '차례대로 써 보내겠다'는 것입니다. 즉 '차례대로' 이야기를 전개해 나가겠다는 뜻입니다. 하지만 '차례대로'라는 말은 두 가지로 설명될 수 있습니다. 하나는 '일이 일어난 순서대로'라는 의미이고, 또 하나는 '일의 성격에 따라서'라는 의미일 수 있습니다.

　　역사는 보통 두 가지 방법으로 기술합니다. 일어난 사건의 순서대로 쓰는 것을 편년체(編年體)라고 하고, 사건을 중심해서 일의 성격에 따라 써 나가는 것을 기사체(記事體)라고 합니다. 달리 말해서 누가가 차례대로 쓰겠다고 한 말은 시간적인 차례대로일 수도 있고, 논리적인 차례대로일 수도 있습니다. 하여간 질서 있게 전개해 나가는 것을 기술 원칙으로 삼았습니다. 말하자면 읽는 사람이 무슨 이야기를 하는지 알아듣도록 쓰겠다는 것입니다.

　　실제로 누가가 쓴 복음서를 살펴보면 대체로 시간적인 순서대로 써 내려간 것을 알 수 있습니다. 제일 먼저 나오는 세례 요한의 출생 이야기를 시작으로 예수님의 탄생, 세례 요한의 등장, 예수님의 등장 순서로 복음서를 기록했습니다. 큰 틀에서 보면 시간적인 순서로 엮어 나가지만, 꼭 시간적인 정확성에 매여 있지는 않습니다.

　　누가는 자기의 집필 방법의 노예가 되기를 거부했습니다. 차례대로 써 보겠다는 약속에 매인 나머지 정작 전해져야 하는 이야기의 맥락을 놓치고 마는 어리석음을 범하기를 거부했습니다. 그는 무엇 때문에 차례대로 써 보내는 것이 필요한지를 항상 생각했습니다. 차례대로 써 보내겠다는 것은 원칙에 충실했음을 후세에 남기기 위해서가 아니라, 듣는 사람으로 하여금 잘 알아듣도록 하기 위함임을 그는 늘 기억했습니다.

우리는 잘못하면 우리가 세운 법칙의 노예가 되기 쉽습니다. 어떤 규칙을 만들 때는 이유가 있어서 만듭니다. 그러나 시간이 지나면 그 이유는 잊어버리고 규칙 준수만을 주장하게 됩니다. 그래서 법의 정신은 망각되고 법의 시행만을 내세우게 됩니다. 신앙생활도 그렇게 할 때가 많습니다. 말하자면 주일성수도 마찬가지입니다. 믿는 사람들이 주일을 구별되게 보내는 것은 반드시 필요합니다. 왜 그렇습니까? 창조주 하나님을 기억하고 그분을 예배하기 위해서입니다. 주일을 지키지 않으면 창조주 하나님에 대한 생각이 사라질 것이고, 우리를 구원해 주신 하나님의 사랑에 대해 표현할 수 있는 시간을 갖지 못할 것입니다. 그러면 신앙 자체가 말살됩니다. 그렇기 때문에 하나님은 이레에 한 번씩 주일을 구별되게 해 예배하는 날로 정하신 것입니다.

하지만 세월이 지날수록 사람들은 주일을 지켜야 한다는 생각만 할 뿐 왜 지켜야 하는지는 생각하지 않습니다. 어쨌든 주일은 지켜야 한다는 주장 아래 그에 관한 시행 세칙으로 어떻게 지키는 것이 잘 지키는 것인지에 관한 규칙들을 수없이 만듭니다. 이런 일에 유대인들만이 전문가는 아닙니다. 오늘 우리도 마찬가지입니다.

누가는 복음서를 써 나갈 때 차례를 지키면서도, 무엇 때문에 자기가 차례대로 써 나가야 하는지를 기억했습니다. 누가는 다른 사람들이 알아듣기만 한다면 자기의 집필 방법에 꼭 매여 있어야 할 필요는 없다고 생각했습니다. 글을 쓰는 것은 읽는 사람을 위함이지, 글 쓴 사람이 얼마나 자기 원리에 충실했는지를 나타내기 위함이 아닙니다.

설교도 마찬가지입니다. 서론은 어떻게 시작해야 되고, 본론은 어떻게 전개해야 되는지를 조금 배웠지만 필요하다면 좀 잊어버려도 좋다고 생각합니다. 무엇보다 중요한 것은 먼저 목회자 자신이 깨달은 것을 말해야 합니다. 자신도 소화시키지 못한 이야기를 전달하면 청중은 소화불량에 걸리게 됩니다. 그러나 스스로 깨달은 진리라 하더라도 차례대로 전하지 않는다면 아마 알아듣기가 힘들 것입니다.

혹시 목회자의 설교를 듣다가 어렵거나 무슨 말을 하는지 모른다고 생각되면 들으면서 기도하기를 바랍니다. 그러면 하나님이 기도의 응답으로 설교자에게 은혜를 베푸셔서 알아듣도록 말하게 해 주실 것입니다. 모세의 손이 올라갈 때 아말렉과의 싸움에서 승리했듯이, 성도들의 마음속에서 기도가 발해지면 예배 전체의 분위기가 살아납니다.

웅변이나 연설은 훈련을 통해서 배울 수 있는 기교입니다. 그러나 설교는 그렇지 않습니다. 설교는 하나님의 영의 활동입니다. 설교가 정말로 설교 되기 위해서는 성령이 함께하셔야 합니다. 이를 위해 설교자는 거룩한 삶을 살도록 노력해야 합니다. 설교자들이 성령이 쓰시기에 합당한 사람이 되도록 기도해야 합니다. 좋은 설교를 하는 확실한 방법은 거룩한 삶을 사는 것입니다. 이는 교회학교 교사도, 그리스도인 부모도 마찬가지입니다. 기독교 교육은 하나님의 영의 역사이기 때문에 기도가 필요합니다. 가르치는 이들과 자녀들을 위한 기도의 손이 올라갈 때 하나님의 진리의 선포가 분명해지고 새 생명의 전수가 일어날 것입니다.

설교자나 교사뿐만 아니라 그리스도인은 누구나 매일 중인 노릇을 해야 합니다. 매일 우리가 아는 복음을 다른 사람에게 전해야 합니다. 우리가 조리 있게 말할 수 있도록, 성령 안에서 우리가 할 말을 할 수 있도록 늘 기도해야 합니다. 우리 안에 있는 소망에 관한 이유에 대해서 대답할 말이 있도록 준비합시다.

누가의 집필 목적

누가의 집필 목적을 살펴봅시다. "이는 각하가 알고 있는 바를 더 확실하게 하려 함이로라"(눅 1:4). 누가는 뚜렷한 목적을 가지고 복음서를 집필했습니다. 많은 사람이 달려들어 쓰기 시작하니까 '나도 쓴다'는 식이 아니었습니다. 무조건 남이 하니까 따라 하는 사람이 아니었습니다. 누가는 역사관을 가지고 있는 사람으로서, 현실을 바로 파악하고 있었습니다. 그렇기 때문에 교회를 위해서 자기가 어떻게 봉사해야 될 것인지를 알았습니다. 누가는 자신의 위치를 바로 알았습니다.

누가는 교회에 두 부류의 사람들이 있다는 것을 알았습니다. 한 부류는 예수 그리스도 사건을 직접 체험한 사람들로서, 성령의 불이 활활 붙은 사람들이었습니다. 그들은 처음부터 주님을 따라다녔던 사람들입니다. 그러나 누가는 또한 교회 안에는 그들의 증거를 통해서 예수님을 믿게 된 사람들도 있다는 사실을 발견했습니다. 누가는 자기 자신도 그런 사람이라고 생각했습니다. 사도들과 같이 주님의 사역을 처음부터 끝까지 본 사람이 아니라는 의미입니다.

누가는 자기와 같은 사람들이 점점 많아져 가고 있는 교회에서 자기가 할 일이 무엇인지를 발견했습니다. 그는 교회 내의 데오빌로 각하처럼 예수 그리스도의 이야기를 듣기는 했지만 자신의 것으로는 만들지 못한 사람들을 위해서 그들이 들은 이야기가 확실한 사실임을 밝혀 주고 싶어 했습니다.

말하자면, 데오빌로는 듣기만 했던 사람입니다. 예수 그리스도 사건을 자기 것으로 직접 소화시키지 못한 사람입니다. 이런 사람은 들을 때는 '그런가 보다' 생각하다가 시간이 지나면 긴가민가해집니다. 예수님을 믿는 사람들이 모였을 때는 진짜라고 생각해 '나도 복음을 위해 살아야 한다'고 다짐하다가 세상 사람들 사이에 가면 흔들립니다. 누가는 그런 사람들이 있는 곳에서 자기의 할 일을 발견했습니다.

복음서를 쓴 누가의 유일한 목적은 복음을 들은 이로 하여금 예수를 주와 그리스도로 확신하게 하는 데 있었습니다. 들은 적은 있지만 불완전한 지식, 그리스도 예수의 주님 되심에 대해서 확실하게 붙잡고 있지 못한 사람들이 온 세상의 구주이신 주님을 분명히 알도록 하는 것을 자기의 사명으로 생각했습니다.

주님을 자기의 눈으로 보지 못한 사람들로 구성된 교회를 위한 누가의 이 결심은 놀라운 공헌을 했습니다. 그래서 누가복음이라는 복음서를 남기게 된 것입니다. 그 배운 바의 확실함을 알게 하도록 집필한 '누가의 집필 목적'은 바로 신앙 교육의 전반적인 목적을 보여 줍니다. 신앙 교육의 목표는 더 많은 정보를 제공하는 데 있지 않습니다. 전달된 정보가 확실하다는 것을 알도록 하는 것입니다. 이미 전달된 정보가 살아나서 생생해질 수 있도록, 체험 속에서 확인될 수 있도록 하는 것이 신앙 교육의 목표입니다.

시간마다 전달되는 말씀이 살아서 다가오도록 우리가 어떻게 할 수 있습니까? 그것은 성령님이 역사하실 때만 가능합니다. 오늘 교회는 그 사실을 잊어버렸습니다. 초대 교회 당시 목사는 이렇게 세워졌습니다. 교회 안에서 신앙생활을 함에 있어 모범적이고 제대로 된 삶을 살고 있는 성도들 가운데 '이런 사람은 목사가 되어도 좋겠다'고 여겨지는 사람을 여러 교인의 추천을 통해 검증한 후 담임 목사와 같이 지내도록 했습니다. 그러나 오늘날 교회는 세상 학문과 같이 수년간 신학 교육을 시키면 하나님의 진리가 전달될 것이라고 생각합니다. 하지만 오산입니다. 오직 하나님이 눈을 열어 주셔야 사람들이 하나님의 진리를 깨닫게 됩니다. 하나님이 눈을 열어 주셔야 볼 수 있습니다. 이것은 성령의 역사입니다. 이것은 학위를 몇 개 더 가진다고 될 일이 아닙니다.

그래서 거듭 부탁드리는 것은 설교자를 위해 기도해 달라는 것입니다. 도무지 설교를 알아듣지 못하겠다고 생각될 때는 마음속으로 기도하십시오. 듣는 순간에도 기도하고, 집에 가서도 기도해 주십시오. 그러면 강단에서 전해지는 설교의 진미를 파악하게 될 것입니다. 이미 다 알고 있는 본문에서 '이런 진리가 있었구나!' 하고 감격하는 순간이 올 것입니다.

그러나 새롭게 깨닫게 되는 지적인 희열만이 아니라 그 깨달음에 의해서 구주 예수 그리스도와의 사이가 가까워지도록 하는 데 말씀을 전하는 목표가 있습니다. 마치 직접 주님에게 말씀을 듣는 것처럼 설교가 들릴 수 있기를 기도합니다. 이것이 진정한 설교입니다. 설교자와 성도를 만나게 하는 분은 하나님이십니다. 그러므로 설교자를 위해서 기도해야 합니다. 우리의 기도에 응답하시는 하나님이 설교를 통해서 우리를 변화시키실 것입니다. 깨어서 계속 기도해 설교자도 바뀌고, 성도들도 바뀌는 모습을 보는 우리 모두는 함께 찬송하게 될 것입니다.

○

한 사람이 그 배운 바의 확실함에 도달했는가를 어떻게 알 수 있습니까? 그저 듣기만 한 사람인지, 그 들은 바를 확실히 잡고 있는 사람인지 우리가 어떻게 알 수 있습니까? 누가복음 1-2장을 한번 읽어 보십시오. 여기에 예수 그리스도를 만난 많은 사람이 기록되어 있습니다. 예수 그리스도를 친히 만난 사람들의 반응이 나타나 있습니다. 엘리사벳의 이야기, 마리아의 이야기, 목자들의 이야기, 시므온과 안나의 이야기도 여기 있습니다. 그들은 모두 주님을 만났을 때 감사와 감격으로 찬양했습니다. 찬양과 고백으로 엮인 삶은 들은 진리를 확실하게 붙잡았다는 증거입니다.

삶을 변화시키는 말씀 선포가 있게 될 때 우리 삶이 감사와 찬양으로 엮일 것입니다. 근심과 불만과 불안 가운데 있는 것이 아니라, 시므온과 안나처럼 나이가 많아도 하나님을 찬송하는 사람이 될 것입니다. 목자들처럼 천한 직업을 가졌더라도 왕궁에 사는 사람들이 부러워하는 사람이 될 것입니다. 제사장이라는 특별한 직업인이 아니더라도 하나님을 찬송하는 사람으로 바뀌게 될 것입니다.

근심과 불만과 불안 가운데 사는 것이 아니라, 감사할 제목을 찾고 기도하면서 기뻐하는 것이 성도의 삶입니다. 세상은 아직까지 변화된 적이 없습니다. 세상에는 온갖 것이 모두 다 뒤섞여 있습니다. 그중에서 어떤 것을 콕 집어서 불평할 수도 있습니다. 주님이 오시는 순간까지 세상에는 불평할 것, 염려할 것, 걱정할 것이 반드시 있을 것입니다. 그러나 우리가 어떤 변화를 눈여겨보느냐에 따라 악하고 불완전한 이 세상 가운데서도 감사, 찬송, 기도, 기쁨으로 자기 삶을 채울 수 있습니다. 우리는 선택하고 선별할 수밖에 없습니다. 입으로 먹는 것, 귀로 듣는 것, 눈으로 보는 것 등 모두 선택해야 합니다. 어떤 사실을 눈여겨보며 "하나님, 이렇게 예쁜 꽃을 만드셨나요? 아직도 이 불의한 세상에서 예쁜 꽃을 통해 하나님이 우리를 여전히 사랑하고 계신다는 사실을 알려 주시니 감사합니다"라고 말한다면 우리는 감사하고 기도하고 기뻐하는 삶을 선택한 것입니다.

마지못해 살아가는 부부는 정말 불행합니다. 헤어지자니 자녀가 걱정되고, 다른 사람의 눈도 무섭고, 함께 살자니 고달픕니다. 신앙생활을 그렇게 하는 사람이 있습니다. 누가는 그런 사람들을 위해서 누가복음을 썼습니다. 그런 사람들을 서로의 사랑을 확인하는 삶으로 인도하기 위해서, 내가 주님을 사랑하고 주님이 나를 사랑하신다는 확신 때문에 기뻐 뛰도록 하기 위해서 복음서를 쓴 것입니다. 이것이 "이는 각하가 알고 있는 바를 더 확실하게 하려 함이로라"(눅 1:4)라는 말씀의 의미입니다.

이 진리가 나에게 확실하게 다가올 때는 찬송하지 않고는 배길 수가 없습니다. 즐거워하지 않고는 견딜 수 없는 것이 성도의 삶입니다. 언제나 기뻐 찬송할 수 있는 삶이 정상적인 성도의 삶입니다. 때로 슬럼프에 빠질 수 있지만 그것은 일시적이어야 합니다. 정상적인 성도의 삶은 항상 주님의 구원에 의해 우리 가운데서 일어난 사건으로 인해 즐거워하는 것입니다. 배운 바의 확실함을 잡은 성도들답게 살아가십시오. 그러면 날마다 삶 속에 찬송이 끊이지 않을 것입니다.

3.

구원사의 서곡(1:5-7)

//

누가복음의 첫 구조에 담긴 교훈

본문의 위치를 먼저 살펴봅시다. 처음 네 절로써 짧으면서도 분명한 서문을 끝내고, 이제 누가복음 1장 5절부터 본론이 시작됩니다. 누가는 세례 요한의 출생 예고를 한 다음 예수님의 탄생을 예고하고, 그 다음 세례 요한의 출생 이야기에 이어 예수님의 탄생 이야기를 교대로 써 나갑니다. 그러므로 누가복음 처음 두 장에는 세례 요한과 예수님의 이야기가 평행을 이루고 있습니다.

이 구성을 통해 세례 요한과 예수님은 서로 경쟁적인 위치가 아니라 상호 보완적인 위치에 있다는 사실을 알 수 있습니다. 하나님의 구원 역사가 펼쳐지는 데 있어서 세례 요한과 예수님은 각기 나름대로의 의미를 지니고 있습니다. 동시에 그 이야기에 할애된 분량과 배열된 위치를 보면,

먼저 세례 요한에 관해 짧게, 그다음 예수님에 관해 길게 이야기함으로써 예수님의 탁월하심을 나타내고 있습니다. 본문인 5-7절은 평행되는 구성 가운데 첫 부분입니다.

우리가 살고 있는 세상은 대학 입시, 입사 시험 등 생존 경쟁이 그치지 않습니다. 이러한 경쟁의 원리가 교회에도 영향을 주려고 합니다. 그래서 신앙생활도 경쟁적으로 하려는 잘못을 범하기 쉽습니다. 헌금하는 것도, 찬송 부르는 것도, 기도하는 것도, 봉사하는 것도 다른 사람과 경쟁하려고 합니다. 우리는 선한 일을 열심히 하는 하나님의 백성이 되어야 하지만, 그 열심은 나를 사랑하시는 하나님에 대한 열심이지 다른 사람을 의식한 열심이 되어서는 안 됩니다.

세상 나라와 하나님 나라는 어두움과 빛만큼 차이가 큽니다. 세상 나라와 하나님 나라는 그 정신에서 구별이 됩니다. 세상 나라에서는 다른 사람과 비교해서 평가를 받습니다. 그래서 누구보다 못한지, 나은지를 신경 씁니다. 그러나 하나님 나라는 하나님이 주신 것이 무엇이며, 내가 얼마만큼 거기에 응답하는지에 따라서 평가를 받습니다. 그래서 세상에서 하는 평가를 '상내 평가'라고 한다면, 하나님 앞에서 우리가 받는 평가는 '절대 평가'라고 부릅니다. 절대 평가의 경우 다른 사람 때문에 내가 손해를 보지 않습니다.

내신 성적을 생각해 봅시다. 같은 학교를 다니는 친구의 실력이 좋아지면 상대적으로 내가 손해를 입습니다. 그러나 하나님의 통치하심 속에는 그런 부조리가 없습니다. 누구든지 하나님 앞에서 최선을 다하면 인정을 받습니다. 이처럼 세상 나라와 하나님 나라는 다릅니다. 하나님의 구원 역사를 펼쳐 가는 데 있어서 우리는 각 사람의 역할을 바로 이해해야 합니다. 교회 안에서 우리는 서로 경쟁하는 위치에 있지 않고, 서로 보완하는 위치에 있습니다. 성도 한 사람, 한 사람은 하나님의 구원 역사에서 자기 나름대로의 의미를 지니고 있습니다.

세상은 "나는 너 때문에 사랑을 뺏겼다"라고 말합니다. 그러나 성경의 원리는 "나는 너 때문에 하나님의 사랑을 더 깨닫게 되었다"라고 이야기합니다. "모든 성도와 더불어 하나님의 사랑의 길이, 너비, 높이, 깊이를 알게 되었다"라고 말합니다. 혼자서는 도저히 헤아릴 수 없는 하나님의 사랑을 더 깨닫게 되는 것입니다.

세상 나라와 하나님 나라는 다른 원리라는 사실을 꼭 기억합시다. 세례 요한은 그 나름대로의 할 일이 있어서 세상에 보내심을 받았고, 예수 그리스도는 그분이 맡은 일을 위해서 세상에 오셨습니다. 이 점을 기억하면 불필요한 경쟁심이나 시기심으로 삶을 헛되이 불태우지는 않을 것입니다. 하나님을 향한 순수한 사랑의 불길만이 우리의 삶에서 타오를 것입니다. 이것이 누가복음의 첫 구조가 우리에게 보여 주는 교훈입니다. 모든 사람은 하나님의 구원 역사에서 꼭 필요한 사명을 가지고 세상에 태어났습니다.

하나님이 쓰시는 사람

역사상 하나님의 큰 구원 역사가 두 번 있었는데, 첫 번째는 출애굽을 통해서 나타났습니다. 출애굽은 구약의 모든 구원 역사의 대표적인 사례입니다. 두 번째로 신약에서는 예수 그리스도의 오심으로 그보다 더 완벽한 하나님의 역사가 일어났습니다. 5-7절은 그 역사가 일어나기 직전의 상황을 보여 주고 있습니다. 세례 요한의 출생 예고를 받은 사가라의 형편이 어떠했는지를 알려 줍니다.

사가랴의 상황을 자세히 살펴보면 구원사라는 대심포니의 서곡을 듣고 있는 기분이 듭니다. 서곡에 나타나 있는 기본 모티브들이 앞으로 그 심포니 속에서 계속 발전되어 나갈 것입니다. 그러나 그 시작인 처음 몇 소절 속에 이미 어떤 방향으로 전개되어 나가리라는 것이 나타나 있습니다. 이 전주곡을 통해 우리가 믿는 하나님이 어떤 분이신지, 앞으로 발전될 하나님의 구원 역사가 어떠할 것인지를 미리 들을 수 있습니다. 말하자면, 이 구원사의 서곡은 기독교의 기본 성격에 대해서 들려주고 있습니다.

5절은 "유대 왕 헤롯 때에"라는 말씀으로 시작합니다. 역사가로서 안목을 갖춘 사람답게 서두를 시작합니다. 누가는 한 사건이 어떠한 시공간 속에서 이루어졌는지를 말하고 싶어 합니다. 유대라는 지역을 헤롯이라는 왕이 다스리고 있었던 그때에 이야기가 시작됩니다. 하나님은 특정 시기에 특정 사람을 통해서 당신의 뜻을 성취하십니다.

이어서 사가랴의 소속과 신분과 이름을 소개합니다. "아비야 반열에 제사장 한 사람이 있었으니 이름은 사가랴요 그의 아내는 아론의 자손이니 이름은 엘리사벳이라." 명함에 이렇게 길게 써 놓으면 상당한 사람처럼 보이지만, 사실 그는 평범한 사람이었습니다. '아비야 반열'은 유대 제사장 24반열 중에서 특별하게 드러나는 반열이 아니었습니다. '그의 아내는 아론의 자손이니'라는 말을 얼핏 들으면 아론의 자손을 아내로 맞이했으니 결혼을 잘한 것처럼 보이지만, 유대 제사장이라면 누구나 유대인 처녀와 결혼하도록 되어 있었기에 제사장 딸과 결혼한 것 외에 다른 특별한 점은 없었습니다. '사가랴'라는 이름 자체도 구약에 여러 번 나오는 흔한 이름 중에 하나입니다.

사가랴는 겉으로 보기에는 아무런 유별난 것이 없는 제사장이었습니

다. 그러나 하나님은 '사가랴'라는 한 사람을 택하셔서 당신의 신약 구원
사의 서곡을 풀어 나가기로 하셨습니다. 하나님은 평범한 상황 속에서 당
신의 뜻을 이루시는 분입니다. 인간 역사의 한가운데서 당신의 계획을 성
취하실 때 보통 평범한 사람을 택해서 그 일을 해 나가십니다. 왜냐하면
하나님 그분이 전능하시기 때문입니다. 하나님은 평범한 사람들을 찾아
가셔서 그들의 삶을 비범하게 바꾸기를 좋아하십니다. 그것이 하나님의
일반적인 방법입니다.

그래서 사도 바울은 고린도 성도들을 향해서 이렇게 말했습니다. "여러
분, 다 같이 여러분의 출신을 한번 살펴봅시다. 우리 가운데 좋은 혈통에
서 태어난 사람이 있습니까? 세상적인 관점에서 볼 때에 대단한 사람들이
우리 가운데 있습니까? 우리는 평범한 사람들입니다. 별것 아닌 사람들
입니다. 가지지 못한 사람들이고, 배우지 못한 사람들이 우리 가운데 대
부분입니다"(고전 1:26-29 참조). 오늘날 교회는 어떻습니까? 우리도 비슷하
지 않습니까.

그러나 초대 교회 성도들은 그것을 조금도 부끄럽게 여기지 않았습니
다. 왜냐하면 그 배우지 못한 사람들, 가지지 못한 사람들이 자기 속에 나
타난 하나님의 지혜로 세상을 부끄럽게 할 수 있었기 때문입니다. 그들은
세상 속에서 아무것도 아니라고 하는 것이 오히려 하나님의 크심을 드러
내는 데 도움이 된다는 것을 깨달았습니다. 지금 우리의 모습이 어떠하든
상관없습니다. 하나님은 정말로 평범한 사람, 세상이 전혀 관심을 기울이
지 않는 사람을 통해서 당신의 뜻을 이루어 가십니다.

누가는 이 이야기를 시작하면서 유대라는 특정 지역과 헤롯 왕이 다스
리던 특정 때를 언급합니다. 하나님의 역사는 항상 시공간성을 가지고 일
어납니다. 우리가 현재 처해 있는 상황에서 하나님은 하나님으로 나타나

십니다. 역사 속에서 당신의 위치에 대해서 생각해 본 적이 있습니까? 우리는 하늘의 뜻이 이 땅에서 이루어지는 데 있어서 우리가 감당해야 할 몫이 무엇인지 생각해 볼 필요가 있습니다. 우리는 지금 특정한 시공간 속에 살고 있습니다. 우리는 오늘 여기에서 우리를 향한 하나님의 뜻이 무엇인지를 생각해 보아야 합니다.

세상의 눈으로 볼 때는 평범한 사람이라 할지라도 하나님에게 특별한 의미가 있습니다. 하나님 나라에는 별 볼 일 없는 사람이란 없습니다. 그래서 우리는 서로 존경해야 하고, 서로 남을 나보다 낫게 여겨야 합니다. 하나님 나라가 이 땅에 이루어지기 위해서는 우리 모두가 다 필요합니다. 하나님은 우리 한 사람, 한 사람을 위한 놀라운 계획을 가지고 계십니다. 우리는 그 계획이 역사 속에서 우리를 통해 이루어지도록 기도하며 애써야 합니다.

유대 헤롯 왕 때에 하나님의 구원 역사가 시작되었다는 것을 통해 받는 위로가 있습니다. 헤롯은 한심한 왕이었습니다. 자신의 정권 유지를 위해 특정 지역에 태어난 두 살 아래의 남자아이들을 다 죽여 버렸습니다. 어린아이들조차 자기에게 위협이 된다고 느끼면 살려 둘 수 없는 속 좁은 사람이었습니다. 하나님의 언약 백성에게는 도무지 어울리지 않는 왕이었습니다. 그런데 엉뚱하게도 그런 왕이 다스리던 때에 하나님이 구원 역사를 시작하셨다는 것이 우리에게 위로가 됩니다. 그럴듯한 많은 왕이 있었는데도 불구하고 하나님은 이 헤롯 왕 때에 당신의 아들 예수 그리스도를 세상에 보내는 역사를 이루셨습니다.

아무리 소망 없는 시대라도 하나님의 새 역사의 불길은 항상 타오를 수 있습니다. 짙은 어둠은 그 자체로 밝아 오는 새벽을 예고하듯이, 우리가 사는 시대가 암담하다는 것은 바로 우리야말로 이 구원의 불길을 밝힐 사람임을 말해 줍니다. 개인적으로나 혹은 사회적으로 앞뒤를 둘러보아도 소망이 없다면 그때 기뻐하십시오. 하나님이 당신의 구원 역사를 위로부터 시작하실 것입니다. 우리의 관점에서 전혀 소망이 없다고 판단될 때라도 하나님 앞에 엎드리기만 하면 하나님은 개입하기를 항상 기뻐하십니다.

예수님은 물에 빠져드는 순간에 즉시 베드로를 붙잡지 않으셨습니다. 놔두셨습니다. 물에 빠져들어 가면서 "살려 주십시오!"라고 구원의 소리를 지르도록 기회를 주신 것입니다. 암담한 현실 자체는 우리에게 전혀 불행이 아닙니다. 다만 거기에서 하나님을 향해 부르짖기만 한다면 하나님의 새로운 역사가 시작됩니다. 유대 헤롯 왕 때에 하나님의 계획이 있었다면, 지금 우리가 처해 있는 상황이 어떠하더라도 하나님은 개입하실 수 있습니다.

기독교는 역사성을 가지는 동시에 또한 연속성을 가지고 있습니다. "아비야 반열에 제사장 한 사람이 있었으니." 하나님은 유대교에 속해 있는 제사장 하나를 택해서 당신의 역사를 시작하기로 작정하셨습니다. 유대교는 틀렸으니까 끝장내고, 완전히 새로운 무엇을 일으키시는 것이 아닙니다. 교회가 전체적으로 타락했다 할지라도 하나님은 거룩한 그루터기를 남기고 사랑하십니다. 큰 나무를 베어 버리지만 거룩한 그루터기를 남겨 거기에 새순이 돋게 하시려는 것이 하나님의 뜻입니다. 그리하여 같은 뿌리를 계속 유지하십니다.

말하자면, 하나님이 우리에게 하시는 일은 갑작스러운 것이 아닙니다. 하나님은 언제나 계획을 가지고 일하십니다. 인류사의 시작부터 계속해 오신 구원 역사를 헤롯 왕 때에 아비야 반열의 한 제사장을 불러서 이루어 나가십니다. 하나님은 결코 당신의 구원 역사를 중도에 포기하지 않으십니다.

유대교는 부패했습니다. 헤롯 같은 대책 없는 왕이 생겨난 것은 어쩌면 부패한 유대 종교의 필연적 산물이었는지도 모릅니다. 본래 대제사장은 한 명밖에 없습니다. 대제사장이 죽으면 다시 새로운 대제사장이 세워졌습니다. 그런데 종교가 얼마나 타락했던지, 그 당시에는 대제사장이 둘이나 있었습니다. 이것은 종교적인 부패상의 극치를 보여 주는 현상입니다. 장인도 대제사장이고, 사위도 대제사장인 법은 없습니다. 그런데 그러한 일이 엄연히 존재하고 있었습니다. 유대 종교는 그처럼 타락했습니다. 그렇지만 하나님은 그 유대교 제사장 가운데 한 사람을 택하셨다는 사실을 기억하십시오. 하나님은 결코 당신의 백성을 전부 다 버리지 않으십니다. 항상 남길 자를 남기십니다.

첫 인류의 배반의 역사를 넘어서 이스라엘의 배신의 역사가 구약의 역사가 아닙니까. 신실하신 하나님에 대해 신실하지 못한 것이 이스라엘의 역사입니다. "내가 싹 쓸어버리고 다시 시작하겠다"라고 하나님이 노하여 말씀하시기는 했지만, 하나님은 실제로 그렇게 하지 않으셨고 남기신 백성을 통해서 계속 당신의 역사를 이루어 가셨습니다.

우리는 구원사의 서곡에 나오는 주인공들의 신분에서 하나님의 지속적인 사랑과 관심을 깨달을 수 있습니다. 언약에 신실하신 하나님이 그 언약을 지키셔서 이제 구원의 새 역사를 시작하실 즈음에 있습니다. 우리도 마찬가지입니다. 우리가 구원받은 것은 하나님이 창세전에 예수 그리스도 안에서 모든 신령한 복을 우리에게 주신 결과입니다. 하나님은 세상을 짓기 전에 이미 우리의 이름을 기억하고 계셨습니다. 그리고 모든 역사를 그 뜻을 이루기 위한 방향으로 밀고 나가셨습니다. 우리가 이 사실을 알고 있다면 웬만한 상황에서는 실망하거나 낙담하지 않습니다.

우리를 오늘 신자가 되게 하시기까지 하나님의 무한한 투자가 있었습니다. 하나님의 장기 계획이 있었습니다. 우리는 순간적으로 실패할 수 있지만 하나님은 결코 실패하지 않으십니다. 하나님은 당신의 뜻을 우리를 통해서 이루어 나가실 것입니다.

사람이 할 수 없는 일을 하나님이 하시나니

"이 두 사람이 하나님 앞에 의인이니 주의 모든 계명과 규례대로 흠이 없이 행하더라"(눅 1:6). 사가랴는 세상의 눈에는 평범한 제사장에 불과했습니다. 그러나 사가랴 부부는 하나님 앞에서는 결코 평범한 사람들이 아니었습니다. 둘 다 '하나님 앞에 의인'이었고, '주의 모든 계명과 규례대로 흠이 없이' 행했습니다. 그 결과 그 많은 제사장 무리 가운데서 하나님에게 선택되었습니다. 이것은 불변의 법칙입니다. 겉으로 볼 때는 아무런 차이를 알 수 없지만 하나님의 관점에서 보면 하나님의 마음에 맞는 사람이 따로 있습니다. 하나님은 당신의 뜻을 이루실 때 그에 합당한 사람을 사용하십니다. 하나님은 항상 훈련된 사람을 통해서 뜻을 이루어 나가십니다.

하나님이 노아를 택하셨을 때 온 세상에 사는 모든 사람이 다 죄인이었지만, 노아는 하나님 보시기에 의로운 자였습니다. 그래서 하나님은 노아를 통해서 구원 역사를 계속해 나가셨습니다. 모세를 선택하신 하나님은 모세 속에서 아름다움을 발견하셨습니다. 신앙생활을 할 때 우리의 관심사는 '다른 사람보다 더 나은 사람이 되려는 것'이 아니라, '하나님이 나를 어떤 사람으로 인정하실지, 어떻게 평가하실지'가 되어야 합니다.

세상에서는 겉모습을 중요시합니다. 그래서 자기 홍보를 한답시고 자신의 흠은 피하고 알릴 것만 알립니다. 그러나 하나님 나라는 전혀 다른 세계입니다. 하나님 나라는 전능하신 하나님의 눈이 감찰하는 곳입니다. 여호와의 눈은 온 세상을 두루 감찰하사 누가 하나님에게 전심으로 향하고 있는지를 오늘도 찾으십니다(대하 16:9). 하나님은 그 사람을 통해 당신의 뜻을 이루어 가십니다. 하나님의 인사 행정에는 절대로 실수가 없습니다. 어떤 순간에는 암담한 과정을 통과하게 하시지만 정금같이 단련시키신 후에 들어 쓰십니다. 문제는 하나님이 보실 때 의인인지, 하나님의 말씀에 따라서 사는 자인지 여부입니다.

"엘리사벳이 잉태를 못 하므로 그들에게 자식이 없고 두 사람의 나이가 많더라"(눅 1:7). 흔히 이 말씀을 읽고는 '엘리사벳은 수태를 못 하는 것을 보니 신앙생활에 문제가 있는 사람이다'라고 쉽게 결론을 내립니다. 왜냐하면 그 당시에는 여자로서 아기를 갖지 못하는 것보다 더 큰 수치는 없었기 때문입니다. 성경은 불임이 온 가정에 임하는 재앙이라고 종종 말합니다. 그러나 우리는 다른 사람의 삶에 대해 쉽게 평가해서는 안 됩니다. 하나님은 항상 당신의 뜻을 이루기 위해서 예외를 만드시기 때문입니다.

무언가 잘못이 있기에 아직도 축복을 받지 못한 것이라는 생각은 일면 맞습니다. 그렇기 때문에 자신이 그런 상황에 처했을 때는 내게 무슨 잘못이 있는지, 왜 하나님의 축복이 임하지 않는지 스스로 돌아보아야 합니다. 그러나 엉뚱하게 그러한 생각을 다른 사람에게 적용하는 것은 잘못된 태도입니다. 다른 사람을 향해서는 '그를 향한 하나님의 특별한 뜻이 있을 것이다'라고 생각해 기다릴 줄 아는 것이 공동체를 이루어 나가는 지혜입니다.

당시의 상황을 생각해 보십시오. 악명 높은 헤롯 왕이 다스리던 시대입니다. 개인적인 상황을 보십시오. 거룩한 삶을 사는 부부이지만 모든 인간의 노력을 통해서는 아이를 갖기가 불가능한 상황에 처해 있습니다. 성경은 아이를 갖는 것을 하나님의 축복으로 말하며, 아이를 갖지 못한다는 것은 어느 사회에서나 바람직한 사실로 여겨지지 않았습니다. 패역이 극에 달해서 쾌락 사랑하기를 하나님 사랑하기보다 더한 이 세대를 빼놓고 나면 어떤 세대도 자녀 없는 것을 복으로 생각한 적이 없었습니다. 특히 유대 사회에서 아이를 갖지 못하는 것은 여자로서 큰 부끄러움이었습니다. 어쩌면 사가랴와 엘리사벳이 젊은 날부터 노년에 이르기까지 계속 기도했던 제목은 아이를 하나 갖게 해 달라는 것이었을지 모릅니다. 하지만 이제 때는 이미 다 지나가 버렸기에 그들에게는 전혀 희망이 없었습니다.

그들의 삶은 종교적인 극치를 이루고 있었지만 그들에게 하나님의 계획은 아직 나타나지 않았습니다. 이제는 늙었고 이리저리 둘러보아도 소망이라고는 전혀 없는 절망적인 상황, 하나님은 이 상황을 구원사를 이루는 배경으로 삼으십니다. 아주 절망적인 처지에 있었다는 기록으로 구원사의 서곡을 대신하고 있습니다.

이처럼 하나님의 구원 사역 서곡의 주 모티브는 '절망'입니다. 먼저 절망적인 상황을 우리에게 보여 줍니다. 그러나 어두움이 짙을수록 빛이 찬란하게 드러나듯이, 아무 소망도 없는 상황이야말로 하나님의 구원 사역의 적절한 배경을 이룹니다. 바로 그런 절망의 때에 하나님은 사가랴 부부를 기억하셨습니다.

인간적으로는 도무지 불가능한 일이 가능해지는 것이 기독교의 본질입니다. '사람이 할 수 없는 그것을 하나님은 하시나니', 이것이 성경이 처음부터 끝까지 말하고 있는 메시지입니다. 이 메시지를 빼면 기독교는 완전히 텅 빈 종교입니다. 철저히 극한 상황은 항상 하나님이 놀랍게 역사하시는 무대입니다. 열심히 부르짖으며 꼭 가져야겠다는 욕망이 아직 남아 있을 때는 하나님이 우리를 내버려 두십니다. 하나님은 우리가 완전히 포기할 때, 우리가 완전한 포기를 선언할 때 비로소 우리 삶에 개입하십니다.

사가랴와 엘리사벳 부부에게 요한이 태어난 일은 기적이었습니다. 하나님의 놀라운 개입만이 이 일을 설명할 수 있습니다. 인간은 죄 중에 태어나서 죄 가운데 사는 삶에 만족하며 살아갑니다. 여간해서는 하나님에게로 돌이키려고 하지 않습니다. 극한 상황에 이르러서야, 낭패와 절망을 다 겪고 나서야 주님에게로 돌아오려는 존재입니다. 우리 자신을 한번 생각해 봅시다. 우리는 하나님의 진노 가운데 태어났습니다. 그런데 지금은 하나님의 사랑받는 자녀가 되어 있습니다. 이것을 달리 어떻게 설명할 수 있겠습니까. 우리에게 무언가 잘난 것이 있어서 이렇게 되었습니까? 하나님의 개입 외에는 풀 수 없는 수수께끼입니다.

본래 우리는 불순종하는 쪽을 훨씬 더 좋아했습니다. 그런데 그런 우리 안에 이제 순종하고 싶은 소원이 꿈틀거리고 있다는 것은 늙은 엘리사벳의 태 속에 요한이 꿈틀거리고 있는 것보다 더 큰 기적입니다. 본래 우리는 멸망 가운데 태어났는데 지금은 영생의 길을 걷고 있으며, 허무를 노래하는 대신 하나님을 찬양하고 있습니다. 이것은 하나님의 개입 외에는 설명할 수 없는 구원의 비밀입니다.

○

누가는 사람이 할 수 없는 그것을 하나님이 하셨음을 보여 주기 위해 5-7절에서 절망적인 상황을 먼저 이야기합니다. 듣는 이로 하여금 하나님의 개입을 바라도록 하기 위해, 개입하신 하나님을 찬송하도록 하기 위해 누가는 복음서를 시작하면서 인간의 상황이 얼마나 절망적이었는지를 보여 줍니다.

우리는 하나님의 놀라운 개입으로만 우리 자신의 삶을 설명할 수 있습니다. 우리는 하나님의 개입을 통해서만 오늘의 나 된 것을 설명할 수 있는 사람들입니다. 따라서 우리는 지금부터 영원토록 구원의 주를 찬양하는 큰 특권을 받았습니다. 절망적인 상황 중에 있는 나를 찾아와 삶의 의미를 주시고, 기쁨을 주시고, 평화를 주신 주님을 지금부터 영원토록 찬양합시다.

4.

향단 우편에 선 천사 (1:6-11)

///

절망적인 상황 묘사(눅 1:7)로 구원사의 서곡이 끝났습니다. 이 장의 본문은 신약의 구원 역사가 동터 오는 장면을 펼쳐 줍니다. 400년간 침묵하신 하나님이 말씀하시는 새로운 국면으로 접어듭니다. 이때 하나님은 한 천사를 보내셨습니다. 그 천사는 누구에게, 언제 나타났을까요?

하나님 앞에서 사는 자에게 뜻을 나타내신다

"마침 사가랴가 그 반열의 차례대로 하나님 앞에서 제사장의 직무를 행할새"(눅 1:8). 사가랴가 어떤 사람입니까? 사가랴는 아비야 반열에 속한 제사장입니다. 사가랴 부부는 하나님 앞에서 말씀대로 살았지만 자녀가 없었고 나이가 많이 들었습니다. 사가랴는 지금 자기 반열의 순서에 따라서 제사장의 직무를 수행하기 위해 예루살렘 성전에 올라왔습니다.

당시 유대의 제사장들은 24반열로 나누어져 있었습니다. 보통 때는 일을 나누어 자기 팀(반열)의 차례에 따라서 직무를 수행했습니다. 한 주간씩 성전에 와서 봉사하고 6개월가량 집에 가서 지내곤 했습니다. 하지만 오순절이나 유월절이나 장막절과 같은 큰 절기 때가 되면 모든 제사장이 다 모였습니다. 절기 때는 백성들도 모두 모여들었기 때문에 제사장의 임무가 훨씬 많아서 다 함께 섬겨야 했습니다. 마침 그 주간이 사가랴가 속한 아비야 반열의 봉사 주간이었고, 사가랴는 여느 때와 같이 제사장 직무를 수행하고 있었습니다.

우리는 6절과 8절에 반복된 '하나님 앞에서'라는 말을 주의 깊게 살펴보아야 합니다. 사가랴가 하나님 앞에서 제사장으로서의 직무를 수행하기 전부터 이미 성경은 그가 하나님 앞에 의인임을 말하고 있습니다. 사가랴의 경건은 장소와 직무를 초월해서 나타났습니다. 그는 항상 하나님 앞에서 사는 자였습니다. 그렇기에 외부적인 계율을 지키는 데서 끝나지 않고 모든 계명과 규례를 하나님 앞에서 준수했습니다. 즉 사가랴는 계명의 정신에 따라서 하나님을 사랑하고, 이웃에게 선을 행한 사람입니다.

사가랴는 비단 제사장 직무만 하나님 앞에서 행한 것이 아니라, 일상적인 삶도 하나님 앞에서 살았습니다. 평소에 일상적인 삶을 하나님 앞에서 살아야만 때때로 주어지는 특별한 직무를 하나님 앞에서 바로 수행할 수 있습니다. 경건은 예배 시간이 아니라 삶 속에서 나타나야 합니다.

앞에서도 언급했듯이, 제사장들은 큰 절기가 있는 3주간, 또 자신의 봉사 당번인 2주간 등 1년에 5주간을 뺀 나머지 47주간은 자기 고향에 내려가서 살았습니다. 사가랴 역시 남편이요, 가장으로서 다른 사람들처럼 생을 꾸려 나가기 위해서 일상적인 생업에 종사했을 것입니다. 다만 그는 이러한 일들을 하나님 앞에서 행했다고 성경은 말합니다.

뿐만 아니라 사가랴는 제사장으로서의 자기 직무 역시 '하나님 앞에서' 행했다고 성경은 기록하고 있습니다(눅 1:8). 성경에는 제사장이 해야 하는 일이 기록되어 있어 그는 그 규정에 따라야 했습니다. 그러나 그 직무를 행할 때 사가랴는 '하나님 앞에서' 했습니다. 규정이 요구하는 수준이 아니라 그것을 넘어서 하나님 앞에서 제사장의 직무를 감당했습니다.

하나님은 어떤 사람에게 당신의 뜻을 밝히기를 기뻐하실까요? 사가랴처럼 항상 '하나님 앞에서' 사는 사람일 것입니다. 자기 직무를 넘어서 무슨 일을 하든 하나님 앞에서 하는 사람 말입니다. 당신을 향한 하나님의 기쁘신 뜻을 잘 알고 싶습니까? 그렇다면 평소에 하나님 앞에서 사는 훈련을 하십시오.

식사 준비와 청소 및 빨래와 같은 집안일의 경우 어떤 주부는 '내가 아니면 누가 하랴'는 마음으로 그 일을 합니다. 그러나 어떤 주부는 '집안일은 하나님이 나에게 주신 직무다'라고 생각해 집안일을 하나님에게 하듯이 합니다. 또한 직장인의 경우 어떤 사람은 자신의 직무를 상사나 사장의 눈앞에서 할 수도 있습니다. 그러나 어떤 사람은 '하나님이 나를 어떻게 보실까?' 하는 마음으로 하나님 앞에서 성실히 일할 수도 있습니다. 이는 경영인도 학생도 마찬가지입니다.

하나님은 예배하는 순간이나 예배당 밖에서나 항상 하나님의 뜻을 먼저 생각하고 하나님 앞에서 사는 사람에게 당신의 뜻을 나타내 주십니다. 하나님의 눈을 의식하는 사람이 하나님의 말씀을 깨닫기에 합당한 자입니다. 그러므로 신자의 현주소는 '하나님 앞에서'(Coram Deo)라는 말에 나타납니다. 매사를 하나님 앞에서 하는 사람은 신앙인입니다. 하나님 앞에서 무슨 일이든 하는 것이 신앙인의 바른 자세입니다.

어떤 일을 할 때 '다른 사람이 나를 어떻게 볼까?'를 생각하며 사는 사람은 하나님을 모르는 사람처럼 사는 것입니다. 무슨 일을 할 때 사람의 눈을 의식하는지, 하나님의 눈을 의식하는지가 우리를 갈라놓는 시금석입니다. 방 청소를 하든, 공부를 하든, 사업을 하든 자신을 살펴보십시오. 누구의 눈을 의식합니까? 교회에 오는 것도, 헌금하는 것도 다른 사람의 눈을 의식한다면 사는 영역을 바꾸어야 합니다. 주소가 변경되어야 합니다.

신앙인의 현주소는 '하나님 앞에서'로 바뀌어야 합니다. 염려, 불안, 슬픔, 불평, 미움이라는 어두움의 권세가 다스리는 영역에서 벗어나 기쁨, 기도, 감사라는 빛의 영역으로 옮겨져야 합니다. 빛의 영역으로 옮겨진 사람은 모든 일을 '하나님 앞에서' 하게 됩니다. 하나님을 의식하면 언제, 무슨 일을 하든 하나님의 뜻을 쉽게 헤아릴 수 있게 됩니다.

기도하는 자에게 뜻을 나타내신다

"제사장의 전례를 따라 제비를 뽑아 주의 성전에 들어가 분향하고"(눅 1:9). 제사장은 성전에 올라가 봉사하는 주간에는 정해진 일들을 해야 했습니다. 그중에서 중요한 일은 아침, 저녁 제사에 봉사하는 일이었습니다. 이 제사 때에는 짐승을 태워서 드리는 제사인 번제를 드렸는데, 특히 아침 제사를 드리기 전과 저녁 제사가 끝난 뒤에는 분향하는 순서가 있었습니다.

분향단은 성전 바깥이 아니라 안쪽, 내전의 중앙에 위치했는데, 거기에 들어가서 향을 피우는 일은 제비로써 결정되었습니다. 다른 성소의 직무 또한 제비를 뽑았지만, 특별히 성소에 들어가서 분향하는 이 직무는 모든 제사장에게 있어서 아주 영예로운 일에 속했습니다. 당시 약 1만 8천 명의 제사장이 있었다고 하니, 제사장이라 해도 분향할 순서가 평생에 한 번도 돌아오지 않는 경우도 있었습니다. 그래서 제비를 뽑되, 한 번 분향한 사람은 다시 분향할 제비를 뽑지 못하도록 했습니다.

대제사장 외에는 잘해야 평생 한 번밖에 없는 기회가 마침 지금 사가랴에게 주어졌습니다. 그날 사가랴는 당첨되어 감격스러운 봉사의 기회를 갖게 되었던 것입니다. 당첨된 제사장은 성소에 들어가 그 중앙에 있는 분향단에 가서 새로운 향을 피우고 엎드려 기도했습니다.

그 시간 백성들은 밖에서 기도하고 있었습니다. "모든 백성은 그 분향하는 시간에 밖에서 기도하더니"(눅 1:10). 제사장이 들어가서 분향하는 동안 백성들은 바깥뜰에 모여서 기도했습니다. 성전은 구역이 나뉘어 있었는데, 이스라엘 남자들이 모이는 뜰은 성소 가까이에 있고, 여자들이나 이방인들이 모이는 뜰은 바깥쪽에 있었습니다.

향을 피운 연기가 위로 올라가는 것은 백성들의 기도와 제사장의 기도가 합해져 향연과 함께 하나님에게로 올라가는 것을 상징합니다. "여호와여 내가 주를 불렀사오니 속히 내게 오시옵소서 내가 주께 부르짖을 때에 내 음성에 귀를 기울이소서 나의 기도가 주의 앞에 분향함과 같이 되며 나의 손 드는 것이 저녁 제사같이 되게 하소서"(시 141:1-2).

요한계시록 5장도 "네 생물과 이십사 장로들이 그 어린양 앞에 엎드려 각각 거문고와 향이 가득한 금 대접을 가졌으니 이 향은 성도의 기도들이라"(계 5:8)라고 말합니다. 말하자면 그들은 찬양과 기도가 가득한 금 대접, 즉 찬양과 기도를 하나님에게 올려 드리는 직무를 수행하는 천사들입니다. 요한계시록 8장에도 "또 다른 천사가 와서 제단 곁에 서서 금 향로를 가지고 많은 향을 받았으니 이는 모든 성도의 기도와 합하여 보좌 앞 금

제단에 드리고자 함이라 향연이 성도의 기도와 함께 천사의 손으로부터 하나님 앞으로 올라가는지라"(계 8:3-4)라는 말씀이 기록되어 있습니다. 향연이 천사의 손을 통해서 하나님에게로 올라가듯이 성도의 기도가 봉헌될 때 새로운 역사가 일어난다는 것을 요한계시록은 강조합니다.

사가랴는 생애 처음으로 그리고 마지막으로 이 특별한 직무를 맡았습니다. 이 직무를 수행하려 성전에 들어간 사가랴에게는 그 가장 영광스러운 순간에 불현듯 하나님에게 꼭 드리고 싶었던 기도가 있었을 것입니다. 그 기도는 젊은 날부터 드렸던 기도였을지 모르겠습니다. 이스라엘인으로서 아브라함과 사라의 이야기를 알고 있었기에 어쩌면 잠시 자기 나이를 잊어버리고 기도했을지도 모르겠습니다.

사가랴가 자기 마음을 열고 하나님에게 기도드리는 감격스러운 순간을 한번 상상해 보십시오. 백성들은 밖에서 "자비로우신 하나님이 성소에 드셔서 당신 백성의 제사를 받아 주소서"라는 기도를 드리고 있습니다. 바로 그 순간, 향단 우편에 천사가 나타났습니다. "주의 사자가 그에게 나타나 향단 우편에 선지라"(눅 1:11). 밖에서는 백성들이 기도하고, 성소 안에서는 제사장이 기도할 때 향단 우편에 천사가 나타났습니다.

기도하는 순간 당신의 뜻을 계시하신다

누가는 기도의 중요성을 누구보다 강조해 '기도하더니'라는 말을 그의 복음서에만 19회, 사도행전에서는 16회 사용했습니다. 이것은 나머지 세 복음서의 기록을 모두 합한 것보다 훨씬 많은 횟수입니다. 그와 더불어 누가는 기도하는 순간에 하나님이 당신의 뜻을 나타내시는 것을 관련지어 말하기를 즐겨했습니다. 본문에서도 백성들과 제사장이 기도하는 순간에 하나님이 천사를 보내서 당신의 뜻을 알리셨다고 말했습니다.

또 다른 예를 들 수 있습니다. 마태, 마가, 누가, 요한 등 사복음서 기자들이 다 예수님이 요단 강에서 세례 받으신 일을 기록했습니다. 예수님이 세례 받고 물에서 나오실 때 하늘이 열려서 성령이 내려오시고 하나님의 음성이 들린 사건을 전했습니다. 그러나 오직 누가만이 예수님이 세례를 받으신 다음에 기도하고 있는 순간에 하늘이 열렸다고 말합니다(눅 3:21).

누가는 본래 직업이 의사였기에 사물을 관찰할 때 더 예리하게 보았을지 모르겠습니다. 누가는 영적인 것에 관해 다른 성경 기자들보다 더 관심을 두었습니다. 그래서 기도와 성령의 역사에 대해 말하기를 좋아했습니다. 누가는 35회나 기도에 대해서 언급하는 동시에 계시의 순간이 기도를 통해서 온다는 것을 강조했습니다(눅 9:18, 28-29; 행 10:1-6, 13:1-3 등). 그는 계시가 주어지는 가장 이상적인 환경이 바로 기도할 때라는 것을 알고 있었습니다. 우리가 신앙생활을 할 때도 마찬가지입니다. 하나님의 뜻을 밝히 아는 순간은 귀로 설교를 들을 때뿐 아니라, 입으로 기도할 때입니다.

물론, 지금은 하나님이 천사를 보내서 말씀하시는 시대는 아닙니다. 하나님이 천사를 보내시는 것은 더 이상 하나님의 일상적인 방법이 아닙니다. 하지만 지금도 하나님은 당신의 뜻을 우리에게 공개하고 계십니다. 주로 기록된 말씀을 통해서 알리십니다. 하나님의 뜻이 전달되든지, 기록된 성경의 의미가 밝아 오든지 가리지 않고 성경은 '계시'(啓示)라고 말합니다. 오늘날 후자는 신학적으로 '조명'(照明)이라고 하지만, 성경의 표현대로 한다면 그것도 '계시'입니다. 후자의 의미의 계시, 즉 말씀이 우리에게 분명해져 오는 때도 기도하는 순간임이 틀림없습니다.

기도하는 자를 통해서 뜻을 성취하신다

성도는 기도의 특권을 맛보는 자입니다. 성경이 주어진 목적은 우리로 하여금 하나님을 알도록 하는 데 있습니다. 그러면 하나님을 안다는 것이 성도의 삶에서 어떻게 드러납니까? 이는 이웃 사랑으로도 나타나지만, 무엇보다도 하나님과 대화함으로 드러납니다. 성도는 하나님과 대화하는 사람입니다. 기도를 통해 하나님에게 감사도 드리고, 하소연도 합니다. 기도로 하나님과 대면하는 순간은 성도가 누리는 가장 귀한 특권입니다.

하나님에게 무릎 꿇는 자리로 나아가야 합니다. 그 순간이야말로 하나님과 대면해서 대화하는 시간이기 때문입니다. 하나님을 믿는 사람은 살아 계신 하나님과 더불어서 대화하기를 즐기는 사람입니다. 기도가 바로 하나님을 인격적으로 아는지 모르는지, 하나님과 함께하는 시간을 즐기는지 즐기지 않는지, 하나님을 진정 사랑하는지 사랑하지 않는지를 갈라 놓는 분기점이 됩니다. 하나님이 우리 삶에 소중한 분이시라면 하나님과 같이 있는 시간이 자주 있어야 당연하지 않을까요? 성경에 관해 두꺼운 책을 쓴다 할지라도 기도하는 시간을 내지 않는다면, 기도하는 것을 즐거워하지 않는다면 정상적인 성도의 삶을 사는 사람이라고 할 수 없습니다.

한국 교회는 세계 선교에 많은 선교사를 파송하는 것으로 기여할 수도 있지만, 한국 교회가 가진 기도의 은사를 잘 활용함으로 훨씬 더 많은 기여를 할 수 있다고 생각합니다. 파송 선교사 숫자에는 한계가 있지만, 세계 선교를 위한 기도는 결코 제한적이지 않습니다. 한국 교회는 이미 기도하는 교회로 세계에 알려져 있습니다. 기도는 민족 교회로서 우리가 받은 은사입니다. 한국 교회는 기도로 세계 선교를 얼마든지 후원할 수 있습니다.

역사를 살펴보면 이 사실에 대해서 확신을 얻을 수 있습니다. 독일의 친첸도르프(Nicolaus Zinzendorf)라는 백작을 중심으로 공동체가 형성되었는데, 농장에서 일을 같이 하고 함께 생활하며 나온 수익금으로 선교사를 보냈습니다. 그 농장에서 있었던 놀라운 일 중에 하나는 수십 년 동안 매일 24시간 기도가 계속되었다는 것입니다. 그 결과 친첸도르프의 모라비안 형제단이 보낸 선교사 수효가 종교 개혁 후 개혁교회가 100년 넘게 파송한 선교사 수보다 훨씬 더 많았습니다. 하나님은 기도하는 자들에게 당신의 뜻을 계시하시는 동시에 그들을 통해 그 뜻을 성취하십니다.

○

하나님을 아는 성도의 특권을 누립시다. 기도로 하나님의 뜻을 밝히 알아 갑시다. 기도로 하나님의 뜻을 역사 속에 실현합시다. 하나님은 언제나 하나님의 일을 미리 다 작정해 두셨습니다. 그럼에도 성도들이 기도하게 하셔서 기도의 향연이 올라가도록 하시고, 그 기도가 하나님 앞에 상달될 때 그 기도의 응답으로 역사를 이끌어 나가십니다. 분향하는 시간에 천사가 사가랴에게 나타나 향단 우편에 섰다는 사실을 명심합시다. 천사가 향단 우편에 나타났다는 것은 하나님으로부터 좋은 소식을 가지고 왔다는 의미입니다. 하나님의 계시가 향단 우편이라는 선택된 장소에서, 백성들과 제사장이 함께 기도하고 있는 선택된 시간에, 항상 하나님 앞에서 살며 봉사했던 선택된 사람인 사가랴에게 주어졌다는 사실을 통해 새로운 도전이 있기를 바랍니다. 우리도 '하나님 앞에서' 살아갑시다.

5.

요한의 출생 예고(1:12-14)

성경은 매우 오래전에 쓰인 책이지만 케케묵은 옛날 이야기책은
아닙니다. 이 장의 본문도 자그마치 약 2천 년 전에 쓴 것입니다. 장담하건
대, 우리가 읽은 그 어떤 글보다 더 오래전에 쓰인 글일 것입니다. 당시는 세
상에 성씨가 없을 때입니다. 그 흔한 김 씨, 이 씨, 박 씨도 없었습니다. 그래
서 이 장의 주인공들도 성이 없고 이름만 있습니다. 아버지는 '사가랴', 아들
의 이름은 '요한'인데, 아버지와 아들이 같은 성씨를 가지고 있지 않습니다.

이처럼 오래전 기록이지만 지금 우리와 관계있는 기록, 우리를 향해서
말하고 있는 이 책을 우리는 '성경'(聖經)이라고 부릅니다. 2천 년 전에 쓰
였으면서도 2천 년 후에 살고 있는 오늘 우리에게 무언가를 말하는 책이
바로 성경입니다. 그렇기 때문에 성경은 아주 옛날에 기록되었으면서도
여전히 가장 많이 읽히고 있는 책입니다. 이 책은 하나님이 누구신지, 신
앙을 갖는 것이 무엇인지를 우리에게 말해 줍니다. 이 책에 기록된 요한

의 출생 통고를 통해 하나님을 만난 사가랴의 모습에서 신앙이 무엇인지를 살펴보려고 합니다.

신앙은 하나님을 두려워하는 것이다

향단 우편에 선 천사가 두려워 떨고 있는 사가랴를 향해서 "무서워하지 말라"(눅 1:13)고 했습니다. 죄인인 우리가 하나님을 대면하게 될 때 갖는 첫 번째 느낌은 두려움입니다. 하나님이 파송하신 천사를 대면하고도 사가랴는 두려움을 느꼈습니다.

12절에서 사가랴가 천사를 보고 '놀랐다'는 말은 산길을 가다가 갑자기 날아오르는 꿩을 만날 때처럼 깜짝 놀랐다는 의미가 아닙니다. 하나님으로부터 파송받은 천사의 거룩함이 두려움을 안겨 주었습니다. 거룩한 천사가 나타났을 때 두려워하는 것은 죄인인 인생의 자연적인 반응입니다. 하물며 하나님의 임재를 느낄 때 두려워하지 않고 배길 사람은 아무도 없습니다. 하나님 앞에 신앙을 고백하는 사람은 하나님을 향한 두려움 때문에, 하나님의 엄위하심 때문에 옷깃을 여며 본 적이 있는 사람입니다. '내가 제일이다' 하며 자신을 높이는 사람은 아직 기독교의 진리를 접해 본 적이 없는 사람입니다.

성도는 하나님 앞에 나아올 때 자신의 존재가 아무것도 아님을 인정하는 자입니다. 그뿐만 아니라 자기 존재로는 하나님을 기쁘시게 할 수 없다는 것을 처절히 느끼는 사람입니다. 다른 사람이 손가락질을 하더라도 그보다 사실은 더 악한 사람임을 인정하는 사람입니다. 그런 나를 받아 주신 하나님의 사랑으로 인해서 감격하는 사람이 신앙인입니다. 그런 사람들이 모이면 새로운 관계가 형성됩니다. 그래서 우리는 사도신경에서 "성도의 교제를 믿습니다"라고 고백합니다.

"사가랴여 무서워하지 말라"(눅 1:13). 이것이 복음의 시작입니다. 복음은 두려워하는 인생을 향해서 두려워하지 말라고 합니다. 새찬송가 305장 〈나 같은 죄인 살리신〉(Amazing Grace)의 한 구절을 직역하면 이렇습니다. "그것이 은혜였다. 나로 하여금 두려움을 알게 한 것이 은혜였고, 그 두려움에서부터 벗어나게 된 것도 은혜였다." 이 찬송 시는 죄의 고통으로부터 두려워 떠는 나를 해방시키신 하나님을 찬양합니다.

신앙은 하나님에게 간구하는 것이다

"사가랴여 무서워하지 말라 너의 간구함이 들린지라"(눅 1:13). 앞서 10절에는 "모든 백성은 그 분향하는 시간에 밖에서 기도하더니"라고 기록되어 있습니다. 여기서는 "간구함이 들린지라"라고 말합니다. 간구는 기도의 한 요소입니다. 그러나 모든 기도가 다 간구는 아닙니다. 우리는 기도를 통해서 감사할 수도 있고, 찬양할 수도 있고, 죄를 회개할 수도 있습니다. 이처럼 기도가 좀 더 넓은 의미에서 쓰이는 말이라면, 간구는 각자가 처한 자기 삶의 구체적인 문제를 두고 하나님에게 기도하는 것을 말합니다.

우리가 믿는 하나님은 우리가 당면한 문제를 두고 기도할 때 들으시는 분입니다. 왜 하나님이 들으십니까? 하나님은 바로 우리의 귀를 지으신 분이기 때문입니다. 창조주 하나님은 피조물의 상황에 항상 관심을 갖고 계십니다. 부모라면 지금 자녀가 당하고 있는 고통이 자기 마음속에 진한 고통으로 와 닿을 것입니다. 하물며 선하신 창조주 하나님이시겠습니까.

우리가 만난 창조주 하나님은 모든 피조물의 고통을 느끼시는 분입니다.

《그리스 로마 신화》에 나오듯 희랍의 신들에게 사람은 노리개에 지나지 않습니다. 그러나 성경의 하나님은 다릅니다. 성경의 하나님은 사람은 말할 것도 없고, 풀 한 포기, 날아다니는 새 한 마리 등 모든 피조물에 관해서 관심을 가지십니다. 하나님은 당신의 형상대로 지음 받은 인생의 고통에 대해서 깊은 관심을 가지십니다. 버려진 듯 골방에 갇혀 있는 할머니, 할아버지의 한숨 소리를 들으시는 분이 성경의 하나님이십니다. 자식을 갖지 못한 여인의 고통을 느끼시는 하나님이 기독교의 하나님이십니다. 직장이 없는 가장의 고통을 아시는 하나님이 우리가 예배하는 하나님이십니다.

"너의 간구함이 들린지라"(눅 1:13). 하나님은 사가랴의 간구하는 소리를 들으셨습니다. 엘리사벳은 본래 아이를 갖지 못하는 여인이었고, 부부가 다 나이가 많았습니다. 인간적인 관점에서 보면 아이를 갖게 해 달라고 기도하는 것은 어리석어 보입니다. 그러나 성경의 하나님은 창조의 하나님이십니다. 아무것도 없는 가운데서 모든 것을 있게 하신 하나님이십니다.

100세 된 아브라함에게 아들을 주시고 하늘의 별과 바닷가의 무수한 모래와 같은 자손을 번성케 하신 하나님을 믿는 사람들이 이스라엘 사람들입니다. 사가랴는 아브라함의 이야기와 이삭의 출생 과정을 결코 잊을 수 없었을 것입니다. 그래서 사가랴는 여전히 기도할 때마다 자녀를 달라는 기도를 드렸을 수도 있습니다. 아니면 이전에 드렸던 기도를 하나님이 지금 응답하셨을 수도 있습니다. 어쨌든 지금 사가랴의 간구를 하나님이 들어주셨다고 천사는 말했습니다.

내 사정을 나와 같이 들어 주시는 하나님을 구체적인 삶 속에서 만나는 것만큼 큰 축복은 없습니다. 그 하나님을 삶 속에 모시길 바랍니다. 내 마음의 고통을 나보다 더 정확하게 집어 주실 수 있는 분, 그 고통에 대해서

답해 주실 수 있는 분이 우리가 예배하는 하나님이십니다.

우리의 간구를 들어주시는 하나님을 믿으면 얼마나 신나는지 모릅니다. 이 하나님에 대한 이야기만 듣고 그저 알기만 하는 신앙생활은 가짜 신, 우상을 섬기는 것과 같습니다. 우리는 내 삶에 찾아와 주시고 만나 주시는 살아 계신 하나님을 믿어야 합니다.

"네 아내 엘리사벳이 네게 아들을 낳아 주리니"(눅 1:13). 하나님은 사가라의 간구를 들어주셨습니다. 우리는 간구를 들어주시는 하나님을 예배하고 있습니다. 남모르게 고통스러운 문제가 있다면 그 문제를 들어주시는 하나님에게 아뢰십시오. 우리의 간구가 하나님에게 들릴 것입니다.

신앙은 은혜의 하나님을 만나는 것이다

"하나님은 있을 거야. 혹시 있을지도 몰라"라고 말하는 것은 신앙이 아닙니다. "하나님이 있긴 있어. 그렇지만 하나님이 나에게 해 준 건 없어"라고 말하는 것도 신앙이 아닙니다. 은혜로우신 하나님을 만나는 것이 신앙입니다.

"네 아내 엘리사벳이 네게 아들을 낳아 주리니 그 이름을 요한이라 하라"(눅 1:13). '요한'이라는 이름은 당시 흔했지만, 의미가 있는 이름입니다. '요한'의 이름 뜻은 '하나님이 내게 은혜로우셨다'입니다. 이는 모든 신자의 신앙 고백이기도 합니다. 사람들은 하나님을 만나기 전에는 항상 하나님이 자기를 푸대접하셨고 가혹하게 대하셨다고 생각합니다. 나는 항상 선택에서 제외되었고, 하나님에게 따돌림을 받아 왔다고 생각합니다. 그러나 하나님을 만난 사람들은 '요한'의 이름 뜻처럼, "나의 나 된 것에 비

59

해서 하나님은 항상 은혜로우셨다"라고 고백합니다.

주변을 살펴보십시오. 기도하지 않는 사람은 한탄하고 불평과 원망만 늘어놓습니다. "왜 세상에는 비참한 일들이 일어납니까? 하나님이 살아 계신다면 어떻게 이런 일이 일어날 수 있습니까?"라는 의문을 제기합니다. 이런 의문은 왜 생길까요? 마음 밑바탕에 '나는 당연히 더 나은 대접을 받아야 한다'는 오만함이 있기 때문입니다. 이 생각을 그치지 않는 한 의문도 계속될 것입니다. 그러나 죄악된 자신의 모습을 바로 보게 되면 생각이 달라집니다.

순종하면 복을 받도록 하나님이 주신 계명을 지키려고 단 한 달이라도, 단 한 주간이라도, 아니 단 하루라도 최선을 다해 보았습니까? "네 마음을 다하고 목숨을 다하고 뜻을 다하여 주 너의 하나님을 사랑하라"(마 22:37)라는 예수님의 명령에 태어나서 지금까지 부끄러움 없이 순종해 본 적 없는 우리가 그 무엇을 하나님으로부터 당연하게 받아 누릴 자격이 있겠습니까. 그러므로 오늘 이 상태에 있는 것만 해도 족하다고 인정하고 "제게는 과분한 은혜입니다"라고 고백하는 사람이 신자입니다.

자기 자신에 대한 관점이 바뀌기 전에는 문제가 항상 밖에 있다고 생각하기 마련입니다. 하나님이 무언가 잘못하시는 것처럼 느껴집니다. 그러나 성도라면 오히려 문제의 원인은 자신에게 있고, 자신은 현재 상황보다 더 나쁜 대접을 받더라도 당연하다고 인정할 수 있어야 합니다. 우리는 하나님이 내게 허락하신 모든 것이 하나님의 과분한 은혜임을 고백해야 합니다.

성경은 하나님의 공의를 거스른 죄인은 심판을 받아 마땅하다고 말합니다. 그 사실을 사람들이 알게 되면 왜 세상에 고통이 있는지에 대해서도 깨닫게 될 것입니다. 우리처럼 잘못된 삶을 사는 사람들이 가득한 세상에 온전한 빛과 완벽한 정의가 자리 잡고 있다면 오히려 모순일 것입니다. 그렇다면 더더욱 전지전능하신 하나님이 살아 계시다는 것에 대해서 의구심을 가져야 합니다. 하나님은 우리를 사랑하시기에 그대로 내버려 두지 않고 매를 드시는 분입니다. 하나님은 우리를 사랑하시기에 인류의 본래 모습으로 돌이키기 위해 세상에 아직 고통을 존재하게 하십니다.

지금 우리의 상태가 바르지 않다는 것을 알려 주기 위해 세상에는 우리의 머리로는 해결할 수 없는 문제들이 아직도 남아 있습니다. 그로써 우리의 삶에 뭔가 문제가 있다는 것을 느끼도록 하나님이 의도하신 것입니다. 그래서 많은 사람이 고통을 통해서 창조주이며 구원자이신 하나님을 만나게 됩니다. 자기를 절박한 상황에서 구출해 주시는 하나님을 만나게 됩니다.

만약 양과 같이 각기 제 길로 간 사람의 길에 아무런 문제가 없다면 그 사람이야말로 영원히 버림받은 상태에 머물 것입니다. 하나님은 우리가 하는 그 고민을 하나님을 나타내기 위한 환경으로 사용하십니다. 사가랴와 엘리사벳의 고통의 세월은 이제 그들이 체험하는 은혜를 더욱 감격스럽게 만들어 주었습니다. 하나님은 그들의 고통의 기도에 응답하심으로 만나 주셨습니다.

신앙은 하나님이 주시는 기쁨을 경험하는 것이다

성경은 정말 놀라운 책입니다. 2천 년 전, 이 글이 쓰이고 있던 때에 다른 책들도 나오고 있었습니다. 그러나 그 어떤 글에서도 찾아볼 수 없는 이야기가 성경에 실려 있는데, 바로 본문의 말씀입니다. "너도 기뻐하고 즐거워할 것이요 많은 사람도 그의 태어남을 기뻐하리니"(눅 1:14). 요한의 태어남과 관련해 천사가 말한 즐거움과 기쁨은 성경을 통해서 나타납니다.

당대에 많은 책이 쓰였지만 우리에게 진정한 삶의 기쁨을 이야기하는 책은 없었고, 아직도 없습니다. 그러나 누가복음과 사도행전을 읽어 보십시오. 하나님을 만난 사람들에겐 기쁨이 충만했습니다. 요한의 태어남을 인해서 오늘 우리까지도 기뻐하지 않습니까. 이 기쁨은 하나님만이 주실 수 있습니다.

세상에도 그 나름의 기쁨이 있습니다. 그 기쁨은 항상 환경에 따라 변합니다. 결혼한 지 3년도 안 된 딸이 홀로되었을 때는 더 이상 기뻐할 수 없습니다. 잘되던 사업이 갑자기 망해 버리면 더 이상 기뻐할 수 없습니다. 모두 시한부 기쁨이요, 상대적인 기쁨입니다. 그것은 본질적인 기쁨이 아닙니다. 그러나 성경은 상황을 초월한 기쁨을 우리에게 소개해 줍니다. 그 기쁨은 우리의 간구를 들으시는 하나님을 만난 사람들이 누리는 기쁨입니다. 그 기쁨은 우리 인생길 내내 자비하셨던 하나님을 만난 사람들이 누리는 절대 기쁨입니다. 자기 영혼의 주인 되시는 하나님을 만났을 때 기뻐하는 기쁨이 성경이 말하는 기쁨입니다.

우리가 만족해하지 못하는 이유는 하나님의 모습대로 지음 받은 신분 때문입니다. 하나님은 먹을 것, 마실 것, 잠잘 자리가 있으면 만족하도록 인생을 짓지 않으셨습니다. 하나님은 그보다 더 고상한 것으로, 오직 하나님 당신으로만 만족하도록 우리를 지으셨습니다. 이 사실을 깨닫기 전에 우리는 항상 문제가 다른 데 있다고 생각해 환경 탓을 합니다. 그러나 문제의 핵심은 더 근본적인 데 있습니다. 본질은 하나님과의 관계를 바로 설정하는 것입니다. 하나님과 더불어서 만족할 때 자기 자신과 더불어서 만족하며 기뻐할 수 있습니다.

그런데 왜 요한이 태어남으로써 많은 사람이 기뻐하게 됩니까? 세례 요한이 태어남으로써 그가 길을 준비하면 우리 죄를 용서해 주시는 그리스도 예수님이 오실 것이기 때문입니다. 사실 사가랴가 기뻐한 이유는 단순히 노년에 아들이 태어나서가 아닙니다. 하나님의 새 역사가 이 아들을 통해서 시작되기 때문에 기뻐한 것입니다. 즉 그 기쁨은 "이 아이여 네가 지극히 높으신 이의 선지자라 일컬음을 받고 주 앞에 앞서 가서 그 길을 준비하여 주의 백성에게 그 죄 사함으로 말미암는 구원을 알게 하리니"(눅 1:76-77)라는 예언을 자기 아들이 감당하게 된다는 사실로 인한 기쁨이었습니다.

세상 사람들도 자기 자녀가 잘될 때 기뻐합니다. 그러나 성도가 기뻐하는 이유는 단순히 자녀가 잘되어서가 아니라 달라야 합니다. 성도는 많은 사람이 주님에게로 돌아오는 하나님의 역사에 자녀가 쓰임 받는 것을 기뻐해야 합니다. 우리가 정말 어디에 기쁨의 닻을 내리고 있는지 면밀히 살펴야 합니다. 왜냐하면 그것은 때로 구별하기 힘든 문제이기 때문입니다.

○

우리 모두 힘써 기도합시다. 그리고 응답을 기다립시다. 동시에 그 기도가 응답되었을 때 그 기도가 어떻게 하나님 나라와 관련되어 있는지를 생각합시다. 주위에 아직도 문제를 안고 있는 사람들이 그 문제를 어떻게 해결할 수 있을지를 생각합시다.

사가랴에게 찾아오신 하나님을 만나 보십시오. 거룩하신 하나님 앞에서 자신의 죄악됨을 인정하십시오. 간구를 들으시는 하나님을 삶의 현장에서 만나십시오. 인생길 내내 은혜로우셨던 하나님을 노래하게 될 것입니다. 은혜로우신 하나님이 주신 기쁨을 두고두고 간증하게 될 것입니다.

6.

요한의 신분과 사역(1:15-17)

//

하나님의 백성이 겪는 근본적인 문제는 하나님을 자주 망각하는 것입니다. 하나님이 당신의 종들을 통해서 말씀하시는 역사가 그친 지 400년이나 흘렀지만, 성전에서는 아침에 한 번, 저녁에 한 번 계속해서 제사가 드려졌습니다. 제사 의식이 중단된 적은 한 번도 없었습니다. 마치 복음이 이 땅에 들어온 이후로 주일 예배가 한 번도 중단된 적이 없는 것처럼 말입니다. 그러나 하나님의 백성은 자주 예배의 핵심인 하나님을 잊어버렸습니다. 신약의 구원 역사가 시작될 무렵에도 그들은 하나님을 망각하고 살았습니다. 하지만 하나님은 그들을 구출할 계획을 세우셨고, 이제 예수 그리스도를 통해서 그 일을 이루고 계십니다.

인간이 타락했을 때 하나님은 당신의 아들을 보내 구원하기로 작정하셨습니다. 그것이 성경의 위대한 약속입니다. 이 약속의 성취를 위해 하나님은 요한을 보내서서 구원자 예수 그리스도가 오시는 길을 준비하도록 하셨습니다. 그래서 예기치 않은 천사 가브리엘이 향단 우편에 나타났습니다. 늘 반복해서 드려지는 제사 의식 속에 하나님이 이처럼 응답하신 적은 한 번도 없었습니다.

우리는 늘 기도하지만 하나님을 잊어버리곤 합니다. 이스라엘도 그랬습니다. 그들은 제사 의식을 게을리한 적이 한 번도 없었습니다. 향연은 늘 올라가고, 기도 또한 늘 드려져 왔습니다. 하지만 간구를 들어주시는 하나님에 대해서는 믿지 않았습니다.

엘리사벳은 석녀(石女, 아이를 낳지 못하는 여자)로 알려졌던 여인으로, 이미 나이가 많아 인간적인 관점에서 볼 때는 자식을 낳을 수 없었습니다. 그런데 하나님이 천사를 통해서 사가랴에게 "네 아내 엘리사벳이 네게 아들을 낳아 주리니"(눅 1:13)라고 말씀하셨습니다. 이 말씀을 하시는 분은 전능하신 하나님입니다. 우리는 항상 우리 자신의 상황이나 문제에서 출발합니다. 그래서 나를 도와줄 사람은 하늘 아래 아무도 없다며 포기해 버립니다. 그러나 전능하신 하나님을 믿는 자들에게는 절망이 없습니다. "사람으로는 할 수 없으나 하나님으로서는 다 하실 수 있느니라"(마 19:26). 우리가 믿는 하나님은 전능하신 하나님입니다.

요한의 신분은 주 앞에 큰 자

"너도 기뻐하고 즐거워할 것이요 많은 사람도 그의 태어남을 기뻐하리니"(눅 1:14). 천사는 사가랴에게 요한이 사람들에게 기쁨을 가져다주는 아들이라고 말했습니다. 그리고 왜 사람들이 그 아들을 통해서 기뻐할 것인지, 그가 누구인지, 즉 요한의 신분에 대해 15절 이하에서 설명합니다. "이는 그가 주 앞에 큰 자가 되며"(눅 1:15). "그가 또 엘리야의 심령과 능력으로 주 앞에 먼저 와서"(눅 1:17).

성경은 요한의 신분에 대해 "그가 주 앞에 큰 자가 되며"(눅 1:15)라고 말합니다. 이 말씀을 예수님의 탄생 예언인 누가복음 1장 32절과 비교해 봅시다. 천사는 예수님을 가리켜 "그가 큰 자가 되고"(눅 1:32)라고 말했습니다. 둘의 차이가 무엇입니까? 예수님은 누구와 관련해서 큰 자가 아니라 독립적으로 큰 자가 되시는 반면, 요한의 위대성은 예수님과 관련해서 결정된다는 것입니다.

하나님만이 홀로 위대하신 분입니다. 사람들은 여러 관점에서 위대한 사람을 떠올립니다. 그러나 성경은, 우리 인생은 홀로 위대하신 하나님과 어떤 관계를 맺고 있느냐에 따라서 그 위대성이, 사람됨의 크기가 결정된다고 말합니다. 그래서 요한에 대해서도 "그가 주 앞에 큰 자가 되며"라고 말하는 것입니다.

성경은 세례 요한이 '주 앞에 큰 자'가 된다고 했습니다. 누가복음 7장 28절에서 예수님은 이렇게 말씀하셨습니다. "내가 너희에게 말하노니 여자가 낳은 자 중에 요한보다 큰 자가 없도다." 왜 이렇게 말씀하셨을까요? 요한은 예수 그리스도가 오시는 길, 메시아가 오시는 길, 왕이 오시는 길을 준비하는 사람이었기 때문입니다. 누구의 일을 하느냐에 따라서 신분이 결정됩니다. 그런 의미에서 성도들은 모두 요한과 같이 하나님의 일을 하도록 세상에 태어난 사람들입니다.

요한의 사명은 주님이 오실 길을 예비하는 것

요한의 탁월성은 그가 맡은 사역 때문이었습니다. "그가 … 주 앞에 먼저 와서"(눅 1:17). 요한의 사역은 주님이 가시는 길에 먼저 가서 주님이 걸을 수 있도록 길을 예비하는 일, 즉 사람들로 하여금 오시는 주님을 생각하게 하는 일이었습니다. 누가복음 3장을 보십시오. 광야에서 하나님의 말씀이 세례 요한에게 임하자 그는 자기에게 세례를 받으러 오는 사람들에게 능력 가운데 말씀을 선포했습니다. 그러자 듣는 사람들이 자연적으로 오실 메시아를 생각하게 되었습니다.

세례 요한을 보고는 '혹시 저렇게 설교하는 사람이 메시아가 아닌가?' 하고 생각하는 사람들에게 "나는 그의 신발 끈을 풀기도 감당하지 못하겠노라 그는 성령과 불로 너희에게 세례를 베푸실 것이요"(눅 3:16)라고 말하며 오실 메시아를 소개했습니다. 자기를 통해서 하나님 앞에 나아온 사람들이 직접 예수 그리스도를 만나도록 하는 일을 감당한 것입니다. 요한이 큰 자가 되었다는 말을 그런 의미에서 생각해 볼 수 있습니다. 요한은 "그는 흥하여야 하겠고 나는 쇠하여야 하리라"(요 3:30)라는 분명한 고백을 할 수 있었던 사람입니다. 요한은 자기를 아주 비우고 자기를 통해 나타날 그리스도 예수의 영광만을 바라보았습니다.

16절은 요한의 사역을 설명합니다. "이스라엘 자손을 주 곧 그들의 하나님께로 많이 돌아오게 하겠음이라"(눅 1:16). 이방인을 하나님에게로 돌아오게 하겠다면 이해가 되지만, 이스라엘 자손을 주 곧 그들의 하나님에게로 돌아오게 하는 것이 세례 요한이 받은 사명이었습니다. 한번 깊게 생각해 보십시오. 그들은 하나님의 언약 백성인 이스라엘 자손으로서, 마땅히 하나님을 알고 섬겨야 했습니다. 그러나 그들은 하나님으로부터 멀리 떨어져 있어 하나님에게로 돌아가야 하는 상태였습니다. 그것이 비극입니다.

오늘의 교회도 마찬가지입니다. 하나님의 교회가 공식적으로 하나님을 떠난 적은 한 번도 없었습니다. 그러나 항상 예배가 드려지고 있음에도 불구하고 참 예배는 없어졌고, 하나님을 향해 부르짖음에도 불구하고 하나님을 망각해 버렸고, 하나님을 향해서 기도하는데도 불구하고 기도를 들으시는 그분에 대해서는 잊어버렸습니다. 이것이 오늘날 교회의 문제이고, 우리의 문제입니다. 이제 우리로부터 생각을 돌려서 하나님을 기억해야 할 시간입니다. 우리의 신분에 합당하게 우리의 마음이 하나님에게로 향해야 합니다.

세례 요한의 사명은 하나님의 백성을 하나님에게로 돌이키는 것이었습니다. 이것을 다른 말로 바꾸어 말하면, 영적인 회복을 먼저 하는 일입니다. 그 일이 요한의 주된 사명이었습니다. 영적이라는 것은 하나님과 인생의 관계를 말합니다. 하나님을 섬긴다고 하면서 자기 마음에 있는 자기 욕망을 따르는 것은 우상 숭배의 핵심입니다. 예배당에 나와서 예배한다고 해서 참 하나님을 섬기고 있다고 생각하지 마십시오. 어쩌면 예배를 통해 자신이 사모하는 욕망을 성취하고자 하는 것일 수도 있습니다. 그것은 참 하나님을 섬기는 것이 아니라 우상 숭배입니다. 말씀하시는 하나님이 어떤 분이신지 알고 그분을 섬겨야 참된 예배입니다.

언젠가 교회에 두 번 정도 출석한 분이 자신은 법정 스님을 좋아한다면서, 그런데 교회에 나와 보니 교회는 하나님을 닮기 원하는 공동체라는 것을 깨달았다고 했습니다. 교회에 한두 번만 나와도 그 사실을 깨닫는데, 교회를 60년이나 다녀도 깨닫지 못한다면 우상을 숭배하고 있는 것입니다. 우리가 하나님을 알아 가고 하나님에 대해 배우게 되면 우리의 삶이 달라져야 합니다. 주일에 하나님을 예배했으면, 주 중의 삶에서는 그 하나님을 나타내는 향기를 발해야 합니다. 하나님의 백성은 결코 하나님의 이름을 잊어버리지는 않습니다. 하나님을 섬긴다고 하면서 사실은 자기 욕망을 좇아가는 것이 늘 문제입니다. 이 상태에 처한 이스라엘 민족을 돌이키는 것이 요한의 사명이었습니다.

"아버지의 마음을 자식에게"(눅 1:17). 이스라엘 민족이 하나님에게로 돌이킬 때 사랑하는 가정이 형성됩니다. 더 이상 타락할 수 없이 타락한 가정을 회복시키는 일이 하나님에게로 돌아갈 때 비로소 가능해집니다. 자식들이 부모의 은혜를 저버리고 사는 것은 어제오늘 일이 아닙니다. 그러나 말세의 특징은 부모조차 자식에게서 마음이 떠나 버린 상태가 되는 것입니다.

우리는 말세적 현상에 이미 들어와 있습니다. 컴퓨터 게임을 한다고 자신이 낳은 아기가 죽어 가도록 내버려 두는 세상입니다. 우리가 인류의 역사를 얼마로 계산하든 상관없이 그것은 이 시대만의 특징입니다. 이러한 현상이 일어나는 것은 이 시대가 종말을 앞두고 있기 때문입니다. 하나님은 반드시 심판하십니다. 우리 자신이 가장 먼저 회복해야 할 현장은 가정이고, 가족 관계입니다. 교회에서 존경받기 이전에 가족들 사이에서 존경을 받아야 합니다. 가정은 바로 우리가 매일 교제를 연습해야 하는 장소입니다.

"거스르는 자를 의인의 슬기에 돌아오게 하고"(눅 1:17). 이는 좀 더 넓은 의미에서 사회적인 변화를 말합니다. 하나님에게로 돌아갈 때 가정뿐만 아니라 온 사회에 새로운 질서가 세워집니다. 하나님이 원하시는 조화로운 상태에 이릅니다.

요즘 사람들이 사는 모습을 보면 정말 마음이 아픕니다. 조그마한 일로 서로 신경이 날카로워집니다. 약간만 여유롭게 받아 주면 사람 사는 세상이 될 수 있는데, 마치 야수들처럼 별것 아닌 일에 욕을 퍼붓는 모습을 보면 지금 우리 시대가 끔찍할 만큼 마지막 시대에 돌입해 있음을 느낍니다.

"주를 위하여 세운 백성을 준비하리라"(눅 1:17). 세례 요한의 사역의 마지막 궁극적인 목적은 주님을 맞이하기에 합당한 사람들, 주님의 쓰임에 합당한 사람들을 준비하는 것입니다. 세례 요한의 이 사역은 우리가 해야 하는 사역과 크게 차이 나지 않습니다. 우리가 사는 것도 하나님의 일을 위해서입니다. 우리가 하나님의 일을 한다는 것은 구체적으로, 하나님에게서 멀어진 사람들이 다시 하나님에게로 돌아가게 하는 것입니다. 이 일을 위해 우리는 매 주일 예배하고, 예배를 통해 힘을 얻고, 세상에서 살아가는 것입니다. 그들이 하나님에게로 돌아가게 함으로 가정에서, 사회에서, 국가에서 조화를 이루어 평강이 꽃피도록 하는 것이 우리의 임무입니다.

성령으로만 사명을 감당할 수 있다

우리가 꼭 중요하게 생각해야 할 부분이 남아 있습니다. '어떻게 감당할 수 있는가?'라는 문제입니다. 성경은 세례 요한이 사역을 감당하기 위해 포도주나 독한 술을 마시지 아니하며 모태로부터 성령의 충만함을 받았다고 말합니다(눅 1:15). 자연적인 충동에 의해서가 아니라 성령의 충만함을 입어서 사역했다는 의미입니다. 더 적극적으로 말해서, 모태로부터 시작해서 그의 삶 전부가 성령의 충만함을 힘입어 그 임무를 감당할 수 있었다고 성경은 기록하고 있습니다.

오늘 교회의 문제는 하나님의 능력에 사로잡히지 못하는 데 있습니다. 하나님의 능력에 사로잡히면 하나님은 보통 사람을 놀랍게 바꾸어 버리셔서 맡겨진 사역을 감당하게 하십니다. 사람을 하나님에게로 돌이키게 하는 일, 즉 영적으로 죽어 있는 자를 살아나게 하는 일은 우리의 능력으로는 도무지 불가능합니다. 이는 오직 하나님의 성령으로만 가능한 일입니다.

17절은 같은 말씀을 "엘리야의 심령과 능력으로"라고 전합니다. 여기서 '엘리야의 심령'이란 표현은 정확한 번역이 아닌 것 같습니다. '엘리야의 영'이 원문의 의미입니다. '심령'이라고 번역하기보다 차라리 '성령'이라고 번역하는 편이 더 나을 뻔했습니다. 왜냐하면 성경에는 영과 능력, 성령과 능력이 늘 같이 나오기 때문입니다. 사역을 감당하기 위해서 우리에게는 엘리야의 영과 능력이 필요합니다.

엘리야가 어떤 사람이었습니까? 아합 왕이 그를 찾아와서 "이스라엘을 괴롭게 하는 자여 너냐"(왕상 18:17)라고 물었을 때 엘리야는 "내가 이스라엘을 괴롭게 한 것이 아니라 당신과 당신의 아버지의 집이 괴롭게 하였으니 이는 여호와의 명령을 버렸고 당신이 바알들을 따랐음이라"(왕상 18:18)라고 답했습니다. 세례 요한이 꼭 그와 같은 사람이었습니다. 세상에서 제일 큰 권력이 왕권 아닙니까? 엘리야는 그 왕권에 전혀 두려움 없이 맞대해 "당신이 이스라엘을 괴롭힌 사람이다"라고 말했습니다. 세례 요한 역시 헤롯 왕에게 "동생의 아내를 취한 것이 옳지 않다"(막 6:18)고 말했습니다.

어떤 권력 앞에서도 굴하지 않고 대항할 수 있는 이유는 하나님의 능력이 사로잡고 있기 때문입니다. 그렇지 않으면 다 넘어집니다. 세상 권력의 배후에는 사탄의 능력이 있습니다. 세상의 사조가 물결치고 있을 때 거기에는 악의 영이 있다는 것을 알아야 합니다. 우리의 힘으로는 그 세력을 대항해서 싸울 수 없습니다. 그 영을 대항해서 싸우기 위해서는 성령이 역사하셔야만 합니다.

세례 요한은 엘리야에게 있던 성령의 능력으로 사역을 감당했습니다. 오늘 우리 역시 사역의 기쁨을 맛보기 위해서는 하나님의 성령이 필요합니다. 이 말은 지금 우리에게 성령이 없다는 의미가 아니라, 우리에게 말겨진 사역을 감당하기 위해서 우리 안에 계신 성령이 우리를 사로잡으셔야 한다는 말입니다.

누가복음 11장은 세례 요한의 사역에 관해서 말할 때 성령이 오셔야 한다는 것을, 성령으로 그가 사역을 감당했음을 알려 줍니다. "내가 또 너희에게 이르노니 구하라 그러면 너희에게 주실 것이요 찾으라 그러면 찾아낼 것이요 문을 두드리라 그러면 너희에게 열릴 것이니 구하는 이마다 받을 것이요 찾는 이는 찾아낼 것이요 두드리는 이에게는 열릴 것이니라"(눅 11:9-10). 이 말씀은 '구하라, 찾으라, 문을 두드리라'를 각 절마다 세 번씩 연거푸 반복하고 있습니다. 성경이 반복하는 이유는 강조하기 위해서입니다.

"너희 중에 아버지 된 자로서 누가 아들이 생선을 달라 하는데 생선 대신에 뱀을 주며 알을 달라 하는데 전갈을 주겠느냐 너희가 악할지라도 좋은 것을 자식에게 줄 줄 알거든 하물며 너희 하늘 아버지께서 구하는 자에게 성령을 주시지 않겠느냐 하시니라"(눅 11:11-13). 우리는 하나님의 성령에 사로잡혀야 신앙인답게 살 수 있습니다. '하늘 아버지'를 부르는 자들은 바로 하나님의 자녀들입니다. 하나님의 자녀들에게 하늘에 계신 너희 아버지가 너희가 구할 때에 성령을 주실 것이라고 거듭 이야기한 것입니다.

우리 역시 하나님이 주신 은사를 발견해 사역의 기쁨을 맛보기 위해서는 이전에 한 번도 경험해 보지 못한 능력을 체험해야만 합니다. 그래야만 어떤 상황에서도 기뻐하고 기도하고 감사하는 삶으로 접어들 수 있습니다.

○

이 세상은 내 힘으로 살 수 있는 곳이 아닙니다. 하나님의 능력이 우리를 사로잡을 때만 성도답게 살아갈 수 있습니다. 존귀한 사역을 성령의 능력으로 감당하는 하나님의 자녀들이 되기를 바랍니다.

7.

내 말이 이루어지리라 (1:18-25)

성경의 하나님은 말씀하시는 하나님입니다. 하나님은 여러 세대에 여러 방법으로 말씀해 오셨습니다. 선지자들을 통해서, 꿈과 환상을 통해서 말씀하셨습니다. 때로는 친히 나타나시기도 하고, 때로는 천사를 통해서 말씀하시기도 했습니다. 기독교의 하나님은 항상 약속의 말씀을 주십니다. 그리고 그 약속을 성취하심으로 당신의 신실하심과 전능하심을 계시하십니다. 약속 성취를 통해 우리로 하나님을 찬양하게 하십니다. 그와 같은 사건이 본문에 나옵니다. 본문인 누가복음 1장 18-25절은 세 장면으로 구성되어 있습니다. 한 장면씩 살피면서 그 사건을 통해 우리에게 말씀하시는 주님의 음성을 들어 봅시다.

성소 안, 사가랴와 천사 가브리엘의 대화

성소 안에 있는 사가랴를 주목해 보십시오. 그의 아내 엘리사벳은 석녀였습니다. 게다가 이제 자신도 늙고, 아내 역시 나이가 많았습니다. 그것이 성소 안에 있는 사가랴의 형편입니다. 그런데 천사가 인간 사가랴의 처지에서는 전혀 믿을 수 없는 약속을 했습니다. "네 아내 엘리사벳이 네게 아들을 낳아 주리니"(눅 1:13). 우리라면 이 말을 듣고 어떤 반응을 보였을까요? 우리가 사가랴의 처지가 되어 우리 귀로 하나님의 약속을 성소 안에서 들었다고 가정해 봅시다. 그러면 사가랴의 반응을 이해하기가 한결 쉬울 것입니다.

"내가 이것을[아들을 낳는다는 것을] 어떻게 알리요 내가 늙고 아내도 나이가 많으니이다"(눅 1:18). 인간적인 관점에서 볼 때 당연한 대답입니다. 자신의 처지를 생각해 볼 때 합당한 반응입니다. 인간의 상식으로 생각해 볼 때 지당한 반응입니다. 그러나 신앙인은 매사를 인간적인 관점에서 파악하는 자가 아닙니다. 신앙인은 하나님의 약속의 성취 여부를 자신의 형편에 따라서 가늠하지 않습니다.

사가랴의 대답을 살펴보면 아주 조리 있는 답변입니다. 사가랴의 이성이 미치는 곳마다 가서 낱낱이 살펴보아도 대답은 불가능입니다. 그러나 신앙은 이성으로 마지막 말을 하도록 하지 않습니다. 이성이 망각한 부분을 깨닫게 하는 것이 신앙입니다. 천사의 대답을 들어 보십시오. "나는 하나님 앞에 서 있는 가브리엘이라 이 좋은 소식을 전하여 네게 말하라고 보내심을 받았노라"(눅 1:19). 천사 가브리엘의 설명은 사가랴의 이성이 망각한 것을 기억나게 해 줍니다. 이 놀라운 소식 앞에 사가랴는 지금 누가 자기에게 말하고 있는지를 잊어버렸습니다. 사가랴는 천사를 보내어 지금 말씀하고 계신 분을 생각하지 못했습니다. 사가랴의 문제는 하나님을 잊은 것입니다.

성경을 통해 우리에게 말씀하시는 하나님의 약속을 깊이 생각해 본 적이 있습니까? 하나님의 약속은 3년 믿으면 병이 낫고, 7년 믿으면 부자 된다는 식이 아닙니다. 기독교는 예수를 믿으면 건강하고, 사업 잘되고, 만사가 형통한다고 말하지 않습니다. 오히려 기독교의 약속은 "예수 앞에 나오면 죄 사함 받으며 주의 품에 안기어 편히 쉬리라"라는 것입니다(새찬송가 287장 1절). 기독교의 기본 약속은 사죄의 약속입니다. 달리 말해, 사람은 죄 용서가 가장 필요합니다. 사람의 가장 핵심적인 문제도 죄 문제입니다. 죄 용서를 누리지 못하는 삶에는 결코 평안이 없습니다. "여호와께서 말씀하시되 악인에게는 평강이 없다 하셨느니라"(사 48:22; 사 57:21 참조).

주의 품에 안기기까지 우리는 평안을 누릴 수 없습니다. 오직 하나님의 아들, 예수 그리스도의 보배로운 피가 우리의 죄를 깨끗게 합니다. 그의 피로 말미암는 용서의 약속은 사람의 생각을 초월합니다. 사람의 생각을 뛰어넘는 하나님의 용서의 길이 예수님 안에 있습니다. 우리 주만 믿으면 구원을 받는다고 성경은 약속합니다.

"예수 앞에 나와서 은총을 받으며 맘에 기쁨 넘치어 감사하리라"(새찬송가 287장 2절). 기쁨이 넘치는 삶을 살고 있습니까? 평강이 넘치는 마음을 소유하고 있습니까? 감사하는 삶을 살고 있습니까? 하나님의 사랑에 감싸인 경험을 갖고 있습니까? 예배당에 나와 있다는 사실 때문에 하나님의 백성이 되었다고 생각해서는 안 됩니다. 하나님의 백성이 되었다면 그 마음에 죄 용서의 평안과 기쁨이 자리하고 있어야 합니다. 하나님의 백성이 되면 보이는 모든 것이 감사의 제목이 됩니다. 이 모든 것은 우리 한 사람, 한 사람이 예수님 앞에 나올 때만 얻을 수 있는 것입니다. 우리의 생각으로는 믿기지 않는 약속일지 모릅니다. 그러나 약속하신 분의 신실하심과 위대하심을 묵상하십시오. 신앙은 약속하신 분을 믿는 것입니다.

사도신경에는 우리가 믿는 분과 우리가 믿는 대상에 대한 고백이 잘 나타나 있습니다. 모든 사람은 거짓되고, 세상의 종교는 우리를 속이지만, 우리를 지으신 하나님, 우리를 사랑하시는 하나님은 미쁘신 분입니다. 우리가 우리 자신을 믿을 수 없는 순간에도 하나님은 신실하십니다.

여기 우리 같은 연약한 인간들을 위한 하나님의 놀라운 위로가 있습니다. "보라 이 일이 되는 날까지 네가 말 못 하는 자가 되어 능히 말을 못 하리니 이는 네가 내 말을 믿지 아니함이거니와 때가 이르면 내 말이 이루어지리라"(눅 1:20). 인간의 불신은 하나님의 신실하심을 실패하게 하지 못한다는 사실입니다. 사가랴의 불신에도 불구하고 하나님은 당신의 약속을 무효화하지 않으셨습니다. 하나님의 말씀은 정하신 때에 우리의 불신을 넘어서 다가옵니다.

하지만 조심하십시오. 불신하는 사람은 하나님의 크신 역사의 성취에서 누릴 수 있는 축복이 제외될 뿐입니다. 사가랴는 하나님의 역사가 있을 때까지 말 못 하는 자가 되었습니다. 혹시 사가랴처럼 안타까운 처지에 놓여 본 적이 있습니까? 하나님의 말씀을 액면 그대로 믿지 못할 때 비록 말 못 하는 자가 되지는 않을지라도 증거할 말이 우리에게 없습니다. 그러나 전능하신 하나님의 말씀에 사로잡힐 때 세상이 감당 못할 증거를 하게 될 것입니다. 자신의 처지만 생각하지 말고 약속하시는 하나님의 위대하심과 전능하심을 날마다 상고하십시오. 그러면 어떤 약속 앞에서든 믿음의 반응을 보이게 될 것입니다.

전능하신 하나님을 아버지로 믿으십시오. 그분의 아들 예수 그리스도가 우리를 구원하시는 구주 되심을 믿으십시오. 예수 그리스도가 십자가에서 못 박히신 것을 바라보십시오. 죄 없으신 하나님의 아들이 피를 흘리신 것은 우리의 죄를 용서하시기 위함입니다. 예수 그리스도의 피로 말미암는 속죄를 믿으십시오. 사도신경에서 고백하듯이 '죄를 용서받는 것'을 믿는 자에게는 '몸의 부활과 영생'이 보장되어 있습니다.

사실 20절 말씀은 사가랴의 불신앙에 대한 처벌의 말씀이지만, 그 배후에는 하나님의 선하신 배려가 내포되어 있습니다. 마음대로 말하지 못하는 답답함이 있었지만 그것은 하나님의 역사를 묵상할 기회요, 동시에 하나님의 계시 보존을 위한 방편이기도 했습니다.

성소 밖, 말 못 하는 자가 된 사가랴

그 선언이 어떻게 성취되는지 본문의 둘째 장면을 살펴봅시다. 성소 밖에서 기다리는 백성들에게 나타난 사가랴를 보십시오. 10절과 21절을 연결해 보면, 사가랴가 성소에 들어가서 분향하는 동안 백성들은 밖에서 기도하며 기다렸습니다.

보통 분향 순서를 맡은 제사장들은 분향을 끝낸 후 기다리는 백성들이 걱정하지 않도록 짧은 기도를 드리고 곧장 나와서 아론의 축복을 하는 것이 불문율이었습니다. "여호와는 네게 복을 주시고 너를 지키시기를 원하며 여호와는 그의 얼굴을 네게 비추사 은혜 베푸시기를 원하며 여호와는 그 얼굴을 네게로 향하여 드사 평강 주시기를 원하노라"(민 6:24-26).

그날도 백성들은 제사장의 축복을 바라며 기다리고 있었습니다. 제사장이 나타날 시간이 됐는데 나오지 않자 백성들은 염려 속에 기다리고 또 기다렸습니다. 무척 길게 느껴지는 상당한 시간이 흐른 후에야 제사장 사가랴는 성소에서 나왔습니다. 그러나 축복은 물론 그들에게 한마디 말도 못했습니다. 그 모습을 본 백성들은 마음속으로 '틀림없이 사가랴가 이상을 보았다'라고 결론을 내렸습니다.

이후 사가랴는 남은 직무의 날 동안 손짓과 발짓으로 의사를 표시하며 지냈습니다. 그리고 약속이 성취되는 순간이 오기까지 아직도 많은 날을 천사를 통해 전달된 하나님의 약속을 불신한 벌로 말을 못 한 채 지내야 했습니다.

혹시 불신앙으로 인해 말 못 하는 사람이 되어 나에게 약속된 놀라운 하나님의 말씀에 대해 침묵하고 있지는 않습니까? 그러나 말씀이 믿어질 때 우리는 침묵하고 살 수 없습니다. 말하지 아니할 수 없습니다. 그래서 그리스도인은 전도를 하는 것입니다. 우리 안에 전해야 할 말이 있기 때문입니다. 당신의 입술은 지금 어떤 상태입니까?

주의 약속이 성취되기까지 말 못 하는 사람이 되어 기다리지 말고, 주가 주신 약속 위에 굳게 서서 주님을 찬송합시다. 약속 성취를 믿음의 눈으로 내다보며 찬양하며 살아갑시다. 우리에게 약속된 '영생 복락 면류관을' 얻을 때까지 찬송합시다. 지금은 다만 시작에 불과하지만, 그 놀라운 약속은 정녕 우리에게 남김없이 실현될 것입니다. 우리 마음속에 이 놀라운 약속을 허락하신 하나님을 앙모하십시오. 하나님의 약속은 언제나 이루어졌고, 이루어지고 있으며, 이루어질 것입니다.

유대 산골, 하나님의 약속 성취로 수태한 엘리사벳

이제 마지막 장면인 유대 산골, 제사장 사가랴가 사는 동네로 우리의 눈길을 돌립시다. 말 못 하는 사람이 되어 돌아온 남편을 만난 후 엘리사벳의 몸에는 변화가 있었습니다. "때가 이르면 내 말이 이루어지리라" (눅 1:20)라는 천사의 말이 이루어졌음을 본문 24-25절이 기록하고 있습니다.

하나님의 약속의 성취로 엘리사벳은 아기를 가졌습니다. 아들 요한이 잉태된 것은 신약 구속사의 시작인 동시에, 엘리사벳에게는 하나님이 자신에게 베푸신 크신 은혜로 인식되었습니다. 여기 '신학'과 '신앙'의 차이가 있습니다. 신앙인은 구속사를 강론하는 자가 아니라 구속의 감격을 개인적 차원에서 맛본 자입니다. 다섯 달 동안 숨어 있으며 날마다 되뇌던 엘리사벳의 고백을 들어 보십시오. "주께서 나를 돌보시는 날에 사람들 앞에서 내 부끄러움을 없게 하시려고 이렇게 행하심이라"(눅 1:25). 신앙인은 구속의 기쁨을 체험적으로 고백합니다. 이 큰 사건은 주님이 나를 돌아보심이요, 내 부끄러움을 도말하신 사건이라고 고백합니다. 신앙인은 하나님의 크신 구원 역사의 흐름을 파악할 뿐만 아니라 그것이 자신의 삶에 무슨 의미를 갖는지를 고백합니다. 구속 역사의 흐름 속에서 본문을 보는 것으로 자부하기보다 구속을 체험한 성도의 입장에서 본문을 이해하는 자입니다. 신앙은 크신 하나님의 구속 역사를 개인적인 차원에서 고백할 때 힘이 있습니다.

사도신경은 고백의 주체가 누구입니까? 바로 나입니다. 사도신경은 "'나는' 전능하신 아버지 하나님, 천지의 창조주를 믿습니다"라고 고백하고 있습니다. "우리가 믿습니다"라고 공동체적으로 고백하기 전에 개인적인 고백이 앞서야 합니다. 한 사람, 한 사람의 확실한 체험적 고백의 기초 위에 공동체적 고백의 탑이 쌓이는 것이 바른 순서입니다. 하나님을 나의 하나님으로, 예수님을 나의 구주로 고백하는 것이 신앙의 핵심입니다. 다윗은 "여호와는 나의 목자시니"(시 23:1)라고 고백했습니다. 도마는 "나의 주님이시요 나의 하나님이시니이다"(요 20:28)라고 고백했습니다.

신앙인은 주님이 자신에게 행하신 일이 무엇인지를 고백할 수 있는 자입니다. 이제 더 이상 의심의 영역에 머물지 말고, 모든 의심 다 버리고 성도들과 함께 "속죄함 속죄함 주 예수 내 죄를 속했네"(새찬송가 257장)라고 찬송을 불러 봅시다. 신앙인은 사죄를 받은 확신을 가진 자입니다. 신앙인은 크신 하나님의 용서를 체험한 자입니다.

성경은 "영접하는 자 곧 그 이름을 믿는 자들에게는 하나님의 자녀가 되는 권세를 주셨으니"(요 1:12)라고 말합니다. 기독교가 세상의 모든 종교와 다른 점은, 기독교는 예수 그리스도를 '영접'하는 종교라는 것입니다. 우리 신앙의 대상이신 예수 그리스도는 살아 계시고 인격적이신 분이기 때문입니다. 그래서 예수를 믿는 것은 영접하는 것입니다. 영접하기만 하면 세상이 달라집니다. 마치 눈빛이 의미 있게 마주치면 가슴이 뛰고 삶이 달라지는 것과 같습니다. 우리는 예수님을 하나님의 아들이시요, 인류의 구원자이자 나의 구원자라고 믿습니다. 그분을 우리 인생 가운데 받아들이기만 하면 우리 인생은 새 삶이 됩니다.

자녀이면 또한 상속자 곧 하나님의 상속자요, 예수 그리스도와 함께한 상속자입니다(롬 8:17). 하나님의 자녀가 되면 그리스도 예수가 누리시는 모든 특권과 영광에 동참하게 됩니다. 세상의 어떤 세력도 우리를 사랑하시는 하나님의 사랑의 줄을 끊을 수가 없습니다(롬 8:35).

O

이 모든 진리가 우리 각자의 마음에 믿어지고 각자의 입술로 고백되기를 바랍니다. 유대 산골에서 기뻐한 엘리사벳의 기쁨을 우리 또한 맛보기를 바랍니다. "때가 이르면 내 말이 이루어지리라"(눅 1:20)라는 신실하신 하나님의 구원 약속이 각자의 삶에서 이루어지기를 간절히 바랍니다.

8.

네가 은혜를 얻었느니라 (1:26-30)

//

사람에게는 누구나 어머니와 고향과 조국을 사모하는 마음이 있습니다. 이처럼 새로 태어난 그리스도인의 가슴속에는 사모하는 나라가 있습니다. 그것을 하나님 나라라고 합니다. 그래서 성도들은 "내 주의 나라와 주 계신 성전과 피 흘려 사신 교회를 늘 사랑합니다"(새찬송가 208장)라고 고백합니다. 이 장의 본문은 세상 나라들 가운데 하나님 나라를 세우는 본격적인 역사가 어떻게 펼쳐졌는지, 그 시작을 보여 주고 있습니다. 주 앞에 앞서 가서 왕의 길을 예비할 세례 요한의 출생 예고에 이어 주의 이름으로 오시는 왕, 예수님의 탄생 예고가 나옵니다.

누가는 여기서 지극히 높으신 하나님의 아들, 하나님 나라를 영원히 통치하실 예수님의 탄생 통고가 맨 처음에 어떻게 주어졌는지를 기록하고 있습니다. 이 장에서는 초반부를 살피면서 하나님 나라에 대한 예비적 고찰을 하려고 합니다.

예수님의 탄생 통고가 주어진 배경

26-27절을 중심으로 먼저 예수님의 탄생 통고가 주어진 배경을 살펴봅시다. 26절은 "여섯째 달에"라는 말씀으로 시작합니다. 앞 사건과 연결시켜 주는 말이기에 앞서 일어난 사건과 관련시켜 이해해야 할 것입니다. 즉 '[엘리사벳이 수태한 지] 여섯째 달에'라는 말입니다. "네 아내 엘리사벳이 네게 아들을 낳아 주리니"(눅 1:13)라는, 천사가 사가랴에게 전한 약속이 성취된 지 여섯째 달에 천사 가브리엘이 하나님의 보내심을 받들어 갈릴리 나사렛 동네 마리아에게 왔다는 것입니다. 그러니까 하나님의 첫 약속이 이루어진 지 여섯째 달 만에 하나님이 다시 천사를 보내셨다는 뜻입니다.

누가복음의 전체 메시지의 요점, 특히 1-2장의 중심 메시지가 여기에 있습니다. 누가는 그의 복음서가 우리 가운데 이루어진 사실의 기록이라는 점을 맨 서두에 밝혀 주고 있습니다. 그의 복음서의 주제는 '인간 역사 속에 주어진 하나님의 약속이 성취된 사건'입니다. 그것을 알아듣기 쉽게 기록하는 것이 누가의 목표였습니다. 즉 누가복음은 읽는 이로 하여금 그 사건을 성취하신 하나님의 능력에 사로잡히도록 의도한 책입니다.

1-2장을 읽어 보면 '이루다'라는 말이 수차례 반복되고 있다는 사실을 알게 됩니다. '이루다'가 바로 1-2장의 뼈대를 이루는 중심 사상인 것입니다. 1장 1절부터 등장합니다. 누가는 우리 중에 이루어진 사건에 대해 쓰겠다고 밝혔습니다. 이를 시작으로 1장 20절, 38절, 45절, 2장 15절 등에 하나님의 약속이 어떻게 이루어졌는지가 기록되어 있습니다. 물론 복음서 전체가 하나님이 어떻게 당신의 약속을 이루셨는지에 대해서 기록하고 있습니다만, 특별히 누가복음 1-2장은 이제 그 약속이 어떻게 이루어지기 시작했는지를 보여 줍니다. 하나님의 약속은 반드시 성취됩니다. 하

나님 나라는 하나님의 약속 성취입니다. 하나님 나라는 영원한 나라로서, 이 땅에서 시작해 영원히 계속될 것입니다. 또한 하나님 나라는 신실하신 하나님의 약속 성취의 결과인 동시에 하나님의 주권적인 사역의 결과입니다. 그래서 성경은 여섯째 달에 천사 가브리엘을 하나님이 보내 주셨다고 말합니다.

"여섯째 달에 천사 가브리엘이 하나님의 보내심을 받아 갈릴리 나사렛이란 동네에 가서"(눅 1:26). 나사렛이란 동네, 이름만으로는 어디에 있는지 확인도 안 되기에 '갈릴리 나사렛'이라고 표현해야만 했던 그 비천한 곳에 하나님은 천사를 파송하셨습니다. 사가랴에게 요한의 출생을 전했던 바로 그 천사를 이제 마리아에게 파송하신 것입니다.

당시 천사는 사가랴에게 "나는 하나님 앞에 서 있는 가브리엘이라 이 좋은 소식을 전하여 네게 말하라고 보내심을 받았노라"(눅 1:19)라고 자신과 자신의 사명을 소개했습니다. 특히 여기서 "나는 하나님 앞에 서 있는 가브리엘이라"라는 말씀은 우리로 하여금 우리 자신을 살피게 합니다. 천사 가브리엘은 하나님의 말씀을 이루기 위해 항상 하나님 앞에 서서 준비하고 있었던 것입니다. 하나님 앞에 서 있지 않고서는 하나님의 말씀을 들을 수가 없습니다.

우리가 하나님 앞에 서 있는 시간이 우리로 하여금 증거하는 말씀의 능력을 가져다줍니다. 하나님은 당신 앞에 서 있는 자를 파송시키십니다. 그렇기 때문에 파송받은 사람은 이미 무엇을 전할지, 할 말을 가지고 있는 사람입니다. 천사 가브리엘은 자기가 전하는 소식이 좋은 소식임을 이해하고 있었습니다. 하나님으로부터 오는 소식은 언제나 좋은 소식입니다. 사람들에게 소망을 주고 그들을 구원하는 소식이기 때문입니다. 이 소식은 하나님이 파송하신 사람이 전하는 소식입니다. 이 소식은 하나님 앞에서 있는 사람들을 통해서 전달됩니다. 우리는 이 좋은 소식을 세상에 전하기 위해서 부르심을 받은 사람들입니다. 하나님은 그 좋은 소식을 가브리엘을 통해 갈릴리 나사렛에 사는 다윗의 자손 요셉이라는 청년과 정혼한 처녀 마리아에게 보내셨습니다. 이것이 예수님의 탄생 통고가 주어진 배경입니다.

사건의 시작

이제 사건이 어떻게 시작됐는지를 살펴봅시다. "그에게 들어가 이르되 은혜를 받은 자여 평안할지어다 주께서 너와 함께하시도다 하니 처녀가 그 말을 듣고 놀라 이런 인사가 어찌함인가 생각하매"(눅 1:28-29). 우리 식으로 번역하면, "안녕하세요? 복 받은 여인이여, 주께서 당신과 함께 계십니다"라고 천사가 인사를 한 것입니다. 집 안에 있는 마리아에게 천사가 갑자기 나타났습니다.

마리아가 놀란 이유는 천사가 갑작스레 나타나서가 아니라, 오히려 그가 전한 인사말 때문이었습니다. 마리아는 아주 당황한 가운데 '천사가 왜 나를 은혜를 받은 자라고 부를까? 왜 주님이 함께 계신다는 인사를 할까?' 하며 그 인사가 의미하는 바를 깊이 생각했습니다. 우리도 이런 자세로 하나님의 말씀을 대해야 합니다. 하나님의 말씀을 들을 때 내가 이미 다 아는 말씀이라는 자세로 받아들이면 그 말씀은 더 이상 우리에게 이야기하지 않습니다. 우리는 하나님의 말씀의 의미를 골똘히 생각해 보고 성경이 왜 내게 이런 약속을 하고 있는지를 생각해 볼 필요가 있습니다. 성경 속 모든 말씀은 우리를 위해 기록된 것입니다. 말씀에 주의를 기울이십시오.

사건의 발전

당혹해하는 마리아에게 천사가 설명하는 데서 사건의 발전 과정을 볼 수 있습니다. "천사가 이르되 마리아여 무서워하지 말라 네가 하나님께 은혜를 입었느니라"(눅 1:30). 하나님 나라는 항상 하나님의 은혜 입은 자들을 통해서 계속됩니다. 하나님은 갈릴리 나사렛이란 동네에 살고 있는, 다윗의 후손과 정혼한 한 처녀를 택하시고는 "은혜를 받은 자여"라고 부르셨습니다. 하나님의 특별한 은혜가 마리아에게 임했습니다.

하나님 나라는 하나님의 은혜로 인한 하나님의 선택으로 전개됩니다. 그 나라의 보좌를 이으실 왕을 마리아가 잉태하게 될 것입니다. 이 영광스런 직분을 감당해야 할 사람으로 택해진 여인이 마리아입니다.

이 일은 마리아가 따낸 하나님의 호의가 아닙니다. 하나님 편에서 주권적으로 마리아에게 베푸신 은혜입니다. 하나님의 기쁘신 뜻 때문에 그녀가 선택된 것입니다. 하나님의 주권적인 은혜로 선택함을 받은 마리아의 즐거움을 생각해 보십시오. 모든 신자는 예외 없이 주권적인 하나님의 사랑의 선택을 받은 자들입니다. 그래서 "만 입이 내게 있으면 그 입 다 가지고 내 구주 주신 은총을 늘 찬송하겠네"(새찬송가 23장)라고 찬양합니다.

이 사실을 깨닫는 순간을 가리켜 '예수를 믿는 순간', '거듭나게 된 순간'이라고 할 수 있습니다. 하나님이 창세전에 나를 택하셨다는 사실을 세계 역사 속에서 깨닫게 될 때 신자가 됩니다. 하나님은 당신의 주권적인 선택을 통해서 우리에게 이 은혜를 동일하게 베풀어 주십니다. 하나님의 은혜로운 선택으로 말미암아 "여자 중에 네가 복이 있으며"라는 42절의 칭송을 우리도 받게 되는 것입니다. 하나님의 은혜로운 선택으로 말미암아 만민 중에 복된 위치에 서게 된 우리 모습을 언제나 생각해 보기를 바랍니다.

엘리사벳의 증언을 들어 봅시다. "믿은 그 여자에게 복이 있도다"(눅 1:45). 마리아가 무엇을 믿었다는 말입니까? 천사를 통해서 전달된 하나님의 말씀을 믿었습니다. 하나님의 말씀을 듣고 믿음으로써 얻는 축복을 마리아는 받았습니다. 마리아가 받은 복은 우리가 받고 있는 복과 다를 바 없습니다. 하나님의 말씀을 듣고 믿음으로써 얻는 복이 바로 성도들이 누리는 복입니다. 선포되는 말씀을 듣는 것으로 끝내지 않고 믿고 지킬 때 복을 받습니다.

복음서를 읽어 보면, 여느 사람과 달리 예수님의 말씀은 능력이 있어서 듣는 사람들을 완전히 사로잡았습니다. 한번은 사람들이 모여 예수님의 말씀을 듣는데, 한 여자가 너무 감격한 나머지 소리 높여 외쳤습니다. "당신을 밴 태와 당신을 먹인 젖이 복이 있나이다"(눅 11:27). 당시는 여자들이 군중이 모인 자리에서 소리를 높이는 사회가 아니었기에, 그 일은 일상적인 사건이 아니었습니다. 이에 주님은 "오히려 하나님의 말씀을 듣고 지키는 자가 복이 있느니라"(눅 11:28)라고 대답하셨습니다. 나를 낳고 젖을 먹인 여자만 복이 있는 것이 아니라, 말씀을 듣고 지키는 자들 모두가 복이 있다고 교정하신 것입니다.

하나님의 말씀은 듣는 사람을 갈라놓습니다. 하나님의 말씀을 "아멘!"으로 받아들이는 자에게 그 말씀은 축복입니다. 그러나 하나님의 말씀을 들으면서 계속 의혹의 자리에 남아 있는 것은 불행한 일입니다. 하나님의 말씀을 의심하면 소망이 없습니다. 말씀에 대한 반응은 우리를 복된 위치에 놓을 것인지 저주의 위치에 둘 것인지, 생명의 자리로 옮길 것인지 사망의 자리에 놔둘 것인지를 결정짓습니다.

사람들 가운데서 소리쳤던 여인처럼, 예수 그리스도를 젖 먹여 키운 마리아의 축복만 부러워하지 마십시오. 하나님 나라의 백성 된 축복 또한 이에 못지않습니다. 하나님의 말씀을 시간마다 듣고 순종하는 자의 복은 마리아의 복과 조금도 다를 바 없습니다. 성경은 우리를 향해 "너희는 택하신 족속이요 왕 같은 제사장들이요 거룩한 나라요 그의 소유가 된 백성이니"(벧전 2:9상)라고 말합니다. 우리의 신분을 묵상해 보십시오. 우리의 신앙생활의 문제는 우리가 하나님을 잊어버렸을 때 시작합니다.

우리는 하나님이 왜 나를 당신의 친 백성으로 택하셨는지 한번 생각해 보아야 합니다. "이는 너희를 어두운 데서 불러내어 그의 기이한 빛에 들어가게 하신 이의 아름다운 덕을 선포하게 하려 하심이라"(벧전 2:9하). 하나님은 어두움에서 구출해서 영광스런 빛 가운데로 우리를 들어가게 해 주신 하나님에 대해서 선전하도록 우리를 당신의 백성으로 삼으신 것입니다.

하나님의 택함 받은 마리아

마리아가 천사의 인사를 듣고 놀란 또 하나의 이유는 "주께서 너와 함께하시도다"(눅 1:28)라는 말씀 때문입니다. 우리에게는 너무나 당연한 인사말처럼 들리기에 왜 마리아가 당황했는지 몰라 오히려 우리가 당황스럽습니다. 그러나 사실 이 말씀은 우리가 생각하듯이 하찮은 말씀이 아닙니다. "하나님이 당신과 함께하시기를 바랍니다" 같은 기원이나 바람이 아니라, "하나님이 당신과 함께하시도다"라는 선언입니다. 하나님 나라는 이 선언에 의해 이루어지는 나라입니다.

이는 구약의 배경 속에서 이해될 수 있는 인사말입니다. 마리아는 안식일마다 회당에 갔을 것이며 구약의 역사를 우리보다 훨씬 더 잘 꿰뚫고 있었을 것입니다. 그런데 구약을 살펴보면 이것은 아무에게나 했던 인사

말이 아닙니다. 창세기에 기록된 족장들의 역사는 "내가 너와 함께하리라"라는 하나님의 약속 실현의 역사입니다. 이 약속이 아브람으로 하여금 아브라함이 되게 했고, 야곱으로 하여금 이스라엘이 되게 했습니다. 모세의 뒤를 이은 여호수아도, 사사 기드온도 이 하나님의 약속을 받아 과업을 완수했습니다.

우리가 인생을 살아갈 때 "내가 반드시 너와 함께하리라"라는 약속을 우리 귀로 들을 수 있다면 우리는 항상 기뻐하고, 쉬지 않고 기도하며, 범사에 감사하게 될 것입니다. 그런데 마리아는 아무리 스스로를 돌아보아도 자신이 하나님의 특별한 사역을 위해 택함 받은 이유를 발견할 수 없었습니다. 그래서 너무 당황스러웠던 것입니다.

○

천사의 문안에 당혹해하는 마리아를 통해 하나님 나라를 예비적으로 살펴보았습니다. 마리아를 통해 태어날 예수 그리스도로 말미암아 도래할 하나님 나라는 어떠한 나라입니까? 하나님 나라는 하나님의 약속 성취로 이 땅에 도래합니다. 또한 하나님 나라는 하나님의 주권적인 사역의 결과입니다. 아울러 하나님 나라는 하나님의 선택으로 전개되는 나라입니다. 하나님은 언제나 하나님의 사람을 은혜로 택하셔서 하나님의 일을 이루어 가십니다. 마지막으로 하나님 나라는 하나님의 복된 선언에 의해서 이루어지는 나라입니다. 우리는 놀라운 하나님 나라의 백성으로 부르심을 받은 자들입니다. 하루하루를 하나님의 뜻을 실현시키는 복된 기회로 삼기를 바랍니다.

9.

그 나라가 무궁하리라 (1:31-33)

///

    천사 가브리엘은 나사렛에 사는 요셉과 정혼한 마리아를 찾아와 오랫동안 기다리던 메시아, 세상의 구원자를 낳으리라는 소식을 전했습니다. 이 장에서는 가브리엘이 마리아에게 전달한 이 메시지를 통해 예수님이 건설하실 하나님 나라의 성격을 본격적으로 살펴보겠습니다.

하나님 나라의 성격

하나님 나라는 예수 그리스도를 통해 건설된다

지극히 높으신 하나님의 아들을 통해서 건설되는 나라를 일컬어 '하나님 나라'라고 부릅니다. 마리아에게서 태어나는 이 아들을 통해 하나님 나라의 진면목이 드러납니다. 하나님 당신이 그 아들 안에서 통치하시는 나라가 하나님 나라입니다. 조상 다윗의 왕위를 계승함으로써 도래하는 나라를 하나님 나라라고 부릅니다. 구약에 약속된 모든 예언이 성취됨으로 나타나는 나라이며, 여호와의 열심이 이루어 가는 나라입니다(사 9:6-7). 하나님이 영원히 다스리시기에 그 나라는 다함이 없습니다.

하나님 나라는 세상 나라들 가운데 세워진다

천사는 마리아에게 '세상 나라 가운데' 공의와 평강이 넘치는 하나님 나라를 세우기 위해 아기 예수님이 태어나실 것이라고 말했습니다. 사람들은 이 점을 쉽게 이해하지 못합니다. 하지만 하나님 나라는 세상 나라를 일시에 폐하지 않고 세상 나라 가운데 세워져 지금 서서히 성장해 나가고 있습니다. 이는 크게 보면 우주적인 하나님 나라뿐 아니라 내 안에 세워지는 하나님 나라도 마찬가지입니다. 예수 그리스도를 마음에 영접하면 그때부터 하나님의 통치가 시작됩니다.

그러나 우리가 예수님을 영접하는 순간부터 하나님을 온전히 따르게 되는 것은 아닙니다. 이제 시작된 것입니다. 그래서 때로는 내 안에 하나님의 뜻을 따르고자 하는 소원이 있는가 하면, 옛 욕망을 따라 살고 싶은 마음이 우리 마음 안에서 갈등 관계를 일으키기도 합니다. 전에도 양심이라는 것이 있었습니다. 그래서 우리의 죄악된 욕망과 양심이 투쟁을 했습니다. 그러나 예수님을 영접하고 나면 양심의 빛이 아니라 성경 말씀의 빛에 따라 우리가 어떻게 살아야 할 것인지에 대해 알게 됩니다. 그렇기에 나의 욕망과 하나님의 뜻이 더 예리하게 충돌하게 됩니다.

예수님을 영접함과 동시에 천사처럼 착해진다면 갈등할 일이 없을 테지만 그렇게 되지 않습니다. 한 사람의 마음속이나 온 세상에 건설되는 하나님 나라나 서서히 변합니다. 그래서 예수님은 가루 서 말을 부풀게 하는 누룩에 대해서 말씀하셨습니다. 그 많은 밀가루를 부풀게 만드는 누룩과 같은 존재가 하나님 나라입니다.

이 세상에는 이미 하나님의 통치 아래에 들어온 사람이 있는가 하면, 그렇지 못한 사람이 있습니다. 한 집안에서도 마찬가지입니다. 믿는 부모가 자녀들에게 우리가 알고 있는 하나님의 통치에 대해 설명해 줄 수는 있으나 강제로 요구할 수는 없습니다. 강압적으로 요구하면 실패하고, 또 하나의 교회라는 이름만 가진 인간의 나라를 세워 가는 결과를 초래합니다. 특히 대를 이어 예수님을 믿는 집안에서는 더욱 조심해야 합니다.

하나님 나라는 모든 민족 가운데 구성된 새로운 민족입니다. 이 사실을 바로 알아야 우리 민족을 절대시하는 잘못을 범하지 않게 됩니다. 이것은 자기 자신을 절대시했던 옛 사람의 죄입니다. 과거 우리는 하나님을 알지 못했을 때 자기가 최고인 양 생각하며 살았습니다. 그래서 세상 사람들은 자기 가문이 최고라고 생각하고, 민족적으로는 자기 나라가 더 우수하다고 주장합니다. 그러나 하나님 나라 백성은 다릅니다. 하나님 나라는 하나님을 아는 사람들로만 구성된 나라입니다. 그리스도인들은 하나님 나라와 하나님의 백성과 하나님의 식구들과 유대를 같이하는 사람들입니다. 우리가 서로를 마음껏 사랑하며 영원토록 섬길 수 있는 세상 속에 건설되는 나라를 일컬어 하나님 나라라고 성경은 말합니다.

하나님 나라는 지극히 높으신 이의 아들이 다스리신다

하나님 나라는 지금부터 영원토록 하나님이 통치하시는 나라입니다. 우리는 하나님 나라의 백성으로서 부르심을 받았습니다. 흑암의 권세에서 빛의 나라로, 그의 사랑하시는 아들의 나라로 옮겨지는 것을 일컬어 구원이라고 합니다. 흑암의 권세에서 빼내 왔다는 점을 강조해 '구출'이라 하고, 피의 값을 대신 지불하고 옮겼으니 '구속'이라고 일컫습니다. 그런 우리를 일컬어 '구원받은 사람'이라고 합니다.

이 빛의 나라로 옮겨진 사람들은 자기의 모든 양심과 삶이 하나님의 말씀의 빛 아래서 드러난 사람들입니다. 더 이상 자기의 삶을 숨기려고 하지 않고 있는 그대로 내어놓습니다. 하늘을 우러러 한 점 부끄럼 없이 떳떳하게 살아가기를 소원하는 사람들이 하나님 나라 백성입니다. 이 빛의 나라에 옮겨진 사람들을 하나님의 통치권 아래에 들어왔다고 합니다.

하나님 나라라는 말이 강조하고 싶어 하는 핵심은 바로 통치권에 있습니다. 하나님이 다스리신다는 것입니다. 우리 마음이 하나님이 다스리시는 영역이 되어 있습니까? 하나님의 뜻이 전적으로, 절대적으로 지배되는 곳입니까? 혹시 내 뜻과 하나님의 뜻이 계속적으로 싸우고 있습니까? 만약 하나님의 뜻과 내 뜻이 싸우고 있다면 벌써 하나님 나라의 역사가 시작된 것입니다. 주기도문은 "하늘에 계신 우리 아버지, 아버지의 이름을 거룩하게 하시며 아버지의 나라가 오게 하시며, 아버지의 뜻이 하늘에서와 같이 땅에서도 이루어지게 하소서"라고 시작합니다. 아버지의 뜻이 온전히 우리의 삶을 지배하게 되는 것이 우리의 기도 내용입니다. 우리는 세상을 살 때 하나님의 통치 아래 우리 자신을 내어 맡길 수 있습니다. 우리는 지금 하나님의 뜻에 우리 자신을 전폭적으로 내어 맡길 수 있는 자리로 들어왔습니다.

기독교 신학은 인간 의지의 상태를 네 가지로 구분해 말합니다. 첫 번째로, 에덴동산에 있을 때는 타락할 가능성이 있는, 죄지을 가능성을 가진 존재였습니다. 그러나 죄를 지어 에덴동산에서 쫓겨났을 때는 죄를 지을 수밖에 없는, 죄를 향한 필연적인 인생, 죄를 안 지을 수 없는 상태였습니다. 이것이 인간 의지의 두 번째 상태로서, 죽음으로의 존재입니다. 그런데 우리가 복음을 듣고 예수님을 만나면 새로운 영역으로 옮겨집니다. 우리는 더 이상 어두움 속에 머물러 있을 필요가 없습니다. 죄를 짓지 않을 수 있는 가능성이 우리 안에 새로 주어진 것으로, 이것이 인간 의지의 세 번째 상태입니다. 마지막 네 번째는 죄를 지을 수 없는 상태로, 예수 그리스도가 다시 오실 때 우리는 죄를 지을 수 없는 자리로 옮겨질 것입니다.

다만, 오늘 우리가 처한 상태는 죄를 짓지 않을 수 있는 가능성이 주어진 상태입니다. 왜냐하면 우리는 하나님의 성품에 참여하게 되었기 때문입니다. 성도들은 하나님의 뜻을 따르기 위해 사는 사람들입니다. 이미 우리 안에 이 갈등이 있다면 우리 안에 하나님 나라가 침투한 것이 맞습니다. 그러나 하나님 나라가 온전히 이루어지게 하기 위해서는 우리의 뜻을 접고 하나님의 뜻을 수용해야 합니다. 주님은 "내게는 너희가 알지 못하는 먹을 양식이 있느니라"(요 4:32)라고 말씀하셨습니다. 세끼 음식을 챙겨 먹는 것보다 더 중요한 것은 하나님의 뜻을 따르기 위해 사는 것입니다.

지극히 높으신 이의 아들 예수 그리스도가 당신을 다스리고 계십니까? 그러면 하나님의 통치 아래 들어온 것입니다. 우리는 새로운 삶을 살고 있습니다. 이미 영생을 소유하고 있습니다. 성도의 삶이 기쁨, 기도, 감사의 영역으로 들어왔습니다. 세상이 워낙 돈을 중요시하니 예수 믿는 사람들도 똑같이 살고 싶은 유혹을 받습니다. 하지만 우리는 돈을 벌기 위해서라면 무슨 일이든 해서는 안 되는 사람들입니다. 물론 우리는 다 연약해서 유혹을 받아 넘어질 수 있습니다. 그러나 그때는 잘못이라는 사실을 빨리 깨닫고 정리해야 합니다. 거짓말에 거짓말을 더하고, 불의에 불의를 더해서는 안 됩니다. 속히 잘못을 깨닫고 "하나님, 이제는 하나님의 백성으로 살겠습니다. 더 이상 이렇게 살지 않겠습니다"라고 결심해야 합니다.

하나님 나라는 예수로 말미암는 의로운 나라다

예수 그리스도는 거짓과 불의, 폭력과 투쟁이 난무한 인간 나라 속에 하나님의 의가 거하고 통치하는 새 나라를 세우고자 태어나셨습니다. 설득과 자원함으로 섬기는 나라를 만들고자 이 땅에 오셨습니다. 예수님은 전능한 하나님이시지만 우리에게 강압적으로 충성을 요구하지 않으십니다. 하나님이 우리에게 무슨 일을 하셨는지를 말씀하심으로 우리의 마음 속에서부터 하나님의 사랑을 받아들이도록, 그분의 통치를 수긍하도록 하시기 위해 세상에 오셨습니다. 하나님 나라는 이렇게 계속 확장되어 나갑니다.

하나님의 교회는 알아듣도록 설득하는 곳, 논리가 통하는 곳입니다. 와서 내놓고 함께 이야기해 보자는 것이 하나님의 방법 아닙니까. "오라 우리가 서로 변론하자 너희의 죄가 주홍 같을지라도 눈과 같이 희어질 것이요 진홍같이 붉을지라도 양털같이 희게 되리라"(사 1:18). 권위로, 강압적으로 이루어지는 일은 성경을 모르는 일이며, 하나님을 슬프게 하는 일입니다.

우리는 하나님 나라의 백성답게 살아야 합니다. 하나님은 선한 일을 열심히 하는 사랑받는 당신의 백성으로 우리를 택하셨습니다(딛 2:14). 당신은 하나님의 백성으로서의 삶을 살고 있습니까? 또한 우리는 선한 일을 위하여 지으심을 받은 하나님의 작품입니다(엡 2:10). 선한 일을 위해 지으심을 받은 존재를 하나님의 백성이라고 합니다. 야곱의 집에서 영원히 왕 노릇 하실 지극히 높으신 자의 아들 예수님에게 절대 충성을 다하십시오. 그때 우리의 심령에 절대 평안이 깃들 것입니다. 절대 충성을 하는 곳에 절대 평안이 옵니다.

하나님 나라는 예수 그리스도가 영원히 다스리시는 나라다

하나님 나라가 무궁한 것처럼 하나님 나라의 백성 된 우리의 행복 역시

다함이 없습니다. 또한 하나님 나라를 섬기는 섬김의 보상 역시 무궁할 것입니다. 우리가 관계하는 모든 단체나 정권이나 나라는 유한합니다. 오직 하나님 나라를 향한 충성만이 영원하며, 그 보상 또한 끝이 없습니다. 왜냐하면 예수 그리스도가 영원히 야곱의 집에서 왕 노릇 하실 것이기 때문입니다. 하나님 나라는 영원합니다.

예수 그리스도의 십자가 없이는 통합이 되지 않습니다. 지나가며 변천하는 것에 연연해하지 마십시오. 우리로 하여금 하나님 나라의 백성으로 삼으신 하나님을 위해서 살아가십시오. 그렇게 살기로 결단한 자들이 예수 믿는 자들입니다.

○

이 땅에 임한 하나님 나라와 나는 무슨 관계를 가지고 있는지 한번 생각해 봅시다. 당신은 야곱의 집에서 영원히 왕 노릇 하실 예수 그리스도를 지금 섬기고 있습니까? 아직도 세상 나라에 당신의 소망 전부를 걸고 있는 것은 아닙니까? 자신의 소망을 다가오고 있는 하나님 나라에 걸고 사는 사람들은 세상에 실망하지 않습니다. 세상은 점점 악해지고 비도덕적이 될 것입니다. 소규모로 이루어졌던 악들이 갈수록 대규모로 이루어지게 될 것입니다. 전에는 숨어서 하던 잘못을 지금은 드러내 놓고 합니다. 예전에는 잘못하면 부끄러워할 줄 알았는데 지금은 못 하는 사람이 바보라고 합니다. 이렇게 악해져 가는 세상 가운데서 우리는 어디에 소망을 두고 살아야 합니까?

우리에게 주어진 하나님 나라는 요동하지 않습니다(히 12:28). 하나님 나라는 쇠퇴하지 않습니다. 오히려 하나님 나라는 날로 왕성해질 것입니다. 다니엘은 이상 가운데서 우상을 친 돌이 온 세상에 가득해진 모습을 보았습니다. 이제 곧 그 나라가 눈에 보이게 나타날 것입니다. 곧 그 날이 다가옵니다. 그날은 예수 그리스도가 다시 오시는 날입니다. 아직 세상은 그분 앞에 무릎을 꿇고 있지 않습니다. 그러나 그날에 모든 무릎이 예수 그리스도 앞에 꿇을 것이고, 모든 입으로 예수가 주라고 고백하게 될 것입니다. 그때 우리는 이십사 장로들과 방백들과 더불어 죽임을 당하신 어린양을 향해서 "찬송과 존귀와 영광과 권능을 세세토록 돌릴지어다"(계 5:13)라고 찬송하게 될 것입니다.

예수 그리스도가 각 족속과 방언과 백성과 나라 가운데서 사람들을 피로 사서 이룩하신 새 나라, 그것이 우리가 지금부터 영원토록 섬기고 사랑하도록 부르심을 받은 나라입니다. 우리는 하나님 나라에서 죽임을 당하신 어린양에게 그 능력과 부와 지혜와 힘과 존귀와 영광과 찬송을 영원토록 돌릴 때까지 그 나라에 합당한 성도로 살아야 합니다(계 5:12).

10.

어찌 이 일이 있으리이까(1:34-38)

//

천사 가브리엘의 통고 앞에 마리아가 보인 첫 번째 반응이 누가복음 1장 34절에 나옵니다. 그리고 35-37절은 천사 가브리엘의 보충 설명입니다. 38절은 마리아가 보인 마지막 반응입니다.

마리아가 보인 첫 번째 반응

"네가 잉태하여 아들을 낳으리라"라는 천사의 말을 들은 다부진 마리아의 질문을 들어 보십시오. "나는 남자를 알지 못하니 어찌 이 일이 있으리이까"(눅 1:34). 이것이 마리아의 첫 번째 반응입니다. 마리아는 종교적인 환각 속에서 이성을 포기하고 사는 여자가 아니었습니다. 요즘 식으로 말하면, 강단에서 선포된 말씀이라고 해서 무조건 "아멘"으로 받아들이는 신도가 아니었습니다. 성경이 전하는 성령의 가르침과 대치될 때는 '왜 그럴까?' 하고 의문을 제기했습니다. 비록 천사가 전한 소식이지만 믿기지 않으면 묻기를 주저하지 않았던 여자였습니다. 정직한 반응을 보이기에 망설이지 않았습니다. 사라는 100세가 된 남편을 통해서 아들을 낳게 될 것이라는 하나님이 보내신 천사의 말을 천막 바깥에서 훔쳐 듣고는 혼자 피식 웃었습니다. 그러나 마리아는 달랐습니다.

당연히 마리아의 반문에는 정당한 근거가 있습니다. 무조건 "아멘"이라고 하기 어렵습니다. "어찌 이 일이 있으리이까?" 하고 묻는 것이 타당합니다. 오늘날 한국 교회는 성경의 전체적인 계시와 일치하는지 생각도 해 보지 않고 너무도 빨리 이성을 포기하고 무조건 "아멘" 하는 데 문제가 있습니다. 그러니까 세상의 조롱과 무시를 당하는 것입니다. 포기할 때는 포기하더라도 따질 때는 따져 보아야 합니다. 물론 신앙은 이성을 초월합니다. 우리는 알고 믿는 것이 아니라, 믿고 아는 것입니다. 이것이 신앙의 본질입니다. 하지만 맹목적인 "아멘" 제창은 불건전한 기독교의 후렴입니다.

그러므로 "어찌 이 일이 있으리이까" 하며 질문하는 마리아를 성경의 하나님은 나무라지 않으십니다. 자기가 들은 말씀을 한 번 생각해 보고 마침내 도달한 결론이 마음속 깊숙한 곳에서부터 믿어질 때 비로소 하나님의 살아 있는 약속이 부각되어서 "아멘" 하는 사람이 복 있는 사람입니다. "어찌 이 일이 있으리이까?" 하고 반문해 보는 것, 그것은 신앙의 바른 자세입니다.

천사의 이어진 보충 설명

마리아의 반문을 통해 "성령이 네게 임하시고 지극히 높으신 이의 능력이 너를 덮으시리니"(눅 1:35)라는 천사의 대답이 이어짐으로 하나님의 뜻이 더 밝히 우리에게 공개되었습니다. 이 천사의 대답은 하나님이 어떻게 이 일을 이루어 가실지를 보여 줍니다. 말하자면, 하나님의 실천 방안(Divine 'how-to')을 공개해 줍니다.

역사 속에서 단 하나의 예외적인 사건으로서, 아직도 사람들에게 의심을 받는 사건이 바로 예수님의 처녀 탄생입니다. 이 일을 이성으로라도 이해할 수 있도록 하는 대답이 천사의 입에서 나온 "성령이 네게 임하시고"라는 말씀입니다. 지극히 높으신 이의 능력을 제외하고서는 불가능한 일입니다. 그리고 하나님은 불가능을 가능케 하시는 분입니다. 아무것도 없는 가운데 세상을 창조하신 하나님, 우리를 지으신 전능하신 하나님이 마리아에게 개입하신 것입니다.

하나님의 능력이 개입하면 사람의 생각을 초월합니다. "대저 하나님의 모든 말씀은 능하지 못하심이 없느니라"(눅 1:37). 하나님의 모든 약속이 예수 그리스도 안에서 "예"가 되는 것은 전능하신 하나님의 능력 때문입니다.

어떻게 아무것도 없는 데서 모든 것이 나올 수 있습니까? 어떻게 흑암과 혼동 속에서 빛과 질서가 나올 수 있습니까? 어떻게 한 번 죽은 인생이 다시 새로워질 수 있습니까? 어떻게 죄에 죽어 있던 추한 모습이 예수 그리스도 안에서 흠 없이 아름다운 신부로 변할 수 있습니까? 어떻게 이 혼탁한 세상이 의가 거하는 새 하늘과 새 땅으로 변할 수 있습니까? 우리가 알고 있는 모든 데이터를 가지고 말하면 "그럴 수 없다"고 대답해야 상식이요, 합리적인 답입니다.

그러나 우리의 모든 상식과 이성과 예측과 기대를 뒤엎을 수 있는 요인이 있습니다. 성경은 역사를 움직이는 유일한 요인을 제시하고 있습니다. 그것은 성령이요, 그 성령의 역사입니다. 지극히 높으신 하나님의 능력 외에는 불가능합니다.

오늘날 우리가 답해야 할 질문이 있습니다. "어떻게 미친 듯이 종말을 향해서 내딛고 있는 인류 문명이 예수 그리스도의 통치 아래 속하게 되겠는가?" 이에 대한 답은 "성령이 네게 임하시고 지극히 높으신 이의 능력이 너를 덮으시리니"라는 35절 말씀입니다. 우리가 새 역사 창조의 주역이 될 수 있는 유일한 요인은 바로 성령이 우리에게 임하셔서 우리를 사로잡을 때 가능한 것입니다. 이스라엘 백성은 비록 철 병거를 가지지 못했으나 가나안 정복이 가능했습니다. 지극히 높으신 이의 능력이 함께했기 때문입니다.

하나님은 "너는 피투성이라도 살아 있으라"(겔 16:6)고 명하시면서, 당신의 백성들이 지극히 높으신 이의 능력을 믿고 의지하도록 설득해 오고 계십니다. 우리는 깨어지기 쉬운 질그릇에 불과합니다. 내가 노력함으로써 거룩한 삶을 어느 정도 살 수는 있습니다. 그러나 이 세상을 뒤집어엎기에는 불가능합니다. 이는 오직 성령이 임하시고 지극히 높으신 이의 능력이 사로잡을 때 가능합니다.

모든 불가능을 가능케 해 주는 설명이 이 기독교의 메시지에 담겨 있습니다. "어찌 이 일이 있으리이까?"라는 질문에 "성령이 네게 임하시고 지극히 높으신 이의 능력이 너를 덮으시리니"라고 설명해 주는 것이 기독교의 대답입니다. 하나님이 함께하시고 하나님의 능력이 우리를 덮을 때 우리는 인간의 한계를 초월하게 됩니다. 그때 우리는 보통 사람이 아니라 하나님의 능력에 붙들린 사람이 됩니다. 그러면 달라집니다.

"성령이 네게 임하시고 지극히 높으신 이의 능력이 너를 덮으시리니 이러므로 나실 바 거룩한 이는 하나님의 아들이라 일컬어지리라"(눅 1:35). 성경은 논리적입니다. 성령이 임하셔서 지극히 높으신 이의 능력이 역사해 태어난 아기이기 때문에 그 거룩한 분은 하나님의 아들이라 일컬어집니다. 여기에 하나님의 설명, 하나님의 논리, 하나님의 방법이 계시됩니다. 우리를 통해서 하나님 나라를 이 땅에 확장해 가시려는 것이 하나님의 뜻이 아닙니까.

문제는 성경이 보여 주는 하나님의 논리를 우리가 믿느냐, 믿지 않느냐입니다. 이를 위해 하나님이 내게 개인적으로, 내 심중에 믿어질 수 있는 논리를 펴 주시는 것입니다. 하나님의 방법을 계시해 주시는 것입니다. 그것이 '성령이 네게 임하시고'입니다. 하나님의 역사는 성령이 내게 임하신 역사입니다. 성령이 임하심으로 창조가 되었고, 성령이 임하심으로 이스라엘이 생겨났고, 성령이 임하심으로 이스라엘 역사가 계속되었고, 성령이 임하심으로 하나님의 교회가 형성되었고, 성령이 역사하심으로 교회가 아직도 이 땅에 남아 있습니다.

우리를 통해서 하나님 나라를 확장시켜 나가시려는 그 엄청난 뜻이 가능해지는 유일한 설명이 본문에 나옵니다. 이는 성령의 역사요, 지극히 높으신 이의 능력입니다. 그 결과이기 때문에 태어나신 분이 '하나님의 아들'이라 일컬어지듯이, 하나님의 전능하신 능력을 통해서 이루어지는 역사이기 때문에 그 역사는 '하나님의 역사'로 일컬어져야 합니다. 그때 모든 영광이 하나님에게 돌아갑니다.

마리아를 위한 천사의 설명은 그 한 구절로 끝나지 않고, 이제는 물적 증거를 갖다 댑니다. "보라 네 친족 엘리사벳도 늙어서 아들을 배었느니라 본래 임신하지 못한다고 알려진 이가 이미 여섯 달이 되었나니"(눅 1:36). 마리아는 천사와의 만남 후 일어나 빨리 산골로 가서 유대 한 동네에 도착했습니다. 그 이유는 하나님 나라의 역사를 직접 확인해 보고 싶었기 때문입니다.

하나님은 엘리사벳에게 일어난 일, 즉 이미 6개월 전에 일어난 하나님의 능력의 역사를 증거로 내세우셨습니다. 지극히 높으신 이의 능력이 죽은 엘리사벳의 태를 새롭게 하고, 사가랴 역시 회복시킨 것입니다. 그래서 엘리사벳이 아이를 가진 지 여섯 달이 되었다는 것입니다. 본래 아이를 가지는 것이 불가능한 석녀가 아이를 가진 것입니다. 그렇다면 하나님의 논리와 증거 앞에 내릴 수 있는 결론은 무엇입니까? "대저 하나님의 모든 말씀은 능하지 못하심이 없느니라"(눅 1:37)라는 말밖에 없습니다.

마리아의 궁극적인 반응, "아멘"

천사의 설명, 하나님의 논증 앞에 궁극적인 마리아의 반응은 "아멘"이었습니다. 알아볼 것을 알아보고, 따져 볼 것을 따져 본 후에, 하나님이 해 주시는 설명이 자기 마음에 믿어져 그 마음이 환희로 가득 차게 되었을 때 "주의 여종이오니 말씀대로 내게 이루어지이다"(눅 1:38)라고 말하는 것이 신자의 방법입니다.

기독교는 이성을 초월하지만, 무시하지 않습니다. 기독교의 메시지는 처음 들을 때는 황당한 듯합니다. 말이 안 되는 것 같습니다. 그러나 그렇기에 믿을 만합니다. 그 이유가 무엇일까요? 이 약속을 하시는 분이 보통 분이 아니시기 때문입니다. 그래서 약속의 내용이 엄청납니다. 사람의 상식선을 초월해 버립니다. 그러나 약속해 오시는 분은 하나님이십니다. 하나님은 우리의 상식을 초월하는 이야기들을 가지고 다가오십니다. 처녀를 보고 "네가 아들을 낳을 것이다"라고 선언하십니다. 기독교의 메시지는 처음 들으면 황당하지만 새겨들으면 근거가 있습니다. 전능하신 하나님, 우리를 만드신 하나님이 하지 못하실 일이 어디 있겠습니까.

그렇기 때문에 우리가 하나님을 믿지 못한다면 성경이 말하는 논리가 부족하거나 증거가 불충분해서가 아닙니다. 우리 자신의 완고함 때문입니다. 우리가 하나님을 섬기지 못하고 있다면 하나님이 능력이 없어서가 아니라, 우리가 하나님의 능력을 신뢰하지 않기 때문입니다. 기독교는 성령의 능력에 의해 시작된 종교이고, 성령의 능력에 의해 계속되는 종교이고, 성령의 능력에 의해 완성될 종교입니다. 처음부터 자신만만함은 깨어져야 합니다. 처음부터 무기력한 자기변명은 집어던져야 합니다.

하나님의 교회는 인간이 살아서 날뛰는 곳이 아니라 하나님의 능력이, 하나님의 계시가, 하나님의 비전이 사로잡는 곳입니다. 그래야 하나님의 교회가 제 모습을 갖추는 것입니다. 자신만만함도 깨어져야 하고, '나는 못한다'는 콤플렉스도 사라져야 합니다. 그런 사람이 마리아의 고백에 함께할 수 있습니다.

○

"주의 여종이오니 말씀대로 내게 이루어지이다"(눅 1:38). 이 말씀을 믿습니까? 여기에 "아멘"의 응답이 요청됩니다. 왜냐하면 대저 하나님의 모든 말씀은 능하지 못하심이 없다는 것을 우리가 납득했기 때문입니다. 이 전능하신 하나님의 말씀의 역사가, 지극히 높으신 하나님의 능력의 성취가 주님의 오심을 기다리는 우리의 삶을 통해 나타나기를 기도합니다.

11.

말씀대로 이루어지이다(1:35-38)

복음에 감격한 사람이라면

어떻게 자신이 참된 신자인지 알아볼 수 있습니까? 사도신경에 요약되어 있는 신조를 하나하나 다 수긍한다고 해서 신자라고 말할 수 있습니까? 지적인 동의만으로는 그리스도인으로 인정될 수 없습니다. 만약 그렇다면 마귀야말로 사도신경에 고백된 기독교 신앙이 진리라는 것과 하나님이 유일하고 참된 신이시라는 사실을 누구보다 잘 알고 있습니다. 복음은 우리에게 지적인 수긍을 하라고 선포되는 것이 아닙니다. 또한 복음은 감정적인 반응을 일으키기 위해서, 감정에 호소하려고 선포되는 것도 아닙니다. 아울러 복음은 단순히 의지적인 반응을 의도하고 선포되는 것이 아닙니다. 일정한 삶의 형태나 삶의 방식만을 의도하지 않습니다. 외적으로 규모 있는 삶이나 종교적인 금욕주의가 복음이 의도한 열매는 아닙니다. 바리새인들이 그러했듯이, 겉보기에 그럴듯한 것들은 인간 안에 있는 죄악된 것들을 변화시키지 못합니다. 안에서부터 우리를 바꾸어 거룩한 사람으로 만들지 못합니다.

"주의 여종이오니 말씀대로 내게 이루어지이다"(눅 1:38)라는 마리아의 고백은 냉철하고 이지적인 결단이나 황홀하고 감정적인 결단이 아니며, 이를 악문 의지적인 결단도 아니었습니다. 마리아는 천사의 설명을 듣고는 감격한 순간, 이렇게 응답한 것입니다. 이것은 지, 정, 의가 모두 관여한 고백인 동시에 벅찬 환희의 고백입니다.

마리아의 입에서 터져 나온 고백은 그녀의 마음에서부터 나온 것입니다. 인간의 본질인 마음에서부터 나오는 환희의 고백이 신자들의 고백입니다. 참된 그리스도인의 반응은 항상 이처럼 전적이고 완전합니다. 인격 전부가 감동되어 그 영향으로 고백이 터져 나오는 것이 복음이 의도하는 바입니다. 구약 시대에 하나님의 은혜를 깨달은 사람들은 이렇게 고백했습니다. "내 영혼아 여호와를 송축하라 내 속에 있는 것들아 다 그의 거룩한 이름을 송축하라 내 영혼아 여호와를 송축하며 그의 모든 은택을 잊지 말지어다"(시 103:1-2).

누가복음 1-2장은 이처럼 감격의 노래로 엮인 부분입니다. 왜 엘리사벳은 마리아를 큰 소리로 축복했습니까? 마리아의 태중에 있는 아기 예수로 인해 감격했기 때문입니다. "내 영혼이 주를 찬양하며 내 마음이 하나님 내 구주를 기뻐하였음은"(눅 1:46-47)이라고 마리아가 노래한 것도 복음으로 인한 전인격적인 반응이었습니다. 사가랴 역시 "찬송하리로다 주 이스라엘의 하나님이여 그 백성을 돌보사 속량하시며"(눅 1:68)라고 찬양했습니다.

정말 신기하게도 누가복음 1-2장에서는 주님을 만난 사람들마다 그 마음의 깊숙한 곳에서 찬송이 터져 나옵니다. 찬송은 오직 구원의 감격이 있는 사람들만 부를 수 있는 노래입니다. 누가복음의 찬양만큼이나 벅찬 사도행전에 나오는 그리스도인들의 삶을 보십시오. 세상이 감당할 수 없는 능력에 사로잡혀 있는 사람들 말입니다. 그것이 복음에 의해서 살아가는 사람들의 정상적인 모습입니다.

바울의 글을 한번 읽어 보십시오. 예수 그리스도에 대한 이야기에 감동하면 터져 나오는 것이 '영광송'입니다. 자기가 하던 이야기의 흐름을 잊어버리고 하나님을 뜨겁게 찬양하는 '영광송'은 바울이 쓴 편지의 특성 중 하나입니다. 바울은 자신이 전하고 있는 복음이 지적인 교리가 아니라 그의 삶을 바꾸어 놓은 능력이기 때문에 복음의 진수를 말할 때마다 찬송하지 않고는 그 부분을 지나갈 수가 없었습니다. 온 영혼과 마음이 복음으로 인해서 감격한 사람이 진정한 그리스도인입니다.

복음이 감격하게 하는 이유

복음은 왜 이처럼 영혼 깊숙한 곳에서 감사와 찬양, 경탄과 칭송이 터져 나오도록 합니까? 복음이 구원받은 사람으로 하여금 항상 경이와 찬양과 사랑과 경배의 노래를 부르게 하는 이유는 무엇입니까?

구원은 전적으로 하나님이 하신 일

구원은 사람들이 생각해 낸 이야기가 아니라 전적으로 하나님에게 속한, 하나님으로부터 시작된 일입니다. 구원은 인간이 할 수 있는 일이 아니라, 하나님이 하신 일입니다. 우리로서는 "어찌 이 일이 있으리이까?"라고 물을 수밖에 없는 것이 구원입니다. "대저 하나님의 모든 말씀은 능하지 못하심이 없느니라"(눅 1:37)라는 천사의 말대로, 전능하신 하나님의 사역의 결과를 우리는 구원이라고 말합니다. 성령이 임하시고 지극히 높으신 이의 능력이 덮으신 결과가 우리의 구원입니다.

성경의 하나님은 구원 사역에 능동적이신 하나님입니다. 하나님은 우리가 찾아가기까지 가만히 계시는 분이 아닙니다. 우리가 열심을 다해 섬겨야 복을 주시는 분이 아닙니다. 하나님은 먼저 찾아오셔서 우리에게 복 주시는 분입니다. 성경은 우리 노력의 결과로서의 구원이 아닌, 하나님의 선수(先手)적인 사랑의 결실로서 구원을 말합니다. 성경적인 구원은 항상 하나님으로부터 시작합니다. 그리고 하나님으로 계속되고, 하나님으로 돌아가는 것이 구원의 교리입니다(롬 11:36).

성경의 하나님은 인간의 구원을 위해서 모든 일을 다 해 놓으신 분으로 소개됩니다. 하나님은 우리에게 "너희는 할 일이 아무것도 없다"고 말씀하십니다. 그때 우리는 "천부여 의지 없어서 손 들고 옵니다"(새찬송가 280장)라고 찬송하며 나아가야 합니다. 하나님이 우리를 향해서 기대하시는 것은 온전한 항복밖에는 없습니다. 하나님이 다 이루어 놓으신 큰 구원을 믿게 될 때 터져 나오는 것이 찬송입니다. 그리고 우리가 지금부터 영원토록 그분을 찬송하는 것만이 하나님이 우리에게 기대하시는 반응의 전부입니다.

하나님에 대한 우리의 지식은 우리의 탐구로 말미암는 것이 아니라, 하나님 당신의 계시(reveal)의 결과입니다. 우리가 탐구(research)해서 하나님을 알아낸 것이 아니라, 하나님이 당신을 알리신 결과로 우리가 하나님을 알게 되었습니다. 복음이 누구에게나 신나는 이야기가 될 수 있는 소지가 바로 여기에 있는 것입니다.

지금 우리가 살펴보고 있는 누가복음 1장에서 하나님은 우리의 시선을 끊임없이 하나님에게로 돌리도록 하십니다. 그런데 우리는 어리석을 때가 많아서, 하나님을 믿고 시작해 놓고서는 중간에 자기 자신에게로 돌아가 자신의 노력을 의지하려고 합니다. 출발은 믿음으로 해 놓고 완성은 자신의 노력으로 하려 하니 그리스도인이 누려야 하는 그 수준의 기쁨을 누리지 못하고 나오는 것은 한숨뿐입니다.

성도는 하나님의 역사의 결과이고, 그것이 하나님의 교회입니다. 성도들이 모였다 하면 찬송하는 이유가 바로 여기에 있습니다. 구원의 사닥다리는 땅에서부터 하늘로 세워진 것이 아니라, 하나님이 친히 내려 주신 것입니다.

성경의 하나님이 우리에게 요구하시는 바가 무엇입니까? "내가 거룩하니 너희도 거룩할지어다"(레 11:45). "하늘에 계신 너희 아버지의 온전하심과 같이 너희도 온전하라"(마 5:48). 우리더러 하나님처럼 되라는, 인간으로서는 도저히 불가능한 요구입니다. 성경은 우리에게 더 나은 사람이 되라고 말하지 않습니다. 그것은 세상 도덕과 종교가 말하는 메시지입니다. 성경은 우리에게 완전히 새로운 사람이 되라고 합니다. 옛 사람을 십자가에 못 박아 버리라는 것입니다. 끝장을 보라는 것입니다. 그리고 나서 예수 그리스도의 부활과 함께 새로 시작해야 한다고 말합니다. 모든 것을 다 청산해 버리고 새로 태어나지 않으면 하나님을 아는 것은 불가능하다고 성경은 말합니다.

"그런즉 누가 구원을 얻을 수 있나이까"(눅 18:26) 하는 것이 우리가 던질 수 있는 유일한 질문입니다. 이에 예수님이 대답하십니다. "무릇 사람이 할 수 없는 것을 하나님은 하실 수 있느니라"(눅 18:27). 사람이 할 수 있었으면 왜 하나님이 당신의 아들을 세상에 보내 십자가에 제물로 내어 주셨겠습니까. 그 길 말고는 사람을 구원할 수 있는 길이 없었습니다. 사람이 할 수 없는 그것을 하나님이 하시기에, 그 하나님의 능력과 생명을 체험한 자는 감사와 경배를 돌리게 됩니다.

구원은 인간이 성취할 수도, 완전히 이해할 수도 없다

구원은 인간이 성취할 수도, 완전히 이해할 수도 없는 일입니다. 구원의 소식을 처음 들은 사람들의 반응을 한번 생각해 보십시오. "내가 이것을 어떻게 알리요 내가 늙고 아내도 나이가 많으니이다"(눅 1:18, 사가랴). "나는 남자를 알지 못하니 어찌 이 일이 있으리이까"(눅 1:34, 마리아). "사람이 늙으면 어떻게 날 수 있사옵나이까"(요 3:4, 니고데모). "어디서 당신이 그 생수를 얻겠사옵나이까"(요 4:11, 사마리아 여자). 학식 있는 사람이나 없는 사람이나, 남자나 여자나 구별이 없습니다.

우리의 생각으로는 전혀 불가능한 이야기가 기록된 책이 성경입니다. 십자가의 고난도, 예수 그리스도의 부활도 처음 듣는 사람에게는 놀랍고 충격적인 이야기입니다. 그런데 왜 복음의 소식이 그대로 증거됩니까? 그 이유는 받아들이는 사람들이 충격 없이 사실로 받아들이고 있기 때문입니다. 오순절 이후 성도들의 반응을 생각해 보십시오. 이것은 발전적인 과정도 아니고, 점진적으로 성장해 나가는 것도 아닙니다. 홀연히 능력으로 충만해졌습니다. 그래서 남들이 술 취했다고 말했지만 그들은 하나님을 찬양하고 감사했습니다.

인간의 문제는 바르게 사는 방법에 무지한 것도 아니고, 바르게 살고자 하는 소원이 없는 것도 아닙니다. 소원은 있지만 바르게 살 수 있는 능력을 갖지 못한 것이 문제입니다. 기독교의 구원은 새 삶의 도리를 가르쳐 주는 것만이 아니라, 새 삶을 살 수 있는 능력까지도 줍니다. 위대한 찬송과 영광의 노래는 생명과 능력, 평화와 자유를 맛본 가슴에서 터져 나오는 생수입니다. 그래서 복음은 감격스런 소식이고, 복음이라는 말 자체는 복되고 기쁜 소식입니다. 복음은 사람의 아들들로 하나님의 아들들이 되게 하려고 하나님의 아들이 사람의 아들이 되셨다는 소식입니다. 그러므로 그것은 우리에게 복된 소식입니다. 아무 인생도 동정녀 탄생과 성육신을 완전히 깨달을 수 없습니다. 아무 인생도 신이 사람이 되었다는 것을 이해할 수 없습니다.

결국 우리 앞에는 두 대안만이 남아 있습니다. 하나는 믿기를 거절하는 것입니다. 그러나 더 나은 대안은, 마리아처럼 다 이해할 수는 없지만 그 일이 하나님으로 말미암는다는 사실과 하나님에게는 능치 못하심이 없다는 선언에 의해서 굴복하며 순응하는 것입니다.

구원은 모든 인생에 소망을 주는 이야기

구원은 하나님이 거저 주시는 선물로서, 모든 인생에게 소망을 주는 이야기입니다. 기독교의 구원은 의지력이 강한 사람만이 따를 수 있는 행동 규범이 아니며, 감정이 풍부한 사람이라야 감격의 눈물을 흘릴 수 있는 종교가 아닙니다. 누구든지 하나님의 형상으로 지으심을 받은 자는 그 생각과 마음과 의지에서 결단을 내릴 수 있는 놀라운 소식입니다. 구원은 누구나 마실 수 있는 샘물입니다. 누구나 누릴 수 있는 새로운 삶입니다. 하나님의 방법은 모든 사람을 동일한 입장에 놓아둡니다. 우리로서는 아무리 날고 기는 사람이라 하더라도 동일한 입장에 있습니다.

하나님이 택해서 보여 주시기 전에는 바로 깨달을 수 없습니다. 따라서 우리는 복음을 깨닫고 즐거워하는 모습을 곁에서 지켜볼 때 함께 기뻐합니다. 도무지 인간으로서는 있을 수 없는 일이 일어났기 때문입니다. 그 일이 진정 어떻게, 누구의 능력에 의해서 되었는지를 바로 아는 사람이라면 하나님에게로 돌아왔다는 소식만큼 기쁜 소식은 없습니다. 도무지 인간으로서는 불가능한 일이 가능하게 되었는데 어떻게 그 소식을 무덤덤하게 들으면서 자신이 그리스도인이라고 말할 수 있습니까.

나 같은 것을 찾아오신 하나님의 은혜 때문에 감격한 사람은 밤을 새워서라도 형제자매가 주 앞으로 돌아온 일에 대해서 들을 수 있습니다. 성경은 복음에 대한 반응이 전인격적이라고 말합니다. 자신이 완전히 송두리째 말씀에 반응을 보이기까지 내가 확실히 주님을 안다고 고백하기에는 이릅니다. 하나님의 전적인 은혜에 달려 있는 사건이기에 그 기쁜 소식을 듣고 감동하지 않는다면 아직도 전능하신 분의 능력에 접하지 못한 사람인 것입니다.

예수 그리스도는 하나님의 지혜요, 하나님의 능력입니다. 예수 그리스도는 우리에게 하나님의 의로움이 되시고 구속함이 되십니다. "아무 육체도 하나님 앞에서 자랑하지 못하게"(고전 1:29) 하려고, 오직 주님만 칭송하고 자랑하도록 하기 위해서 하나님은 사람들을 모두 같은 위치에 두셨습니다. 그래서 계시라는 특별한 방법에 의해 하나님의 백성을 부르기로 작정하셨습니다.

○

이처럼 감격스런 복음을 접한 적이 있습니까? 우리 모두에게 복음의 감격이 새로워지길 바랍니다. 하나님은 우리를 사랑하시어, 우리를 용서하시고 우리에게 새 삶을 주셨습니다. 우리에게 필요한 모든 것은 아기로 오신 예수 그리스도 안에 다 있습니다. 예수 그리스도는 영광의 소망이고, 하나님의 모든 보화가 그분 안에 감추어져 있습니다. 그리스도를 믿기만 하면 우리에게 허락된 모든 축복을 다 받을 수 있습니다. 그리스도를 인격적으로 만나면 우리 마음에 물밀듯 기쁨이 넘칠 것입니다. 죄인을 은혜로 구원하신 하나님을 길이 찬양하고 싶은 새로운 욕망이 가득하게 될 때 우리는 어둠에서 빛으로, 사망에서 생명으로 옮겨진 사람이 됩니다. 이 구원의 감격이 우리 모두에게 있기를 바랍니다.

12.

믿은 그 여자에게 복이 있도다 (1:39-45)

복음을 들은 사람들에게 일어나는 일

마리아는 왜 엘리사벳을 찾아 그 먼 길을 갔을까요? "보라 네 친족 엘리사벳도 늙어서 아들을 배었느니라"(눅 1:36)라는 천사 가브리엘의 말이 마리아를 움직였기 때문입니다. 마리아는 불가능을 가능케 하시는 하나님의 전능하신 역사가 성취된 현장에 가서 자신의 눈으로 확인하고 싶어지셨습니다. 엘리사벳에게 주신 놀라운 약속이 어떻게 이루어졌는지 보고 싶은 동시에 자기에게 주신 하나님의 약속을 함께 나누고 싶었던 것입니다.

"이때에 마리아가 일어나 빨리 산골로 가서 유대 한 동네에 이르러"(눅 1:39). 누가복음 기자는 왜 마리아가 '빨리' 갔다고 기록했을까요? 그 표현이 없어도 이야기를 계속해 나갈 수 있는데 말입니다. 이는 마리아의 반응을 보여 주기 위해서입니다. 아들을 낳게 될 것이라는 복된 소식을 듣고 빨리 일어나 사가랴의 집으로 향하는 마리아의 모습에서 벅찬 감격이 느껴집니다. 이 장에서는 복된 구원의 소식을 들은 우리의 모습을 한 번 점검해 보도록 하겠습니다.

마리아에게 역사한 복음의 능력

교회 안에서 자라난 사람들의 비극이요, 교회 생활이 거듭될수록 쉽게 빠지게 되는 유혹이 무엇일까요? 주일마다 시련 없이 교회당을 찾아 나오는 사람들에게 찾아오는 심각한 문제가 무엇입니까? 말씀에 대한 지적인 수긍, 말씀에 대한 피상적인 수용이라고 생각합니다. 하나님의 말씀이 본래적인 감격으로 와 닿진 않지만, 그 말씀에 대해 안다는 것입니다. 그래서 말씀을 들을 때마다 새롭게 느껴지는 것이 아니라 '아, 전에 들었던 이야기구나'라고 반응하게 되는 것입니다. 이것은 심각한 문제입니다.

만약 처음 복음을 대할 때는 감격스러웠는데 햇수가 거듭되면서 무기력해지고 있다면 '복음이란 무엇인가?'를 다시 생각해 볼 필요가 있습니다. 그때 다시 한 번 갈보리의 언덕으로 가야 합니다. "말씀대로 내게 이루어지이다"(눅 1:38)라고 감격하며 응답하는 사람은 그 하나님의 말씀의 성취를 보기 위해 빨리 가는 마리아처럼 적극적인 반응을 보입니다.

마리아가 살던 갈릴리 나사렛에서 사가랴가 살던 산골 마을까지는 상당한 거리입니다. 어느 주석가는 120-160킬로미터 정도라고 이야기합니다. 종종걸음으로 걸어도 사나흘이 족히 걸리는 길입니다. 무엇 때문에 마리아가 이 어려운 일을 한 것입니까? 하나님의 말씀이 살아서 자기 마음에 감격으로 다가오는 사람은 이처럼 적극적인 반응을 보입니다. 동일한 구원의 감격을 확인하기 위해서 며칠, 아니 몇 달 길이라도 가서 만나고 싶어 하는 것이 성도의 자연스런 반응입니다. 마리아는 엘리사벳의 집에서 약 석 달간 머물며 약속의 징표로서 아들이 태어나는 것을 보고 돌아왔습니다. 요한의 출생을 축하하는 즐거움에 함께했습니다.

태중의 요한에게 역사한 복음의 능력

마리아가 찾아간 말씀 성취의 현장에 있었던 반응 중에서 특이한 것은 태아 요한의 반응입니다. 엘리사벳의 설명을 한번 들어 보십시오. "보라 네 문안하는 소리가 내 귀에 들릴 때에 아이가 내 복중에서 기쁨으로 뛰놀았도다"(눅 1:44). 예수님의 어머니가 인사하는 소리에, 엘리사벳이 마리아의 인사에 대답하기도 전에 주의 성령의 충만함을 입은 자답게 배 속에 있는 태아 요한이 먼저 기뻐 뛰면서 환영했습니다. 여기서 우리는 복음이 어떤 것인지를 배워야 합니다. 복중에 있는 태아지만 요한은 기쁨으로 뛰놀며 자기 사명을 다하고 있는 것입니다. 사람들은 우연히 아기가 배 속에서 놀았다고 말할 것입니다. 그것은 인본주의적 설명입니다. 기독교의 설명은 성령으로 감동해 기쁨으로 뛰놀았다는 것입니다. 기독교는 인간의 생각을 초월하는 종교로서, 처음부터 끝까지 하나님이 하시는 역사입니다.

복음은 성령 충만하기만 하면 태아라도 반응을 보일 수 있는 놀라운 소식입니다. 이 복음의 소식은 듣고, 또 들어도 새로운 소식입니다. 복음은 들으면 들을수록 더욱 복된 소식이 됩니다. 기쁨으로 뛰노는 환희의 순간은 요한만이 아니라, 주의 음성을 자신의 귀로 듣는 모든 자에게 주어진 공통 경험입니다. 말씀의 성취에 접하여 기쁨으로 맞이한 환희의 순간을 경험해 본 적이 있습니까? 그 사람은 신자입니다. 그 순간은 그 이전의 순간과 그 이후의 순간을 갈라놓는 분수령입니다. 복음은 세상이 알 수 없는 감격과 환희의 순간을 우리에게 가져다줍니다.

우리는 기쁨으로 뛰노는 태중의 아이를 통해서 복음에 대한 합당한 반응이 어떤 것인지 배울 수 있습니다. 복음에 합당한 반응은 전인격과 모든 삶으로 응답하는 것입니다. 하나님이 나를 사랑하셔서 독생자를 내어 주셨다는 소식은 앉은 채 고개만 끄덕일 수 있는 정도의 이야기가 아닙니다. 정말 내 마음에 다가올 때는 눈물인지 콧물인지 잘 구별이 안 되는 것을 흘립니다. 그것이 복음의 역사가 일으키는 반응입니다. 그 순간 세상은 그대로 있지만 나는 변해 버립니다.

엘리사벳에게 역사한 복음의 능력

복음의 능력이 어떻게 역사하는지를 무엇보다도 확실히 보여 주는 사람은 엘리사벳입니다. 엘리사벳은 성령의 충만함을 받아 큰 소리로 외쳤습니다. "여자 중에 네가 복이 있으며 네 태중의 아이도 복이 있도다 … 주께서 하신 말씀이 반드시 이루어지리라고 믿은 그 여자에게 복이 있도다"(눅 1:42-45).

혹시 끓어오르는 분노로 고함을 친 경험이 있습니까? 극도에 달한 증오심 때문에 저주의 말이 입에서 튀어나온 적은 없습니까? 만약 있다면 엘리사벳에게 나타난 성령 충만함이 어떤 것인지, 어떻게 일상적인 삶과 다른지 그 차이를 쉽게 볼 수 있을 것입니다.

분노가 끓어올라 폭발하는 사람처럼 성령 충만한 상태에서 성령에 사로잡혀 터져 나오는 말도 큰 소리로 부르짖는 모습으로 나타날 수 있습니다. 그러나 둘은 내용이 판이합니다. 성령 충만한 사람의 외침에는 기쁨과 축복의 선언이 있습니다.

베드로는 오순절 사건을 설명하기 위해 소리를 높였습니다. 초대 교회 성도들은 기도의 자리에 함께 무릎을 꿇고 소리를 높여 부르짖었습니다. 요한복음 1장에서는 소리를 높여서 그리스도를 증거한 세례 요한을 만날 수 있습니다. 또한 요한복음 7장에서는 소리를 높여 "누구든지 목마르거든 내게로 와서 마시라"(요 7:37) 하신 예수님의 음성을 들을 수 있습니다. 성령 충만하면 자신을 제어할 수 없게 됩니다. 분노에 사로잡힌 삶과 하나님의 영에 사로잡힌 삶, 두 삶에 얼마나 많은 차이가 있습니까? 우리는 어느 쪽을 자주 경험하고 있습니까?

복음은 인간으로 하여금 서로를 기쁨 가운데 만나게 하는 하나님의 지혜입니다. 복음은 인간으로 하여금 서로를 축복하게 하는 하나님의 능력입니다. 삶을 직시하십시오. 만나서 기뻐하고, 보지 못하면 만나고 싶어하고, 만날 때마다 축복해 주는 모임을 교회 외에 어디서 발견할 수 있습니까? 세상에서는 만나서 반갑게 인사하고는 앉아서 입을 열면 자랑 일색입니다. 만날 때는 반갑지만 술이 한 잔 들어가고 수가 틀리면 서로를 향해 고함을 치기도 합니다.

복음으로 말미암는 삶은 완전 판이한 것입니다. 저주와 욕설 대신 축복과 찬양이 우리 입술에서 터져 나오게 하신 하나님의 지혜와 능력이 복음 안에 있기 때문입니다. 하나님의 능력이 우리 삶에 작용하지 않고 하나님이 우리를 그대로 버려두셨다면 우리도 별다르지 않았을 것입니다. 하나님의 복음의 역사로 이제는 자기 분노를 이기지 못해서 저주하는 것이 아니라, 고요히 무릎을 꿇고 하나님에게 기도하는 것이 자기 사명이라는 사실을 아는 사람, 그는 달라진 사람입니다.

성령 충만은 엘리사벳으로 하여금 외적인 언어의 변화뿐만 아니라 내적인 통찰력의 변화에 이르도록 했습니다. 성령 충만한 엘리사벳은 하늘의 분별력을 가지고 자신을 찾아온 마리아가 아직 앉아서 자기에게 일어난 일을 설명하기도 전에 성령으로 알아보고는 "내 주의 어머니가 내게 나아오니 이 어찌 된 일인가"(눅 1:43)라고 말했습니다. 성령으로 하나 된 사람은 서로를 알아보기 마련입니다. 엘리사벳은 마리아의 인사만 듣고도 주의 모친 됨을 알고 비천한 자신을 찾아 준 것에 감격했습니다. 우리가 비록 엘리사벳처럼 성령으로 충만하지 못하다 하더라도, 성령이 우리 안에 거하시면 하늘의 형제자매들을 알아볼 수 있습니다. 아니, 내 안에 계신 성령이 형제자매 안에 계신 성령을 알아보게 하시는 것입니다. 이는 성도의 영적 본능입니다.

경건의 모양은 있으나 경건의 능력은 부인하는 죽은 기독교는 누가 성도인지 알아볼 수 없다고 말하지만, 하나님의 자녀는 다릅니다. 교제를 나누어 보면 상대방이 지금 나와 함께 하늘나라를 걷고 있는 사람인지, 아니면 그가 하늘의 본향을 향해서 걸을 수 있도록 기도해 주어야 할 사람인지 분별할 수 있습니다. 이는 신비적인 이야기가 아니라 영적으로 새로 태어난 그리스도인의 본능에 속하는 지식입니다. 젖꼭지를 찾아서 빠는 것은 사산아가 아닌 살아 있는 아이의 본능입니다.

영적으로 하나님의 자녀가 되었다면 대화를 나누는 상대방이 신앙인인지, 아닌지 모른다고 해서는 안 됩니다. 상대방이 누군지를 모르는데 어떻게 교제가 이루어집니까. 그러므로 분별은 중보 기도의 시작입니다. 누가 믿음의 형제자매인지 알아보는 것, 하나님의 말씀을 들을 때 "아멘"으로 화답하는 것, 목자의 음성인지 알아보게 되는 것은 영적인 본능에 속합니다.

사람에 따라서 영적인 분별력이 더 빠르고 더 확실한 경우도 있겠지만, 이는 누구나 기본적으로 알 수 있는 것입니다. 주의 백성이 자기 형제자매를 인식한다는 것은 땅 위에서 함께 누릴 수 있는 성도의 교제의 기초가 되기 때문입니다. 우리가 사도신경에서 고백하듯 성도가 서로 교제하는 특권을 행사하기 위해서는 형제자매를 만날 때마다 그가 나와 함께 영광의 주님을 만났는지, 아닌지를 알아야 합니다. 그래야 그를 위해 어떻게 기도해야 할지를 결정할 수 있습니다. 그가 주 안에서 성장하기를 기도해야 할지, 아니면 말할 수 없는 탄식으로 그에게 하나님의 영광이 나타나기를 기도해야 할지 분별해야 기도할 수 있습니다. 교회는 주님의 피로 한 몸 된, 형제자매 된 지체들의 모임이 되어야 합니다.

뿐만 아니라 엘리사벳은 자신을 찾아온 마리아를 인척 간 높낮이로 대하지 않고, 주의 어머니로 대했습니다. 그리스도인은 이제 모든 인간관계를 과거와 달리 새롭게 파악해야 합니다. 우리 안에 일어난 내적인 신분 변화는 우리 사이의 관계를 변화시켜 줍니다. 동향, 동문, 가문 등은 신자에게 더 이상 중요하지 않습니다. 우리는 사람들을 파악할 때 단 두 가지 분류만 해야 합니다. '나와 같이 형제로서 하늘을 향해 가고 있는가, 아니면 이전에 내가 걷던 그 길을 아직도 걷고 있는가?' 신자는 사람을 파악해야 합니다. 그랬을 때 그 안에서 서로가 서로를 만나게 되면 거기에서 새로운 교제가 생겨납니다.

연장자이자 나이 많은 할머니인 엘리사벳은 자기 같은 사람에게 주님의 어머니가 찾아온 것은 감당하지 못할 황공한 은혜라는 사실을 알았습니다. 이것이 주님의 말씀이 역사한 사람에게 있어서 달라진 모습입니다. 예수님을 알게 된 사람들은 더 이상 자존심 튕기기를 하지 않아야 합니다. 한마디 말을 해도 서로 밀리지 않으려고 신경 쓰는 관계라면 건강한 성도의 교제가 아닙니다. 성도는 "내 주의 어머니가 내게 나아오니 이 어찌 된 일인가"(눅 1:43) 하며 감격하고 감사하는 사람입니다. 나이로 파악하는 것이 아니라 주님과의 관계에서 자기 자신이 아무것도 아님을 깨닫고 남을 나보다 낮게 여기는 찬사가 튀어나오는 것입니다.

엘리사벳은 자기에게 나아온 주의 어머니를 축복했습니다. 그리고 그 태중에 있는 아이도 축복했습니다. 축복에 축복을 거듭했습니다. 신자들은 그런 면에 있어서도 엘리사벳과 함께하는 자들입니다. 성도들은 모든 인생을 긍휼히 여길 뿐 아니라 주 안에서 형제자매 된 자들을 축복하는 자들입니다. 엘리사벳은 하나님의 신실성을 먼저 경험한 자로서 하나님의 말씀을 믿고 나아온 마리아를 축복했습니다. "믿은 그 여자에게 복이 있도다"(눅 1:45).

성도는 서로 만나 보고 싶어 합니다. 성도는 산골 마을에 있는 사람이라 할지라도 같은 말씀의 체험이 있는 사람을 만나기 원합니다. 그와 더불어 감격스런 체험을 나누고 싶어 합니다. 같은 체험을 가진 사람을 만남으로 격려하고, 격려를 입게 되는 것입니다. 혼자서 감격하고 음미하기보다는 나눔으로써 더 감사하고 감격하며 하나님에게 찬송과 영광을 올려 드리게 되는 것입니다. 이것이 성도의 삶입니다.

○

누가복음 1장 46절 이하에 기록된 마리아의 놀라운 찬양은 성령 충만한 엘리사벳을 만나 축복 속에 터져 나온 화답이라는 사실을 기억합시다. 마리아가 나사렛에 머물렀더라면 이 아름다운 노래는 존재하지 않았을 것입니다. 축복은 축복을 낳고, 감사는 더 큰 감사를 유발시킵니다. 마리아의 문안은 엘리사벳이 축복하게 했고, 엘리사벳의 축복은 마리아를 찬양하게 했습니다. 우리의 만남도 상호 격려와 놀라운 하나님을 칭송하는 만남이 되어야 합니다.

따라서 주일은 기쁜 날입니다. 주님의 승리하심을 함께 기뻐하면서,

주님의 승리하심으로 산 경험을 나누는 날이기 때문입니다. 성도들끼리 교제하면서 지금 필요한 은혜가 무엇인지, 어떤 부분에서 연약한지 등을 서로 이야기하고 함께 기도해야 합니다. 성도는 다 같이 하늘의 본향을 사모하는 사람들입니다. 함께 그리스도의 장성한 분량이 충만한 데 이르기까지 자라 가며, 성령 안에서 하나님이 거하실 처소가 되어야 합니다. 예수 안에서 함께 지어져 가는 우리가 되기를 바랍니다.

13.

마리아의 찬송 1_(1:46-50)

하나님의 약속에 대한 반응, 침묵 vs. 찬송

누가복음에는 구주 탄생을 둘러싸고 하나님을 향한 찬송이 자주 터져 나옵니다. 예수님의 탄생 예고와 탄생 기사가 기록된 누가복음 처음 두 장에는 우리를 구원하러 오신 예수님을 찬송하는 노래들이 자주 들려옵니다. 이 장의 본문인 마리아의 노래를 필두로 2장에는 베들레헴 밤하늘에 울려 퍼진 천군 천사들의 찬송과 그 현장을 지켜본 목자들의 찬송이 나옵니다. 뿐만 아니라 아기 예수의 길 안내자로서 태어난 요한의 출생을 바라보며 부르는 그 아버지 사가랴의 찬송이 1장 끝자락에 있습니다. 아기 예수를 하나님에게 드리기 위한 봉헌 예식 현장에서 부른 시므온의 찬송도 빼놓을 수 없습니다. 찬송은 거룩한 탄생을 둘러싼 성도들의 자연스러운 반응입니다.

이 장에서는 마리아의 찬송을 살펴보겠습니다. 주님의 모친 마리아는 자신의 태를 통해 구원자 예수를 세상에 보내시는 하나님을 찬송했습니다. 개역개정 성경은 "마리아가 이르되"라는 말씀으로 시작됩니다. 이를 표준새번역 성경은 "그리하여 마리아가 노래하였다"라고 번역함으로 마리아가 말한 내용이 찬송임을 밝혀 줍니다.

여기에서 중요한 것은 '그리하여'라는 접속사입니다. 직역하면 '그리고'라는 접속사가 그 앞에 있어야만 합니다. 이 접속사의 기능은 마리아의 찬송의 배경을 알려 줍니다. 바로 앞에서 "주께서 하신 말씀이 반드시 이루어지리라고 믿은 그 여자에게 복이 있도다"(눅 1:45)라는 엘리사벳의 말을 받고 있습니다. 좀 더 살펴보면, 마리아가 엘리사벳을 방문한 사건을 전제합니다. 그보다 앞서서는 천사 가브리엘이 갈릴리 나사렛 동네에 살던 처녀 마리아를 방문한 사건과도 관련이 있습니다. 천사 가브리엘이 마리아에게서 약속된 메시아가 태어날 것을 통고하자 이에 "말씀대로 내게 이루어지이다"(눅 1:38)라고 고백한 마리아의 신앙이 이 마리아의 찬송에 깔려 있습니다.

또한 마리아의 찬송은 엘리사벳의 노래나 사가랴나 시므온의 찬송처럼 성령 충만을 전제합니다. 왜냐하면 사람은 마음이 기뻐야 노래하기 때문입니다. 마리아의 마음속에 성령으로 말미암은 기쁨이 가득했기에 마리아의 입술에서 찬송이 터져 나왔습니다. 기쁨과 찬송은 성령 충만한 결과적인 현상입니다.

우리는 이 서론적인 고찰을 통해 스스로를 한번 돌아볼 필요가 있습니다. 우리는 하나님의 약속에 대한 마리아의 신앙적 태도를 주목해야 합니다. 세례 요한의 아버지인 제사장 사가랴와 비교할 때 마리아의 태도가 더 두드러집니다. 사가랴는 엘리사벳이 아들을 낳으리라는 하나님의 약속의 말씀에 의심을 표명했으나, 마리아는 그보다 더 엄청난 내용의 하나님의 말씀을 듣고도 신앙으로 응답했습니다.

하나님은 약속의 말씀에 대한 반응에 따라서 때로는 벌하시고, 때로는 복을 주십니다. 의심한 사가랴는 하나님의 말씀이 성취되기까지 말하지 못하는 벌을 받았습니다. 그러나 믿은 마리아에게는 하나님을 미리 찬송하는 특권이 주어졌습니다. 이것은 언제나 동일한 원리입니다. 하나님의 약속에 어떻게 반응하느냐에 따라 침묵의 시간을 만나기도 하고, 찬송의 시간을 얻기도 합니다. 당신에게 주신 하나님의 약속이 너무 커 보여서 의심이 듭니까? 그렇다면 하나님을 찬송할 기회를 상실할 것입니다.

그럼에도 놀라운 것은, 때가 이르면 하나님의 말씀이 성취된다는 사실입니다. 이 약속 실현은 우리의 반응 여부에 따라 결정되지 않습니다. 때로 하나님은 우리를 만들고 빚어 가면서 당신의 역사를 이루어 가십니다. 하나님의 약속 성취는 약속하신 하나님의 신실하심에 따라서 결정됩니다. 다만 우리의 부정적인 반응은 우리 자신으로 하여금 미리 하나님을 기뻐 찬송할 기회를 얻지 못하게 할 뿐입니다.

삶에 주어진 하나님의 약속에 대해서, 그것이 아무리 크더라도 믿음으로 받아들이십시오. 그러면 그 약속의 말씀의 성취를 미리 맛보는 즐거움이 자리할 것입니다. 그러면 마리아처럼 우리의 삶에 행하실 하나님의 사역을 미리 찬송할 특권을 가지게 될 것입니다.

마리아의 찬송은 하나님의 말씀에 의한 우리의 태도를 살피게 합니다. 하나님의 약속 앞에 침묵하고 있습니까, 아니면 마리아처럼 입술에 찬송이 가득합니까? 입술의 찬송은 마음의 확신에 따라 좌우됩니다. 침묵과 찬송은 하나님의 약속에 대한 우리의 반응에 달려 있습니다.

신앙의 전통을 따른 마리아의 찬송

이제 마리아의 찬송을 살펴보겠습니다. 마리아의 찬송은 구약 성도들의 찬송과 그 표현 방식이 아주 흡사합니다. 아마도 마리아는 하나님의 말씀에 젖어 살았던 것 같습니다. 물론 동일한 구원 경험을 가진 성도의 노래는 닮을 수밖에 없습니다. 특히 갈릴리에서 사나흘 걸리는 산골 유대 동네까지 오는 동안 마리아가 마음에 되새긴 말씀이 하나의 노래였던 것 같습니다. 그렇다 보니 마리아의 찬송이 구약성경 한나의 노래를 연상시키는 것은 무리가 아닙니다.

마리아의 찬송은 개인적인 구원 체험에서부터 시작합니다. 마리아 자신의 상황이 하나님에 대한 찬송을 유발시킵니다. 누구든 마음속에 개인적인 구원의 감격과 평안이 있어야 찬송하는 일에 동참할 수 있습니다. 그런 의미에서 마리아가 여기서 사용하는 일인칭 단수는 의미가 깊습니다. 앞부분에 나오는 일인칭 단수는 사사로운 자신을 가리키는 것에 그치지 않습니다. 이는 사무엘상 2장 1절에 기록된 한나의 찬송과 비교해 볼 때 두드러집니다.

한나는 아기를 갖지 못하는 여자의 슬픔을 알았습니다. 그 한나의 고통이 불임에서부터 구원을 받음으로써 한나의 찬송으로 변했습니다. 마리아의 찬송은 한나의 고백을 그대로 되받았습니다. "내 영혼이 주를 찬양하며 내 마음이 하나님 내 구주를 기뻐하였음은"(눅 1:46-47). 이 고백은 한나가 사무엘을 낳고 하나님에게 기쁨으로 찬송했던 그 순간을 기억하게 합니다. "내 마음이 여호와로 말미암아 즐거워하며 … 내가 주의 구원으로 말미암아 기뻐함이니이다"(삼상 2:1).

두 찬송의 서두의 표현이 비슷하며 분위기가 서로 닮았음을 관찰할 수 있습니다. 말하자면, 마리아는 한나의 표현을 빌려서 개인적인 체험을 고백한 것입니다. 신앙의 전통 속에서 자기 신앙을 고백한 것입니다. 마리아를 향한 하나님의 역사는 전적으로 유(類)를 달리하는 새로운 것이기는 하지만, 동시에 이스라엘의 구원 역사의 연속선상에 놓여 있는 사건입니다. 마리아와 한나는 적어도 동일하신 하나님을 찬송했습니다. 그 구체적인 역사 속의 나타남은 다르지만 동일하신 하나님의 구원을 노래했습니다. 그러므로 마리아는 언약 공동체에 친숙한 이 노래에 자신의 음성을 보탠 것입니다. 이는 또한 성경을 잘 아는 사람이 누릴 수 있는 특권입니다.

하나님을 찬송하는 마리아만의 이유

이처럼 마리아는 신앙의 전통을 지키는 한편, 자신이 찬송하는 자기만의 이유를 밝혔습니다. 물론 개역개정 성경에는 그 이유를 밝히는 접속사가 모두 빠져 있습니다만, 표준새번역 성경은 적어도 두 곳에서는 살려서 번역했습니다. "내 마음이 주님을 찬양하며 내 영혼이 내 구주 하나님을 높임은 주께서 이 여종의 비천함을 돌보셨기 때문입니다. 이제부터는 모든 세대가 나를 행복하다 할 것입니다. 힘센 분이 내게 큰일을 하셨기 때문입니다"(눅 1:46하-49상, 표준새번역).

마리아가 하나님을 찬송하는 첫 번째 이유는 비천한 상태에 있는 자기를 은총으로 돌아보셨기 때문이라고 밝히고 있습니다. 마리아는 자신의 보잘것없는 사회적 위치가 하나님이 그녀를 의미 있게 보심으로 이제 만대에 의미 있는 자로 인정받는 확고한 위치로 바뀌기에 찬송했습니다. 마리아는 이제 인간 역사에서 의미 있는 존재가 될 것입니다. 하나님이 마리아에게 허락하신 꿈을 이제 후세가 모두 공유하게 될 것입니다.

마리아의 비천한 처지는 무언가를 기다리는 데 소망을 두고 사는, 보잘 것없는 하나님의 백성의 공통적인 처지입니다. 이 땅에 사람의 역사가 시작된 이래로 오직 하나님의 구원만을 바라보고 살던 하나님의 백성의 공통된 특징은 항상 별로 내어놓을 만한 것이 없다는 데 있습니다. 여기서 마리아는 자신과 하나님의 백성의 연대감을 보여 줍니다. 하나님이 자신의 비천함을 돌아보셨다는 말에는 자신의 비천함과 함께 주님의 백성의 비천함을 하나님이 권고해 주시는 새로운 때라는 소망이 포함되어 있습니다.

세상에서 자신을 대단한 자라고 여깁니까? 세상에서 대단한 사람이 당신을 인정해 준다며 자부심을 느끼고 있습니까? 그럼으로써 비천한 하나님의 백성과 자신은 무관하다는 것을 스스로 폭로하지 마십시오. 아니면 대단한 사람들과 동일시할 수 없는 처지에 있습니까? 부끄러워하지 마십시오. 오히려 전능하신 하나님을 바라볼 수 있는 기회가 될 것입니다.

마리아는 자신이 찬송하는 이유를 더 밝혔습니다. "능하신 이가 큰일을 내게 행하셨으니"(눅 1:49). 여기서 '능하신 분'은 표준새번역 성경에서처럼 막연히 '힘센 분'이라는 의미와는 다릅니다. 이 말은 구약 계시의 역사속에 하나의 분명한 전환점을 가져다준 단어와 맥이 통하기 때문입니다. 99세의 아브라함에게 나타나신 하나님의 말씀을 기억하고 있습니까? "나는 전능한 하나님이라 너는 내 앞에서 행하여 완전하라"(창 17:1). 하나님은 아브라함에게 전능한 하나님을 온전히 신뢰하라고 하셨습니다. 그 전능한 하나님은 "내가 내 언약을 나와 너 사이에 두어 너를 크게 번성하게 하리라"(창 17:2)라고 약속하셨습니다. 당시 아브라함의 처지는 자녀가 없었습니다.

창세기 28장 3절에서 이삭이 아들 야곱을 객지로 보내면서 전능하신 하나님의 이름으로 복을 빌어 준 말에서도 같은 표현을 만날 수 있습니다. 또한 환난의 날, 야곱이 벧엘에서 하나님을 만났을 때 하나님은 당신을 전능한 하나님이라고 소개하며 야곱을 격려하셨습니다. 또한 야곱이 노년에 마지막 소망이던 베냐민을 애굽에 보내면서 전능하신 하나님을 바라며 한 고백 가운데 이 표현이 나타납니다.

우리는 전능하신 하나님이 도와주지 않으시면 길이 없다는 것을 알아야 합니다. 우리가 믿는 분이 전능하신 하나님이라는 것을 알아야 합니다. 가진 것이 있어서 전능하신 분을 바라보지 않고 지금껏 살아왔다면, 그것은 축복이 아니라, 잘못하면 우리와 우리 자녀의 삶에 저주가 될 수 있습니다. 신앙인이라면 전능하신 하나님 앞에 바로 서는 기도의 시간이 있어야 합니다.

뿐만 아니라 구약의 예언서를 보면 이 단어는 종말론적인 구원자를 가리키는 말입니다. 전능자라는 이름은 극한 상황 속에서 우리를 구원하신 하나님으로서 소개된 이름입니다(습 3:17). 우리 가운데 계신 하나님은 구원을 베푸실 전능자이십니다. 그 전능하신 하나님이 우리를 잠잠히 바라보고 계십니다. 비천한 처지에 있던 하나님의 백성과 마리아에게 나타나셨던 전능하신 하나님이 지금 우리에게도 나타나실 것을 바라보십시오. 생의 위기를 전능자 하나님을 만날 기회로 바꾸어 보십시오. 생의 어려움을 마리아와 함께 그 하나님을 찬송하게 될 전기로 삼아 보십시오. 능하신 이가 내게 큰일을 행하셨다는 고백을 하게 될 것입니다. 성경에서 '큰일'은 항상 하나님의 구원을 나타낼 때 쓰입니다. 자기 속에 큰일, 즉 구원의 경험이 있어야 역사 속에서 하나님의 큰일을 볼 때 함께 찬송할 수 있습니다.

마리아의 찬송의 주제: 하나님의 거룩과 사랑

"그 이름이 거룩하시며 긍휼하심이 두려워하는 자에게 대대로 이르는도다"(눅 1:49하-50). 마리아의 노래의 전반부는 하나님의 대표적 속성인 거룩하심과 자비하심을 찬송하는 말로 마칩니다. 하나님은 거룩과 사랑이십니다. 하나님의 능력을 통해서 하나님의 거룩이 나타남을 마리아는 찬송했습니다.

삶에 나타난 하나님의 능력을 사모하십시오. 하나님의 성품을 알아 가는 계기가 될 것입니다. 하나님의 능력을 체험하게 되면 하나님은 거룩하시다고 고백하게 될 것입니다. 삶 속에서 하나님의 전능하심을 경험해 보십시오. 그때 하나님의 긍휼을 깨닫게 될 것입니다. 마리아가 "만세에 나를 복이 있다 일컬으리로다"(눅 1:48)라고 노래한 이유는 마리아를 통해서 메시아 예수가 오셨기 때문입니다. 하나님의 새 역사는 마리아가 체험한 하나님의 자비의 결과입니다. 성령이 임하시고 지극히 높으신 이의 능력이 그녀를 덮은 결과로 새로운 메시아 시대가 왔습니다.

마리아의 찬송을 통해서 하나님이 우리에게 주시는 메시지가 무엇입니까? 구속사를 주도하시는 성령에게 주저하지 말고 자신을 기꺼이 내어 맡기라는 것입니다. 하나님은 성령으로 말미암아 마리아를 통해 시작하신 당신의 구원 역사를 지금도 이루어 가십니다. 오순절에 성령을 주심으로써 메시아 시대의 하나님의 백성을 지금도 모으고 계십니다. 하나님은 당신에게 자신을 기꺼이 맡기는 자들을 통해서 큰 일을 이루어 가고 계십니다. 약속의 말씀에 믿음으로 반응하며 성령님에게 전적으로 자신을 내어 드릴 때, 하나님의 구원 역사는 비천한 우리를 통해서도 이루어질 것입니다.

구속 역사의 목표, 예수님의 재림은 순종하는 하나님의 백성의 결단을 통해서 도래합니다. 어린 아기로 오셨던 새 이스라엘의 왕이 하나님 나라의 왕, 구세주, 심판주로서 곧 다시 오실 것입니다. 그날에는 모든 것이 회복되고 새로워질 것입니다. 하나님의 심판은 공정하고, 하나님의 통치는 영원할 것입니다. 그리스도의 이름이 거룩하고 그분의 자비하심이 그분을 두려워하는 자에게 대대로 이를 것입니다. 그리스도를 두려워하는 자에게 이 자비하심은 영원히 이를 것이기 때문입니다.

○

거룩하신 하나님의 자비하심에 자신을 내어 맡기십시오. 전능하신 하나님의 큰일에 성령으로 자신을 드리십시오. 그러면 기쁨과 찬송이 삶 가운데 회복될 것입니다. 그리스도를 증거하는 능력이 새로워질 것입니다. 우리 대장 예수 그리스도는 승리자로서 이 땅을 사셨습니다. 사탄의 권세는 파괴되었습니다. 지금 사탄의 지배력은 붕괴되고 있습니다.

이 사실을 믿는 자는 믿는 순간부터 하나님을 찬송하는 찬양 속에 자신을 드릴 수 있습니다. 우리를 구원하셨고, 우리를 통해서 구원 역사를 이루고 계신 하나님의 자비하심을 대대로 찬송합시다. 자비하심을 대대로 찬송하는 것은 모든 신자의 특권입니다.

14.

마리아의 찬송 2(1:51-55)

///

예상치 못한 선물을 받은 마리아

마리아와 엘리사벳은 구주 탄생 이야기에서 빼놓을 수 없는 주인공들입니다. 성령 충만해서 큰 소리로 마리아에게 축복한 엘리사벳은 어쩌면 다혈질 여인인 듯싶습니다. 좋은 일이 있으면 자신도 모르게 목소리가 커지는 사람들이 있습니다. 그러나 마리아는 달랐습니다. 감동적인 수태고지에도 차분히 질문을 한 여인입니다. 큰 소리의 축복의 말을 듣고도 조용한 목소리로 찬양하는 마리아의 모습은 엘리사벳과 대조적입니다. 하지만 더 깊은 감동 속에서 더 차분한 반응이 마리아의 것입니다. 마리아의 찬양은 엘리사벳의 찬사보다 더욱 위대했으나 더 절제된 노래입니다.

마리아의 노래 속에는 쉽게 범접할 수 없는 위엄이 전면에 흐르고 있습니다. 이 찬양 속에서 마리아는 약속된 아들에 대해서 한마디도 직접적으로 언급하지 않습니다. 하지만 우리 모두가 아는 대로, 마리아가 하나님으로 인해 기뻐 떨며 주의 이름을 높인 이 찬양은 이 약속에 대한 감격 때문에 터져 나온 것이 분명합니다. 다만 마리아는 엘리사벳과 다른 기질의 소유자였기에 보다 차분하게, 진지하게, 크신 하나님의 성품과 사역을 노래했습니다.

마리아와 엘리사벳, 두 여인 이야기의 상관관계는 마리아의 노래를 이해하는 데도 중요합니다. 두 여인은 모두 하나님의 특별한 은총을 입었습니다. 주님은 석녀 엘리사벳의 부끄러움을 제거해 주셨고, 동시에 처녀 마리아의 비천함을 돌아보셨습니다. 두 여인은 모두 아들을 선물로 받았습니다. 그러나 두 여인이 살아온 모습은 서로 판이하게 다릅니다. 기질 만큼이나 나이도 다르고, 처지도 달랐습니다.

엘리사벳은 평생 동안 아기 갖기를 소망해 왔지만 수태하지 못해 한을 가졌던 여인이었습니다. 하지만 하나님의 주권적인 은혜로 태중에 아이를 가짐으로 평생 간구한 기도의 응답을 받았습니다. "내가 기도했더니 하나님이 응답하셨다"고 자신 있게 말할 수 있는 여인이었습니다. 그런 면에서 엘리사벳에게 일어난 일에 관한 이야기는 우리에게 그렇게 낯설지가 않습니다. 사라, 라헬, 한나의 전례에 비추어서 친숙한 느낌을 줍니다.

그러나 마리아의 이야기는 전혀 다릅니다. 마리아는 우리로 하여금 전혀 새로운 방향을 바라보게 합니다. 그녀는 이제 막 가임기에 들어선 처녀입니다. 한 번도 현실적인 소망으로 아기를 가질 생각을 한 적이 없었을 것입니다. 수태하지 못하는 여인의 한이 무엇인지를 알지 못한 여인입니다. 말하자면 "한 번도 기도한 적이 없었는데 하나님이 축복하셨다"라고 말할 수 있는 여인입니다.

이 젊은 여인에게 임한 하나님의 은혜는 인간의 모든 예상과 기대를 넘어선 것입니다. 수태하지 못하던 구약 여인들에게 나타나셨던 하나님의 신실하심을 초월한 것입니다. 인류의 통념을 뛰어넘는 하나님의 역사입니다. 새로운 이야기의 주인공답게 남자를 전혀 알지 못하는 처녀가 여기에 선택되었습니다. 이 새로운 이야기에 등장하는 처녀 마리아는 하나님이 주시는 약속과 소망에 대한 새로운 전망을 갖도록 합니다. 하나님은 마리아의 소망 기도 목록에 들지 않은 한 약속을 가지고 찾아오셨습니다.

엘리사벳과 마리아의 삶 속에 찾아오신 하나님은 어떤 분이십니까? 엘리사벳에게는 늘 갈망해 왔으나 얻지 못하던 것을 주시는 분으로 오셨습니다. 마리아에게는 꿈에도 상상하지 않았던 것을 주신 하나님이십니다. 오랜 절망의 삶을 살아온 한 많은 여인에게도 하나님은 놀라운 분이십니다. 동시에 갓 인생을 시작하는 꿈 많은 여인에게도 새로운 시작을 허락하시는 분이 하나님이십니다. 젊은이, 늙은이 할 것 없이 하나님은 놀라운 분으로 찾아오십니다.

하나님은 간구하는 자에게 응답하시는 분입니다. 동시에 기도는 그만두고 상상도 하지 못한 선물을 주시는 분이기도 합니다. "우리가 구하거나 생각하는 모든 것에 더 넘치도록 능히 하실 이"(엡 3:20)가 우리 하나님이십니다. 우리는 가끔 "내가 기도했더니 하나님이 응답해 주셨다"고 이야기합니다. 그 사람은 복 받은 사람입니다. 그러나 그것이 사람이 받을 수 있는 축복의 전부는 아닙니다. "나는 한 번도 생각해 보지 않았는데 하나님이 축복을 주셨다"고도 말할 수 있어야 성경에 나오는 신앙의 사람들을 본받는 것입니다. 하나님은 우리가 경험한 것보다 훨씬 더 크십니다. 지금껏 내가 알고 체험한 것이 하나님의 전부라고 생각하지 마십시오.

엘리사벳과 마리아의 하나님은 옛 상처를 치유하시는 분인 동시에, 예기치 못한 새로운 미래를 열어 주시는 분입니다. 두 여인 모두 하나님의 돌아보심을 계기로 그 인생에서 중요한 새 출발을 하게 되었습니다. 그 거룩한 순간을 경험함으로써 그들의 삶은 변화되었습니다. 이 거룩하신 임재는 너무나 분명해서 태중에 있는 아이도 기뻐 뛰놀 정도였습니다. 나이 든 엘리사벳은 마리아를 축복하고, 젊은 여인 마리아는 찬양의 노래로써 화답하지 않을 수 없었던 감격스러운 하나님의 임재를 경험해 보기 바랍니다. 이런 배경을 마음속에 두고 마리아가 부른 찬양의 후반부를 살펴보겠습니다.

개인적 체험을 신앙의 전통으로

마리아의 노래 후반부에서는 찬송의 초점이 분명히 옮겨지고 있습니다. 더 이상 마리아의 개인적인 체험만을 노래하지 않습니다. 이제는 마리아가 속한 신앙 공동체, 이스라엘의 공동적인 체험으로 초점이 옮겨지고 있습니다. 한나가 노래한 불임으로부터의 구원은, 이제 한 걸음 더 나아가 전적으로 예상치 못한 선물을 받은 마리아의 찬양을 표현하는 데 사용되고 있습니다. 마리아는 한나의 찬양을 사용해서 자신의 개인적인 체험을 신앙의 전통이라는 폭넓은 차원 속에서 승화시키고 있습니다. 마리아는 우리에게 친숙한 이 노래에 자신의 음성을 더하고 있는 것입니다. 이미 있는 찬송을 사용함으로 신앙의 전통을 지키는 동시에 자신만의 찬양해야 할 이유를 고백하고 있습니다.

우리는 신앙의 전통 속에 머물러 서서 자신만이 밝힐 수 있는 찬양의 이유를 말할 수 있어야 합니다. 찬양은 하나님이 자신에게 어떤 일을 행하셨는지를 아는 사람만이 부를 수 있는 노래입니다. 또렷한 음성으로 차분히 답하는 마리아를 만나 보십시오. 여전히 마리아는 자신에게 행하신 하나님의 사역을 말하지만, 후반부에서는 사용하는 언어의 변화가 눈에 띕니다. 전반부에서는 일인칭 단수를 주로 사용했습니다. 그뿐만 아니라 하나님의 속성을 강조한 전반부와는 대조적으로 후반부에서는 하나님의 행동에 그 초점이 옮겨지고 있습니다. 하나님에 관한 형용사와 명사 중심이 하나님의 능하신 행동을 보여 주는 동사 중심으로 바뀌고 있습니다.

"그의 팔로 힘을 보이사"(눅 1:51). 전능자의 팔의 역사가 나타난 때를 기억하고 있습니까? '능하신 분의 큰일' 하면 떠오르는 것이 없습니까? 그것이 있어야 신앙의 전통 가운데서 자란 의미가 있습니다. 새벽송도 돌고 한밤송도 부르면서 자란 값을 하는 것입니다. 능하신 일의 대표적인 큰일이 무엇입니까? 구약의 역사 가운데 하나님의 큰 팔이 나타난 것은 홍해가 갈라진 때입니다. 여기에 버금가는 역사가 있다면 열방에 흩어져 있는 이스라엘 백성을 다시 예루살렘으로 모아들이신 것입니다.

삶 속에서 하나님의 그 크신 능력을 한 번이라도 체험해 보았습니까? 그렇다면 우리는 모세와 같이 고백해야 할 것입니다. "주 여호와여 주께서 주의 크심과 주의 권능을 주의 종에게 나타내시기를 시작하셨사오니 천지간에 어떤 신이 능히 주께서 행하신 일 곧 주의 큰 능력으로 행하신 일같이 행할 수 있으리이까"(신 3:24). 마리아는 지금 그 크신 역사를 되풀이해서 읊고 있습니다. 하나님의 백성과 더불어 하나님이 이루신 역사는 세상을 변화시키는 역사입니다.

마리아는 하나님의 변혁의 역사를 노래했습니다. "권세 있는 자를 그 위에서 내리치셨으며 비천한 자를 높이셨고 주리는 자를 좋은 것으로 배불리셨으며 부자는 빈손으로 보내셨도다"(눅 1:52-53). 우리 하나님의 역사는 세상을 뒤집어엎는 역사입니다. 수천 년 구약의 역사가 그러했다고 마리아는 노래하고 있습니다. 한마디로, 교만한 자들을 흩으신 역사가 하나님의 역사입니다. 교만한 자를 흩으시는 것이 하나님의 구원 역사의 부정적인 측면이라고 하면, 그 종 이스라엘을 도우시는 것은 하나님의 구원 역사의 긍정적인 측면입니다. 한편으로 도우시고, 한편으로 흩으시는 것이 하나님의 역사인 것입니다.

여기 기술된 하나님은 어떤 일을 하십니까? 두 쌍의 반대 명제가 서로를 설명해 주고 있습니다. 하나님은 권세를 남용하는 자들을 낮추셨고, 가지지 못한 자들을 높이셨습니다. 하나님의 역사는 세상의 기존 질서를 재편하는 역사입니다. 비천한 여종 마리아에게 하신 크신 역사는 비천한 자들에게 해 오셨던 하나님의 크신 역사와 맥이 서로 통하는 역사입니다. 모든 것에 핍절해서 하나님을 바라보고 도와 달라고 요청했던 사람들에게는 좋은 것으로 만족시키시고, 하나님 없이도 얼마든지 배부르게 살 수 있는 사람들을 아무것도 가진 것 없이 돌려보내신 것은 하나님의 심판의 역사입니다.

마리아만 해도 그렇습니다. 마리아는 갈릴리 나사렛의 별 볼 일 없는 시골 처녀였습니다. 그러나 하나님의 눈에는 인류 구속을 위해서 당신이 만세로부터 택정하신 의미 있는 존재였습니다. 마리아에 대해서 하나님이 가지신 계획은 이제 대대로 영원토록 찬양을 받을 것입니다. 세상이 우리를 어떻게 평가하고 있는지는 별로 중요하지 않습니다. 다만 하나님의 시각으로 자신을 바라보십시오. 하나님은 별것 아닌 사람을 특별한 존재로 바꾸시는 분입니다. 하나님의 계획 속에서는 그 어떤 사람이라도 별것 아닌 존재란 없습니다.

마리아는 당신의 백성을 구원하기 위해서 과감하게 행동하신 하나님을 찬송하고 있습니다. 그 첫 번째가 정치적인 변혁에 관한 묘사라고 하면,

두 번째 묘사는 사회적인 개혁입니다. 내리치시고 높이시는 일을 통해서 하나님이 어떤 분인지를 알 수 있습니다. 좋은 것으로 배불리시고 빈손으로 돌려보내시는 일을 통해서 하나님의 구속 역사가 어떤 의미를 삶 속에 가지고 있는지를 알 수 있습니다.

또한 51-55절에 표현된 동사들은 모두 과거 시제이지만, 앞으로 하나님의 행동에 대한 비전을 담고 있습니다. 어쩌면 구약의 선지자들이 즐겨 사용했던 '예언적인 과거'라고 볼 수 있을지 모르겠습니다. '예언적인 과거'라는 말은 '하셨다'고 이미 과거에 일어난 일처럼 말하지만, 장차 일어날 일에 대한 설명입니다. 이미 일어난 일만큼이나 하나님의 역사는 분명하기 때문에 과거형으로 표현한 것입니다. 사람은 미래를 예측할 수도 없고, 미래에 대한 선제 대응을 할 수도 없습니다. 그러나 하나님은 마음을 먹기만 하셔도 이미 일어난 일만큼이나 그 일을 분명히 이루십니다.

하나님이 하실 일에 대한 마리아의 기대

이제 마리아의 노래 마지막 구절을 살펴보겠습니다. 46절에서 시작해 50절에서 끝나는 마리아의 찬양의 전반부는 '긍휼하심이 대대로'라는 대목에서 절정을 이룹니다. 후반부의 절정에서는 '긍휼하심'이라는 단어가 두 번 반복됩니다. 누가복음 1장 54-55절의 개역개정 성경을 사역하면 다음과 같습니다. "그분은 '긍휼하심'을 기억하셔서 당신의 종 이스라엘을 도우셨습니다. 우리 조상들에게 약속하신 대로 '긍휼하심'을 이스라엘과 그 자손에게 영원토록 베푸실 것입니다." '긍휼하심'으로 전반부의 클라이맥스를 노래했던 마리아는 '긍휼하심'을 두 번 언급함으로써 후반부의 전체 클라이맥스를 장식했습니다.

하나님의 행동의 결과는 언제나 하나님의 긍휼하신 언약의 성취입니다. 긍휼하심이 본질인 하나님의 언약은 본래 그 조상 아브라함에게 약속된 것이고, 이삭과 야곱을 통해 갱신된 것입니다. 마리아에게 구원자가 나타난 것은 "땅의 모든 족속이 너로 말미암아 복을 얻을 것이라"(창 12:3)라는 아브라함에게 하신 약속의 성취인 것을 우리는 알아야 합니다. 하나님은 과거 당신의 약속에 신실하신 분입니다. 그러므로 하나님은 앞으로도 당신의 약속에 신실하실 것입니다. 지금 마리아에게 큰일을 행하셨다는 찬양을 받으신다면, 마리아의 신앙을 따르는 우리 모두의 입술을 통해서도 하나님의 크신 구원의 역사가 한날 울려 퍼질 것입니다.

지금까지 '하나님이 어떤 분이셨는가'에 대한 마리아의 찬양은 앞으로 '하나님이 어떤 분이실지'에 대한 신선한 기대를 우리에게 안겨 줍니다. "나는 스스로 있는 자이니라"(출 3:14)라고 말씀하신 출애굽기에 나타난 하나님의 자기 계시는, 사실은 "내가 누구인가를 너희에게 보이리라"라는 말씀입니다. 하나님은 이미 하신 일을 통해서뿐만 아니라 장차 하실 일들을 통해서 당신의 모습을 더 풍성하게 보여 주실 분입니다. 미래의 하나님은 훨씬 더 영광스러운 분으로 다가오실 것입니다.

마리아는 미래에 대한 믿음의 행위로서 과거의 언어를 통해서 자신의 현재의 축복을 노래했습니다. 신앙은 과거, 현재, 미래를 하나님의 크신 역사의 범주 속에 용해해 버립니다. 신앙은 과거와 현재와 미래를 구별해서 생각할 이유가 없습니다. 과거에 행동하신 하나님을 아는 사람은 미래에 행동하실 하나님을 예측할 수 있습니다. 하나님이 나에게 어떻게 좋은 분이신지를 알면 우리의 과거가 새로운 의미를 지니게 되는 동시에, 미래 역시 새롭게 변화될 것입니다.

마리아의 찬송은 사실 그녀의 태중에 있는 아이에 의해 막이 열릴 새로운 시작을 알리는 신호와 상징에 불과합니다. 마리아의 태중에 있는 어린 생명은 어쩌면 현미경 속에서나 발견될 수 있는 생명일지 모르겠습니다. 그러나 그 미미한 시작은 인류 역사의 흐름을 바꾸어 놓는 시작이기 때문에 마리아는 기뻐하며 "내 영혼이 내 구주 하나님을 크게 높인다"라고 찬송했습니다.

당신은 당신 안에 하나님이 약속하신 약속의 작은 씨앗을 품고 있습니까? 그렇다면 하나님의 전능하심 속에서 그 미래를 내다보십시오. 그 씨앗은 싹을 틔우고 자라고 꽃을 피우고 열매를 맺게 될 것입니다. 마리아는 하나님이 그 약속하신 긍휼하심을 기억해 당신의 종 이스라엘을 도우려고 약속된 구속자를 보내 주셨다는 고백을 하고 있습니다. 마리아의 신중함이 직접적인 언급을 회피하고 있지만, 마리아의 감격이 이 새로운 시작으로 인한 것임을 부인할 사람은 아무도 없을 것입니다.

○

하나님은 그 약속하신 긍휼하심을 기억해 항상 당신의 백성을 도우시는 분입니다. 전능하신 하나님을 믿고 찬송하십시오. 우리를 통해서 이루실 하나님의 계획으로 인해 마리아처럼 미래를 내다보면서 지금 감사하고 찬양하기를 바랍니다. 지금 세상이, 환경이, 나의 형편이 바뀐 것 하나 없더라도, 하나님의 약속을 붙드는 자들은 미리 찬송할 수 있습니다. 믿음의 조상에게 약속하셨던 대로 그 긍휼하심을 이스라엘과 그 자손에게 영원토록 베푸실 하나님에 대해서 알아 가는 우리가 되기를 바랍니다. 그 이름이 탁월하시고 그 긍휼하심이 무한한 하나님을 맛보며 찬양하며 사는 생애가 되기를 바랍니다.

15.

이 아이가 장차 어찌 될까 (1:57-66)

///

　　성경의 하나님은 말씀하시는 하나님입니다. 기독교의 하나님은 먼저 약속하신 다음 그것을 이루심으로 당신을 나타내십니다. 복음서와 사도행전은 구약에 나오는 약속 성취를 기록합니다. 아들을 보내시겠다는 약속 성취는 복음서에, 성령을 보내시겠다는 약속 성취는 사도행전에 기록되어 있습니다. 누가복음의 처음 두 장도 앞부분은 약속이요, 뒷부분은 성취입니다.

　　앞서 살펴본 누가복음 1장 56절까지는 모두 '하나님의 약속'에 관한 말씀입니다. 5-25절까지는 요한의 출생에 관한 약속이고, 26-56절까지는 예수님의 탄생에 관한 약속입니다. 지금까지 우리가 살핀 것이 하나님의 약속이라면, 이 장부터는 그 약속 성취를 다루게 됩니다. 이 장의 본문이 포함되어 있는 누가복음 1장 57-80절은 세례 요한의 출생에 관한 하나님의 약속 성취를 말해 줍니다. 그리고 2장 전체는 예수님의 탄생에 관한 하나님의 약속 성취를 기록하고 있습니다.

누가는 1장 5-25절까지의 약속이 성취된 본문인 57-66절까지는 산문체로, 67-80절까지는 운문체로 나타냅니다. 그는 인간의 표현 방식을 모두 동원해서 하나님의 크신 약속 성취를 기록하고 있습니다. 매일 쏟아져 나오는 신문의 부수를 생각해 보십시오. 하루가 지나면 썩어 버리는 뉴스를 위해서도 그렇게 많은 신문을 찍어 돌리는데, 하나님의 변함없는 복된 소식을 위해서라면 인간의 모든 저술 방식이 동원되어도 아깝지 않을 것입니다. 영원히 썩지 않고 쇠함이 없는 그 나라에 관한 이야기는 인간의 모든 서술 방식이 동원되어도 지나치지 않을 것입니다. 하나님 나라의 백성을 준비하기 위한 사명을 성취하기 위해 태어난 요한의 이야기는 그 나라의 백성 된 우리의 관심을 끌기에 충분합니다.

이 장에서는 산문체로 기술된 하나님의 약속 성취를 살펴볼 텐데, 본문인 1장 57-66절은 크게 세 장면으로 나눌 수 있습니다. 첫 번째 장면은 57-58절로서, 세례 요한의 출생과 거기에 동반된 기쁨을 기록하고 있습니다. 이 부분은 14절에 주어진 하나님의 약속 성취입니다. 두 번째 장면은 59-63절로서, 본문의 중심인 요한의 작명에 관한 기사입니다. 이 핵심 부분은 13절의 약속 성취입니다. 세 번째 장면은 64-66절로서, 약속 성취를 보는 신앙 공동체의 반응이 어떻게 지역적으로 확산되는지가 기록되어 있습니다. 이제 이 세 가지 장면을 하나씩 나누어서 그 안에 나타난 신앙 공동체의 특징을 살펴봅시다.

신앙 공동체는 함께 기뻐한다

첫째, 신앙 공동체는 약속 성취를 목도하고 함께 기뻐합니다. 첫 번째 장면(눅 1:57-58)은 요한의 출생에 대한 하나님의 약속 성취를 보여 줍니다. "네 아내 엘리사벳이 네게 아들을 낳아 주리니 그 이름을 요한이라 하라 너도 기뻐하고 즐거워할 것이요 많은 사람도 그의 태어남을 기뻐하리니"(눅 1:13-14)라는 향단 우편에 나타난 천사 가브리엘의 약속을 기억합니까? 여기에는 요한의 출생에 동반된 기쁨이 기록되어 있습니다. 엘리사벳이 아기를 낳았을 때 그녀 주변의 모든 사람이 감격했습니다. 그들은 엘리사벳을 향해 "주께서 그를 크게 긍휼히 여기셨다"고 말했습니다(눅 1:58). 나이 많은 여인이 아기를 갖는 것은 하나님의 긍휼히 여기심이 없이는 될 수 없는 기적입니다. 그러나 그 나이에 아기를 무사히 낳는다는 것은 정말 하나님이 크게 긍휼히 여기신 일임에 틀림없습니다.

약속을 성취하신 하나님의 방법을 상고해 보십시오. 기적의 연속입니다. 본문의 첫 부분에는 엘리사벳이 아들을 낳은 것을 부각시키는 내용과 함께 그 약속의 성취로 인해 기뻐하는 신앙 공동체가 등장합니다. "주께서 그를 크게 긍휼히 여기심을" 듣고 이웃과 친족이 함께 즐거워하는 것을 강조하고 있습니다. 하나님의 놀라운 방법은 그분의 백성 모두에게 즐거움을 가져다줍니다. 마치 주의 탄생의 기쁨에 목자들이 함께했듯이, 엘리사벳의 이웃과 친척들이 세례 요한의 태어남을 함께 기뻐하는 모습입니다.

신앙은 '능하신 이의 큰일'을 경험한 자와의 인격적 만남으로 시작합니다. 요한의 태어남은 장차 오시는 구원자를 위한 길을 준비하기 위함입니다. 그렇기에 요한의 태어남으로 인해 모든 세상은 복을 받습니다. 하지만 그의 태어남은 또한 엘리사벳에게 개인적인 의미를 부여합니다. 하나님은 엘리사벳에게 아기를 잉태하게 하심으로 당신의 자비를 나타내셨고, 아기를 순산시키심으로 그 자비를 극대화시키십니다. 그러나 신앙 체험은 엘리사벳 개인에게만 한정하지 않고 동일한 신앙을 가진 공동체 전체에 영향을 줍니다. 약속의 성취 앞에서 동일한 감격과 반응을 보이는 것은 신앙 공동체의 특징입니다.

우리는 여기서 신앙 공동체에 속한 자가 누리는 축복의 한 면을 봅니다. 당신의 주위에는 당신이 개인적으로 체험한 하나님의 크신 사역으로 인해 함께 즐거워하는 사람들이 있습니까? 그렇다면 당신은 어떤 괴로운 순간에도, 고통의 순간에도 홀로 선 자가 아닙니다. 사도행전이 보여 주는 초대 교회의 모습이 바로 그러했습니다. 스데반의 순교를 지켜본 교회는 큰 슬픔에 함께 동참했고, 박해로 인해 흩어진 자들이 전한 복음으로 인해 크게 기뻐했습니다.

당신은 당신의 기쁨과 슬픔을 다른 사람들과 함께 나누고 있습니까? 마음의 문을 닫고 있는 한 어느 누구도 도울 수 없습니다. 당신의 마음을 다른 사람을 향해 열어 보십시오. 그러면 형제자매를 향해 '주께서 그를 크게 긍휼히 여기실 때' 그로 인해 함께 즐거워하게 될 것입니다. 고통을 함께 나눈 사람들이 기쁨도 함께 나눕니다. 엘리사벳이 수태하지 못해 무자한 사실로 마음 아파했던 사람들이 엘리사벳의 잉태로 인해 기뻐하고 그녀의 순산으로 인해 크게 즐거워합니다. 당신은 이웃의 고통에 관심을 가지고 있습니까? 그 딱한 처지로 인해 함께 간구해 보았습니까? 그렇다면 주님이 이웃을 크게 긍휼히 여기심에 무심하지 않을 것입니다. 하나님이 형제자매에게 베푸신 은혜로 인해 함께 즐거워할 것입니다. "네 아내 엘리사벳이 네게 아들을 낳아 주리니 그 이름을 요한이라 하라 너도 기뻐하고 즐거워할 것이요 많은 사람도 그의 태어남을 기뻐하리니"(눅 1:13-14).

신앙 공동체는 하나님의 말씀을 중시한다

둘째, 신앙 공동체는 군중의 목소리나 전통의 수호보다 하나님의 말씀을 중시합니다. 노년에 아들을 얻은 엘리사벳으로 인해 주위 사람들은 모두 흥분했습니다. 그녀의 주위에는 친척과 친구 할 것 없이 모두가 함께 모였습니다. 아기가 태어난 지 8일째입니다. 할례식이 거행되는 날입니다. 이는 오늘의 유아 세례에 비견됩니다.

모든 사람이 관습대로 아버지의 이름을 이어받은 사가랴라고 부르고 싶어 했습니다. 우리 풍습과는 반대입니다. 우리는 감히 아버지 이름을 한 자라도 사용하면 무례한 일입니다. 그러나 서양 사람들의 전통은 다릅니다. 첫 아들은 대개 할아버지 이름을 따라 부르고, 둘째 아들은 외할아버지의 이름을, 셋째 아들은 아버지의 이름을 따라 부릅니다. 여자아이는 각각 외할머니, 할머니, 어머니의 이름을 따라 부릅니다. 하여간 그날 모인 모든 사람은 아기에게 아버지의 이름을 줌으로써 축하의 절정을 장식하려고 했습니다. 어떻게 얻은 아들인데 아버지 사가랴의 이름을 아끼겠습니까? 그러나 의외의 반대에 부딪혔습니다. 모친이 강경하게 반대를 하고 나왔기 때문입니다. 전혀 의외의 이름인 '요한'이라 불러야 한다고 주장합니다.

하지만 풍습을 거스른 어머니의 주장은 받아들여지지 않습니다. 그들은 "네 친족 중에 이 이름으로 이름한 이가 없다"(눅 1:61)고 반박합니다. 문중이 나오고 족보가 등장합니다. 친족 중 어느 누구도 그 이름 근처에 간적이 없는데 어떻게 요한이라고 부를 수 있느냐는 논리입니다. 전통을 따라서 판단하면 일리가 있는 반박입니다. 그러나 어머니는 완강했습니다. 그래서 결국 최후 결정을 가장인 아버지 사가랴에게 넘기기로 합의합니다. 그런데 사가랴는 하나님의 말씀에 대한 불신으로 말하지 못할 뿐 아니라 듣지도 못하게 된 모양입니다. 그들은 손짓 발짓을 동원해서 물어야 했습니다. 그러자 사가랴가 서판을 달라고 합니다. 그러더니 그 위에 '요한'이라고 씁니다. 이제 아버지의 의사가 확인되었습니다. 모두 놀랐습니다. 어머니의 의사 표현을 들을 수 없던 사가랴마저 똑같이 '요한'이라고 하니 모두가 깜짝 놀랐습니다.

어떻게 부부의 답안이 같을까요? 사전 모의를 했을까요? 13절의 천사의 지시를 떠올려 보십시오. "사가랴여 무서워하지 말라 너의 간구함이 들린지라 네 아내 엘리사벳이 네게 아들을 낳아 주리니 그 이름을 요한이라 하라." 비록 사가랴는 말 못 하는 사람이 되어서 돌아왔지만 그는 자신이 받은 하나님의 말씀을 아내인 엘리사벳에게 전달했을 것입니다. 아홉 달 동안 수십 번 반복해서 전달했을 것입니다.

이제 사가랴와 엘리사벳 부부는 하나님의 말씀에 순종하는 교육을 받은 것 같습니다. 엘리사벳의 완강한 반대는 그녀의 기질 때문이 아니라 천사의 지시로 인한 것입니다. 아버지 사가랴가 서판에 '요한'이라고 쓴 것도 천사로 명한 말씀에 대한 순종 때문입니다. 요한이란 이름은 '하나님이 내게 은혜로우셨다'는 의미입니다. 정말 하나님은 사가랴와 엘리사벳 부부에게 은혜로운 분이십니다. 그들에게만 은혜로우십니까? 구원의 은혜를 체험한 우리 모두에게도 은혜로운 분이십니다. 당신의 과거에 특별히 은혜로우셨던 하나님의 사역을 기억해 보십시오. 은혜로우신 하나님을 알아 가는 방법 가운데 하나는 하나님의 지시에 순종하는 것입니다.

아버지의 이름대로 사가랴라고 불러야 한다는 무리의 주장은 하나님이 어떻게 일하시는지를 모르기 때문에 나온 것입니다. 하나님이 하시는 일은 때로 사람의 관습을 거스를 수도 있습니다. 그들의 관습은 아버지의 이름을 따라 짓는 것입니다. 그러나 하나님의 지시는 '요한'이라고 지으라는 것입니다. 하나님의 지시에 순종하기 위해서는 때로 우리에게 익히 알려진 일반적 관습을 거슬러야 할 때가 있습니다. 수백 년 동안 지켜 온 관습을 거스르는 것은 그들에게 결코 쉬운 일이 아닙니다. 그러니 듣지도 못하고 말하지도 못하는 아버지의 의사 확인 절차까지 거친 것은 이해할 만합니다. 생각해 보십시오. 수십 년의 교회 전통도 벗어나기 어려운데, 수백 년 내려온 민족적 관습이 여자의 한마디 주장으로 변경되겠습니까?

그러나 요한의 태어남은 예사로운 일이 아닙니다. 하나님의 구원 역사의 새로운 시작입니다. 출애굽의 구원 역사도 놀라운 역사입니다. 포로 된 이스라엘의 회복도 놀라운 하나님의 사역입니다. 그러나 요한으로 말미암는 새로운 하나님의 구원 역사는 가히 비교할 수 없는 놀라운 역사입니다. 그림자로 보던 것의 실체가 나타나는 것입니다. 하나님의 아들, 예수 그리스도가 오셔서 이루실 구원 역사는 역사에 유비를 찾을 수 없는 일입니다. 어떻게 옛 규범으로 새로운 하나님의 사역을 규정할 수 있겠습니까.

새로운 하나님의 역사를 기대합니까? 그렇다면 새로운 하나님의 역사를 위해 옛 전통을 내세우지 마십시오. 물론 하나님의 말씀에 부합하는 좋은 전통은 살려 나가야 합니다. 그러나 불확실한 전통이라면 그렇게 해 왔다는 이유만으로 유지하려 들지 마십시오. 대신 하나님의 뜻을 항상 물어봅시다. 사가랴가 서판 위에 기록한 이름은 엘리사벳이 주장한 이름이었습니다. 사가랴 역시 군중의 주장이나 관습의 유지보다 천사의 지시를 중시했습니다. 사람들은 그들 부부를 이해할 수 없었을 것입니다. 사람들 눈에는 그들 부부가 이 일에 대해서는 이상할 만큼 완강하게 주장한다는 인상만을 남겼을 것입니다. 하지만 그처럼 경건한 삶을 사는 사람들이 그렇게 나올 때는 그럴 만한 이유가 있었던 것입니다. 아홉 달이 되도록 말하지 못하며 살던 나날이 연습한 순종의 열매가 그 완강함 속에 이제 맺힌 것입니다.

사람의 수효가 교회의 진로를 결정짓는 마지막 요인이 되지 않도록 주의합시다. 물론 대개는 소수보다 다수의 의견이 옳습니다. 그러므로 다수의 의견을 존중해야 합니다. 그러나 교회 정치의 이상은 투표자의 수효가 마지막 결정을 하는 민주주의가 아닙니다. 소수라도 때로는 하나님 말씀의 지시를 두려워하는 자들의 의견을 무시해서는 안 됩니다. 군중의 수효는 마지막 카드가 될 수 없습니다.

또한 하나님의 새 역사를 이룸에 있어 우리의 옛 관습이 최고 권위를 갖도록 해서는 안 됩니다. 가장 중요한 것은 공동체를 향한 하나님의 말씀이어야 합니다. 천사를 통한 지시든 성경에 기록된 말씀이든, 하나님의 말씀이 최고 권위를 갖는 공동체가 교회입니다. 하나님의 새 역사를 위해서 말씀의 원리를 순종하는 우리가 되기를 바랍니다. 그것이 때로는 다수의 기대를 저버릴 수도 있습니다. 그것이 때로는 우리의 관습이나 전통과 상이할 수도 있습니다. 그러나 신앙 공동체의 최고 권위는 하나님의 말씀이어야 합니다. 말씀에 순종하기 위한 대가 지불하기를 주저하지 마십시오. 아무리 비싼 대가가 치러진다 할지라도 그 보상은 투자를 만회하고 남을 것입니다. 하나님의 말씀을 따라서 나아가는 교회가 되도록 기도합시다.

신앙 공동체는 내일에 대한 기대를 가진다

셋째, 신앙 공동체는 더 놀라운 내일에 대한 경건한 기대를 가집니다. 마지막 장면을 보십시오. "이에 그 입이 곧 열리고 혀가 풀리며 말을 하여 하나님을 찬송하니 그 근처에 사는 자가 다 두려워하고 이 모든 말이 온 유대 산골에 두루 퍼지매 듣는 사람이 다 이 말을 마음에 두며 이르되 이 아이가 장차 어찌 될까 하니 이는 주의 손이 그와 함께 하심이러라"(눅 1:64-66).

서판에 '요한'이라고 쓰는 순간 1년 가까이 굳어 있던 사가랴의 혀가 풀렸습니다. 그러면서 바로 말을 하고 찬송하게 되었습니다. 보십시오. 그의 순종에는 즉각적인 하나님의 보상이 뒤따랐습니다. 불신앙의 벌로 말하지 못하게 되었던 혀가 즉각 풀렸습니다. 이제 해벌(解罰)된 것입니다. 때가 이르면 하나님의 말씀은 성취됩니다. 우리의 불신과 신앙은 마지막 관건이 아닙니다. 하나님은 우리의 불신에도 불구하고 당신의 약속을 이루십니다. 다만 우리의 불신은 우리를 침묵하게 만듭니다. 그러나 순종하는 성도의 입은 하나님의 크신 역사를 찬송합니다. 하나님의 크신 구원을 노래합니다. 하나님의 크신 긍휼을 증거합니다. 이제 나가서 이웃에게 믿음으로 하나님의 구원을 전파합시다. 하나님이 우리를 통해 그들을 구원하시리라는 믿음으로 나아갑시다.

그날 사가랴의 집에 일어난 사건은 입에서 입으로 퍼져 나갔습니다. "이 모든 말이 온 유대 산골에 두루 퍼지매"(눅 1:65)라는 기록은 이 사실을 기술합니다. 근처에 사는 사람들이 이 소식을 들었을 때 그들에게 두려움이 임했습니다. 그들 마음에 거룩한 두려움이 가득했습니다. 하나님의 능력을 가까이 느끼게 될 때 오는 자연스런 반응입니다.

그들이 들은 소식은 무엇입니까? 이 사건에 동반된 세 가지 특이한 현상입니다. 우선 무자하고 나이가 많던 엘리사벳이 아기를 낳은 것이 특이합니다. 또 할례를 하면서 지어 준 이름도 유별합니다. 가문에 없던 이름입니다. 그러나 역사에 없던 사역의 주인공답게 예상외의 이름입니다. 거기다가 약속 성취의 현장에서 순종하자마자 즉시 사가랴의 지체 부자유 현상이 사라졌습니다. 입이 열리고 혀가 풀리면서 말을 하고 하나님이 하신 일을 찬송합니다. 이 모든 놀라운 사건은 듣는 사람들에게 두려운 생각을 안겨 주었습니다.

당신은 삶 가운데 나타난 하나님의 놀라운 사역으로 인해 이러한 두려움을 맛본 적이 있습니까? 당신 개인의 삶이 경험한 놀라운 하나님의 능력으로 인해서 온 공동체가 하나님을 더욱 높이게 되는, 하나님의 거룩한 임재하심으로 두려워하는 거룩한 결과가 있었습니까? 신앙 공동체는 약속 성취에 대한 거룩한 기대감을 공유합니다. 천사가 사가랴에게 전한 말씀은 지금 일부가 성취되었습니다. 13절 하반 절과 14절이 이제 다만 성취되었을 뿐입니다. 15-17절은 그대로 남아 있습니다. 아직 미래사로 남아 있습니다. 그러나 신앙 공동체는 장차 이루어질 하나님의 약속을 마음에 두고 사는 사람들로 구성됩니다. 앞으로 이루어질 더 놀라운 사건을 기다리는 사람들이 신앙인들입니다.

하나님은 그동안 우리에게 은혜로우셨습니다. 우리는 이것을 개인적으로 고백할 수 있습니다. 우리 각자의 삶에 하나님이 얼마나 은혜로우셨는지를 일일이 알 순 없지만, 제가 확신하는 것은 앞으로 우리에게 남아 있는 하나님의 은혜는 이전에 베푸신 은혜와 가히 비교할 수 없다는 사실입니다. 그동안 받은 하나님의 은혜를 헤아려 보십시오. 앞으로의 날들이 더욱 위대할 것입니다. 족히 비교할 수 없는 영광스런 내일이 우리를 기다리고 있습니다.

우리가 공동체적으로 경험한 은혜도 실로 놀랍습니다. 지난 시간 동안 하나님은 우리에게 크신 역사를 이루셨음에 틀림없습니다. 그러나 우리를 위한 하나님의 약속이 모두 다 성취된 것은 아닙니다. 아직도 더 많은 약속이 우리 신앙 공동체에도 미래사로 남아 있습니다. 하나님의 내일에 대한 거룩한 기대를 함께 가져 봅시다. 경건한 기대감을 가지고 형제자매와 더불어 신앙생활을 합시다. 하나님이 하실 내일의 놀라운 비전을 함께 그려 나갑니다.

우리는 지금 하나님의 약속이 성취되어 그리스도가 오신 것을 알고 있습니다. 성도들은 이미 임한 하나님 나라에 동참한 사람들입니다. 그의 오심에 대한 약속이 지금 성취되었습니다. 그러나 동시에 그의 오심으로 시작한 하나님 나라는 장차 완성될 것입니다. 이미 임한 하나님 나라의 완성은 아직 미래사로 남아 있습니다. 그가 다시 오심으로 완성되는 그 나라는 실로 놀라울 것입니다. 우리가 지금껏 경험한 하나님의 은총으로는 측량할 수 없는 나라입니다. 주 안에서 성취될 하나님의 약속이 더 놀랍게 이루어질 그날을 소망하며 살아갑시다. 거룩한 기대감을 가지고 사는 신앙 공동체가 되기를 바랍니다.

"이 아이가 장차 어찌 될까 하니 이는 주의 손이 그와 함께하심이러라"(눅 1:66). 특이하고 놀라운 일은 기억해 두고 생각해 볼 만합니다. 놀라운 하나님의 역사가 이 아이를 통해서 일어날 것을 함께 기다리는 유대 산중 신앙 공동체의 아름다운 모습입니다. 그들의 기대는 그 아이와 함께한 주의 손으로 말미암아 실현될 것입니다. 자라는 아이에 대한 기대는 하나님의 능력에 의해서 성취될 것입니다. 요한을 보내심으로 하나님은 약속 성취를 위한 첫걸음을 내디디셨습니다. 이제 요한의 성장을 통해서 하나님은 그 약속을 활짝 꽃피우실 것입니다.

○

약속이 성취되는 현장에서 우리는 신앙 공동체에 대해 무엇을 배울 수 있습니까? 신앙 공동체는 약속 성취의 현장에서 함께 기뻐합니다. 하나님의 약속이 성취되는 방법은 우리의 기대를 넘어서기도 합니다. 결코 우리의 전통이나 관습이 하나님의 방법을 규제해서는 안 됩니다. 신앙 공동체는 무엇보다도 하나님의 말씀을 중시합니다. 신앙 공동체는 더 놀라운 하나님의 약속의 성취를 위한 거룩한 기대를 품고 살아갑니다. 하나님의 더 놀라운 내일을 기대하는 성도들이 되기를 바랍니다.

16.

사가랴의 찬송 1
- 찬송하리로다 (1:67-75)

사가랴의 찬양의 배경 및 의미

사가랴가 성령의 충만함을 입어 노래합니다. 그의 성령 충만한 찬송의 배경을 알기 위해서는 지금껏 살핀 내용을 회상할 필요가 있습니다. 사가랴가 누구입니까? 그는 아비야 반열의 제사장으로서 하나님의 계명과 말씀대로 산 당대의 의인입니다. 부부가 다 함께 거룩한 삶을 살았지만 늦도록 무자(無子)했습니다. 더 이상 아기를 가질 소망이 사라진 나이에 아내 엘리사벳이 지금 아기를 안고 있습니다. 정말 하나님은 그들 부부에게 은혜로우셨습니다.

하나님의 은혜로운 약속이 처음 주어진 날을 기억합니까? 사가랴가 제사장의 직무를 수행하는 어느 날, 향단 우편에 천사가 나타났습니다. 천사는 그에게 아들을 낳을 것이라 말하며, 그 아들의 이름을 요한이라 하라고 지시했습니다. 그러나 그 말을 믿기에는 사가랴 부부가 너무 나이가 많았기에, 사가랴는 "내가 이것을 어떻게 알리요"(눅 1:18) 하며 불신앙의 반응을 보였고, 그 벌로서 말하지 못하게 되었습니다.

그러나 하나님의 약속은 신실하기에 사가랴의 늙은 아내 엘리사벳은 아들을 낳았고 8일 만에 할례를 받게 되었습니다. 관습에 따라 그날 모인 사람들은 아이의 이름을 아버지의 이름을 따라서 사가랴로 짓고 싶어 했지만 어머니가 반대했습니다. 그래서 사람들은 결국 아버지인 사가랴에게 직접 물어보기로 했습니다. 몸짓으로 아이의 이름을 무엇으로 해야 할 것인지를 물었더니 사가랴는 서판에 그 이름을 '요한'이라 기록했습니다. 그때 즉각 혀가 풀려 다시 말하기 시작했습니다. 여기에 나오는 사가랴의 찬송은 이때 터져 나온 것입니다.

사가랴는 구약 시대의 선지자처럼 예언의 노래를 합니다. 이 노래는 평범한 노래가 아니라, 신앙 공동체 속에서 성취된 말씀의 역사를 설명하는 계시의 찬양입니다. 이 찬양은 구약 시대를 종결짓는 마지막 예언인 동시에 신약 시대를 여는 최초의 예언입니다. 구약의 메아리인 동시에 새 시대의 환희와 감격이 담긴 찬양입니다. 여기에는 신앙과 소망의 외침 또한 담겨 있습니다.

사가랴의 찬송의 내용은 그 아들의 이름과 밀접한 관련을 가지고 있습니다. '요한'이란 이름의 뜻은 '하나님이 내게 자비로우셨다'입니다. 이 찬송 속에 흐르고 있는 지배적인 주제 또한 '하나님의 자비로우심'입니다. 사가랴의 찬양은 자비로우신 하나님으로부터 나온 영광스런 구원을 노래한 것이기 때문입니다.

사가랴의 벅찬 감격이 첫 문장에 표출되어 있습니다. "찬송하리로다 주이스라엘의 하나님이여"(눅 1:68). 하나님의 크신 구원의 역사를 자기 삶에서 체험한 사람들은 찬송하지 않을 수 없습니다. 그래서 일찍부터 기독교 공동체 속에서는 찬양이 중요한 위치를 차지했습니다. 왜냐하면 노래하지 않고는 견딜 수 없는 벅찬 감격이 성도들의 마음마다 있기 때문입니다. 한번 생각해 보십시오. 기다리고 기다리던 구원자가 오시는 것을 알게 되었을 때 사가랴는 '주 이스라엘의 하나님'을 찬양하지 않을 수 없었습니다.

이제 사가랴의 노래의 전반부를 통해 우리의 찬송을 받기에 합당하신 하나님의 구원 사역을 살펴보겠습니다. 사가랴가 무엇 때문에 하나님을 찬양했는지, 그 이유를 하나씩 구체적으로 나누겠습니다.

하나님이 그 백성을 돌보셨다

첫째로, 사가랴는 하나님이 그 백성을 돌보셨음을 찬양합니다 (눅 1:68하-70). '그 백성을 돌보셨다'는 말이 무슨 의미입니까? 사가랴는 예수님의 잉태를 하나님이 이스라엘을 돌보신 사건으로 이해했습니다. 다시금 하나님이 이스라엘의 비참한 상태에 적극적으로 개입하셨다는 의미입니다. 하나님이 아브라함과 언약을 맺으시고 이스라엘을 당신의 백성으로 택하신 이래로 이스라엘의 역사 가운데 소망이 있었던 때는 항상 하나님이 돌보신 때였습니다. 이스라엘이 자기 길로 갈 때는 항상 그곳에 패역과 패망만이 기다리고 있었습니다.

하나님의 돌보심, 그것이 이스라엘의 소망입니다. '돌보셨다'라는 말은 하나님이 당신의 백성을 향한 극진한 사랑을 표현한 말입니다. 사가랴가 노래하는 하나님의 돌보심 역시 그 백성을 속량하신 구원 사건으로 나타납니다.

당신의 삶에 하나님이 돌보신 일을 기억하고 있습니까? 그것을 기억할 수 있는 사람이 신자입니다. "하나님이 나를 돌보셨다"고 고백하며 찬양하는 삶, 그것이 신앙입니다. 아직 그 기억이 없는 사람은 하나님에게 돌봐 달라고 간구하십시오. 왜냐하면 하나님이 돌보시는 것이 우리에게는 항상 소망의 시작이 되기 때문입니다.

본문은 하나님이 돌보신 일을 구체적으로 "속량(贖良)하시며"(눅 1:68)라고 말합니다. 이것은 마치 값을 주고 사 온다는 의미입니다. 대표적인 사건 중 하나가 출애굽입니다. 사가랴는 하나님이 그 백성을 속량해 주신 것을 노래했습니다. 그러면 하나님은 어떻게 그 백성을 구원하십니까? "우리를 위하여 구원의 뿔을 그 종 다윗의 집에 일으키셨으니"(눅 1:69). 이제 하나님이 구원의 뿔을 솟아나게 하셨다는 것입니다. 그런데 다윗의 집에서부터 솟아나게 하셨다고 말합니다.

사가랴는 제사장이므로 레위 지파입니다. 엘리사벳이 낳은 아들은 레위 지파의 후손입니다. 하지만 사가랴가 노래하는 구원의 뿔은 다윗의 집에 일으키신 뿔입니다. 다윗은 유다 지파입니다. 엘리사벳과 마리아가 만나 서로 나눈 이야기를 사가랴가 알지 못했을 리가 없습니다. 요한이 태어나기까지 마리아가 석 달 동안 사가랴의 집에서 머물렀던 것을 기억하십시오. 사가랴는 마리아를 통해서 약속된 다윗의 후손이 태어난다는 것을 이미 알고 있었습니다. 그래서 혀가 풀리자마자 다윗의 후손으로부터 태어나는 구원자를 노래한 것입니다. 예수님의 잉태됨이 그 백성을 구원하기 위해 하나님이 방문하신 사건임을 노래했습니다.

'구원의 뿔'은 우리에게 생소한 표현입니다. 성경에서 '뿔'은 전사나 구원하는 왕을 상징합니다. 따라서 '구원의 뿔을 일으키셨다'는 말은 하나님이 능력 있는 구원자를 다윗의 집에서부터 세워 주셨다는 것입니다. 그분을 통해서 구원해 나가실 것이라는 의미입니다. 사가랴는 또한 하나님이 약속해 주신 대로 되었다는 것 때문에 노래하고 있습니다. "이것은 주께서 예로부터 거룩한 선지자의 입으로 말씀하신 바와 같이"(눅 1:70). 구원은 하나님이 거룩한 선지자들의 입으로 말씀하신 약속의 성취입니다.

하나님이 그 백성을 긍휼히 여기셨다

둘째로, 사가랴는 하나님이 그 백성을 긍휼히 여기셨음을 찬양합니다(눅 1:71-72). 하나님이 그 백성을 긍휼히 여기시는 약속 성취의 맥락에서 구원을 노래한 것입니다. 하나님이 그 백성을 긍휼히 여기시는 구원은 어떻게 나타납니까? 사가랴는 하나님이 모든 원수의 손에서 우리를 건지셨다고 감탄했습니다. 사가랴가 노래한 그 당시에도 로마가 이스라엘을 지배하고 있었습니다. 언약의 백성이 이방 사람들에게 짓밟히고 있었습니다. 그러나 그는 단지 정치적인 구원만을 노래한 것이 아니라 "죄 사함으로 말미암는 구원"(눅 1:77)이라는 영적인 의미를 포함시켰습니다. 그러면 여기에 등장하는 원수는 누구를 가리킵니까?

사가랴의 노래는 실로 누가복음 전체의 서론이기도 합니다. 그러므로 그가 의도하는 원수가 누구인지 알기 위해서는 누가의 복음서 전체를 살펴야 합니다. 그러면 원수는 단지 인간적인 원수가 아니라 초자연적인 존재라는 사실을 깨달을 수 있습니다. 원수를 물리치기 위해서는 인간적인 대적만 아니라 배후의 악한 영을 언제나 의식해야 합니다. 예수님의 사역은 이러한 사탄의 세력을 엎어 놓는 것입니다. 다윗의 후손으로 오신 예수님은 치료하심으로 그 권세를 나타내셨습니다. 그의 뿔의 권세는 여기까지 미칩니다.

여기서 우리는 기독교 구원의 특색을 하나 발견할 수 있는데, 하나님의 언약의 약속을 따라서 이루어진 구원이라는 것입니다. 하나님은 맨 처음 아브라함과 더불어 약속하셨습니다. 아브라함을 갈대아 우르에서 불러내시고 그를 통해 모든 민족이 복을 받을 것이라고 말씀하셨습니다. 당시는 언약을 체결할 때 짐승을 잡아서 반으로 가른 후 갈라놓은 시체 사이를 언약의 당사자들이 지나갔습니다. 이는 누구든지 이 언약을 파기할 때는 여기 쪼갠 짐승과 같이 죽어도 된다는 약속입니다. 그러나 하나님은 아브라함과 언약을 맺을 때 하나님만이 그 사이를 통과하셨습니다(창 15장). 하나님이 당신의 생명을 걸고 아브라함에게 하신 약속을 친히 이루겠다는 것을 의미합니다. 이것이 기독교의 놀라운 복음입니다. 그렇지 않았다면 우리는 소망이 없었을 사람들입니다.

요한이 태어난 것은 바로 그 첫 약속이 체결된 지 약 2천 년이나 지난 다음에 이루어졌습니다. 사가랴는 말을 못 하고 있던 아홉 달 동안 하나님의 약속을 더듬어 찾기에 바빴을 것입니다. 하나님이 요한을 그에게 주신 것은 단지 노년에 아이를 하나 선물해 주신 것이 아닙니다. 그것은 하나님이 수천 년 동안 이스라엘에게 해 오신 약속을 이제 이루시는, 구원의 새 시대가 열리는 표징입니다. 사가랴가 찬송한 구원은 언약의 약속대로 이루어진 구원입니다.

성결과 의로 섬기는 새 삶이 시작되었다

셋째로, 사가랴는 성결과 의로 섬기는 새 삶을 노래합니다(눅 1:73-75). 그가 노래한 구원은 원수의 손에서 우리를 빼내는 자체가 아니라, 원수의 손에서 왜 우리를 빼내는지에 대한 궁극적인 목적을 밝혀 줍니다. 이것이 우리가 이 장에서 중점적으로 살펴보아야 할 부분입니다. 지금까지는 이미 일어난 일들에 관한 것입니다. 그러나 지금부터는 그 구원을 받은 우리가 어떤 삶을 살아야 할 것인지를 말합니다.

구원은 우리를 "종신토록 주의 앞에서 성결과 의로 두려움이 없이 섬기게"(눅 1:75) 하신 일입니다. 구약에서는 누가 종신토록 하나님을 섬기며 살 특권을 가졌습니까? 제사장만이 이 특권을 가졌습니다. 그러나 지금 그리스도로 말미암아 도래한 새 시대는 '우리가'(눅 1:74) 원수의 손에서 건지심을 받고 종신토록 주의 앞에서 성결과 의로 두려움 없이 섬기게 하는 시대입니다.

사가랴의 찬송의 심오한 깊이는 여기에 있습니다. 사가랴는 구원을 현세를 떠나 장차 누릴 하늘의 상급만으로 여기지 않았습니다. 미래의 상급만이 아니라 현세의 삶으로 보았습니다. 그는 지금 여기서, 하나님 앞에서 성결과 의로 섬기고 싶은 마음의 소원을 표현한 것입니다. 여기에 거룩한 영혼의 소원이 나타나 있습니다. 삶의 의미는 거룩한 하나님에 대한 성실한 봉사 속에서 발견할 수 있습니다. 사가랴는 "우리로 … 섬기게 하리라"라며 이 소원을 공유하는 사람들을 대신해서 노래했습니다. 구원의 현재적 의미는 하나님의 자녀들로 하여금 하나님을 섬길 수 있게 하는 것입니다.

여기 '성결과 의'로 섬기는 것은 무엇을 의미합니까? '성결'이란 '하나님에 대한 성결'을 말합니다. 그래서 제사장들은 "여호와께 성결"이라 적힌 두건을 머리에 맨 채 여호와를 섬겼습니다. 따라서 성결로 섬긴다는 것은 하나님을 향해 전혀 부끄러움 없이 섬긴다는 의미입니다. 또한 '의'는 사람에 대해서 전혀 부끄러움이 없는 자세로 섬기는 것을 말합니다. 이는 새 시대의 봉사의 특징을 말합니다. 오늘 우리는 새 시대에 들어와 있습니다. 그래서 이제 우리는 하나님 앞에 부끄러움 없이 담대히 나아갈 수 있습니다. 예수 그리스도의 보혈로 우리의 죄가 사함을 받았기 때문입니다. 뿐만 아니라 우리는 사람들 사이에서 이 직무를 수행할 때도 부끄러움이 없는 사람들입니다. 우리는 누구든 자기에게 주어진 직무를 부끄러움 없이 수행하는 새 시대의 제사장들로서 부르심을 받았습니다.

이 진리가 가리어졌을 때에 종교는 타락했습니다. 마르틴 루터(Martin Luther)가 종교 개혁을 할 때 들고 나왔던 기치가 '만인 제사장'의 원리입니다. 그는 모든 사람이 중개자 없이 직접 하나님을 섬길 수 있고, 자신이 직접 사람들 가운데서 봉사할 수 있다는 진리를 주창했습니다.

우리는 우리의 직무를 어떻게 수행하고 있습니까? 우리의 직무는 주일만 수행하는 것이 아닙니다. 이 직무는 종신토록, 말하자면 날마다 할 수 있는 직무입니다. 우리는 날마다 하나님 앞에서 섬길 수 있습니다. 제사장들이 백성들의 죄를 위해 빌었던 것처럼, 우리는 이웃과 형제와 친척들의 죄를 위해서 무릎 꿇고 간구할 수 있습니다. 그 직무가 제사장 직무입니다. 이제 주님을 마음껏 섬길 수 있는 새 시대가 되었습니다. 종신토록 주의 앞에서 두려움 없이 성결과 의로써 사는 새 시대에 살면서 계속 옛 시대에 머물러서는 안 됩니다. 만인 제사장으로서의 직무를 누가 대행해 주면 좋겠다고 생각하지 마십시오.

○

'섬기다'라는 말은 본래 제사장직에 관련해 사용한 단어지만, 사실은 보다 포괄적인 의미로 모든 직무에 적용될 수 있는 단어입니다. 예수 그리스도가 오셔서 새 시대의 일꾼으로 우리를 부르셨습니다. 이제 우리의 삶은 더 이상 거룩한 영역과 속된 영역으로 나눌 수 없습니다. 우리는 이제 성결과 의로써 하나님을 섬길 수 있게 되었습니다. 모든 사람으로 하여금 날마다 주님을 마음에 원하는 대로 섬길 수 있는 자리로 인도하신 구원의 주님을 함께 찬송하는 우리가 되기를 바랍니다.

17.

사가랴의 찬송 2
- 하나님의 긍휼 (1:76-79)

///

세례 요한이 전할 메시지

사가랴는 찬송의 전반부에서 약속대로 오실 메시아에 대해서 찬송했습니다. 후반부인 76절부터는 자기에게 주신 이 아들을 통해서 하나님이 구원 역사를 어떻게 이뤄 가실지, 아이의 미래에 대한 예언으로 들어갑니다. 사가랴는 아이가 난 지 8일밖에 되지 않았으나 하나님의 약속을 신뢰했기에 그 아이가 장차 지극히 높으신 이의 선지자라 일컬음을 받게 될 날을 내다보았습니다. 여기서 '일컬음을 받는다'는 것은 선지자로서 공식으로 인정되는 것을 의미합니다. 아직은 어리지만 이 아이를 통해서 미래에 이루어질 하나님의 역사를 내다볼 때 우리는 미리 하나님을 찬송할 이유를 갖게 됩니다. 아직 어린아이들을 믿음의 눈으로 바라보고 그들이 하나님 나라에서 하게 될 일들을 지금부터 생각해 봅시다. 그러면 우리는 미리 앞당겨서 감사할 수 있으며, 그 감사는 그들을 위한 중보의 기도로 연결될 것입니다. 하나님의 일꾼들은 기도 가운데서 태어납니다. 하나님 나라는 기도를 통해 시작되었습니다.

세례 요한은 하나님 나라를 위해서 어렸을 적부터 완전히 바쳐진 사람입니다. 부모가 하나님 나라를 준비하는 사람으로서 양육해 갔습니다. 요한의 일은 주의 길을 예비하는 데 있었습니다. 요한 당시 세상은 암담했습니다. 이방 로마가 이스라엘을 지배하고 있었습니다. 통치자들은 자기 정권욕을 이루어 가는 데 급급했지, 민중의 고통에 대해서는 전혀 아랑곳하지 않았습니다. 주권은 상실되었고 민족의 지도자들은 오히려 민족의 수탈자로 변해 있었습니다. 당시 사람들은 늘 한숨을 쉬며 '이 로마가 언제 물러갈까' 하는 것이 숙원이었습니다. 요한의 사명은 그런 백성들에게 구원이 무엇인지 전해 주는 것이었습니다.

그런데 지금 이 시대야말로 구원에 대해 이야기해 주어야 하는 시대입니다. 2천 년 동안 교회는 스스로가 구원의 종교라는 사실을 알고 있었고, 그래서 가는 곳마다 구원의 소식을 전했습니다. 그러나 오늘의 문제는 '구원이 무엇이냐?'에 대해 일치된 대답을 하지 못한다는 데 있습니다. 요한의 사명은 바로 이 문제, 즉 구원이 무엇인지를 바로 전해 주는 것이었습니다(눅 1:77). 그러나 아이러니하게도 그 대상이 이방인이 아니라 주의 백성이었습니다.

오늘날 교회마다 목표를 정해 놓고 복음을 전하고, 전도도 하고, 선교사도 파송하지만 교회가 해야 할 가장 긴급한 임무는 구원이 무엇인지를 교회 안에 말해 주는 것입니다. 교회 밖에 있는 사람도 중요하지만, 정말로 가장 급한 문제는 교회에 나오고 있는 사람들에게 구원이 무엇인지를 이야기해 주는 것입니다. 그래서 가장 긴급히 복음을 필요로 하고 있는 곳이 바로 교회입니다.

세례 요한이 가서 전해야 하는 메시지는 '죄 사함으로 말미암는 구원'입니다. 요한은 이것이 인생의 가장 근본적인 문제라는 것을 알았습니다. 인간의 마음에 기쁨이 없는 중요한 이유는 자신의 참모습을 잃어버리고 자신에게 가장 필요한 것이 무엇인지를 망각해 버렸기 때문입니다. 우리가 처음 십자가를 붙들었을 때처럼 아직도 우리에게 필요한 것은 죄 사함입니다.

세례 요한이 사람들의 죄 문제를 해결해 주는 사람은 아니었습니다. 그는 누구에게 가면 대답이 있다는 것을 말해 주는 사람이었습니다. 혹시 세상 사람들을 만날 때 그들의 논리 정연한 주장에 먹혀 들어가고 있지는 않습니까? 혹시 그렇다면 우리가 가진 복음의 위대성에 대해서 감격하지 않기 때문에, 우리가 가진 복음을 전혀 강도 있게 받아들인 적이 없기 때문에 그들의 이야기에 할 말을 잃고 마는 것입니다.

한번 생각해 보십시오. 예수 그리스도가 세상에 오셔서 당신을 내어 주신 이유가 무엇입니까? 그 길 외에는 사람에게 소망이 없기 때문에 그 길을 택하신 것입니다. 예수님도 팔레스타인이 안고 있는 경제적, 정치적 문제를 잘 알고 계셨습니다. 그런데 거기에 대한 직접적인 대답은 하지 않으셨습니다. 그것이 궁극적인 해결책이 되지 않으리라는 생각에서였습니다. 문제의 핵심은 모든 현상이 빚어지는 배후에는 악의 문제가 도사리고 있다는 것입니다.

사람은 권력을 가지면 힘없는 자를 누르고 싶어 합니다. 그래서 어떤 사람은 모든 권력은 다 타락하며, 절대 권력은 절대적으로 타락한다고 말합니다. 왜냐하면 그 권력을 사용하는 사람이 악하기 때문입니다. 사람은 죄인이기에 그 권력을 결코 다른 사람을 위해서 쓰지 않습니다. 세상의 문제라고 하는 것은 근본적으로 같은 것입니다. 사실은 체제가 문제가 아니고, 근본적으로 사람들이 하나님을 알아야 합니다. 하나님을 만나기 전까지는 소망이 없습니다.

그래서 세례 요한은 '죄 사함으로 말미암는 구원'을 전하는 사명을 가지고 태어났습니다. 우리에게 필요한 지식은 죄를 용서받을 수 있다는 것입니다. 그런데 그 지식을 알기 전에 먼저 알아야 하는 것이 있습니다. 예수님이 죄를 사해 주신다는 것을 알기 전에 내가 죄인이라는 사실을 알아야 합니다. 내 인생이 행복하지 못한 유일한 이유는 하나님과의 관계가 제대로 되어 있지 않기 때문입니다. 이 상태를 성경은 '죄'라고 합니다.

죄 된 상태에서는 행복이 없도록 하나님이 작정해 놓으셨습니다. 그것이 하나님의 법입니다. "여호와께서 말씀하시되 악인에게는 평강이 없다 하셨느니라"(사 48:22). 이것은 모든 인간의 문제인 동시에, 문제를 가진 그리스도인의 문제입니다. 그리스도인이 자기 문제를 가졌다는 것은 하나님을 망각하고 있다는 것입니다. 하나님과의 관계가 제대로 되어 있지 못한 것이 문제입니다. 그러므로 하나님과 바른 관계를 회복해야 합니다. 문제를 똑똑히 보아야 합니다. 모든 문제의 핵심은 나와 하나님의 관계이고, 그것이 죄 사함으로 말미암는 구원의 열쇠입니다.

죄가 무엇입니까? 죄는 온 마음과 뜻과 정성을 다해서 하나님을 사랑하지 않는 것입니다. 나머지는 하나님을 사랑하지 않기 때문에 일어나는 필연적인 결과들입니다. 그런데 우리는 죄를 생각할 때 근본적인 문제는 다루지 않고 지엽적인 것만 이야기합니다. 우리의 문제는 바로 죄의 문제입니다. 하나님을 전폭적으로 사랑하지 못하는 것이 죄입니다. 그럼에도 우리는 상당히 만족해하고 있습니다. 주위에 우리보다 못한 사람이 눈에 들어오기 때문에 '이 정도면 된다' 하며 만족하는 것입니다.

하나님의 긍휼로

'죄 사함으로 말미암는 구원'이 어떻게 시작되었는지를 설명해 주는 말씀이 "우리 하나님의 긍휼"(눅 1:78)입니다. 하나님의 긍휼은 구원의 원천입니다. 왜 이것을 하나님의 긍휼이라고 생각했는지 한번 살펴봅시다.

'하나님의 긍휼'이란 무슨 의미입니까? 사실 성경에 나오는 말들은 아는 것 같으면서도 모르는 것 같습니다. 단어의 뜻을 모른다는 것이 아니라 그 실제적 경험이 중요합니다. 그러나 자기가 경험했고, 그 경험이 생생하게 남아 있을 때는 확실하게 압니다. 비참한 처지에 있는 인생을 향한 하나님의 사랑을 표현할 때 쓰는 단어가 '긍휼'입니다. 비참한 처지에 있음에도 불구하고 그게 비참한지도 모르고 있는 사람을 볼 때 애끓는 하나님의 마음, 그것이 바로 긍휼입니다. 여기에서 우리의 구원이 시작된 것입니다.

인간은 자기 형편이 참 안타까운 처지에 있음에도 그런 줄도 모르고 살아갑니다. 그렇게 상습적으로 살아가고 있는 사람을 '죄인'이라고 말합니다. 그런 처지에 있는 우리를 하나님이 도와주고 싶어 마음을 졸이시는데, 이것이 하나님의 긍휼입니다. 그 처지에서 만족하고 있는 모습을 그대로 두지 않고 개입하려고 하십니다. 이런 하나님의 사랑을 긍휼이라고 합니다. 좋아서 만족하는 대로 내버려 두면 끝장나 버리는데, 어떤 때는 말씀을 통해서 꼬집어 주기도 하시고, 말씀을 통해서 말을 듣지 않으면 매를 때리기도 하십니다. 어떻게 해서든지 당신의 뜻을 이루어 가겠다고 결심하신 것, 그것이 하나님의 긍휼입니다. 그러므로 우리에게 오는 모든 축복의 원천은 바로 그 하나님의 자비로운 마음, 우리를 보고 안타까워하시는 마음입니다.

자신을 긍휼의 대상으로 생각하고 있습니까? 제일 처음 하나님에게 나아올 때 당신은 스스로를 어떻게 생각했습니까? 도무지 그 은혜가 아니면 소망이 없는 사람이라고 생각했을 것입니다. 아직도 그렇게 생각하고 있습니까? 신자는 항상 그렇게 생각하는 사람입니다. 그래서 천국에 가서도 우리에게 씌워지는 면류관을 보좌를 향해 벗어 던질 자입니다. 구원은 하나님의 긍휼하심 때문이었고, 나는 긍휼하심이 아니면 소망이 없는 자라는 사실을 생각하면 예배 시간이 새로워지며 하나님의 역사가 일어납니다.

그러면 긍휼의 결과는 무엇입니까? "이로써 돋는 해가 위로부터 우리에게 임하여 어둠과 죽음의 그늘에 앉은 자에게 비치고 우리 발을 평강의 길로 인도하시리로다"(눅 1:78-79). 구원의 결과를 어둠과 빛으로 설명하고 있습니다. 흔히 이전의 삶을 이야기할 때 "절망의 어둠 속에, 도무지 희망이 없는 캄캄한 데 있었다"고 말하지 않습니까. 사람들은 절망 속에 있을 때는 캄캄하다고 말합니다. 인생이 그런 상태에 처해 있는 것입니다.

정말 자기의 비참함 때문에 어쩔 줄 모르고 있는 인생을 하나님은 위로부터 돋는 태양처럼 우리 길을 비추어 주시고 우리를 평강의 길로 인도하십니다. 절망 가운데 있는 사람에게 소망을 주시는 분이 하나님이십니다. 어찌할 바를 알지 못할 때 어떻게 해야 할지를 보여 주시는 분이 하나님이십니다. 비참한 가운데서 우리에게 희망의 노래를 부르게 하신 분이 하나님이십니다. 지금 어떤 길을 걷고 있는지 모르지만, 하나님은 우리가 완전한 구원의 길, 찬란한 햇빛이 비치는 길을 걷기 원하십니다. 우리 삶의 한 부분도 어두움이 없기를 하나님은 원하십니다.

자기 길로 가는 인생은 비참밖에 기다리는 것이 없습니다. 죄를 지은 사람이 가는 길에는 비참과 파멸만 기다립니다. 그런 죄의 길을 걷고 있는 사람을 보았을 때 하나님의 마음이 안됐고 뭉클해져서 시작하신 역사가 구원의 역사입니다. 우리를 인도하시는 분은 예수 그리스도이십니다. 우리는 그분을 통해서 이 세상에서 완벽한 기쁨을 맛볼 수 있습니다. 그것이 정상적인 그리스도인의 삶입니다.

하나님은 우리로 하여금 로마서 7장에서 바울이 고민하던 삶을 평생 살게 하시려는 것이 아닙니다. 시편 1편 기자의 고백처럼 주야로 율법을 묵상하며 즐거워하며 살도록 하시려는 것이 하나님의 뜻입니다. 하나님의 말씀 때문에 고민하고 있습니까? 아직 그 죄를 버리지 못하고 있기 때문입니다. 사실 말씀을 듣는 것이 오히려 괴로워질 때가 있습니다. 모르는 것이 더 편할지 모릅니다. 하나님의 말씀이 예리하고 정확하게 전해질수록 마음에 부담이 되는지 모르겠습니다. 그러나 순종하고 새 삶을 살기로 결단하면 하나님의 말씀을 들을수록 기뻐할 수 있습니다.

우리에게 하나님의 말씀이 공개되는 것은 고민하도록 하기 위해서가 아닙니다. 하나님의 말씀은 그 고민을 통해서 자유함을 맛보라고 우리에게 요구해 옵니다. 우리의 고민되는 문제를 하나님에게 내려놓고 결단하게 되면 하나님이 새롭게 역사하십니다. 이제는 알면 알수록 더 기쁨입니다. 율법은 주의 뜻을 따르고자 하는 사람들에게 있어서는 나그네 삶을 살 때에 유일한 즐거움입니다. 이것이 우리 앞에 예비된 길입니다.

o

지금 어느 수준에서 만족하고 있습니까? 하나님을 하나님으로 인정하십시오. 하나님을 생명의 하나님으로 인정하십시오. 하나님을 우리 삶을 풍성하게 해 주시는 하나님으로 만나야 합니다. 하나님은 우리를 괴롭게 하시는 분이 아닙니다. 우선, 정말 밥도 못 먹고 잠도 못 잘 만큼 괴로워해야 합니다. 이 괴로움을 통해 해답이 있는 것이 아니라, 해답 되시는 그리스도의 십자가 죽음만이 내 삶의 희망임을 받아들여야 합니다. 그렇게 될 때 우리는 말씀을 통해서 더 자유함을 얻게 됩니다.

18.

광야에 있는 요한(1:80)

///

단 한 절에 담긴 선지자의 준비 과정

누가는 누가복음 1장 80절, 이 한 절로써 지금까지 생각해 온 세례 요한의 출생 기사를 매듭짓고 다음 장에 들어갈 준비를 하고 있습니다. 새 사건을 다루기 전에, 지금까지 해 온 이야기를 맺었습니다. 누가복음 2장에서는 예수님의 탄생 기사가 시작됩니다.

세례 요한은 오실 메시아, 예수님의 길을 예비하는 사람입니다. 예수님은 요한이 '여자가 낳은 사람 중에 가장 나은 자'라고 평가하셨습니다(눅 7:28). 그러나 요한의 출생 이야기는 오실 메시아의 탄생 이야기의 서곡에 불과합니다. 이제 서곡이 끝나고 중심 주제의 연주로 들어갈 준비를 누가가 1장 80절로 하는 것입니다. 요한의 출생 이야기는 예수님의 탄생 이야기가 됨으로써 의미를 갖습니다.

그러나 본문을 자세히 살펴보면, 단순히 세례 요한의 출생 이야기를 끝맺고 있는 것이 아닙니다. 오히려 세례 요한의 성장 과정을 말하고 있습니다. 요한의 출생 후 이스라엘에 나타나기까지 30년간의 사건, 즉 요한의 유아기, 유년기, 소년기, 청년기 그리고 장년기에 이르는 전 생의 과정을 요약해서 한 절로 쓴 것입니다. 그러면서 중요한 것은 하나도 빠뜨리지 않고 다 말해 줍니다.

여기 문장가로서 누가의 진면목을 볼 수 있습니다. 여기에 성령의 감동 아래 쓰인 글의 묘미를 발견할 수 있습니다. 아무리 짧게 말해도 성령은 다 말하도록 도와주십니다. 아무리 길게 말해도 성령은 필요한 말만 하도록 하십니다. 단 한마디의 말이라도 성령이 도우실 때 한 인생을 바꾸어 놓는 힘이 있습니다. 단 한 줄의 글도 성령이 정말로 역사하시면 우리에게 하늘의 기쁨을 주기에 충분합니다.

하나님의 지혜는 어떤 내용을 깊이 다루어야 할지 파악하게 해 줍니다. 그래서 누가는 세례 요한이 태어난 지 8일간의 사건을 스물세 절에 가깝도록 많은 구절을 할애해 산문체로써, 운문체로써 기록했습니다. 그러고는 30년간의 사건은 단 한 구절로 요약했습니다. 하나님의 지혜는 30년간의 많은 사건 중에서 언급해야 할 것이 무엇인지를 선별하게 해 주기 때문입니다. 이 장에서 우리가 할 일은 이 한 절을 더 잘게 나눈 세 독립 문장에 나타나 있는 30년간의 숨은 이야기를 풀어 보는 것입니다. 보다 분명하게, 보다 자세하게 요한의 성장 과정을 그려 봅시다. 한 선지자의 준비 과정을 통해서 우리에게 하고 싶어 하시는 하나님의 말씀을 살펴봅시다.

신체적, 정신적, 영적으로 자라 간 세례 요한

첫 문장은 "아이가 자라며"입니다. 이것은 요한의 신체적인 성장 과정을 이야기해 줍니다. 신체적으로 정상적인 성장을 하고 있다는 뜻입니다.

둘째 문장은 "심령이 강하여지며"로서, 정신적이고 영적인 성장을 말해 줍니다. 이 말이 한 아이가 자랐다는 말과 나란히 나오는 이유는 신체적인 성장에 대응하는 정신적 성장을 말하기 위해서입니다. 키에 따라 정신적인 성장이 이루어져야 합니다. 성령은 요한의 생애를 요약해 "그 아이는 신체적으로 자라고 있었다. 그리고 그 아이는 정신적으로 자라고 있었다"라고 기록하셨습니다.

한 아이가 하나님이 보시기에 정상적으로 자라기 위해서는 부모가 먹을 것만 공급해 주어서는 안 됩니다. 아이가 나이에 맞는 정신적인 성장을 이루고 있는지에 대한 부모의 관심이 병행되어야 합니다. 성경은 자녀를 하나님의 형상으로 지으심을 받은 독립적인 인격체라고 말하고, 또한 그리스도의 구속의 은총을 누려야 할 대상으로 생각합니다. 부모가 하나님을 '아버지'라고 부르듯, 아이도 하나님을 '아버지'라고 부르도록 도와주어야 합니다. 또한 자녀가 성경적인 가치관에 따라 독자적인 판단을 할 수 있도록 스스로 생각하고 판단할 수 있는 영역을 조금씩 넓혀 줘야 합니다.

한편, 예수 믿는 사람들은 다 같이 배워야 합니다. 말씀이 최고의 권위가 되어야 합니다. 자녀와 부모를 매는 권위는 성경 말씀밖에 없습니다. 부모는 자녀가 하나님 앞에 무릎을 꿇도록 교육시켜야 합니다. 그러면 다른 어떤 권위 앞에서도 무릎을 꿇지 않습니다. 누군가의 독재가 불가능해집니다. 하나님의 말씀의 권위 앞에 무릎을 꿇게 되면 다른 어떤 권위 앞에서도 무릎 꿇지 않는 자유인이 됩니다.

하나님의 말씀 앞에 무릎 꿇는 것을 교육시킬 때 부모의 삶이 먼저 그러한 모습을 보여 주지 못한다면 아무리 열심히 가르쳐도 아이들은 다 압니다. 부모의 말과 삶이 다르다는 것을 말입니다. 아이들을 완벽하게 속일 수는 없습니다. 가정에서까지 위선자 노릇을 하기란 대단히 힘든 것입니다. 우리가 정말로 어떤 것을 두려워하는지 아이들이 부모의 삶을 통해서 보아야만 합니다. 부모가 성경 말씀의 권위 외에는 어떤 것에도 굴하지 않는 모습을 보여 줄 때 아이도 그렇게 자라 갈 것입니다. 이처럼 아이가 자랄 때부터 권위에 맹종하는 것이 아니라, 하나님의 말씀이 우리를 지배하도록 훈련되게 해야 합니다. 말씀의 권위에만 복종하는 것을 배우게 되면 세상이 감당 못합니다. 신앙의 부모들은 자녀들을 그렇게 양육해야 할 책임이 있습니다.

자유인은 독자적인 판단을 매 순간 하면서 살아야 합니다. 부모의 과보호는 자녀의 정신적인 성숙에 저해 요소가 됩니다. 자기 일은 자기가 처리하도록 해 주어야 합니다. 그런데 일을 독자적으로 맡겨 놓고 보면 처음엔 제대로 잘 못할 수 있습니다. 그래도 맡겨 놓아야 합니다. 그렇게 해서 배워 가도록 해야 합니다. 자녀들의 생각과 판단을 믿고 존중해 주어야 합니다. 그래서 심령이 강해지도록 부모로서 도와주어야 합니다.

요한은 신체적, 정신적으로 성장했고, 또한 영적으로도 성숙해 갔습니다. 하나님의 사람으로 준비되는 데는 신체적, 정신적 성숙과 더불어 영적인 성숙이 꼭 필요합니다. 본문을 현대인의성경으로 보면 "마음이 굳세어지고"라고 번역되어 있는데, 이는 정신적으로 성장한 것을 이야기합니다. 하지만 같은 말을 다른 번역본에서는 "영적으로 자라났다"라고 번역했습니다. 바클레이 번역도 같은 본문을 "아이는 신체적으로 자랐고 영적으로 발달했다"라고 번역하고 있습니다. 똑같은 헬라어인데, 그 헬라어가 두 가지로 번역되는 것이 틀리지 않습니다. 문법적으로도, 앞뒤 맥락으로 봐도 틀리지 않다는 것입니다. 왜냐하면 같은 단어가 두 가지 뜻을 지니고 있을 때는 둘 다 봐야 하기 때문입니다. 다만 성경을 번역할 때는 둘 중 하나를 선택해야 하기에 "심령이 강하여지며"라고 옮긴 것입니다. 이럴 때는 어떤 번역이 더 맞냐고 다툴 필요가 없습니다. 사실은 성령이 일부러 둘로 번역될 수 있는 단어를 골라 쓰신 때가 있기 때문입니다.

즉 본문의 헬라어 단어에는 '정신적으로 성숙했다'는 것을 말해 주는 동시에, '영적으로 발달되어 갔다'는 의미가 포함되어 있습니다. 영적인 것과 육체적인 발달은 서로 대응하는 것입니다. 존 칼빈(John Calvin) 역시 "요한이 성령에 의해서 강건해졌다"고 말했습니다. "이는 주의 손이 그와 함께하심이러라"라는 누가복음 1장 66절 말씀에서 알 수 있듯이, 주님의 손이 요한의 성장에 함께하고 있었다는 의미입니다. 몸이 자라면 정신적인 성숙과 영적인 성숙은 함께 이루어져야 합니다.

아이들도 어른이 주님을 영접하는 것처럼 어릴 때 주님을 인격적으로 만날 수 있습니다. 말하자면 중생할 수 있다는 것입니다. 뿐만 아니라 어릴 때 중생한 사람이 선교 역사에 있어서 많은 역할을 감당했습니다. 한 조사에 의하면, 선교사의 90퍼센트 이상이 10세 이전에 주님을 만났던 사람이라고 합니다. 신앙의 부모들은 아이가 어릴 때부터 영적으로 거듭날 수 있도록 그 문제에 대해서 기도하고 말씀으로 양육해야 합니다. 어느 누구든 위로부터 나지 아니하면 하나님 나라에 들어갈 수 없습니다.

아이들이 어릴 때는 어머니의 말을 잘 듣지 않습니까? 성경 이야기를 해 주면 듣고 싶어 하는데 그때 이야기해 주어야 합니다. 아이가 고민하고 있을 때 신앙적인 관점에서 같이 대화해 주어야 합니다. 그때 하지 않고 좋은 세월 다 보낸 후 성인이 된 자녀를 매를 들어서 교회에 보낼 수는 없지 않겠습니까. 인생을 다 마치고 아버지의 눈앞에 가까이 서게 되었을 때 하늘나라에서 멀리 떨어져 있는 자녀들을 보고 한탄하지 말고, 지금 맡겨졌을 때 해야 합니다. 아이들이 부모의 행동 하나하나를 주시할 수 있을 때 부모가 하늘을 바라보고 사는 사람이라는 사실을 심어 줘야 합니다. 아이들이 보고 배우게 해야 합니다.

무엇보다 아이들이 하나님 나라를 사랑하도록 기도해 주십시오. 물질보다 하나님을 사랑하도록 빌어 주십시오. 쾌락보다 하나님의 백성과 함께 고난받는 모습을 보여 주십시오. 사람들의 칭송보다 하나님의 칭송을 더 가치 있게 여기는 부모의 삶을 보고 배울 수 있도록 해 주어야 합니다. 하나님의 사람들은 건강해야 합니다. 하나님의 사람들은 최선을 다해서 배워야 합니다. 그러나 하나님의 사람들은 그 위의 모든 것을 하나님의 가치에 따라서 볼 수 있는 눈을 가져야 합니다.

빈 들에서 전적으로 하나님만 바라본 요한

셋째 문장은 "[그가] 이스라엘에게 나타나는 날까지 빈 들에 있으니라"입니다. 요한이 어디서 성장했고, 언제까지 그곳에 있었는지를 말해 줍니다. 우선, 요한이 빈 들에 있었다는 것부터 살펴봅시다. 빈 들은 새번역 성경을 보면 '광야'라고 되어 있습니다. 여기서 광야라고 하는 지역은 요단 강 하류의 사해 부분이라든지, 아니면 사해 서편 광야를 대개 생각합니다. 어쨌든 사람의 흔적이 드문, 거칠고 메마른 땅을 광야라고 합니다.

본문에 의하면, 요한이 언제부터 빈 들에 있었는지는 알 수 없고, 다만 언제까지 있었는지만 언급되어 있습니다. 따라서 요한의 어린 시절에 대한 추측이 다양한데, '빈 들'이라는 말에서 요한은 소년기에 친구들과 어울려 놀기보다 혼자 골똘하게 생각하기를 좋아하는 아이였다고 생각할 수 있겠습니다. 물론 어렸을 때는 부모를 따라 어쩌면 회당 예배도 주일마다 참석했을 것이고, 절기 때는 다른 아이들처럼 예루살렘에 올라가 보았을지도 모르겠습니다.

요한은 한적한 곳에서 혼자 지내는 시간을 많이 가지다가 성장해서는 아마 빈 들에서 사는 시간이 사람들과 섞여 지내는 시간보다 점점 더 많아졌을 것입니다. 그리고 언제쯤에는 빈 들을 아예 자기 본거지로 정하고 살았을 수 있습니다. 빈 들은 사람이 없는 곳입니다. 방해받지 않고 하나님에 대해서만 더 깊이 생각할 수 있는 곳이 빈 들입니다. 아마도 요한은 빈 들에서 대부분의 시간을 명상과 사색, 예배와 찬양, 기도와 간구로 보냈을 것입니다.

사람보다는 하나님을 친구 삼고, 사람의 영향보다는 하나님에게서 직접 배우는 곳이 광야입니다. 요한은 홀로 있는 시간을 통해서 인간이 무엇인지, 삶이 무엇인지 생각했을 것입니다. 홀로 하나님을 대면하는 시간을 통해서 하나님 나라의 오심을 묵상했을 것입니다. 홀로 있는 시간에 하나님의 임재하심을 가까이 느끼고, 홀로 있는 시간이기에 하나님과 지속적 교제를 누리면서 요한은 하나님의 사람으로 성장해 가고 훈련되었습니다. 광야는 요한이 하나님의 사람으로 훈련되기 위한 적절한 장소입니다. 전적으로 하나님 의지하는 것을 배우는 데 이상적인 환경입니다.

광야는 하나님과 홀로 대면하는 곳이요, 우리의 일보다는 우리 자신과 대면하는 곳입니다. 광야의 체험은 하나님의 사역자로서 소명을 받은 자에게 없어서는 안 되는 하나님의 지혜가 선택한 장소입니다. 광야의 홀로 됨이란 우리가 활용하려고 작정하면 정말 우리에게 꼭 필요한 것을 구비시켜 줍니다. 어떤 형태로든 주님을 섬기기 위해 광야에서의 시간은 필요합니다. 주님을 조용히 배우는 것은 하나님을 섬기기 위한 필수 과정이요, 선결 조건입니다.

"이스라엘에게 나타나는 날까지 빈 들에 있으니라"라는 말씀은 "이스라엘에게 공적인 봉사를 시작하기까지", "그가 공적으로 이스라엘 역사의 현장에 부각되기까지"(바클레이)로 번역될 수 있습니다. 하나님의 부르심을 확신하는 자는 기다릴 줄 아는 자입니다. 비록 요한의 부모는 나이가 많아 돌아가셨을 것이지만, 요한은 어머니 엘리사벳과 아버지 사가랴로부터 자신의 부르심을 여러 번 분명히 들었을 것입니다. 하지만 요한은 설익은 시도를 하지 않고 광야에서 하나님의 음성을 기다렸습니다.

O

신체적 강건을 먼저 확보하십시오. 그리고 정신적으로, 영적으로 성숙합시다. 그러기 위해 하나님만 전적으로 의존하는 처지를 사랑합시다. 하나님만 전적으로 바라는 시간을 가집시다. 하나님이 정하신 때, 확실한 부르심의 순간을 기다립시다. 조국, 민족, 교회는 하나님의 부르심을 받아 우리가 나타나는 날을 기다리고 있습니다. 공적으로 역사의 현장에 부각되기까지 하나님의 때를 기다립시다. 이것이 요한의 성장 기록이 주는 도전입니다.

2부

예수 탄생,
큰 기쁨의 좋은 소식

19.

구유에 누인 아기 (2:1-7)

///

성탄은 하나님의 약속이 성취된 사건입니다. 그래서 성경은 "때가 차매 하나님이 그 아들을 보내사 여자에게서 나게 하시고"(갈 4:4)라고 말합니다. 누가복음은 아기 예수의 탄생을 어떻게 기록하고 있습니까? 기자인 누가는 어머니 마리아의 가슴속에 간직해 온 예수님의 이야기를 간단히 전해 줍니다.

모든 역사는 하나님이 주관하신다

먼저, 역사적인 배경부터 살펴보겠습니다. 당대 세상에서 가장 강력한 나라인 로마의 황제 가이사 아구스도의 명령과 함께 본문은 시작합니다. 그는 권력에 오르기까지는 상당히 거칠었지만, 권좌에 오른 다음에는 원만한 통치를 한 임금으로 알려져 있습니다. 특히 속국들의 처지를 이해하고 관용하면서 로마를 다스렸습니다. 그가 황제로 있던 41년은 소위 '로마의 평화'(Pax Romana)를 만끽한 시대입니다. 그는 탁월한 행정가로서, 세상을 떠난 다음에도 그가 한 여러 가지 개혁 조치가 시행되고 지속되었습니다.

가이사 아구스도는 황제가 된 다음에 공정한 세금을 매길 기초 자료로서 인구 조사를 했습니다. 그것이 1절에 기록된 "천하로 다 호적하라"는 명령입니다. 당시는 모든 사람이 호적하러 각각 고향으로 가는 방식으로 시행됐습니다. 2절은 인구 조사가 실시되던 당시 그 지역의 행정 책임을 황제로부터 위임받은 구레뇨가 수리아 총독 직무를 수행하고 있었다고 밝힙니다.

기독교는 역사에 뿌리를 내린 종교입니다. 이 글을 쓴 누가는 예수 탄생 사건을 세계사 속에서 소개했습니다. 이는 지금 우리의 처지에서 보면 극히 타당한 이야기일 수 있습니다. 이제 성탄절은 지구촌의 축제로 자리 잡고 12월이 오기 전부터 문명사회에는 캐럴이 울려 퍼지고 있기 때문입니다. 그뿐 아니라 온 세상이 예수님이 오신 것을 중심으로 해서 세계의 연대를 산출하기 때문입니다. 우리는 역사의 흐름의 한 시점을 잘라서 그리스도 예수님이 태어나시기 전(B.C.)과 그리스도 예수님이 오신 후(A.D.)로 세계 역사를 나누고 있습니다. 지금은 이론의 여지가 없이 예수님이 역사의 주인이심을 다 수긍할 수밖에 없습니다. 물론 세상의 여기저기에는 아직도 서력 기원을 쓰고 있지 않은 곳이 있지만, 이미 판도는 바뀌었습니다. 주님이 오신 것을 중심으로 해서 세상의 역사가 꼽히고 있습니다.

그러나 당시의 상황에서 보면 이 기록은 예외적입니다. 베들레헴 예수 탄생 사건을 다룬 기사가 한 줄도 없었습니다. 세상의 눈으로 볼 때는 예수님의 탄생뿐 아니라 그분의 사역과 그분의 십자가의 죽음이나 부활조차도 보도할 만한 가치가 없는 것으로 여겼습니다. 헤롯 궁에서 흘러나오는 이야기로 가십거리를 만드는 세상 기자들의 눈에 예루살렘 예수 처형 사건은 로마의 통치 아래 살던 속국 국민이 당하는 흔한 일 가운데 하나에 지나지 않아 보도할 가치가 없었습니다.

세상의 어떤 역사가도 이 사건의 중요성을 인식하지 못하던 그때, 십자가 사건이 20년도 채 되지 않은 그때 누가는 단연 이 사건에서 특종을 발견했습니다. 이 사건이야말로 앞으로 인류 역사를 판가름할 사건인 것을 그는 알아보았습니다. 그래서 예수 그리스도 사건의 전모를 파악하기 위해서 관련된 사람들을 만나 보았습니다. 말하자면 리서치를 한 것입니다. 나름의 전모를 이해한 다음에, 차례대로 이 사건을 서술하겠다고 약속한 바 있습니다.

역사가 누가의 통찰력을 한번 살펴보십시오. 지중해를 중심으로 당시의 문명권은 모두 로마의 통치 아래에 있었습니다. 그러므로 가이사의 명령은 갈릴리 나사렛, 유대 산골 할 것 없이 다 미쳤습니다. 그러나 누가는 여기서 하나님을 역사의 주로 파악하고 있습니다. 천하를 통일한 로마의 황제를 그보다 더 높으신 하나님의 뜻을 이루는 하나의 하수인으로 보고 있습니다. 그는 분명 정치적인 이유가 있어서 인구 조사를 실시했습니다. 그러나 그것은 그보다 더 높으신 하나님의 뜻을 이루는 도구로서 사용되었습니다.

인구 조사 칙령은 세계 역사의 정황 속에 예수 그리스도 사건을 접목하고 있습니다. 황제의 칙령도 다만 하나님의 원대한 계획과 목적을 이루는 데 쓰였습니다. 여기 세상을 살아가면서 역사의 의미를 묻는 우리에게 임하는 하나님의 위로가 있습니다. 우리는 역사를 바라보는 시각이 각각 다릅니다. '왜 이런 일들이 일어날까?'라고 의아하게 생각하는 일들이 있습니다. 그런데도 우리가 믿는 하나님은 답을 하고 계십니다. 모든 역사는 하나님이 주관하신다는 것입니다.

가이사 아구스도의 명령은 갈릴리 나사렛에 살고 있던 요셉과 마리아를 움직였습니다. 황제의 칙령이 없었던들 갈릴리 나사렛 동네에 사는 요셉이 만삭의 마리아를 데리고 유대 땅 베들레헴까지 갈 리가 없습니다. 역사는 하나님의 사랑하시는 백성들을 위하는 방향으로 궁극적으로 흘러갈 것입니다. 전능하신 하나님의 뜻을 벗어나는 일들은 세상에 일어날 수 없습니다. 세상의 모든 권력은 궁극적으로 하나님의 뜻을 이루는 데 사용될 뿐입니다. 천하의 어떤 통치자도 하나님의 때와 시기를 변하게 할 수 없습니다.

누가는 1절을 통해 아기 예수 탄생의 우주적인 의의를 보여 줍니다. 이 아이는 가이사 아구스도의 명령을 배경으로 하고 태어나는 아이입니다. 누가는 소위 객관적인 입장에서 역사를 서술하는 자가 아닙니다. 누가는 지금 한 신앙인의 안목을 가지고 예수 탄생을 설명하고 있습니다. 당시 온 세상을 다스리는 로마 황제 가이사 아구스도를 동원해 예수 탄생을 밝히는 것은 예수가 온 세상의 구주로 오신 분임을 신앙으로 고백하는 방법입니다.

그 사실이 1절에는 암시적으로만 나타나 있지만, 10절을 보면 좀 더 구체적으로 설명됩니다. 이 소식이 '온 백성에게 미칠 큰 기쁨의 좋은 소식'이라고 말합니다. 그러나 32절을 보면 더 분명하게 나타나 있습니다. 예수는 '이방의 빛인 동시에 이스라엘의 영광'이라고 말합니다. 누가는 그리스도 예수에 대한 놀라운 신앙의 안목을 소유하고 있었습니다. 이 신앙의 관점이 그의 역사가로서의 참모습을 세워 주고 있습니다. 모든 사건을 빠짐없이 다 기록해 놓는다고 위대한 역사가가 되는 것이 아닙니다. 사건들 가운데서 중요한 사건을 고를 줄 아는 안목이 있어야 합니다. 그 의미를 밝히 설명해 줄 수 있어야만 합니다.

다윗의 후손으로 태어나신 약속된 메시아

다음 장면으로 가 보겠습니다(눅 2:4-5). 황제의 칙령을 따라 고향으로 가는 발걸음 속에는 요셉과 마리아의 발걸음도 포함되어 있었습니다. 누가가 이 기록 속에서 넌지시 강조하는 바를 알아채겠습니까? 누가는 여기서 '다윗의 집', '베들레헴', '다윗의 동네'라는 말을 반복합니다. 어릴 때부터 구약성경을 들어 온 이스라엘 사람들의 귀에는 익숙한 표현들입니다. 즉 이 아이가 다윗의 후손으로 태어나신 약속된 메시아, 구원자라는 이야기를 넌지시 암시한 것입니다. 우리는 갈릴리 나사렛 동네에 살던 요셉과 마리아가 유대 베들레헴이라는 다윗의 동네로 올라가는 발자국 속에서 하나님의 약속 성취가 한 걸음, 한 걸음 가까워지는 것을 알아내야 합니다.

아마 구약 예언에 정통한 사람이라면 미가의 예언을 떠올릴 법합니다 (미 5:2). 베들레헴은 작은 동네지만 이스라엘 역사상 중요한 역할을 합니다. 베들레헴은 모압에서 룻이 돌아온 마을이요, 그곳에서 룻은 보아스와 결혼해 다윗의 증조모가 되었습니다. 베들레헴은 다윗이 태어난 마을이요, 이제 다윗의 후손 예수 그리스도가 예언 성취로 태어나십니다. 그때 베들레헴에 태어나신 분은 하나님의 약속에 따라서 세상에 오신 하나님의 아들이십니다. 약속에 신실하신 하나님은 또 한 번 약속을 우리에게 주셨습니다. 때가 차매 그 아들을 구주로 보내신 하나님이 또 한 번 때가 차면 그 아들을 심판주로 보내실 것입니다.

성탄절을 기다리는 것은 그 옛날 사건이 오늘 무슨 의미를 가지는지 알기 위해서입니다. 약속을 따라 2천 년 전에 오셔서 구주가 되신 분이 약속을 따라서 다시 오실 때는 우리를 심판하실 분이라는 사실을 다시 한 번 생각하는 기회가 되어야 합니다. 예수님이 능력으로 천사들과 함께 불꽃 가운데 오실 때, 그분은 하나님을 모르는 자들은 말할 것도 없고, 하나님에 대해 들어서 알고는 있지만 복음에 대해 순종하지 않는 자들에게 형벌을 줄 것이라고 말씀하셨습니다.

역사는 무의미하게 반복되거나 돌고 도는 것이 아닙니다. 역사는 하나님이 쏘신 화살과 같아서 하나님의 목표를 향해서 날아가고 있습니다. 하나님은 당신의 약속에 신실하신 분입니다. 약속을 따라서 세상에 구원자를 보내신 절기가 성탄절이라면, 약속을 따라서 세상에 심판자를 보내실 최후의 날이 다가오고 있습니다. 그날을 준비하십시오. 내일 오실 그분의 영광을 기다리십시오. 우리 모두가 하나님의 아들, 예수가 다시 오시는 영광의 날을 대망하기를 바랍니다. 그날이 이제 곧 밝아 오고 있습니다.

말구유에서 비천하게 태어나신 구주 예수님

마지막 장면은 예수님이 탄생하신 것입니다(눅 2:7). 이 이야기는 아주 간결하게 기록되어 있습니다. "거기 있을 그때 해산할 날이 차서 맏아들을 낳았다. 강보로 쌌다. 구유에 뉘었다"라고 되어 있습니다. 세 가지 동사를 가지고 아주 간단하게 기록하고 있습니다. 기록이 간결한 만큼 비천한 상황 속에 오신 구주의 모습이 두드러지게 나타나 있습니다(요 1:9-11).

어디든 사람들이 몰려드는 곳에서는 방 잡기가 쉽지 않습니다. 한곳으로 일시에 몰려들다 보면 방값이 몇 배씩 뛰어오릅니다. 모두 다 안락한 곳을 원하는 상황이었기 때문에 가난한 약혼자로서는 방을 차지할 수 있는 상황이 아니었습니다. 이처럼 태어나실 때부터 인간 세상에 몸 둘 바를 찾지 못하신 분이 우리의 구주이십니다. 세상으로 인해서 거절당하실 앞날을 미리 보여 주기라도 하듯이 성경은 "여관에 있을 곳이 없음이러라"(눅 2:7)라고 말합니다. 단지 그날 밤 여인숙에 있을 자리가 없는 정도가 아니라, 세상 어느 곳에도 발붙일 자리를 얻지 못할 예수님의 앞날을 내다보는 기록처럼 보입니다.

비천한 상황 속에 태어난 구주 예수님의 이야기가 우리와 무슨 상관이 있습니까? 많은 사람을 섬기고자 세상에 오신 예수님의 출발점이 우리에게 보여 주는 바가 있습니다. 모든 사람을 섬기러 오셨기에 예수님은 모든 사람보다 낮은 자리에서 그 생을 시작하셔야만 했습니다. 섬김은 자신을 낮출 때 가능합니다. 섬기는 첫걸음은 포기하는 데 있습니다. 자기가 가지고 있는 기득권의 포기가 없으면 새로운 섬김이 불가능합니다. 자기가 가지고 있는, 지금 주어져 있는, 미리 잡고 있는 그 방을 포기하지 않는 한 주님은 여전히 마구간에서밖에 태어나실 수 없습니다.

본래 예수님은 부유한 자였습니다. 본래부터 갈 곳이 없어서 나사렛에 오신 분이 아닙니다. 본래 부유하시던 분이 가난하게 되심은 우리를 부유하게 하기 위함이라고 성경은 말합니다(고후 8:9). 그분이 본래의 영광을 포기하지 않으시는 한 우리는 여전히 죄악 가운데서 비참하게 살아야만 했기 때문입니다. 그저 하나님 없이 세상 속에, 비참 속에 살아야만 했기 때문에 예수님은 하늘의 영광을 포기하고 세상에 오셨습니다.

예수님이 짐승의 밥그릇, 구유에 누임은 우리로 하여금 왕좌에 앉도록 하시기 위함이요, 하나님의 자녀로서의 영광을 누리도록 하시기 위해서입니다. 하나님의 아들이 사람의 아들이 되신 것은 사람의 아들들로 하여금 하나님의 아들들이 되게 하려 하심입니다. 우리가 나누는 사랑이 세상을 아름답게 만듭니다. 기득권을 포기하는 곳에, 희생하는 곳에 기쁨과 평안함이 찾아옵니다. 우리는 다른 사람을 섬기기 위해서 구원받았습니다. 하늘 영광을 포기하고 낮고 천한 구유에 그 몸을 누이신 구주를 본받읍시다. 부족하지만 우리도 가진 것을 포기할 때 이웃을 섬길 수 있습니다.

○

예수님이 구유에 누우신 이야기는 성탄 연극을 하기 위한 배경 제공이 아닙니다. 그것은 세상을 살아갈 때 우리의 삶의 자리에 대해서 진지하게 점검하도록 하는 하나님의 말씀입니다. 섬김의 삶을 살기 위해 무엇을 포기해야 하며, 어디서 출발해야 할지를 생각해 보는 시간이 되기를 바랍니다.

20.

목자들과 천사들 (2:8-20)

///

왜 하필이면 목자들인가

한창 붐비던 베들레헴 성내가 고요히 잠든 순간, 양 떼를 지키기 위해서 깨어 있던 목자들에게 한 천사가 나타났습니다. 이 장의 본문은 성경 기사를 한 번도 읽어 보지 않은 사람이라도 별로 낯설지 않을 것입니다. 성탄 카드의 아름다운 그림에서나 귀로 들은 성탄 찬양에서 익히 보고 들은 이야기가 되겠습니다. 우리는 으레 성탄 장식에서 목자들과 양 떼들이 나타나야 할 것으로 기대합니다. 오히려 이들이 출현하지 않으면 '무슨 일이 생겼나?' 하고 궁금해할지 모르겠습니다. 하지만 그런 심정을 가지고는 본문의 메시지를 바로 파악하기 어렵습니다. 하나님의 배역 선정의 오묘한 맛을 알 수 없습니다. 응당 목자들이 있어야 할 것이라는 선입견은 우선 지워 버리고, 오히려 '왜 하필이면 목자들의 출현인가?'라고 물어야 합니다.

2천 년 전 당시 사람들의 생각으로는 구주 탄생의 증인으로 목자들이라니, 무언가 배역 선정이 잘못된 느낌을 지울 수 없을 것입니다. 당시 사람들에게는 신뢰받지 못하는 계층, 아니 오히려 멸시받는 계층의 대표가 목자들이었습니다. 그들은 먹고살기 바빠서 종교적인 계율이나 까다로운 의식법을 다 지킬 수 없었습니다. 게다가 목자들은 직업 속성상 한곳에 정착하지 못했습니다. 고향 없이 이곳저곳 떠도는 사람들은 무슨 짓이라도 쉽게 할 수 있습니다. 그렇다 보니 필요해서 가져다 쓰면 내 것이고, 주인에게 들키지만 않으면 된다는 식으로 살아갔습니다. 그래서 성탄 카드에 나오는 목자들은 멋있어 보이지만, 실제 베들레헴 목자들은 비인기 직종에 요주의 인물들이었습니다. 오죽하면 법정에서 증인 노릇을 할 권리마저 박탈당했겠습니까. 가난한 탓으로 부정직한 삶을 살던 귀결입니다. 필요한 것들을 적당히 손쉽게 취해서 살다 보니 그렇게 된 것입니다.

그러면 하나님은 왜 하필 그런 목자들을 택하셔서 당신의 아들의 탄생소식의 증인으로 삼으신 걸까요? 인간 법정에서는 증인 자격조차 박탈된 그들을 통해 하나님의 크신 사역을 나타내도록 하신 이유가 무엇일까요? 여기에 하나님이 하시는 일의 특징이 있습니다. 이것이 하나님의 사역의 묘미입니다. 하나님은 당신이 워낙 위대하시기에 유명인사들의 덕을 보려고 하지 않으십니다. 오히려 세상의 멸시받는 자들을 택해서 존귀한 자리에 두기를 기뻐하십니다. 미련한 자들을 택해서 지혜 있는 자들을 부끄럽게 하십니다. 아무것도 아닌 자들을 택해서 내로라하는 자들을 부끄럽게 하시는 것이 하나님의 일상적인 섭리의 방법입니다(고전 1:26-29). 그래서 목자들의 선택은 하나님의 우발적인 실수가 아닙니다. 하나님은 당신의 일상적인 방법을 따르셨을 뿐입니다.

신앙이 무엇입니까? 목자들이 전한 소식을 믿는 것입니다. 세상 법정에서 증인의 자격마저 박탈당한 그들의 증거에 귀를 기울이는 것이 신앙입니다. 그들이 증거한 대로 구유에 누인 아기가 세상의 구주시라는 사실을 믿는 것이 신앙입니다. 성경을 한번 살펴보십시오. 복음의 시작인 하나님의 아들이 태어나셨다는 소식이 교수들, 학자들, 법관들, 의사들 등 그럴듯한 사람들의 증언으로 입증된 사건이 아닙니다. 그날 밤 천사의 소식을 듣고 구유에 누인 아기가 온 세상의 구주시라고 증언한 사람들은 목자들에 불과했습니다.

우리는 목자들의 증거에 기초해서 신앙의 집을 세웠습니다. 세상은 법정에 세우기조차 거절한 목자들의 증거에 복음의 첫 기초가 놓여 있습니다. 교회는 이같이 보잘것없는 무리의 증언을 받아들인 사람들의 공동체입니다. 교회가 이 하나님의 택하심의 오묘를 망각하면 속화됩니다. 기독교는 학식으로 증거하는 종교가 아닙니다. 사실을 자기 귀로 듣고, 자기 눈으로 보고, 자기 손으로 만진 이들이 증거한 종교입니다. 직위나 학위를 묻기보다 그 사람이 직접 하나님의 약속이 성취된 현장에 있었는지가 중요합니다. 그가 전하는 메시지가 자기가 아는 이야기인지 아닌지, 이 책 저 책에서 인용한 것에 불과한지 교회는 분별할 수 있어야 합니다.

자기가 맛본, 자신이 마신 생수를 전해야 합니다. 거기에 능력이 있습니다. 듣는 이의 귀가 열릴 것입니다. 보는 이의 눈이 감기지 않을 것입니다. 어눌한 입이 열릴 것입니다. 아무리 휘황찬란한 경력으로 설교해도 성도들이 알아들을 수 없으면 그런 사람을 강단에 세우기를 거부해야 합니다. 그렇지 않으면 학위 취득에만 관심이 있는 사람들을 오늘 배출하게 될 것입니다. 그렇지 못할 때 받은 학위를 거들먹거리는 권위적인 사람들을 내일 양산하게 될 것입니다. 복음의 기초는 소박한 사람들의 증거에 있습니다. 우리가 지금 알고 있는 것으로, 지금 고백하는 그 신앙으로도 섬길 수 있는 길들이 얼마든지 있습니다.

목자들이 받은 메시지: 큰 기쁨의 좋은 소식

그러면 이제 목자들이 천사로부터 전달받은 증거의 내용이 무엇인지 살펴보겠습니다. 갑작스럽게 환한 빛이 비추면서 등장한 천사들로 인해 두려워 떠는 목자들을 안심시키며 전해진 소식의 본질이 무엇입니까? "보라 내가 온 백성에게 미칠 큰 기쁨의 좋은 소식을 너희에게 전하노라 오늘 다윗의 동네에 너희를 위하여 구주가 나셨으니 곧 그리스도 주시니라 너희가 가서 강보에 싸여 구유에 뉘어 있는 아기를 보리니 이것이 너희에게 표적이니라"(눅 2:10-12).

여기서 또 한 번 우리의 예상을 뒤엎는 하나님의 증거를 만납니다. '큰 기쁨의 좋은 소식'의 핵심은 베들레헴에서 태어난 그 아기가 구원자라는 데 있습니다. 그 증거로 하나님은 왕궁 요람에 누인 아기가 아니라 구유에 누인 아기를 제시하십니다.

교회는 이 소식 앞에 생각해 볼 것이 있습니다. 아버지가 목수이고 어머니는 결혼식조차 아직 올리지 못한 처녀에게서 태어난 아기입니다. 게다가 여관방 하나 확보할 능력이 없는 부모에게서 태어난 아기에게 우리의 희망이 있다는 말을 세상이 어떻게 믿고 감동하겠습니까? 강보에 싸여 구유에 누인 아기가 온 세상의 구주시라는 사실을 믿는 데는 하나님의 특별한 은혜가 필요한 것입니다. 성경을 있는 그대로 한번 읽어 보십시오. 성경이라면 무슨 기록을 읽어도 "아멘" 할 준비를 갖추고 읽지 말고, 있는 대로 살펴보라는 의미입니다. 강보에 싸여 구유에 놓인 아기가 표적이 되리라고 했지만 사실 그것은 믿을 만한 표적은 아니었습니다. 하나님이 제시하신 표적은 때로 우리에게는 걸림돌이 되기도 합니다.

그러나 목자들은 이 소식을 들을 때 감동했고, 그래서 베들레헴으로 내달았습니다. 아기를 보고 자신들이 들은 이야기를 쏟아놓았습니다. 이 소식에 담긴 하나님의 능력이 그들을 사로잡았습니다. 복음은 그 성격상 하나님의 은혜로만 이해될 수 있습니다. 그렇기에 복음을 참으로 믿고 감격하기 위해서는 하나님의 은혜가 필요합니다. 겸비한 자세로, "하나님, 제게도 한번 은혜를 베풀어 주십시오. 한번 긍휼을 베풀어 주셔서 이 소식이 저에게도 큰 기쁨의 좋은 소식이 되게 해 주십시오. 저도 이 소식이 지니는 감동을 체험하게 해 주십시오"라고 기도하며 열망하며 나아가야 합니다. 그런 심정으로 목자들이 들은 소식을 살펴볼 때 그 의미가 우리 마음속에 다가올 수 있습니다.

'오늘 구주가 나셨으니'라는 말은 바로 '오늘'이 약속이 성취된 날이라는 것입니다. 구주 탄생의 소식입니다. 약속 성취의 소식입니다. 온 인류가 막연히 기대해 온 더 나은 내일의 도래입니다. 온 이스라엘이 뚜렷이 대망해 온 새 시대의 도래입니다. 이것은 새로운 시대를 여는 소식입니다. 이것은 은혜의 해가 도래한 소식입니다. 억압받던 세월이 이제는 끝남을 알리는 소식입니다.

의에 굶주린 이들이 배부를 새 시대가 밝아 왔다는 것을 알려 주는 소식입니다. 고통의 날이 끝나고 환희의 날이 밝아 옴을 알리는 소식입니다. 무의미한 암흑이 가시고 밝은 빛 속에서 새 삶이 시작되는 복된 소식입니다. 우리에게 길게 드리운 죽음의 그늘이 이제 사라짐을 알려 주는 소식입니다. 하나님 없이는 만족할 수 없었던 영혼의 기다림이 충족되는 소식이 이 아이의 탄생을 통해서 이루어지고 있습니다. 이것은 하나님과 더불어서 화목한 자가 누리는 마음의 평안이 도래하는 기쁨의 날을 알리는 소식입니다.

큰 기쁨의 좋은 소식을 당신의 귀로 들은 적이 있습니까? 큰 기쁨의 좋은 소식을 당신의 삶에서 체험해 본 적이 있습니까? 아직 알지 못한다면 구유에 누인 아기를 마음속에 영접하십시오. 그분이 온 세상의 구원자이시며 우리 삶의 해결자 되심을 인정하십시오. 이 사실을 인정하는 순간, 삶이 변화할 것입니다. 그 밤에 목자들이 들은 소식이 큰 기쁨의 좋은 소식으로 변화할 것입니다. 구주 탄생의 소식은 믿음으로 듣는 자마다 그 심령에 기쁨의 샘이 솟아나게 하는 소식입니다. 목자들로 하여금 영광을 돌리고 찬송하며 돌아가게 한 소식입니다(눅 2:20). 구유에 누인 아기를 해결자이자 주인으로 모실 때 동일한 기쁨이 가득할 것입니다.

이 기쁨은 세상이 주는 기쁨과는 다릅니다. 불편했던 모든 관계가 새롭게 될 때 얻는 기쁨입니다. 하늘 아버지의 사랑을 맛볼 때 이 기쁨은 시작됩니다. 하나님의 영으로 누리는 기쁨이요, 영원한 기쁨입니다. 처음 맛보는 순간은 귀한 기쁨이요, 이어지는 그다음 순간은 더욱 귀한 기쁨입니다. 그렇기에 날로 더욱 귀한 기쁨입니다. 이 기쁨을 체험한 적이 있습니까? 목자들이 그 밤에 들은 큰 감격의 좋은 소식을 자신의 것으로 소유하고 있습니까?

왜 이것을 '큰 기쁨의 소식'이라고 말하는 것일까요? 삶의 모든 고통과 괴로움을 능가하는 기쁨이기 때문입니다. 삶이 우리에게 가져다줄 수 있는 어떠한 염려와 근심을 초월할 수 있는 기쁨이기 때문에 그렇습니다. 아기 예수가 오신 소식은 하나님의 새 역사의 시작을 알리는 종소리입니다. 그 아기가 만물의 질서를 회복하고 평화를 이루실 것입니다. 하나님의 은혜의 해를 살아가는 기쁨을 그 아기가 우리에게 허락해 주실 것입니다.

하나님과의 관계를 새롭게 하십시오. 우리가 지금 봉착한 문제가 진정한 문제가 아니라 하나님과의 문제가 바로 되어야 합니다. 그때에 우리는 속박에서부터 자유로워질 것입니다. 예수님이 우리를 위해서 구유에서부터 그분의 삶을 시작하셨다는 사실을 꼭 기억하십시오. 그분의 삶의 첫 출발지가 구유였음을 인식하면 우리는 자유로울 수 있습니다. 자기 욕망의 쇠사슬에서부터 벗어나 주님의 사랑으로 이웃을 섬기는 사랑을 새롭게 느끼게 될 것입니다. 그분에게 자신을 내어 맡기십시오. 그분이 친히 우리 마음을 다스리도록 하십시오. 죄로 상한 마음을 치유해 주실 것입니다. 기쁨에서 기쁨으로 인도하실 것입니다. 주의 빛난 보좌에까지 영광에서 영광으로 인도하실 것입니다.

o

하나님은 큰 기쁨의 좋은 소식이 목자들에게만 전달된 소식이 아니라, 목자들을 통해서 오늘 우리에게까지만 전달되고 마는 소식이 아니라, 우리를 통해서 아직도 어두움에 앉아 있는 많은 사람에게 증거되기를 바라고 계십니다. 이미 우리가 처한 상황의 해결자가 세상에 오신 지 2천 년의 세월이 지나갔습니다. 구주가 오셨습니다. 그럼에도 우리의 삶은 변화되지 않은 채로 남아 있어서야 되겠습니까. 예수님을 진정으로 영접하면 그분이 주시는 큰 기쁨이 우리의 것이 될 것입니다. 뿐만 아니라 우리를 통해 이 소식을 듣는 자들의 마음속에 큰 기쁨의 좋은 소식이 자리하게 될 것입니다. 큰 기쁨의 좋은 소식을 온 누리에 전달하는 통로가 되길 바랍니다.

21.

목자들의 성탄 축하 (2:15-20)

예수님의 탄생은 기쁨과 놀라움과 경이의 불꽃을 일으킵니다. "오늘 다윗의 동네에 너희를 위하여 구주가 나셨으니 곧 그리스도 주시니라"(눅 2:11). 이 놀라운 사실을 최초로 들은 목자들의 감격을 상상해 보십시오. 첫 성탄의 증인으로 부르심을 받은 목자들의 마음속에는 기쁨, 놀라움, 경이로움이 가득했을 것입니다. 이 장의 본문은 크게 두 부분으로 나누어서 생각할 수 있습니다. 전반부에는 성취된 사건에 대한 목자들의 증거가 나타나 있고, 후반부에는 목자들의 증거를 들은 사람들의 반응이 기록되어 있습니다.

성탄 소식을 들은 목자들의 반응

이 말씀을 잘 이해하기 위해서는 먼저 누가복음 2장 8-9절을 마음속에 두어야 합니다. 밤에 양 떼를 지키던 목자들 주위에 갑자기 밝은 빛이 비쳤고, 빛 가운데 한 천사가 나타났습니다. 누구라도 마찬가지겠지만, 평소에 신실한 삶을 살지 못한 그들로서 공포에 질린 것은 말할 나위가 없습니다.

천사는 떨고 있는 목자들에게 아기 예수의 탄생 소식을 전했습니다. 그런데 그 소식을 듣는 순간 목자들은 마음속에 두려움이 사라지고 큰 기쁨이 가득해지는 것을 느꼈습니다. 갑자기 이번에는 허다한 천사들의 무리가 나타났습니다. 하늘이 영광으로 가득했는데, 그것은 지금까지 땅에서 보지 못한 영광이었습니다. 목자들은 모두 얼굴을 들고 천사들의 노래를 들었습니다. "지극히 높은 곳에서는 하나님께 영광이요 땅에서는 하나님이 기뻐하신 사람들 중에 평화로다"(눅 2:14). 온 누리에 천사의 아름다운 노래 소리가 울려 퍼진 다음 천사들은 하늘로 올라가고 밤하늘에는 별들만 반짝이고 있었습니다.

그때 목자들은 다시 정신을 차렸고, 잠시 동안 침묵이 흐른 다음 누군가 먼저 "베들레헴으로 가서 주께서 우리에게 알리신 바 이 이루어진 일을 보자"고 제안했습니다(눅 2:15). 그들은 서로 보고 들었던 것에 대해서 흥분을 감추지 못하고 이야기하기 시작했습니다. 그들은 모두 천사가 말한 구유에 누인 아기를 보기 원했습니다. 사실 목자들은 천사들이 나타나서 성탄을 선포하는 순간부터 하나님은 이 소식이 자기들을 통해서 다른 사람들에게 알려지기 원하신다는 것을 느꼈을 것입니다. 그렇기에 그들은 베들레헴을 향해 달려가기로 마음먹었습니다. 하나님이 그들을 위해 구주를 보내신 사실을 들었을 때 그들은 가만히 있을 수 없었습니다.

오늘 우리도 구주가 세상에 오신 것을 들었습니다. 그분이 곧 그리스도 주시라는 사실을 알고 고백합니다. 예수님이 구원자요, 주님이요, 기름 부으심을 받은 자임을 믿고 있습니다. 그렇다면 우리도 목자들처럼 우리가 들은 소식에 감격해서 행동하는 신앙인이 되어야 합니다. 말씀을 들을 때는 그것을 하나님의 말씀으로 받아들이지만, 그 순간이 지나면 잊곤 하지 않습니까.

그러나 목자들은 황홀했던 순간이 지난 후에 들은 소식에 따라서 행동했습니다. 우리는 15절 말씀에서 목자들의 즉각적인 순종을 살펴볼 수 있습니다. 그들은 하나님이 알려 주신 소식을 무시하지 않았습니다. 감동해서 달려갔습니다. 빨리 가서 주님이 말씀하신 사건이 어떻게 이루어졌는지 직접 눈으로 보기를 원했습니다. 이는 앞서 누가복음 1장 39절에서 읽은 마리아의 반응을 기억나게 합니다. 마리아 역시 천사가 전한 소식을 듣고 빨리 산골 유대 마을로 발걸음을 옮겼습니다.

우리는 어떻습니까? 우리는 삶에 대한 하나님의 뜻을 아는 즉시 이런 반응을 나타내고 있습니까?

그리스도인 모두에게 주어진 하나님의 뜻이 있습니다. 그것은 하나님의 말씀을 증거하는 일입니다. 우리는 예수님이 세상의 구원자요, 주님이신 것을 증거하는 사명을 받았습니다. 하나님이 우리 마음속에 알도록 하신 그 사실을 전하는 일은 우리가 공동적으로 받은 사명입니다. 이 사명은 바로 천사들을 통해서 목자들이 받았던 사명과 동일한 것입니다. 우리는 증인 노릇을 할 때 지체하지 말고 즉각적인 순종을 해야 합니다.

목자들의 경우를 살펴보십시오. 천사들의 노래를 듣는 그들의 마음속에는 감격이 있었습니다. 그러나 거기서 그치지 않고 자신들이 귀로 들은 사실이 정말로 이루어졌는지를 확인하고자 그들의 발로 달려가서 직접 그 현장을 목격했을 때 그들은 더 큰 감격을 맛보았을 것입니다.

우리는 말씀을 통해서 진리를 깨달을 때 은혜를 받습니다. 그리고 그것을 구체적으로 우리 삶에 실천할 때도 동일한 은혜를 누릴 수 있습니다. 우리는 말씀을 깨닫는 순간에 은혜받았다고 말할 수 있습니다. 그러나 우리가 받는 은혜는 거기에서 끝나지 않습니다. 그 깨달음을 자기 삶에서 구체화시킬 때 또 다른 은혜를 받습니다. 우리는 예수 그리스도를 영접하는 순간, 감격합니다. 그러나 그때의 감격만으로 끝나는 것이 아니라 그리스도의 말씀대로 사는 것도 은혜입니다. 그리스도를 위해 고난받는 삶을 사는 것도 은혜라고 합니다. 말씀대로 살기 위해 순종하는 것, 그것은 계속적입니다.

15절에서 '서로 말하되'라는 말은 자신들에게 이루어진 일을 함께 가서 보자는 의미입니다. 말씀 사건을 구체적으로 확인하는 작업은 교회 공동체가 함께해야 할 작업입니다. 그래서 우리는 상호 격려해야 할 필요성을 느낍니다. 신앙 고백은 개인적이지만, 신앙생활은 공동체적입니다. 누구든지 혼자서는 신앙생활을 할 수 없습니다. 우리가 하나님의 자녀로 태어나는 것은 개인적이지만, 자라는 것은 하나님의 식구 가운데서 이루어집니다. 그러므로 서로 돌아보고 사랑과 선행을 격려하는 일이 성탄 축하의 순서가 되어야 합니다.

목자들은 빨리 가서 마리아와 요셉과 구유에 누인 아기를 찾았습니다. 그들이 도착한 베들레헴은 작은 성읍이긴 했지만 그렇다고 몇 집 안 되는 조그마한 마을은 아니었을 것입니다. 그러므로 천사가 말해 준 마리아와 요셉과 구유에 누인 아기를 찾기란 쉽지만은 않았을 수 있습니다. 최초의 전통은 동굴 속에 있는 구유라고 전하고 있습니다. 즉 동굴 벽 속 움푹 파인 장소에 아기가 있었다는 것입니다. 하여간 손쉽게 발견할 수 있는 장소는 아니었음이 확실합니다. 목자들은 열심히 찾은 결과로 마침내 발견했을 것입니다.

진리를 발견하는 일이 쉽게만 되지는 않을 수 있습니다. 때로는 시간이 걸리기도 합니다. 노력을 요하는 작업이기도 합니다. 결정적으로 깨닫게 하시는 분은 하나님이라고 고백합니다만, 그 깨달음을 얻기까지는 진리를 사모하고 찾아야 합니다. 하나님이 만족할 만한 깨달음을 주시기까지 물러서지 마십시오. 구유에 누인 아기를 만나기까지 발걸음을 멈추지 마십시오. 그곳에 놀라운 보상이 기다리고 있습니다.

구유에 누인 아기를 찾아서 본 목자들은 무엇을 했습니까? 천사가 자기들에게 이 아기에 대하여 말한 것을 전했습니다(눅 2:17). 이 아기 예수가 약속된 구주시라는 사실을 증거했습니다. 그것이 온 백성에게 미칠 큰 기쁨의 좋은 소식이라고 증거했습니다. 물론 당시 베들레헴 목자들의 귀에는 '유대 백성을 위한' 좋은 소식으로 들렸을지 모릅니다. 그러나 천사의 진의는 문자 그대로 '땅 위의 모든 백성에게' 미치는 큰 기쁨의 좋은 소식임이 틀림없습니다. 예수님은 하나님이 준비하신 세상 죄를 위한 어린양이십니다. 그분은 세상의 구주시요, 하나님이 준비시키신 분입니다. 예수님은 역사의 주인이시요, 세상의 심판자이십니다.

그러면 우선 목자들이 현장에 도착했을 때를 생각해 봅시다. 목자들이 달려가서 막상 구유에 누인 아기를 보았을 때, 그들은 그 아기가 세상을 구할 자라고 믿을 만한 아무런 외적인 요소를 찾지 못했습니다. 그럼에도 목자들은 그 아기를 보았을 때 '이 아이다'라는 생각이 들었습니다. 보이는 것으로 반응을 보인 것이 아니라 그들의 마음속에 성령의 역사하심이 있었기 때문입니다. 그래서 그들은 구유에 누인 아기를 보았을 때 이 아이야말로 천사들이 말해 준 그 사실에 대한 성취라는 것을 알 수 있었습니다. 이처럼 신앙은 우리의 마음속에서 일어나는 성령의 역사에 대해서 순종하고 받아들일 때만 가능합니다.

목자들의 증거를 들은 사람들의 반응

이제 목자들의 증거에 대한 사람들의 반응에 대해서 살펴봅시다. 먼저, 목자들이 도착한 순간 그 자리에 있었던 사람들, 목자들의 이야기를 우연히 듣게 된 사람들의 입장에서 생각해 봅시다. 증인으로서의 권위를 갖추지 못한 목자들이 전하는 이야기입니다. 그 이야기도 어찌 생각하면 허황됩니다. 그렇지만 성령이 역사하셨기 때문에 그것을 듣는 사람들은 다 놀랍게 여겼습니다. 복음서에서는 하나님이 당신을 나타내실 때 사람들이 보이는 반응을 '놀랐다'라는 표현으로 기록하고 있습니다.

이제 마리아에 대해 살펴봅시다. "마리아는 이 모든 말을 마음에 새기어 생각하니라"(눅 2:19). 마리아의 경우는 그 이야기를 처음 듣는 사람들과 달랐습니다. 그들은 놀람으로써 그 이야기를 듣긴 했지만 거기에 머물렀습니다. 하지만 마리아는 하나님의 역사를 보다 깊게 파악했습니다. 단순히 모성애 때문이 아니었습니다. 마리아는 이미 천사를 만났고, 그를 통해 하나님의 말씀을 들었습니다. 그렇기 때문에 전에 천사가 자기에게 말한 사건과 지금 목자들을 통해 천사가 이야기한 사건이 어떤 관련이 있는지, 그 상호 관계에 대해서 깊이 묵상한 것입니다.

이 말씀은, 우리가 하나님의 말씀을 들을 때 듣는 순간의 감동으로 끝나지 않고 내가 들은 말씀과 내 삶이 어떤 관계가 있는지를 깊이 생각해야 한다는 것을 보여 줍니다. 말씀을 들은 적이 있는 사람은 거기에서 끝나지 않고 그전에 들었던 말씀과 지금 내가 듣는 이 말씀이 서로 어떤 상호 관계에 있는지를 묵상해야 합니다. 우리는 마리아의 태도를 통해서 신앙인다운 모습을 배울 수 있습니다.

마지막으로 목자들은 어떻게 행동했습니까? 목자들은 천사들이 전한 소식에 자기들의 발로 찾아가 자기들의 눈으로 직접 현장을 보고는 더욱 감동받아 하나님에게 영광을 돌리고 찬송하면서 돌아갔다고 성경은 말합니다. 예수 그리스도의 탄생 사건이 궁극적으로 우리에게 의도하는 바는 바로 이것입니다. 우리가 그 사실을 깨닫게 될 때 우리로 하여금 세상에 구원자를 보내신 하나님의 은혜를 찬양하도록 하는 것입니다. 그것이 예수 그리스도 사건이 우리에게 다시 들리는 목적입니다. 우리 가운데 이루어진 하나님 사건을 볼 때 우리의 마음속에서부터 하나님을 찬송하게 하려는 것이 궁극적인 목표입니다.

그러므로 거기에 도달하지 못하는 것은 아무 소용이 없습니다. 예수 그리스도 사건으로 인해서 기뻐하고 찬송할 수 있을 때, 비로소 그때 우리는 한 사람이 복음을 깨달았다는 것을 확인할 수 있습니다. 귀로 듣고 눈으로 본다고 해도 거기에서 끝나면 아무 소용이 없습니다. 그것이 우리의 마음을 움직이기까지, 우리 마음 깊숙한 곳에서부터 찬송이 터져 나오기까지는 우리가 예수 그리스도 사건을 바로 들은 것이 아니고, 바로 본 것도 아닙니다. 예수 그리스도 사건을 바로 인식한 사람은 그 마음속에서부터 주님을 찬송하기 마련입니다.

○

"목자들은 자기들에게 이르던 바와 같이 듣고 본 그 모든 것으로 인하여 하나님께 영광을 돌리고 찬송하며 돌아가니라"(눅 2:20). 우리도 목자들과 함께 하나님에게 영광을 돌리고 찬송하는 복된 믿음의 사람들이 되기를 바랍니다.

22.

율법을 지키신 아기 예수(2:21-24)

///

이 장의 본문은 예수님이 태어나신 지 8일에서 40일 사이에 있었던 이야기입니다. 여기서는 아이의 출생에 따른 유대인의 풍습을 적어도 세 가지 이상 살필 수 있습니다. '할례'는 초이레를 갓 지나자마자 8일째 갖는 의식입니다. 그리고 할례일에는 명명식이 겸해지곤 했습니다. 또한 '결례'가 있는데, 남자아이를 낳은 어머니가 40일 만에 갖는 의식입니다. 여자아이인 경우에는 그 기간이 배로 늘어납니다. 아울러 결례와 동시에 하나님에게 아기를 드리는 의식이 있었습니다('봉헌례' 또는 '대속례'라고 부를 수 있을는지 모르겠습니다).

다른 복음서에는 이 사건들이 하나도 기록되어 있지 않습니다. 그럼에도 누가복음은 예수님이 이런 의식 절차를 다 치르셨다며 일일이 하나씩 집어서 다루고 있습니다. 여기서 우리가 가질 수 있는 질문은, 누가가 이 부분을 왜 기록했냐는 것입니다. 그 답을 아기 예수가 지키신 의식들을 하나씩 살펴봄으로 찾아봅시다.

할례: 우리 대신 죄인 취급을 받으심

아기 예수가 치르신 첫 예식은 할례였습니다. 할례란 태어난 남자아이의 생식기의 겉껍질을 잘라 내는 의식입니다. 타고난 죄를 단절해서 잘라 버리고, 이제는 하나님의 백성으로 가입하는 것을 상징하는 의식입니다. 그러니까 거룩한 언약의 백성이 되는 의식이었습니다. 이는 7일을 무사히 넘긴 아이를 하나님이 유대인으로, 언약의 백성으로 정식으로 받아들이시는 예식입니다. 이 할례는 하나님이 모세를 통해서 율법을 주시기 훨씬 이전부터 집행되고 있었습니다. 성경에는 아브라함 때 처음 시작된 것으로 기록되어 있습니다.

요셉과 마리아는 당연히 아기 예수가 할례를 받도록 했을 것입니다. 유대인들은 특별히 안식일을 지키는 일에 세심한 사람들이었습니다. 그래서 웬만한 일은 안식일이 되면 다음 날로 연기했습니다. 그러나 할례를 베푸는 일은 안식일이라도 시행했습니다.

사실 예수님은 잘라 버려야 할 죄를 가지신 분이 아닙니다. 아기 예수는 인간으로 태어나기 전부터 영원하신 하나님의 아들이시기에 새삼스레 할례로써 사죄함을 받고 언약의 백성이 되실 필요가 없었습니다. 그러나 왜 할례를 받으셨을까요? 여기에 하나님의 뜻이 있습니다.

하나님의 아들이 사람의 아들로 태어나신 것은 이유가 있습니다. "때가 차매 하나님이 그 아들을 보내사 여자에게서 나게 하시고"(갈 4:4상). 하나님의 관점에서 보면 '그 아들을 보내신' 것입니다. 예수님은 본래부터 하나님의 아들이십니다. 그 아들을 세상에 보내신 것입니다. 그러나 우리 관점에서 관찰하면 예수님은 '여자에게서 난' 한 아이입니다. 하지만 성경은 "여자에게서 나게 하시고"라는 말씀으로 끝내지 않고 "율법 아래에 나게 하신 것은 율법 아래에 있는 자들을 속량하시고 우리로 아들의 명분을 얻게 하려 하심이라"(갈 4:4하-5)라고 부연해서 설명합니다.

예수님은 여자를 통해서 이 세상에 한 아이로 태어나셨습니다. 세상 모든 사람과 같이 율법의 권위 아래 태어나신 것은 율법에 매여 종노릇하는 우리를 건지시기 위해서입니다. 그 결과로써 하나님의 아들이라고 불리는 명분을 우리에게 주시기 위해서입니다. 하나님이 당신의 아들을 세상에 보내시고 그 아들을 십자가에서 포기하신 것은 우리로 하여금 하나님의 아들이라고 불리도록 하시기 위해서입니다.

하나님의 법 아래 있는 사람들을 구출해 내기 위해서는 하나님의 아들이 직접 그 현장에 가셔야만 했습니다. 그런데 율법을 지키기 위해서는 몸이 필요하셨습니다. 하나님의 아들은 하나님의 말씀을 준행할 수 있는 몸을 가지기 위해 인간이 되셨습니다. 이렇게 인간의 몸을 입고 태어나셨기에 예수님은 율법의 요구에 따라서 우리 대신 할례를 받으신 것입니다.

사람들은 저마다 하나님의 법 아래 있습니다. 달리 말해, 이 세상에 태어난 모든 사람은 하나님의 법을 지켜야 할 의무를 가지고 있습니다. 그 하나님의 말씀을 지키지 못하는 사람들을 성경은 죄인이라고 규정합니다. 그런데 아무도 하나님의 법을 완전히 지킬 수 없습니다. 그래서 하나님의 아들이 이 세상에 인간의 모습으로 태어나셔서 인간이 지켜야 할 법을 친히 대신 준수하신 것입니다.

예수님은 우리 대신 하나님의 요구를 다 준수하려고 사람의 몸을 입고 세상에 태어나셨습니다. 하나님의 뜻이 명백하게 기록된 것이 구약성경의 율법의 말씀입니다. 예수님은 율법에 기록된 말씀을 아기 때부터 하나하나 다 준수하셨습니다. 그래서 창조주 하나님 편에서 볼 때 정말 합당한 사람의 삶을 사셨습니다.

사실 예수님은 할례를 받으심으로 우리 대신 죄인 취급을 받으신 것입니다. 마치 그분이 단절해야 할 죄를 가지고 있는 것처럼 우리 대신 그 자리에 계신 것입니다. 그러니까 예수님은 이 의식을 통해 이제 율법의 종으로서의 당신을 고백하신 것입니다. 이제부터 율법을 지키기로 공적인 서약을 하는 행위가 할례입니다. 예수님은 율법 아래 속해 있는 사람들을 구출하기 위해 당신이 율법의 모든 요구를 충족시키기로 결심하셨습니다. 예수님이 이처럼 능동적으로 우리 대신 순종하신 것이 우리에게는 소망이 됩니다. 그분이 받으신 할례는 우리 대신 받으신 것입니다.

그러나 21절을 잘 살펴보면 사실 본문의 강조점은 할례 의식보다는 그날 있었던 명명식에 있습니다. 유대인들은 아이의 이름을 짓는 일을 난지 8일 만에, 할례식을 겸해서 했던 모양입니다. 보통 아이의 이름을 짓는 것은 아버지의 고유 권한이었습니다. 예수님은 하나님의 아들이시기 때문에 사람이 이름을 지을 수가 없었습니다. 그래서 그분이 태어나시기도 전에 하나님이 이름을 지으셨습니다(마 1:20-21; 눅 1:31). 요셉과 마리아는 하나님의 명령에 순종해서 아이 이름을 '예수'라고 지었습니다.

신앙은 하나님의 말씀에 순종하는 것입니다. 신앙은 하나님의 약속의 말씀에 대답하는 것입니다. 요셉과 마리아는 아이 이름을 예수라고 지음으로써 신앙을 고백했습니다. 예수님의 이름에는 '자기 백성을 그들의 죄에서 건지신다', '그가 구원하신다'라는 의미가 포함되어 있습니다. 우리가 예수라는 이름을 부를 때마다 우리의 신앙이 고백되어야 합니다. 이는 "그가 자기 백성을 그들의 죄에서 구원하리라"라는 고백이어야 합니다.

결례: 우리로 거룩함과 의로움이 되도록

본문은 22절과 24절이 바로 연결되는 것이 자연스럽습니다. 그래서 어떤 번역본은 23절을 괄호 안에 넣어 두었습니다. 결례란 '정결케 하는 예식'이란 의미입니다. 모세의 율법은 아이를 낳은 여인을 부정하다고 간주합니다. 그래서 산모가 남자아이를 낳으면 7일간, 여자아이를 낳으면 14일간 부정하게 취급했습니다. 그 기간 산모는 성전에 들어가거나 종교 의식에는 참여할 수 없었습니다.

모든 인생은 죄 중에 태어나기 때문에 해산은 여인을 부정하게 만듭니다. 나면서부터 저주 아래 있는 인생은 그 어미를 부정하게 만듭니다. 여기에 죄의 저주가 더없이 생생하게 나타납니다. 그래서 남자아이를 낳은 산모는 산후 40일 만에, 여자아이를 낳은 산모는 산후 80일째에 정결케 하는 의식인 결례를 필요로 했습니다.

그러나 정결의 원천이 되시는 예수님의 출생이 마리아를 부정케 했을 리는 만무합니다. '죄를 알지도 못하시는 분'이 아닙니까. 그러나 예수님은 우리의 죄책과 더러움을 씻어 버리기 위해서 스스로 부정한 것으로 취급되기를 결심하셨습니다. 마리아가 드린 산비둘기 한 쌍이나 어린 집비둘기 둘은 예수님이 우리 대신 태어나신 증표입니다. 우리를 나면서부터 하나님의 자녀라고 부르심을 받게 하기 위해서 그분이 태어나면서 더러운 죄인으로 취급받으셨습니다. 그래서 예수님이 태어나신 것 때문에 마리아가 부정하다 여김 받았고, 40일째에 정결케 하는 의식을 준행해야 했습니다.

본래 첫 사람 아담 안에서 우리의 본성은 더럽고 추합니다. 그러나 우리는 예수를 믿음으로 아기 예수의 거룩을 물려받아 '거룩한 무리', 즉 '성도'라고 불리게 되었습니다. 예수님은 그분을 믿는 "우리에게 지혜와 의로움과 거룩함과 구원함이"(고전 1:30) 되십니다. 나실 때부터 예수님이 부정한 것으로 여김 받으심은 우리로 하여금 이제 그분 안에서 거룩함과 의로움이 되도록 하시기 위함입니다. 그러므로 결례 의식은 우리에게 넘치는 하나님의 은혜를 소개해 주는 사건입니다.

결례의 규례는 양으로 번제와 속죄제를 드리는 것입니다. 그러나 가난해서 힘이 미치지 못하면 새 두 마리를 가져와서 한 마리는 번제로, 한 마리는 속죄제로 드릴 것을 율법이 규정하고 있습니다. 비둘기 한 마리, 한 마리가 각각 다른 제사를 대표하고 있습니다. 요셉과 마리아는 가난한 부부였습니다. 그래서 그들이 드릴 수 있는 것은 비둘기 두 마리에 불과했습니다. 혹시 가난을 겪고 있다면 예수님이 바로 그런 과정에서 성장하셨다는 사실을 기억할 때 힘을 얻을 것입니다. 가난이 무엇인지를 친히 겪으신 분이 우리 주님이십니다.

봉헌 예식: 하나님에게 드려지신 예수님

요셉과 마리아가 아기를 데리고 예루살렘에 올라간 이유는 두 가지입니다. 하나는 산모를 위해 정결케 하는 의식을 행하려는 것이고, 또 하나는 아이를 위해 대속 예식, 봉헌 예식을 하기 위해서입니다.

여기서 '대속한다'는 말은 우리로서는 생소한 표현입니다. 출애굽기를 보면, 하나님이 권능을 나타내실 때 애굽에 있는 처음 난 것들을 다 쓸어버리신 적이 있습니다. 그 후 하나님은 "너희 처음 난 것들도 죽어야 할 것이지만 내가 보호해 주었기 때문에 그것은 내 것으로 돌리라" 하셨고,

이에 이스라엘 백성은 한 지파를 하나님의 것으로 드렸습니다. 그리고 하나님의 뜻에 따라 레위 지파 대신에 각 가정의 처음 태어난 아들마다 대속했습니다. 소속이 하나님이기 때문에 하나님에게 일정량의 돈을 냄으로 자기 아들로 다시 사들이는 의식이 대속 의식이었습니다. 짐승의 경우 처음 난 것은 반드시 죽여야 했고, 사람인 경우 첫아들은 돈을 주고 사도록 했습니다.

그러나 사실 값을 주고 사기 위해서는 꼭 예루살렘으로 갈 필요가 없었습니다. 어디서든지 제사장에게 돈을 지불하기만 하면 그 아들을 자기 아들로 대속할 수 있었습니다. 난 지 1개월 이후 그 대속 행위를 할 수 있도록 율법은 규정하고 있습니다.

"아기를 데리고 예루살렘에 올라가니 … 아기를 주께 드리고"(눅 2:22-23)라는 말씀은 '아기를 주께 드렸다'는 점을 강조합니다. 마치 부모가 사무엘을 하나님에게 바쳤듯이 하나님을 섬기도록 아기 예수를 드렸다는 의미입니다. 이 아이는 특별하기에 하나님의 일을 위해서 바쳐져야 할 것을 부모가 알았던 것입니다. 그래서 예루살렘에서 아이를 주께 드리는 식을 치른 것입니다.

나자마자 곧 바쳐진 아기 예수는 인간의 삶이 어떠해야 하는지를 우리에게 보여 줍니다. 우리는 나면서부터 주께 드려져야 하는 우리의 본분을 기억해야 합니다. 인간의 삶은 시작부터 주님에게 속한 삶입니다. 주님은 특별한 섬김을 위해서 아무 때나 우리를 부를 수 있는 권리를 가지고 계십니다. 당신은 인생의 어느 시기에 있든지 상관없이 주님이 부르시면 응답할 준비가 되어 있습니까? 징집할 권리는 처음부터 하나님에게 있습니다. 지금껏 보류되어 왔다 하더라도 하나님이 부르시면 대답할 수 있는 사람이 바로 헌신하는 그리스도인입니다.

○

본문에서 반복되는 구절을 한번 찾아보십시오. "모세의 법대로"(눅 2:22상), "주의 율법에 쓴 바"(눅 2:23상), "주의 율법에 말씀하신 대로"(눅 2:24상) 등 구절마다 계속해서 주님의 율법이 강조되어 있습니다. 율법대로 각각의 일을 했다는 것입니다. 하나님을 섬기는 것은 항상 율법에 기록한 대로여야 합니다. 율법을 넘어가도 잘못이고, 미치지 못해도 잘못입니다. 내 생각대로 하면 소용없습니다.

예수님의 삶이 율법이 말하는 대로 한 단계, 한 단계 바쳐지고 있음을 기억하십시오. 당신을 섬기는 일에 있어서 하나님은 하나하나 모든 절차를 세밀하게 다 말씀하셨던 것입니다. 우리가 드려야 할 모든 것을 예수님이 다 이루셨습니다. 그 사실을 인정하는 것이 우리가 드리는 어떤 제사보다 더 귀한 제사입니다.

21절은 예수님이 율법 아래 오셔서 율법의 요구를 적극적으로 수행하신 사실을 보여 줍니다. 율법은 크게 둘로 나눌 수 있습니다. 하나는 '하라'는 명령입니다. 이 명령을 행하지 않음으로 우리는 죄를 짓습니다. 그런데 예수님이 적극적이고 능동적으로 율법을 지키심으로 우리가 하지 않은 일을 다 이루셨습니다. 또 하나는 '하지 말라'는 명령입니다. 그 일을 행하면 죄를 짓는 것입니다. 이 죄를 위해서 예수님이 수동적인 순종을 하신 것입니다. 그것이 고난주간입니다. 예수님이 고난주간에 받으신 고난은 우리가 해서는 안 되는 죄에 대한 값을 예수님이 받으신 것입니다.

우리는 이 장의 본문을 통해서 우리를 위해 율법의 모든 요구를 지키신 아기 예수를 다시 한 번 발견해야 합니다. 그분이 능동적인 순종을 하셨기에 우리에게 소망이 있습니다. 우리가 지키지 못한 모든 것을 예수님이 다 지켜 주셨기 때문에 그분이 우리에게 구속함이 되시고, 거룩함이 되시고, 의로움이 되시고, 우리의 구원함이 되시는 것입니다. 율법이 하라는 명령을 이행하지 못한 우리를 위해 우리 대신 다 행하신 예수님을 지금부터 영원토록 찬송합시다.

23.

시므온과 성령 (2:25-27)

//

이스라엘의 위로를 기다리는 자, 시므온

아기 예수가 예루살렘에서 몇 가지 의식을 행하실 당시 예루살렘은 성전 건축 공사가 한창이었습니다(예루살렘 성전은 예수님이 태어나시기 20년 전부터 짓기 시작해 완공하기까지 모두 46년이 걸렸습니다). 피상적으로 보면 종교가 침체된 기간이라고 볼 수는 결코 없겠으나, 실상 그 종교는 생명이 없었던 것을 우리는 알고 있습니다. 여기 나이 많은 할아버지 시므온과 할머니 안나가 등장하는 것도 퇴락한 종교상을 떠올리게 합니다. 마치 당시 신앙을 지키고 있는 사람들은 나이가 많은 사람들밖에 없었던 것처럼 느껴집니다.

이스라엘은 수천 년 동안 하나님을 믿어 온 민족입니다. 제사 등 종교 행위는 아직도 계속되고 있었습니다. 하지만 실상은 종교의 이름으로 자기들의 이익을 채우는 모독적인 일이 성전 안에서 일어나고 있는 처지였습니다. 어쩌면 지금 우리 시대와도 상당히 통한다고 볼 수 있습니다.

본문은 시므온에 관한 일반적인 묘사를 먼저 하고, 그다음 시므온과 성령의 관계를 말합니다. "예루살렘에 시므온이라 하는 사람이 있으니 이 사람은 의롭고 경건하여 이스라엘의 위로를 기다리는 자라 성령이 그 위에 계시더라"(눅 2:25). 이 설명을 이어지는 안나의 소개와 비교해 보십시오. "또 아셀 지파 바누엘의 딸 안나라 하는 선지자가 있어 나이가 매우 많았더라"(눅 2:36). 시므온의 경우에는 그의 직책이 언급되고 있지 않다는 것이 발견됩니다.

다만 그의 경건에 있어서는 언급할 만했습니다. '의롭고 경건하다'라는 말은 하나님에 대해서나 사람에 대해서 도리를 다하는 모범적인 신자를 묘사하는 표현입니다. 사실 사람의 삶은 크게 구분하면 두 가지 측면이 있습니다. 위로 하나님을 공경하고, 아래로 사람들을 사랑하는 것이 인생에 있어서 가장 근본적인 도리입니다. 이 근본적인 요구에 부합한 삶을 시므온은 살고 있었습니다.

또 특이한 점은 '이스라엘의 위로를 기다리는 자'라는 수식어가 붙었다는 것입니다. 시므온이 의롭고 경건한 삶을 산 구체적인 증거가 무엇입니까? 그가 이스라엘의 위로를 기다리고 살았다는 것입니다. 25절에 "이스라엘의 위로를 기다리는 자"라는 말씀이 나오고, 38절에 "예루살렘의 속량을 바라는 모든 사람"이라는 말씀이 나옵니다. 둘 다 하나님이 약속하신 메시아를 기다린 사람을 칭합니다.

그런데 메시아를 왜 '이스라엘의 위로'라고 불렀을까요? 메시아는 그 백성을 위로하는 자이기 때문입니다(사 40:1-5). 죄악에 대한 고통의 시절이 다 끝나고 이제는 하나님이 예수 그리스도를 보내심으로 그 백성을 위로

하시는 역사가 시작되기 때문입니다.

시므온이 정말 경건한 사람임이 드러난 것은 이스라엘의 위로를 기다리고 있었던 사람이라는 데 있습니다. 하나님의 구원에 대한 확신이 없고서는 하나님을 바로 섬길 수가 없습니다. 이 구원에 대한 확신은 하나님에 대한 약속을 신뢰할 때만 가능한데, 하나님의 약속 중에서 가장 핵심이 되는 것은 예수 그리스도를 통해서 인간의 삶이 회복될 것이라는 약속입니다.

시므온의 사람됨을 묘사하면서 특별히 그가 이 기대를 가졌다는 것을 언급하는 데는 의미가 있습니다. 시므온이 그 기대를 아직도 붙들고 있는 소수의 사람들 중 한 사람임을 알리려는 의도입니다. 교회는 언제나 메시아에 대한 소망을 간직한 소수의 무리로 구성됩니다. 진정 하나님에게 소망을 두는 사람, 오실 메시아에 마지막 기대를 거는 사람이 하나님의 백성입니다.

성령이 시므온에게 행하신 일

25-27절을 보면 성령에 대한 언급이 세 번 나옵니다. 이는 시므온과 성령이 어떤 관계였는지를 보여 줍니다.

첫째는, "성령이 그 위에 계시더라"(눅 2:25)라는 말씀입니다. 하나님 없이는 하나님의 백성이 될 수 없습니다. 따라서 성령이 시므온 위에 계신다고 특별히 표현한 이 말씀은 성령의 일상적인 임재가 아니라 특별한 임재를 가리킵니다. 시므온은 하나님의 백성이 보편적으로 가지고 있는 양자의 영을 가졌을 뿐 아니라 특수한 예언의 영을 가졌음을 알 수 있습니다. 이는 다른 성령이라는 의미가 아니라, 성령이 특별한 상태로 임재해 계신다는 것입니다.

그러면 그 특별한 사역이란 무엇일까요? 26절에 의하면, 시므온은 성령의 지시를 받았습니다. 이스라엘 백성은 누구나 메시아가 오실 것을 알고 있었습니다. 이것은 보편적인 계시의 내용입니다. 그런데 시므온에게는 하나님의 특별한 지시가 주어진 것입니다. "주의 그리스도를 보기 전에는 죽지 아니하리라"(눅 2:26). 성령은 이처럼 특별한 지시를 하시는데, 성령의 그 사역은 어제나 오늘이나 동일합니다.

어떤 사람은 이제 성경이 완성되었으므로 성령이 구체적인 지시까지는 하실 필요가 없다고 말합니다. 그러나 성경의 완성이 성령의 역사가 끝났음을 의미하지는 않습니다. 완성된 성경은 영의 역사가 하나님의 영의 역사로부터 왔는지, 그렇지 않은지를 판단하는 척도의 역할을 할 뿐입니다. 그렇기 때문에 바로 이해하면, 성경이 완성된 다음에는 하나님의 영의 역사가 더 활발히 일어날 준비가 완료된 것입니다.

성령이 역사하실 때는 악령도 잠자고 있지 않습니다. 하나님의 영이 역사하셔서 교회가 은혜롭기 시작하면 그때는 사탄도 비상을 거는 것입니다. 그러나 이제는 정경이 완성되었기에 어떤 활동이 하나님의 영으로부터 왔는지, 아닌지를 규명해 줍니다. 우리는 우리에게 주어진 특수한 계시가 하나님의 보편 계시인 성경에 어긋나는지, 아닌지를 살펴보아야 할 것입니다.

사실 성도들이 만나는 모든 구체적인 사항에 대해 언급하려면 성경 66권을 가지고는 절대적으로 부족합니다. 성경에는 우리의 신앙과 생활에 필요한 원리들만 기록되어 있습니다. 성경에 기록된 원리를 삶 속에 구체적으로 적용해 나가기 위해서는 성령의 인도하심이 필요합니다. 따라서 성령의 특별한 사역에 대해서 그런 일이 있을 수 없다고 말하는 것은 바른 태도가 아닙니다. 그렇다고 무조건 "아멘" 하고 받아들이는 것도 잘못입니다.

우리는 "주의 그리스도를 보기 전에는 죽지 아니하리라"(눅 2:26)라는 시므온을 향한 성령의 특별한 사역을 인정해야 합니다. 또한 이러한 특별한 지시를 받지 않아도 구원 얻는 백성으로 간주된다는 사실을 기억해야 합니다. 중심에 하나님을 믿고 있으면, 그리스도의 보혈을 알고 있으면 그는 신자입니다.

시므온 이야기는 구약성경에 나타나 있는 '메시아 오심'이라는 일반적인 계시를 뛰어넘는 구체적인 지시에 대해서 분명히 말해 주고 있습니다. 그렇기에 저는 그러한 하나님의 지시가 지금도 있을 수 있다고 믿습니다. 하지만 누군가 "아직도 새로운 계시가 계속되고 있습니까?"라고 묻는다면 원리적으로 "아닙니다"라고 대답해야 합니다. 성령이 시므온에게 말씀하신 것은 새 계시가 아닙니다. 앞에 주어진 계시를 대치하는 것이 아니라, 이미 원리적으로 주어진 계시를 설명해 주는 것에 지나지 않습니다. 성경에 주어진 계시를 넘어서는 계시가 아니라, 다만 보충 설명을 하는 것입니다.

신구약 성경 66권에 하나님이 우리에게 말씀하시고 싶어 하는 것이 다 주어져 있습니다. 그러나 성령이 우리 마음속에 "너는 지금 이런 죄를 짓고 있다"고 구체적으로 말씀하실 수도 있습니다. 이미 분명히 주어진 하나님의 보편 계시는 "하나님은 죄를 싫어하신다. 죄를 회개하라"라고 말합니다. 이에 대해 왈가왈부할 것이 없습니다. 보편적인 계시와 어긋나지 않는 성령의 지시는 받아들여야 합니다.

둘째는, "성령의 감동으로 성전에 들어가매 마침 부모가 율법의 관례대로 행하고자 하여 그 아기 예수를 데리고 오는지라"(눅 2:27)라는 말씀입니다. 이 말씀은 성령의 특별한 사역 중에 또 하나를 소개합니다. 성령이 시므온을 예루살렘 성전으로 가도록 인도하신 사건입니다. 성령의 이러한 인도하심을 믿습니까? 성령은 지금도 필요한 경우라면 특정한 사람이 특정한 시간에 특정한 장소에 가도록 충동하십니다. 그래서 우리는 영적으로 민감해져야 합니다.

그러나 이런 문제를 다룰 때는 늘 위험이 있습니다. 욕망에 이끌려서는 안 됩니다. 참으로 영적으로 깨어 있는 상태에서 하나님이 원하실 때 순종해야 합니다. 성령의 이끌리심에 순종할 때 또 다른 위험이 있습니다. 한 번 그런 인도하심을 받게 되면 계속해서 그처럼 특별한 인도하심만을 구하게 되는 것입니다. 계속해서 그런 성령의 특별한 인도하심만을 찾아 헤매게 된다면, 그것은 잘못입니다. 우리는 하나님 앞에서 정말 민감해져야 하지만, 때로는 우리의 욕심과 사탄의 교란에 빠져들 수 있음을 기억해야 합니다.

성령의 특별한 인도하심을 무시하는 것도 잘못이고, 다 받아들이는 것도 잘못입니다. 전부 배제하는 것도 잘못이고, 그것만 추구하는 것도 잘못입니다. 다만, 우리의 신앙생활에 그러한 성령의 인도하심이 있을 수 있다는 여지를 남겨 둬야 합니다. 우리가 마지막 말을 하는 것이 아니라, 하나님이 성경에 어떻게 기록해 두셨는지를 살펴봅시다. 성령이 시므온에게 다른 하나님의 백성과 달리 특별한 임재를 하셨는데, 마침 그날 하나님이 들리는 목소리로 지시하셨는지, 아니면 성전에 올라가고 싶은 강한 충동을 받았는지는 본문에 구체적인 설명이 없습니다. '성령의 감동으로'라는 표현은 '꼭 올라가야겠다'는 자기 내적인 확신처럼 느껴지기도 합니다. 시므온은 성령의 감동으로 성전에 올라갔을 때 메시아를 보게 된 것입니다.

셋째로, 여기 성령의 구체적인 인도하심 중 하나인 성령의 예언하심이 나옵니다. 특별히 여기서 시므온이 오신 메시아를 알아본 것입니다. 이것도 성령이 하시는 일입니다. 누구나 다 할 수 있는 일이 아닙니다. 당시 예루살렘에 하나님의 백성이 많이 있었겠지만 아기를 보았을 때 '이 아이야말로 하나님이 약속하신 메시아다'라는 것을 모두 다 알아본 것은 아닙니다. 하나님이 시므온에게 알아볼 수 있도록 특별한 영의 역사를 하셨습니다. 그래서 오신 메시아에게 앞으로 이루어질 일에 대해 예언을 한 것을 볼 수 있습니다. 성령은 그런 일을 지금도 하실 수 있습니다.

○

성령의 특별한 역사를 체험하기 전에 시므온의 삶은 의롭고 경건했습니다. 성령은 하나님에 대해서나 사람에 대해서 도리를 다하는 신앙의 사람에게 특별한 체험을 주기를 기뻐하십니다. 하나님은 이스라엘의 위로를 기다리는 사람에게 구체적인 지시를 하십니다. 시므온이 체험한 성령의 특별한 지시와 인도하심은 이미 그 백성에게 주어진 일반 계시의 범위 내에서 일어난 일입니다. 성령은 자기모순을 허용하지 않는 진리의 영이십니다. 그러므로 성령의 지시는 그분의 계시와 충돌할 수 없습니다. 하나님의 특별한 인도하심을 원합니까? 그러면 이미 알고 있는 하나님의 뜻에 순종하십시오. 그것이 하나님의 특별한 인도하심을 체험하는 지름길입니다.

24.

시므온의 찬송 (2:28-33)

///

누가복음에 기록된 아기 예수의 탄생을 중심한 다섯 편의 찬송 중 하나인 시므온의 찬송을 살펴보겠습니다. 예수님의 탄생은 사람들 가운데 경이와 감사의 찬송을 불러일으켰고, 하늘의 천사들까지도 노래하게 한 놀라운 사건입니다. 이 사건은 예수님의 탄생의 의미를 바로 깨달은 사람들의 심령에 오늘도 동일한 반응을 이끌어 냅니다. 찬송가는 예수님의 탄생 이후 주님을 바로 만난 자들을 위해서 마련한 노래집입니다. 예수님으로 인해 기뻐 노래하는 자가 그리스도인입니다. 시므온의 찬송은 예수님을 만난 우리 모두의 공동 신앙 고백이기 때문에 살펴볼 필요가 있습니다.

대주재, 절대적 주인이신 하나님

시므온의 찬송은 크게 둘로 나눌 수 있습니다. 첫째로, 시므온은 이 아기가 자신에게 개인적으로 무슨 의미가 있는지를 노래했습니다. 둘째로, 이 아기가 세상 사람들과 이방인 그리고 유대인들에게 무슨 의미가 있는지를 노래했습니다.

이 노래를 부르는 시므온을 한번 생각해 보십시오. 그는 오랜 세월 성전이 있는 예루살렘에서 이스라엘의 위로를 바라면서 살아왔습니다. 어쩌면 예루살렘에 남아 있는 의인 가운데 한 사람일 것입니다(눅 2:25). 시므온은 그 심령이 성령을 향해서 열려 있는 사람이라고 할 수 있습니다. 그날 시므온은 성령의 이끌리심을 받아 성전으로 들어갔고, 성령이 그 마음에 이 아기 예수가 이스라엘의 위로임을 보여 주셨습니다. 그래서 부모로부터 아이를 받아 안고는 감사와 찬송을 하고 있는 것입니다. 평생을 기다려 온 아이를 자기 눈으로 바라보고 자기 팔로 안은 시므온의 마음속은 하나님의 영으로 충만해졌습니다. 그때 하나님의 성령의 이끄심을 따라서 한 찬송이 이 장의 본문입니다.

"주재여 이제는"(눅 2:29상)이라는 말씀은 본래 "이제는 주재여" 순서로서, 원문에는 '이제는'이 먼저 나옵니다. 시므온이 외치고 있는 '이제'는 아주 의미심장한 '이제'이기 때문입니다. 이 '이제'는 하나님이 약속하신 구원의 때, 온 인류가 대망해 온 구원의 순간을 가리킵니다.

시므온의 눈은 하나님의 구원을 보고 있습니다. 즉 난 지 40일 되는 아이가 아니라, 하나님이 약속하신 구원의 성취로서 그 아이를 바라보았습니다. 그 아이는 바로 하나님이 베푸시는 구원의 방편인 동시에 하나님이 우리에게 주시는 구원 그 자체이기에, 시므온의 외침이 "이제는 주재여"

라는 말로 나타났습니다. 이 말씀은 시므온이 신앙인답게 삶을 파악하고 있으며, 신앙인답게 죽음을 이해하고 있다는 사실을 알려 줍니다.

우선, 시므온이 하나님을 어떻게 보고 있는가를 보십시오. 하나님을 "주재여"라고 부릅니다. "주여"라고 부르는 것보다 "주재여"라고 부르는 것이 더 강한 의미를 가지고 있습니다. '주재'라는 말은 많은 종을 거느린, 절대 권한을 가지신 분을 가리킵니다. 각기 종마다 해야 할 일을 정해 주시는 분으로 하나님을 말할 때 '주재'라고 부릅니다. 하나님이 절대 주권자요, 절대적인 권한을 가지신 분이라는 고백입니다. 사람이 삶을 가치 있게 살아가기 위해서는 하나님이 나에게 있어 누구이신지를 바로 파악해야 합니다. 하나님을 주인으로, 자신을 하나님의 종으로 인식하고 생생히 의식하며 사는 사람은 그 생을 보람 있게 살아갑니다.

하나님은 대주재로서 그분이 보시기에 합당한 일을 우리 각 사람에게 지정하십니다. 우리와 먼저 의논하지 않으십니다. 인생의 길은 그분이 홀로 결정하고 주장하시며, 우리는 다만 순종할 따름입니다. 물론 우리 하나님은 무자비하고 맹목적인 폭군이 아니십니다. 그분은 우리를 사랑하고 아끼는 아버지이십니다. 그러므로 하나님이 독단적으로 우리가 걸어야 할 길을 주장하신다고 할 때에 조금도 불만스럽게 생각할 필요가 없습니다. 그 일을 불만스럽게 생각하는 것은 아직 하나님에 대해서 잘 모른다는 말입니다.

하나님에 대해서 바로 알게 되면 우리가 걸어야 할 길을 정하신 주님에게 감사하게 됩니다. 하나님은 우리 자신보다도 우리를 더 아끼시는 분이기 때문입니다. 우리 자신이 우리 영혼에 대해서 아무런 관심을 갖기 이전에 그분은 우리를 사랑하셔서 독생자를 십자가에 내어 주셨습니다. 하나님이 우리를 사랑하신 것은 객관적인 증거가 분명히 나타난 사건입니다. 아들을 아끼지 않고 내어 주신 분이 그 무엇을 우리를 위해서 아껴 두시겠습니까. 다만, 하나님의 생각이 우리의 생각보다 높고, 그분의 길이 우리의 길과는 다르기에 우리가 때로는 그분이 정하신 길을 바로 이해하지 못할 수는 있습니다.

시므온은 사명을 가진 일꾼으로서, 그에게 맡겨진 일은 자기 눈으로 오시는 메시아를 확인하는 것이었습니다. 시므온은 마치 파수꾼과 같이 망루에 올라가 새벽별이 떠오르기를 기다리다 이제 그 별이 떠오르는 모습을 보고 날이 밝아 온다고 외치는 사람과도 같았습니다. 새벽별이 떠올랐다는 사실을 알리기 전까지 길고 긴 어두운 밤을 외로이 지킨 사람이 시므온입니다. 그는 그 오랜 직무에서부터 해방된 기쁨을 안고 외쳤습니다. "주재여 이제는[이제는 주재여] 말씀하신 대로 종을 평안히 놓아 주시는도다"(눅 2:29).

하나님이 맡기신 일을 다하기까지는 결코 죽음이 우리를 지배할 수 없습니다. 그러므로 대주재이신 하나님을 믿는 사람은 세상을 담대히 살아갈 수 있습니다. 대주재이신 하나님이 분정해 주신 직무를 이루기 위해 사는 삶은 날마다 가슴 설레는 삶입니다. 무의미한 삶, 지루한 삶은 아직도 대주재이신 하나님의 뜻을 파악하지 못한 자의 삶입니다.

삶을 바로 인식하는 자들에게 있어서 죽음은 결코 두려운 종말이 아닙니다. 오히려 지워진 짐을 벗는 행복한 순간입니다. 이 땅의 직무를 완성한 후에는 행복한 쉼이 있습니다. 이것이 시므온이 죽음을 이해하고 있는 방식입니다. 그리스도인은 삶과 죽음을 그리스도인답게 이해하며 살아가야 합니다. 당신은 시므온처럼 "주재여 이제는[이제는 주재여] 말씀하신 대로 종을 평안히 놓아 주시는도다"라고 말할 수 있겠습니까?

세상에서 주님이 맡기신 직무에 신실한 종들이 누릴 축복은 복된 휴식입니다(계 14:13). 아울러 거기에는 영광스런 보상이 약속되어 있습니다. 우리는 이 땅에서 잠깐 동안 쉬면서 마지막 심판 때에 받을 영광스런 상을 기다리는 순간입니다(계 6:10-12). 성도들에게 있어 죽음은 세상에서 각자가 하던 일들을 인수인계하고 더 나은 영광스런 신분으로 옮겨 가는 것입니다. 또한 약속된 구원과 우리가 바라고 소망했던 모든 것이 완전히 성취되는 순간입니다. 생을 바로 파악할 때 비로소 죽음을 바로 인식하게 됩니다.

예수 그리스도는 온 세상의 빛

평생을 기다리고 기다리던 메시아를 눈으로 확인한 시므온은 기쁨으로 주의 도래를 외쳤습니다. 그런데 이때 "내 눈이 아기를 보았사오니" 하지 않고 "내 눈이 주의 구원을 보았사오니"라고 고백했습니다. 아기 예수를 통해 이루어질 하나님의 구원을 확인하는 동시에, 이제는 그 구원의 대열에 참여한 자로서의 외침입니다. 기쁨으로 찬송하는 것은 강제할 수 없습니다. 마음속에서 아기를 볼 때 기쁨으로 충만해진 시므온은 찬양을 했습니다. 약속된 하나님의 구원, 인류가 대망한 메시아를 통한 구속의 만족이 그 영혼을 휩싼 순간입니다. 시므온은 성령의 도우심으로 이 구원의 세계사적인 의미를 내다보고 노래했습니다.

"내 눈이 주의 구원을 보았사오니 이는 만민 앞에 예비하신 것이요"(눅 2:30-31). 문자 그대로 만민 앞에, 만민이 참석해 있는 가운데 차려진 잔칫상과 같은 구원을 말합니다. '모든 사람이 볼 수 있게 이제는 드러내 놓은 구원', '온 세상의 필요를 다 채우고도 남는 구원'이라는 의미가 이 말에 포함되어 있습니다. 더 이상 나라나 민족에 따라서 제한을 두지 않고, 천하만민 모두를 초대한 구원의 잔치입니다. 선지자들과 아브라함의 약속의 성취, 아니 그보다 더 먼 태고적부터 약속된 구원의 성취가 이 순간 이루어진 것입니다(창 3:15). 타락 이후 온 인류가 기다려 온 구원의 본격적인 시작이 아기 예수입니다. 사실은 이 약속 성취를 알지 못하면 삶이란 바른 의미가 없습니다. 정말로 의미 없이 태어나고 성장하고 죽는 것의 반복처럼 느껴질 것입니다. 그러나 이 아이가 오심으로써 우리의 삶에 의미를 부여합니다.

시므온은 보다 구체적으로 하나님이 만민 앞에 예비하신 구원을 설명해 줍니다. 만민을 풀어서 설명하면 "이방을 비추는 빛이요 주의 백성 이스라엘의 영광이니이다"(눅 2:32)라고 말입니다. 이스라엘 사람들은 온 세상 사람을 주의 백성으로 선택된 특별한 사람들인 자신들과 그저 쓸모없는 이방 사람들로 구분했습니다. 그러나 그리스도는 온 세상에 의미를 주시는 분입니다. 그리스도는 세상의 빛이십니다.

예수님이 세상 이방을 비추는 빛이라는 말은 이방이 어둠 속에 있다는 뜻이 됩니다. 온 세상은 어둠 속에 있습니다. 세상에는 똑똑한 사람이 많지만, '나는 누구인가?'라는 한 가지 면에서는 캄캄합니다. 자신을 이해하지 못합니다. 누구도 사람이 어디에서부터 왔는지, 왜 살아야 하는지, 살다가 결국 어디로 가는지를 알지 못합니다. 우리가 풀어야 할 근본적인 문제에 관해서는 세상은 참 빛이 없는 캄캄한 가운데 있으며 자기 욕심을 따라 살고 있다는 것이 성경의 분석입니다.

사람은 그리스도 없이는 왜 사는지 이유를 모릅니다. 사람을 사람 되게하는 질문에 대해서 캄캄한 상태입니다. 인생의 제일 되는 목적이 무엇인지 알지 못합니다. 뿐만 아니라 살아 있을 때와 죽음을 앞둔 때에 유일한 위로가 무엇인지를 모릅니다. 이제 이방을 비추는 빛으로서 아기 예수가 오셨습니다. 참 하나님을 나타내시는 빛 되신 예수님을 만난 적이 있습니까? 아니면 아직도 암중모색을 하는 자신을 응시하며 괴로워하고 있습니까? 아기 예수 안에 생명이 있습니다.

성경은 "스불론 땅과 납달리 땅과 요단 강 저편 해변 길과 이방의 갈릴리여 흑암에 앉은 백성이 큰 빛을 보았고 사망의 땅과 그늘에 앉은 자들에게 빛이 비치었도다"(마 4:15-16)라고 말합니다. 예수님의 초기 사역으로 성취된 예언입니다. 그런데 시므온은 아기 예수를 보았을 때 그 빛이 이미 비추고 있다고 내다보았습니다. 이방을 비추는 빛으로서 그 아기를 예언했습니다.

당신은 그리스도의 얼굴에 있는 하나님의 영광을 아는 빛으로 인해서 감사 찬송을 하고 있습니까? 우리는 그 빛이 온 세계를 두루 돌아서 흑암에 앉은 이 민족에게까지 비친 시대에 살고 있습니다. 그러므로 성도가 해야 할 가장 중요한 임무 중 하나는 그 구원으로 인해서 감사하며 찬송하는 것입니다. 하나님을 알게 된 놀라운 특권으로 인해서 기뻐하십시오. 삶을 밝히 보게 된 것으로 즐거워하십시오.

또한 시므온은 아기 예수가 이스라엘에게 주는 의미를 찬송했습니다. "주의 백성 이스라엘의 영광이니이다"(눅 2:32하). 본래 이스라엘은 특별히 택하심을 받은 백성입니다. 하나님은 이스라엘 백성을 통해 구원의 약속이 계속 이어져 가도록 하셨습니다. 다른 모든 민족은 하나님이 베푸실 구원에 관해서 망각한 지 오래되었으나, 이스라엘은 대대로 고통 가운데서도 오실 메시아를 기다리며 살았습니다. 오히려 기쁨 가운데서 약속된 메시아를 바라는 소망을 더 확실히 하며 살았습니다.

그러다가 하나님은 이스라엘 민족을 통해 약속된 메시아를 보내 주셨습니다. 과거에는 구름 가운데 나타난 하나님의 영광을 보았지만, 이제는 아들로 인해 나타난 하나님의 영광을 맨 먼저 보게 된 사람들이 유대인들이었습니다. 그래서 예수님의 열두 제자와 초대 교회는 유대인들로 구성되었습니다. 구원의 축복을 그들이 먼저 받아서 하나님의 영광을 먼저 누리게 된 것입니다. 그래서 시므온은 아기 예수로 말미암아 구원의 여명이 비친 일이 주의 백성 이스라엘의 영광이라고 노래했습니다.

○

아기 예수의 탄생으로 말미암은 찬송이 시므온의 찬송으로 끝날 때는 아무 의미가 없습니다. 아기 예수가 태어난 일에 대해서 엘리사벳이 감사의 찬송을 하고, 마리아가 신앙의 찬송을 하고, 사가랴가 소망의 찬송을 부르고, 천사들이 경배의 찬송을 하고, 시므온이 사유의 찬송을 불렀는데, 우리의 마음도 오신 그리스도로 말미암아 찬송이 가득해지기를 바랍니다.

25.

시므온의 예언(2:34-35)

//

하나님의 특별한 도우심이 필요한 마리아

신앙인은 나이가 들수록 해를 두고 사귄 주님과의 교분으로 인해 얼굴에 광채가 나는 사람입니다. 신실하게 주님을 잘 섬겨 온 시므온이 아마 그와 같은 사람이라고 생각됩니다. 앞 장에서 평생을 기다려 온 그리스도를 만나 기뻐하는 노 성도의 찬송을 살펴보았습니다. 이 시므온의 찬송을 들을 때 아기 예수의 부모는 기이히 여겼습니다. 아이에 대한 찬송을 들은 것은 처음이 아니었습니다. 일찍이 천사들을 통해서, 목자들을 통해서도 들었습니다. 그러나 하나님의 놀라운 기적은 듣는 자들로 하여금 감탄하게 합니다.

우리는 반복되는 성경 이야기에 어떤 반응을 보입니까? 신앙은 하나님의 이야기를 들을수록 감동합니다. 조금씩 더 공개되는 성경의 진리가 우리를 한 걸음씩 더 원숙한 상태로 성장시키려면 거기에 감동과 감탄의 요소가 있어야만 합니다. 하나님이 말씀을 통해서 당신을 공개하실 때 우리는 마땅히 감격해야 합니다. 우리를 사랑하는 분의 말씀은 들을 때마다 감동적이어야 정상입니다. 하나님의 말씀을 대할 때마다 아기 예수의 부모처럼 기이히 여기게 되기를 바랍니다.

시므온은 아기 예수의 부모 요셉과 마리아에게 축복을 합니다. 이 모습이 신자의 삶입니다. 땅에서부터 구별되는 성도의 거룩한 교제입니다. 서로가 만났을 때 축복해 주고 싶은 마음이 있는 것은 사소한 듯 보이지만 중요합니다. 이것은 우리가 하늘 시민으로 살고 있는지, 아니면 아직도 지옥의 권세에 매여 있는 종인지를 보여 줍니다. 형제자매들을 대할 때 반갑고 그들을 위해서 축복하고 싶은 마음이 생긴다면 아버지 하나님의 마음을 이미 소유한 사람입니다. 시므온은 아기를 바라보았을 때 하나님의 구원을 찬송했고, 이제 부모 요셉과 마리아를 바라보고 그들이 걸어야 할 길에 대해서 성령으로 예언했습니다.

이 아이가 구세주로서 이방을 비추는 빛이요, 이스라엘의 영광이 되기 위해서는 어머니가 겪어야 하는 고통이 기다리고 있었습니다. 특별히 어머니 마리아에게는 더 생생한 사실이었습니다(눅 2:34-35). 이 아이를 통해 이스라엘의 많은 사람의 운명이 결정될 것인데, 그 역할을 감당하기 위해서 칼이 마음을 찌를 듯할 것이라고 말했습니다.

예수 그리스도를 낳고 젖을 먹인 여인을 여자들은 모두 흠모할 것입니다. 그러나 마리아가 인류의 구세주가 되기 위해서 어머니로서 겪을 고통을 한번 살펴봅시다. 누구나 다 세상이, 교회가 새로워져야 한다고 생각합니다. 그러나 내 아이만은 험난한 길을 걸어서는 안 된다고 생각합니다. 시므온은 아기 예수가 많은 사람의 운명을 결정하는 표적이 되는 순간에, 마리아가 겪어야 할 고통을 미리 예언해 그 순간을 대비하도록 했습니다. 모든 사람이 손가락질하는 그 순간을 맞이할 준비를 하도록 예언한 것입니다. 마리아에게는 하나님의 특별한 도우심이 필요했습니다. 그래서 부모를 축복한 후 시므온은 어머니 마리아를 향해 예언하기 시작했습니다.

앞 장에서는 시므온이 구원의 축복, 구원 역사의 밝은 면을 찬송했습니다. 반면, 이 장에서 시므온의 예언은 구원의 역사를 이루기 위한 어두운 면, 고통스런 부분을 말합니다. 구원을 위해 아이가 지불해야 할 대가를 이야기합니다. 그래서 이 장의 본문은 아이의 운명에 대한 예언입니다. 그 속에 장차 이 아이가 감당하게 될 사명이 밝혀지고 있습니다. 먼저 주님의 사역을 말하고, 이어서 주님이 그 사역을 하시게 될 때 마리아에게 미칠 영향을 예언했습니다.

예수님의 사역의 세 가지 측면

먼저 시므온의 예언에 나타난 주님의 사역은 세 가지 측면으로 나눌 수 있습니다. 첫째, 이 사역의 적극적인 측면은 많은 이의 운명을 판가름하는 시금석이 되리라는 것입니다. 둘째, 이 사역의 소극적인 측면은 비난받는 표적이 될 것이라는 점입니다. 예수님은 표적이 되는 일을 감수하셔야 했습니다. 셋째, 예수 그리스도의 사역은 마리아가 겪어야 할 고통과 직접적인 관련을 가지고 있으며, 동시에 하나님을 믿는 모든 사람에게 영향을 주는 이야기입니다.

적극적인 측면

첫째로 이 아이가 감당해야 하는 사역의 적극적인 측면을 살펴봅시다. "보라 이는 이스라엘 중 많은 사람을 패하거나 흥하게 하며 비방을 받는 표적이 되기 위하여 세움을 받았고"(눅 2:34). 마치 수수께끼와 같이 들리는 예언입니다. '이스라엘 중 많은 사람'이라는 동일한 부류의 사람들을 차례로 먼저 패하게 하고, 그다음 흥하게 한다는 의미처럼 보이기도 합니다. 인생을 먼저 낮추고 동시에 낮아진 인생을 다시 일으키는 일을 하시리라는 말일까요?

사람은 누구나 지금 있는 자리가 얼마나 비참한지를 보기 전에는 그 자리를 박차고 일어나지 않습니다. 자기가 걸치고 있는 누더기가 얼마나 더러운지를 인식하기 전에는 벗어 버리려 하지 않습니다. 약속된 영광으로 일어서기 위해서는 먼저 자아의 철저한 부정이 필요합니다. 거룩한 주의 산정에 올라가기 위해서는 낮아짐의 골짜기를 통과해야만 합니다. 누구나 주의 구원을 맛보기 전 자신의 비참한 모습을 보아야만 구주가 얼마나 귀한 분이신지가 다가오게 됩니다.

그러나 본문은 다른 각도에서 생각해 볼 수 있습니다. 패망을 받는 사람을 한 그룹으로, 흥함을 받는 사람을 또 한 그룹으로 보는 것입니다. 그렇다면 이 아이는 인생을 둘로 나누는 역할을 해야만 합니다. 아기로 오신 예수를 거절하는 자에게는 결국 패망밖에 없습니다. 우선 보기에는 예수 믿는 사람이 꼭 잘되는 것 같지 않을 수 있습니다. 그러나 하나님의 영원한 관점에서 보면 수천 대까지 복을 받으리라는 진리가 드러납니다. 진리는 멀리 내다볼 때 더 확실하게 드러납니다. 때로는 10년도 기다리고 20년도 기다릴 수 있습니다. 한 인생의 운명이 궁극적으로 판가름 나는 것은 영원 속에서 이루어집니다.

아기로 오신 예수를 거절하는 사람에게는 궁극적인 패함밖에는 없습니다. 진리는 예수 없이는 영원히 파멸한다는 것입니다. 그러나 아기로 오신 예수를 영접하는 자에게는 구원이 있습니다. 예수를 받아들이는 자에게는 지금 처한 자리가 어디라도 상관이 없습니다. 그는 거기서부터 딛고 일어날 것입니다. 어두움에서 빛으로 일어날 것입니다. 증오의 쇠사슬에서부터 서로 사랑하는 새로운 삶으로 옮겨질 것입니다. 지옥의 고통 속에서 평안과 기쁨의 삶으로 일으킴을 받을 것입니다. 그러므로 아기 예수는 인생의 찬탄과 경이의 대상이십니다. 아기 예수를 바로 만난 사람들은 그분을 찬송하지 않고는 견딜 수 없게 되는 것입니다. 그분이 주시는 구원은 우리 삶의 소망입니다.

아기 예수가 오심으로 말미암아 인류 가운데 이제는 큰 두 줄기의 흐름이 생겼습니다. 뿐만 아니라 그는 이스라엘 중 많은 사람의 패함과 흥함을 위해서 세워진 아이이기도 합니다. 그 사역이 교회에서부터 먼저 시작될 것입니다. 성경은 한 번도 교회 안에 들어온 사람은 무조건 구원이고, 나머지는 파멸이라고 한 적이 없습니다. 어떤 성경 본문을 보더라도 그 가운데 어떤 사람은 생명으로 옮겨지고, 어떤 사람은 파멸로 옮겨진다고 말합니다. 우리는 하나님의 말씀에 대해 보이는 반응에 따라서 축복과 생명의 자리로 옮겨지거나 마지막 진노를 쌓게 됩니다.

당신의 삶에서 예수님은 걸림돌로 여겨지고 계십니까, 아니면 당신을 새롭게 일으키는 주춧돌이 되고 계십니까? 우리 각자는 결정을 내려야 합니다. '아기로 오신 예수 그리스도를 어떻게 대할 것인가?' 하는 문제보다 더 중요한 문제는 인생에 없습니다. 이것은 우리 인생을 결판 짓는 문제요, 영원한 운명을 결정하는 문제로서, 해 아래 있는 인생이 답해야 할 최대의 문제입니다. 이 아기 예수로 인해서 넘어지지 않는 사람이 복이 있는 사람입니다.

예수님을 영접하십시오. 예수님을 영접할 때 우리의 삶은 새로운 영역으로 바뀝니다. 예수님은 우리 삶에 있어도 없어도 좋은, 굴러다니는 하나의 벽돌이 아닙니다. 그분이 계시면 우리의 삶이 있는 것이고, 그분이 계시지 않으면 우리의 삶은 없는 것입니다. 예수님은 우리의 삶의 가장 중요한 위치에 오기를 원하십니다. "예수님이 없으면 제 삶은 의미가 없습니다"라고 고백하는 사람이 예수를 믿는 사람입니다. 우리를 위해서 모든 것을 쏟으신 그리스도의 헌신에 합당한 삶을 살아가십시오.

소극적인 측면

둘째로 이 아이가 감당해야 하는 사역의 소극적인 측면을 살펴보겠습니다. "보라 이는 … 비방을 받는 표적이 되기 위하여 세움을 받았고"(눅 2:34). 마리아가 엄연히 알아 두어야 할 진리이자 그분을 따르는 성도 된 우리가 명심해야 할 진리입니다. 이 아이는 사람들의 비방을 받는 표적이 되기 위해 세움을 입은 것입니다. 우리가 예수님을 믿을 때부터 바로 알아야 하는 것은 이 예수 때문에 때로는 사람들의 박해와 조롱을 받을 수 있다는 사실입니다. 어쩌면 마리아에게 천사가 나타나서 몇 번씩 이야기해 주었기 때문에 아들에 대한 부푼 기대가 마리아에게 있었을지 모르겠습니다. 그러나 아들이 메시아가 되기 위해서 어머니로서 마리아가 겪어야 하는 일은 사람들로부터 저주와 모욕을 당하는 것이었습니다.

예수님의 사역은 단 한번도 사람들에게 칭송의 대상이 된 적이 없습니다. 갈릴리 사역 초기에 많은 사람이 예수님을 칭송한 듯 보이지만, 자세히 보면 고향에서 하신 첫 설교가 너무 날카롭게 사람들의 아픈 데를 찔렀습니다. 그랬더니 사람들이 이를 악물고 예수님을 산 위로 밀고 가서는 낭떠러지에 떨어뜨려 죽이려 했습니다. 예수님은 '이스라엘 중에' 많은 이의 패하고 흥함을 위해서 세우심을 받았습니다. 역사를 보면 가장 복음을 박해하는 사람들은 교회 안에서 나왔습니다.

사람들의 근본 문제는 못 박아 버린 적이 없는 자존심이라는 것입니다. 거기에 조금만 부딪히면 반발합니다. 자기의 이익 추구가 최대의 관건입니다. 그래서 이익이 상통할 때는 당장이라도 서로 친구가 되지만, 수가 틀리면 어제의 친구가 오늘의 원수로 돌아섭니다. 그러므로 그들 가운데 진정한 연합이란 불가능합니다.

이처럼 복음의 원수들은 자기들끼리 늘 분쟁하고 있지만 한 가지 일에는 언제나 연합을 잘합니다. 그것이 바로 하나님의 아들, 예수 그리스도를 반대하는 일입니다. 그래서 예수처럼 살면 예수처럼 반대 받을 것을 예상해야 합니다.

직접적인 측면

그렇기 때문에 시므온의 예언이 이제 마리아를 향합니다. 이 아이가 감당해야 하는 사역의 세 번째 측면인 직접적인 측면입니다. "칼이 네 마음을 찌르듯 하리니 이는 여러 사람의 마음의 생각을 드러내려 함이니라"(눅 2:35). 천사가 축복을 선언한 마리아이지만, 천군 천사가 노래한 그 아들의 탄생이지만, 앞날이 결코 순탄치 아니하리라는 예언입니다. 예수님이 많은 사람의 비방거리가 될 뿐 아니라 끔찍한 순간이 오는데, 그때는 큰 칼이 마음을 찌르듯 고통스러울 것이라는 뜻입니다.

자식을 낳아 키우는데 그 자식이 사람들의 손가락질 대상이 되면 어머니의 마음이 어찌 편하겠습니까. 모든 군중이 "저놈 십자가에 못 박으라!"고 소리칠 때 그 말을 귀로 듣는 어머니의 마음이 어떻겠습니까. 동시에 무력한 자신의 모습을 볼 때 그 못이 자신의 가슴에 박히는 고통을 어머니 마리아는 한날 겪어야 했습니다. 이것은 그리스도가 우리에게 구원을 주시기 위해서 치르신 대가요, 그분의 고통이 마리아의 심정에 느껴진 증거를 보여 주는 말씀입니다.

○

십자가는 인생의 극악한 생각을 폭로하는 장소입니다. 예수 그리스도가 달리신 십자가 앞에서 인생은 가부간 어느 쪽이든 서야 할 것입니다. 결코 중간 입장은 없습니다. 둘 중 하나라야 합니다. 인생은 누구나 그리스도를 향한 자신의 입장을 밝혀야 합니다. 죽음으로 인해서 함께 고통을 느끼든지, 아니면 비웃든지 둘 중 한쪽에 서야 할 것입니다. 말씀이 요구하는 마지막 카드를 내밀 때 함께할 것인지, 돌아설 것인지를 결정해야 합니다. 십자가는 인생이 얼마나 비열한지를 드러내는 장소입니다. 칼이 찌르는 듯한 고통스런 순간이지만, 그 순간에 깊이 감추어진 인생의 진짜 모습이 드러나는 것입니다.

26.

할머니 안나 (2:36-38)

/

이 장의 본문은 아기 예수 탄생 기사의 속편에 해당합니다. 예루살렘에서 아기 예수의 탄생을 축하한 두 사람 중 나머지 한 증인의 이야기입니다. 하나님이 택하신 제2의 증인은 여선지 안나입니다. 그녀는 시므온의 찬양을 들으면서 이 아이가 바로 메시아라고 확신했습니다. 그래서 안나는 약속하신 구원자를 보내 주신 하나님에게 감사했고, 그날 이후로 만나는 사람들에게 아기 예수에 대해서 증거하는 삶을 살았습니다.

안나는 누구인가

이 책을 기록한 누가는 평소 비유대인들, 즉 이방인들에 대한 관심이 많았습니다. 그는 자신의 복음서를 통해 그들을 향한 하나님의 사랑과 구원의 계획을 보여 주기 원했습니다. 그래서 누가복음은 흔히 '이 방인들을 위한 복음서'라고 소개됩니다.

누가복음에는 다른 어떤 복음서보다 가난한 사람들에 대한 관심과 배려가 나타나 있습니다. 무엇보다 그는 당시에 인정받지 못한 계층, 여자들에 대한 관심이 특별해, 하나님 나라에서 그들이 어떤 자리를 차지하고 있는지를 따뜻한 시선으로 기록했습니다. 이제 누가의 시선으로 기록된 안나의 모습에 대해서 살펴보겠습니다.

누가는 하나님이 택하신 두 번째 증인 안나에 관해서 비록 짧지만 거의 완벽한 소개를 하고 있습니다. 그런 의미에서 본문은 안나의 증명사진과 같은 역할을 합니다. "또 아셀 지파 바누엘의 딸 안나라 하는 선지자가 있어 나이가 매우 많았더라 그가 결혼한 후 일곱 해 동안 남편과 함께 살다가 과부가 되고 팔십사 세가 되었더라 이 사람이 성전을 떠나지 아니하고 주야로 금식하며 기도함으로 섬기더니"(눅 2:36-37).

먼저 가계와 부친의 이름이 소개되고 있습니다. 안나가 속한 아셀 지파는 북 이스라엘에 속한 지파로서, 성경에는 이들에 관한 이야기가 거의 나오지 않습니다. 그래서 사람들은 아셀 지파를 흔히 '사라진 지파'로 여깁니다. 그러나 비록 지파로서 번성하지는 못했지만, 그들 가운데 남아 있는 몇몇 사람의 흔적이 본문에 기록되어 있습니다.

자손이 번창하는 것은 구약 언약에서 축복이었습니다. 그런 의미에서 아셀 지파는 복을 받은 지파라고 볼 수 없습니다. 그럼에도 하나님의 은혜는 그 지파를 위해서도 남겨져 있었습니다. 그래서 아셀 지파 바누엘의 딸 안나라는 사람이 오실 메시아를 증거하는 아주 중요한 배역을 감당하게 된 것입니다.

안나의 아버지의 이름은 바누엘이라고 기록되어 있는데, '바누엘'을 히

브리식으로 발음하면 '브니엘'입니다. '브니엘'은 '하나님의 얼굴'이라는 뜻
입니다. 야곱이 얍복 강가에서 '내가 하나님의 얼굴을 뵈었는데도 죽지 않
았다'는 뜻에서 그곳 이름을 '브니엘'이라고 지었습니다.

"또 아셀 지파 바누엘의 딸 안나라 하는 선지자가 있어"라는 구절은 흔
히 구약 선지서 앞부분을 기억나게 합니다. '무슨 지파 누구의 아들 누구
에게 하나님의 말씀이 임하니라'라는 말씀을 연상시켜 주는 표현입니다.
성경은 안나를 시므온과 달리 격식을 갖추어 소개하고 있습니다.

여선지라는 직책은 사실 흔한 명예가 아닙니다. 유대인들의 전통에 의
하면 미리암, 드보라, 훌다 등 일곱 사람만을 여선지로서 인정했습니다.
그만큼 여선지로 불리는 것은 명예로운 일이었습니다. 그런 면에서 보면
시므온과는 대조를 이룹니다. 시므온은 가계도, 부친 소개도 없이 평범한
예루살렘 시민으로만 소개되었습니다. 또 시므온은 성령의 감동으로 예
루살렘 성전으로 들어가게 되는 데 비해 안나는 성전에서 거의 살다시피
하는 사람이었습니다.

메시아를 만나고 나서 보이는 반응도 다릅니다. 시므온은 메시아를 만
나자 그동안의 일에서부터 놓이고 싶어 했습니다. 쉼과 죽음을 사모했습
니다. 그러나 안나는 오히려 활기를 되찾은 듯 그리스도를 증거하기 시작
했습니다. 38절 마지막에 "모든 사람에게 그에 대하여 말하니라"라는 말
씀은 '말하기를 시작했다'는 의미입니다.

두 사람 사이에는 공통점도 있습니다. 둘 다 나이 많은 사람으로 소개됩
니다. 왜 하필 나이 많은 사람일까요? 오랜 기다림 끝에 맞이한 메시아임
을 느낄 수 있도록 환영하는 사람들이 모두 나이 든 어르신들로 구성되어
있습니다. 한편으로는 임 향한 일편단심으로 한평생 신실하게 살아온 자
들이 맞이할 수 있는 메시아라는 뉘앙스를 풍깁니다.

하나님의 교회를 사랑한 안나

안나는 하나님의 계시가 중단된 이후 수백 년 만에 처음 등장한 여선지입니다. 아기 예수에 대해서 증거하기 전에도 여선지자로 알려진 사람으로 생각할 수 있습니다. 그렇다면 남다른 영적 은사를 소유한 여성임에 틀림이 없습니다.

하지만 그녀가 걸어온 삶의 여정은 그리 평탄하지 못했습니다. 오히려 험한 인생길을 걸어왔다고 말하는 편이 공정할 것입니다. 안나는 결혼한 지 7년 만에 과부가 되었습니다. 오늘날의 기준으로 결혼한 지 7년이면 서른은 훨씬 넘었을 거라고 생각하겠지만, 당시 이스라엘 사람들은 꽤 어린 나이에 결혼을 했습니다. 그렇다면 안나는 20대 초반의 앳된 나이에 과부가 되었을 거라고 생각할 수 있겠습니다. 남편을 만나서 7년간 인생의 낙을 누리고, 이제 그 나이 84세가 되었습니다.

안나는 청춘에 과부가 된 여인이지만 슬픔에 빠져들지 않고 자기 연민 대신에 하나님 나라의 소망에 몰입했습니다. 이런 안나를 본문은 다음과 같이 설명합니다. "이 사람이 성전을 떠나지 아니하고 주야로 금식하며 기도함으로 섬기더니"(눅 2:37).

결혼한 여인이 가정생활을 잘하는 것은 하나님의 축복임이 틀림없습니다. 남편과 함께 늦도록 순례 길에 서로 도우며 사는 것은 하나님의 축복입니다. 그러나 시집간 이들은 마음과 시간이 전적으로 하나님을 섬기는 일에만 매여 있을 수 없는 것 또한 사실입니다(고전 7:34). 안나의 경우 정말 존경할 만했던 것은 디모데전서 5장 5절이 보여 주는 대로 참 과부로서 살았기 때문입니다. "참 과부로서 외로운 자는 하나님께 소망을 두어 주야로 항상 간구와 기도를 하거니와."

안나는 혼자 사는 외로움을 아는 여인이었으나 그 외로움을 하나님을 아는 일에 승화시켰습니다. 그 마음이 항상 성전에 있었습니다. 오로지 하나님을 섬기는 일에 전념했기에 정말 존경할 만한 여인이었습니다. 안나가 성전을 떠나지 않았다는 말은 성전을 중심으로 살았다는 의미로 이해할 수 있습니다. 즉 안나는 하나님의 백성과 함께 예배하는 일이라고 하면 한 번도 빠진 적이 없고, 혼자서도 하나님에게 간구하는 시간이 끊어지지 않은 여인이었던 것입니다.

혼자 하나님을 만나는 사람은 함께 예배하는 시간이 얼마나 귀한지를 알게 됩니다. 골방 기도의 맛을 아는 사람은 함께 모여서 기도하는 즐거움을 느낄 줄 아는 사람입니다. 매일매일 하나님 앞에서 무릎 꿇는 시간을 가져 보십시오. 그러면 주의 날, 주의 백성들과 함께 예배하는 시간이 얼마나 큰 특권인지가 마음속에 다가올 것입니다. 안나는 그런 즐거움을 아는 여인이었습니다.

밤낮 간구하는 사람은 무언가 간구할 거리를 가진 사람입니다. 하나님 앞에 교회의 모습이 어떤지를 본 사람이라면 밤낮 간구하지 않을 수 없습니다. 안나는 하나님의 교회의 상태에 대한 영적인 분별력을 가진 여인이었습니다. 어쩌면 "하나님의 교회의 모습이 이래서 되겠는가" 하며 한탄했을지 모릅니다.

안나는 하나님의 교회가 당면한 재난으로 인해서 슬퍼하는 성도였습니다. 예루살렘은 특별히 택하심을 받은 도성이지만, 오히려 속화된 성으로 전락하고 성전은 더럽혀진 상태였습니다. 그래서 그녀는 금식하면서 예루살렘이 회복되기를 간구했습니다. 자신의 처지보다 이스라엘의 소망에 대해서 관심을 가진 것입니다. 이런 사람이 성도다운 성도입니다.

여기 특히 기도와 금식이 같이 나옵니다. "주야로 금식하며 기도함으로 섬기더니"(눅 2:37). 안나는 금식 기도도 했고 철야 기도도 한 것 같습니다. 금식과 기도의 관계를 생각해 보십시오. 기도는 성도의 삶의 본질적인 부분입니다. 그러나 금식은 기도를 돕는 데 필요한 것으로서 본질적인 것은 아닙니다. 정말 금식하지 않으면 안 되는 고통이 있다면 금식하십시오. 달리 어쩔 수 없는 상황에서는 금식할 수밖에 없습니다. 그러나 남이 금식하니까 나도 금식한다고 하면 잘못된 것입니다. 존 칼빈은 금식에 대해 말하면서 교회를 그런 원숭이로 가득 채울 필요는 없다고 말했습니다. 남이 하는 것을 그대로 흉내 낼 필요가 없다는 의미입니다.

본질적인 것은 기도하는 것입니다. 때로는 식사를 하느라 기도에 집중하지 못할 수 있습니다. 그러한 때에 금식하는 것은 기도에 전념하기 위해서 좋고 필요한 일입니다. 그러나 어느 것이 더 본질적인 것인지를 구별해야 합니다. 오롯이 마음을 쏟는 데 금식은 유익합니다. 사도행전 13장에서는 바울과 바나바를 선교사로 구별해 낼 때 교회가 금식 기도를 했고, 이어지는 14장에서는 각 교회의 장로를 택할 때 금식하면서 기도했습니다. 이처럼 금식은 교회와 성도가 중대한 문제에 직면했을 때 행할 경우 도움이 됩니다.

끝까지 예수님을 증거하는 삶

간절한 기도를 마친 안나는 이제 동일한 소망 속에 사는 이들에게 간증하기 시작합니다. 처음 두 절은 안나에 대한 일반적인 소개로서, 38절을 기술하기 위한 준비 작업입니다. 마침 그날도 안나는 예루살렘 성전 여인들의 뜰에서 하나님을 섬기는 중 시므온의 찬양으로 인해 메시아를 확신 가운데 알아보고 감사를 드렸습니다. 아기로 오신 인류의 구원자를 보면서 하나님이 시작하신 크신 구원 역사로 인해 감사했습니다. 오랜 간구의 삶은 끝났습니다. 그날 이후로 그녀는 예수님이 누구이신지를 알리는 증거의 삶을 살기 시작했습니다.

당시는 사람들 사이에 메시아에 대한 소망이 점점 식어져 가는 시대였습니다. 지도자들이나 일반 민중 모두 마찬가지였습니다. 어떤 사람들은 자기 식의 메시아를 기다리고 있었습니다. 정치적인 메시아를 기다리는 부류도 있었습니다. 그러나 대부분은 아예 그 소망에 무관심한 채 살고 있었습니다. 다만 소수의 사람들의 가슴에만 예루살렘의 구속을 바라는 소원이 남아 있었을 뿐입니다. 안나는 그날 이후 몇 되지 않는 동일한 영으로 같은 소망을 가진 하나님의 백성에게 자기가 만난 메시아를 증거하는 것으로 생애를 불태웠습니다.

○

예루살렘의 구속됨을 바라는 모든 사람에게 오신 메시아를 계속 증거하는 안나의 이야기는 나이에 따라 사라지지 않는 신앙인의 모습을 보여 줍니다. 늙는다는 것은 육체적인 아름다움의 감소만을 의미하지 않습니다. 늙는다는 것은 한때 소망하던 것에 대한 기대마저 시들게 할 수 있습니다. 그러나 성경은 안나를 통해서 신앙인의 소망은 나이에 따라 시들지 않는 것임을 보여 줍니다. 오히려 더 좋은 소망이 내일 우리에게 주어질 것이기 때문입니다. 나이는 우리의 소망을 결코 꺾을 수 없습니다. 오히려 소망이 더욱 절실히 느껴져 올 것입니다. 우리에게 가장 좋은 시간, 가장 황홀한 순간은 아직 오지 않았습니다.

베드로는 보배롭고 지극히 큰 약속과 산 소망을 말했습니다. 바울도 마찬가지였습니다. 나이가 들어 갈수록 그 소망은 더욱 분명해집니다. "복스러운 소망과 우리의 크신 하나님 구주 예수 그리스도의 영광이 나타나심을 기다리게 하셨으니 … 선한 일을 열심히 하는 자기 백성이 되게 하려 하심이라"(딛 2:13-14).

27.

예수님의 어린 시절(2:40)

///

  누가는 누가복음 2장 40절에서 유아기에서부터 12세까지 소년기에 이르는 예수님의 성장을 한 절로 요약합니다. "아기가 자라며 강하여지고 지혜가 충만하며 하나님의 은혜가 그의 위에 있더라." 하지만 이구절은 네 개의 독립 문장으로 나눌 수 있습니다. '아기가 자랐다', '아기가 강하여졌다', '아기의 지혜가 충만해졌다', '하나님의 은혜가 그 아기 위에 있었다' 등입니다. 처음 세 문장은 각 영역별 아기의 성장을 설명하고, 마지막 문장은 이 세 영역이 모두 하나님의 은혜에 연유하고 있다는 것을 보여 줍니다.

신체적으로 성장하신 예수님

이제 아기 예수의 성장 과정을 하나씩 살펴보겠습니다. 우선 신체적인 영역입니다. 아이가 몸무게가 늘고, 키가 자라고, 팔다리에 힘이 오르고, 걷고 뛰는 것이 신체적 성장 과정입니다. 태어난 아이는 무엇보다도 신체적으로 자라야 합니다. 그러나 그 신체적인 성장도 하나님의 은혜임을 망각해서는 안 됩니다. 우리는 흔히 자연 질서를 초월해서 하나님이 개입하시면 "정말 하나님이 도우셨다. 은혜다!"라고 말합니다. 그러나 실상은 자연적인 현상도 하나님의 은혜입니다. 너무나 일상적인 현상이지만 기실 아이가 자란다는 것은 하나님의 은혜로 말미암습니다. 일상적이고 보편적인 현상 속에도 하나님의 은혜가 작용하고 있다는 것을 인식한다면 우리의 삶이 훨씬 풍족해질 것입니다.

아이가 배 속에서부터 자라나는 과정을 생각해 보십시오. 태어나서 성장하는 한 과정, 한 과정이 사실 하나님의 은혜입니다. 잘 자라고 있는 자녀들로 인해서 하나님의 은혜에 감사하십시오. 갓난아기가 몸을 뒤척이다가 기어 다니고, 일어서고, 걷는 그 모습을 지켜보며 하나님을 찬양하십시오. 젖먹이가 재롱을 떨고, 자라서 말썽을 피우는 개구쟁이 소년이 되는 과정을 바라보십시오. 모든 성장은 하나님의 은혜로 말미암는 일입니다. 생명의 역사는 생명의 주인 되시는 하나님의 역사입니다. 그렇게 자라게 하시는 분이 하나님이시라는 것을 알게 될 때, 우리 생의 모든 순간마다 하나님을 향한 감사와 찬송이 떠나지 않게 될 것입니다.

그러나 아이가 자라는 것뿐만 아니라 어른이 건강을 유지하는 것도 하나님의 은혜임을 항상 마음 깊이 새겨 두십시오. 우리가 다치거나 병에 걸리지 않고 건강을 유지하는 것은 하나님의 은혜입니다. 성숙한 성도는 불치의 병에서 나은 것만큼이나 건강한 몸으로 병원 가까이에도 가지 않고 살고 있음에 더욱 감사할 줄 아는 사람입니다.

하나님이 우리에게 건강을 주시는 것은 건강할 때 하나님을 섬기고 찬양하도록 하시기 위함입니다. 만약 이 사실을 인해서 감사한 적이 없다면 죄인입니다. 자라게 하시고 강건케 하시는 하나님으로 인해서 감사하지 않는 것은 인간이 죄로 인해서 죽어 있기 때문입니다. 성경은 하나님을 향해 감사하지 않는 사람을 죄 가운데 죽어 있다고 말합니다. 죄인은 하나님과의 관계에서 단절되어 있는 사람입니다. 이제부터 감사할 줄 모르는 죄인의 삶에서 벗어나 오늘 이렇게 건강한 사실로 인해서 하나님에게 마음 깊이 감사합시다.

정신적, 지적으로 성장하신 예수님

누가가 아기 예수의 성장을 기록한 두 번째 항목은 "[아기가] 강하여지고"라는 말씀에서 찾아볼 수 있습니다. '자랐다'는 말이나 '강하여졌다'는 말은 비슷비슷합니다. 그러나 '자랐다'는 말로 끝내지 않고 '강하여졌다'는 다른 표현을 쓰는 이유는 아이가 성장하는 다른 영역을 밝혀주기 위해서입니다. 즉 아기 예수가 정신적이고 지적으로 성장하셨음을 나타내기 위해서 '강하여졌다'는 다른 표현을 쓴 것입니다. 아이는 무엇보다도 신체적으로 성장해야 하지만, 거기서 멈추어서는 안 됩니다. 신체와 함께 정신적이고 지적인 부분이 성장하지 않으면 장애를 갖게 됩니다.

아이가 어떻게 강해지는지 생각해 본 적이 있습니까? 아이는 정신적으로, 지적으로 자라나야만 합니다. 갓난아기가 눈망울이 여물어져서 엄마의 움직임을 따라 눈이 움직이는지, 달래는 엄마의 소리를 듣고 그쪽으로 얼굴을 돌리는지, 눈이 마주치면 웃는지 살펴보십시오. 이는 아이가 정상적인 발달을 하고 있다는 것입니다. 아이의 시각과 청각이 정상적인 반응을 보이기 시작하며 영의 흐름이라고 할 수 있는 말을 배우기 시작하는 과정을 경이롭게 지켜본 적이 있습니까? 아이가 신체적인 성장과 아울러서 정신적으로 성장할 수 있는 것은 하나님의 능력 때문입니다. 아이 위에 하나님의 은혜가 있기 때문입니다.

부모라면 아이가 처음 '엄마'를 부르던 날의 감격을 아마 기억하고 있을 것입니다. 처음에는 '엄마' 하고 부르던 아이가 몇 날 못 되어서 '아빠'를 부르게 되고, 이제 쉬운 말들을 되풀이하게 되고, 그런 가운데서 말을 익혀 나가며 자기 것으로 만들어 가는 모습을 한번 보십시오. 어떤 말들은 아이의 머릿속에 기억되어 평생 지울 수 없는 기록이 되어 가는 것은 하나님의 은혜가 그 위에 있기 때문입니다. 아주 단순해 보이지만 아이는 그런 과정을 통해서 정신적인 성장을 해 갑니다.

'1+1=2'라는 사실을 이해하는 아이를 보면서 귀여워서 어쩔 줄 몰라 하면서도 그것을 가능하게 하시는 하나님을 찬양하지 않는다면 죄인입니다. 은혜를 망각한 사람입니다. 이는 부모가 가르쳐 준다고 되는 것이 아닙니다. 아이가 그 반응을 보일 수 있는 자체적인 능력을 가지고 있기 때문에 '1+1=2'라는 것을 깨닫는 것입니다. 어떤 아이들은 한평생 가르쳐도 '1+1=2'라는 것을 배우지 못합니다.

자녀들이 정신적으로 성장하고 있다는 평범한 사실로 인해서 감격해 본 적이 있습니까? 좀 더 자라서 부모의 의견에 대해 반대하고 나올 수 있다는 것도 아이가 그만큼 자라 독립적인 개체로 성숙했다는 뜻입니다.

부모의 감사 없는 생활은 아이의 생애를 불행하게 합니다. 부모의 과욕으로 얼마나 많은 이 나라의 아이들이 불행으로 빠져들어 가고 있습니까? 그 죄악스런 대열에서 성도들은 벗어나야 합니다. 성도들은 자녀를 성도답게 키워야 합니다. 자녀들을 향해서 권리를 내세우지 마십시오. 그 아이는 하나님이 당신의 집에 보내신 선물이고, 부모는 아이를 하나님의 뜻대로 키워야 하는 책임과 하나님의 말씀의 기준대로 조화롭게 키울 의무가 있습니다.

그래서 예수님의 어린 시절 12세까지의 기록을 보면 신체적인 성장이 제일 먼저 등장합니다. 영감 된 기록이 신체적인 기록을 맨 먼저 기록하고 있는 것은 그 기간 부모가 보살펴 줘야 할 것이 신체적으로 자랄 수 있도록 하는 것임을 알 수 있습니다. 아이들이 마음껏 자랄 수 있도록 해 주십시오. 하나님의 말씀의 질서를 따라서 키우십시오. 아이들의 내일은 전능하신 하나님이 결정하십니다. 하나님이 그 아이의 미래를 이미 결정해 놓고 계십니다.

우리가 말씀에 순종해서 자녀를 양육하면 하나님이 아이의 미래를 책임져 주십니다. 하나님의 때에 하나님의 능력으로 하나님이 원하시는 사람으로 만드실 것이라는 믿음을 가지십시오. 정신적이고 지적인 성장의 요인도 하나님의 은혜입니다. 그 하나님으로 인해서 자녀와 함께 감사하십시오. 자녀 때문에 감사하십시오.

영적으로 성장하신 예수님

누가가 기록한 제3의 영역에 대한 예수님의 성장을 살펴봅시다. "[아이의] 지혜가 충만하며." 우리 예수님의 완전한 생애는 궁극적으로 살아가는 데 필요한 지혜가 충족해졌다고 표현하고 있습니다. '강하여졌다'는 말의 보충 설명으로 볼 수도 있고, 정신적인 성장에 대응하는 영적인 성장을 말하는 것으로 볼 수도 있습니다. 정신적인 것과 영적인 것은 때로 이처럼 갈라놓기가 힘듭니다. 정신적으로 건강하지 못할 때는 영적으로 건강하지 못할 수 있고, 어떤 경우에는 영적으로 깨어 있지 못함으로 정신적으로 혼미해져 있을 수 있습니다. 그러나 여기서 지혜가 충만해졌다는 말은, 넓게 생각해 보면 도덕적인 성장 과정을, 좁게 생각하면 영적인 성장 과정을 가르치는 것으로 보아도 좋을 것입니다.

아이는 신체적, 정신적으로 자라는 동시에 하나님의 형상대로 지으심을 받은 인생이기 때문에 영적인 데에도 반응을 보여야 정상입니다. 예수님의 모범적인 생애가 보여 주는 대로 인생에 있어서는 지혜가 중요한 관건입니다. 신체적, 정신적 성숙에 부응하는 지혜가 이후 주님의 생애에서는 점점 두드러지게 나타납니다.

지혜란 하나님의 뜻에 대한 깨달음을 의미합니다. 하나님의 다스리심을 깨닫는 것입니다. '인생길이 내 뜻대로 바둥댄다고 되는 것이 아니구나'라는 사실을 깨닫는 것을 보고 지혜 있다고 합니다. 영적인 성장 역시 지적인 성장이나 신체적인 성장처럼 점진적으로 성장해 나가는 것입니다. '엄마'라고 부를 수 있는 나이라면 '아멘'을 가르쳐야 합니다. 아빠와 대화가 가능한 아이는 하늘에 계신 아버지와 대화할 수 있는 능력이 있습니다. 낳아 주신 부모에 대한 사랑과 감사를 느끼는 아이라면 창조해 주신 하나님을 찬양할 수 있습니다. 아이에게 기도하는 것을 가르치고, 찬송하는 법을 가르쳐야 합니다. 세 살 정도면 요한복음 3장 16절 정도는 세 살 아이의 수준으로 이해할 수 있습니다. 일찍부터 창조주 하나님에게 감사하는 아이가 되도록 아이를 위해서 기도하십시오. 또 아이와 함께 기도하십시오.

부모의 간절한 소원이 아이의 영적인 성장에 있다면 복을 받을 것입니다. 부모의 마음에 아이가 영적으로 자라는 것이 어떤 소원보다도 더 간절한 소원일 때 하나님의 눈이 그런 부모를 살피지 않고 스쳐 지나갈 수는 없습니다. 하나님이 개입하시고 도와주십니다.

신체적, 지적으로 자라는 것은 하나님의 보편적인 역사입니다. 그러나 영적으로 반응을 보이는 것은 하나님의 특별한 개입의 결과입니다. 왜냐하면 아이들은 모두 죄 가운데서 태어났기에 하나님에 대해 영적인 반응을 전혀 보일 수 없기 때문입니다. 아이가 하나님에 대해서 조금씩 알아간다는 것은 하나님의 전능한 능력이 역사하신 결과입니다.

○

죄 없이 태어나신 예수님이 신체적으로, 정신적으로, 영적으로 정상적인 성장을 하는 데 결정적으로 필요했던 것은 그 아이 위에 머문 하나님의 은혜라고 성경은 기록합니다. 그렇다면 죄 중에 태어난 우리 자녀들이 신체적으로, 정신적으로, 영적으로 반응을 보이는 것은 정말 하나님의 은혜가 그 위에 있지 않고는 안 되는 일입니다. 아이의 정상적인 성장만큼 부모의 절실한 바람은 없을 것입니다. 그 하나님의 은혜가 아이 위에 있기를 얼마나 기도해 왔습니까? 아이와 함께 열심을 가지고 공부하는 만큼 밤늦도록 기도해 본 적이 있습니까?

아이가 철이 들면 들수록 교회에서 멀어지려고 할 때 도대체 하나님 앞에 무엇을 가지고 호소할 수 있겠습니까. 우리가 어디에다 정력을 쏟아 왔는지 아이의 나이가 들면 들수록 나타날 것입니다. 부모가 자신에게 어떤 사람이 되기를 원했는지 그 아이가 보여 줄 것입니다. 정말로 부모가 아이의 영적인 성장에 관심을 가지고 있다면 아이의 미래가 복될 것입니다. 아이의 오늘이 복될 뿐 아니라 내일과 영원한 날이 복될 것입니다. 신체적으로, 정신적으로, 영적으로 성장하는 데 가장 결정적인 요인은 그 아이 위에 하나님의 은혜가 임하는 것입니다. 하나님의 은혜가 오늘 우리로 우리 되게 하는 것입니다.

하나님의 은혜를 갈구하는 부모의 눈물이 자녀의 내일을 복되게 합니다. 아이를 위해서 기도하십시오. 아이와 함께 기도하십시오. 그리하면 아이가 철이 들면 들수록 예수 그리스도의 온전한 형상을 닮아 가게 될 것입니다.

28.

성전에 계신 소년 예수 (2:41-51)

이 장의 본문은 성경 중에서 아주 특별한 부분으로서, 예수님이 태어나신 기록 이후에 공사역을 시작하실 때까지의 유일한 기록입니다. 마치 30년간 내려져 있던 무대에 커튼이 한 번 올라가면서 보여 준 사건이라고 볼 수 있습니다.

누가는 이 말씀으로 예수님의 탄생 기사를 마감합니다. 이것은 어린 시절을 기록한 마지막 사건이자, 누가복음의 주인공이신 예수님이 처음으로 주역을 맡으신 기록이기도 합니다. 또한 세상에 오신 하나님의 아들, 예수님이 하신 첫마디 말씀이 기록되어 있는 부분이기도 합니다. 지금껏 이 아들에 대한 여러 증인들의 증거는 있었지만, 여기서 처음으로 비로소 예수님은 당신이 누구인지를 밝히셨습니다. 그런 점에서 본문은 누가복음의 첫 부분인 탄생 기사의 절정입니다. 여기에 예수님이 하나님과 특별한 관계를 가지셨으며 당신의 소명에 관한 분명한 의식을 가지셨던 것이 드러납니다. 그런 면에서 이 본문을 잘 살펴볼 필요가 있습니다.

부모의 신앙이 자녀의 신앙

우선 본문 41-43절의 기록을 통해서 소년 예수의 부모의 신앙을 살펴볼 수 있습니다. 이스라엘에는 유월절, 오순절, 장막절 등 3대 절기가 있는데, 이날 이스라엘의 12세 이상 남자들은 예루살렘에 올라가서 예배하도록 율법에 규정되어 있습니다. 그런데 당시 실제적으로 오순절과 장막절은 유월절만큼 규정이 잘 지켜지지 않았습니다. 대개 사람들은 1년에 한 차례 예루살렘에 올라갔고, 대개 그 절기는 유월절이었습니다. 여기서 해마다 유월절이면 예루살렘으로 올라간 것을 보아 요셉과 마리아는 경건한 신앙인으로 여겨집니다.

유대인들은 아이가 태어나면 먼저 8일 만에 할례를 행합니다. 할례는 언약 백성에 속한다는 인을 치는 의식입니다. 할례는 아이가 어릴 때 부모가 유대인이기에 베푸는 의식이지만, 아이가 철이 들면 자기 스스로 할례가 규정하는 의무를 지켜야 했습니다. 이때 율법의 규정을 스스로 지키게 되는 나이가 13세였습니다. 그래서 13세가 되면 '율법의 아들'이라고 불렀습니다. 오늘날 유아 세례를 받은 아이가 입교하는 것과 마찬가지입니다.

이처럼 13세가 되면 유대인 언약 공동체의 일원이 되는데, 부모는 아이들이 11세, 12세 때 아이들을 데리고 예루살렘에 올라갑니다. 13세가 되면 아이가 완전히 익숙할 수 있도록 미리 훈련을 시키는 것입니다. 그래서 아마 예수님도 12세에 부모를 따라서 예루살렘에 올라갔던 것 같습니다.

대개 축제 기간은 일주일 정도 되는데 그 기간 내내 예루살렘에 머물지 않는 사람도 많았습니다. 최소한 이틀은 머물도록 규정하고 있는 유대 종교법에 따라 각자 편리한 시간에 올라가고 내려왔기에 축제 기간에는 예루살렘을 오가는 길이 복잡했을 것이라고 추측할 수 있습니다. 그 절기의 날들을 마치고 부모는 내려왔는데 소년 예수는 예루살렘에 머물러 있었습니다. 그러나 부모는 그 사실을 알지 못했습니다.

부모가 왜 몰랐을까요? 후기의 풍습에서 추측해 볼 수 있습니다. 보통 축제 기간을 마치고 돌아갈 때면 여자들과 어린아이들은 행렬의 앞에 서서 이동했고, 남자들과 조금 자란 아이들은 행렬의 뒤에서 따라갔습니다. 그렇다 보니 부모는 아들이 서로에게 있겠거니 싶어 별 걱정하지 않고 하룻길을 갔을 것입니다.

그러나 해가 지고 막상 목적지에 도착해서 식구들을 만나자 소년 예수가 없었습니다. 이에 마리아와 요셉은 소년 예수를 찾아 되돌아갔습니다. 온종일 찾으며 예루살렘으로 돌아갔지만 찾지 못했습니다. 시간이 지날수록 마리아는 걱정이 태산이었을 것입니다. 걱정하면서 돌아온 지 사흘째 되는 날, 마리아는 예루살렘 성전에서 소년 예수를 찾았습니다.

소년 예수는 이스라엘의 석학들과 함께 앉아서 이야기를 주고받고 있었습니다. 절기를 지키려 모인 쟁쟁한 선생들 중에 앉아서 그들에게 듣기도 하고 묻기도 하셨다고 성경은 말합니다. 그 순서가 의미가 있습니다. 지혜로운 자는 말하기보다 듣기를 먼저 합니다. 알고 싶은 욕구가 그분으로 하여금 진지하게 듣게 만들었습니다. 동시에 알고 싶은 욕구로 인해 질문하셨을 수도 있습니다. 하지만 단순히 예수님이 몰라서 물으셨다기 보다는 오히려 질문함으로써 그들 스스로 무엇을 잘못 생각하고 있는지를 가르쳐 주지 않으셨나 하는 생각이 듭니다.

"듣는 자가 다 그 지혜와 대답을 놀랍게 여기더라"(눅 2:47). 사람들이 아이의 질문을 들으면서 모두 감탄하고 있었습니다. 그 모습을 본 부모는 깜짝 놀랐고, 마리아는 "아이야 어찌하여 우리에게 이렇게 하였느냐 보라 네 아버지와 내가 근심하여 너를 찾았노라"(눅 2:48)라고 말했습니다. 아마 소년 예수는 이야기를 나누는 중에 부모가 나타난 것을 보았을 것입니다. 하지만 마리아는 이야기가 끝나고 나서야 아들에게 물은 것 같습니다. 여인인 마리아가 이스라엘의 선생들과 이야기하고 있는 아들에게 갑자기 끼어들 수 없는 분위기였을 것이기 때문입니다.

하나님이 '나의 아버지'라는 자의식

마리아의 접근 방식을 보십시오. 소년이 알아듣도록 말하고 있습니다. 소년 예수가 성전에 남아 있음으로 일어난 일을 알아듣도록 설명하며 부드러운 책망으로 다가섰습니다. 그때 소년 예수는 단호히 말했습니다. "어찌하여 나를 찾으셨나이까 내가 내 아버지 집에 있어야 될 줄을 알지 못하셨나이까"(눅 2:49). 그러나 부모는 예수님이 하신 말씀의 뜻을 깨닫지 못했습니다. 왜일까요?

이 상황은 누가복음의 서두와 맞아떨어지지 않는 것 같습니다. 분명히 천사가 나타나서 아기 예수가 누구인지를 말해 주었고, 또 목자들이 천군 천사의 노래를 증거했고, 시므온과 안나가 이 아이가 어떤 아이인지를 부모에게 이야기했는데 왜 예수님의 말씀을 알아듣지 못했을까요?

우선 세월이 12년이나 흘렀기에 12년 전 들은 이야기를 생생하게 기억하지 못했을 것입니다. 오히려 소년 예수를 아주 익숙하게 자기 아이처럼 생각하고 있었을 때입니다. 마리아가 "네 아버지와 내가"라고 말한 것을 보면, 요셉도 소년 예수를 보통 자기 아이들 중 하나로 대했던 것으로 보입니다.

이때 소년 예수는 마리아에게 자기는 요셉의 아들이 아니라 하나님의 아들이라고 고백했습니다. 아마 그전부터 조금씩 알게 되었을 수 있지만, 성경 기록에 의하면 이 사건은 예수님이 당신이 하나님의 아들이라고 간접적인 고백을 하는 결정적인 계기를 제공했습니다. 유대인들은 감히 하나님을 '나의 아버지'라고 부르기를 두려워했습니다. 그래서 보통 '우리 아버지'라고 불렀습니다. 또한 '나의 아버지'라고 부를 때는 '하늘에 계신 나의 아버지'라고 했습니다. 그러나 소년 예수는 하나님을 '나의 아버지'라고 부를 정도로 하나님과 당신의 각별한 관계를 인식하고 계셨습니다.

모든 인간의 모범으로서 예수의 삶은 우리 자녀들의 소년 시절의 귀감이 되어야 합니다. 만 12세는 우리나라 초등학교 6학년 정도의 나이입니다. 그 나이 또래의 아이들에게 필요한 것은 확실한 신앙 고백입니다. 유대인들이 전통적으로 해 온 것처럼 '율법의 아들'로서 훈련되어야 합니다. 청소년기에 접어들기 전에 자녀들이 분명한 신앙 고백을 하게 하십시오. 그러면 주님이 그 삶을 인도하실 것입니다.

여기서 또 중요한 것은 소년 예수가 하나님의 아들로서 자의식을 가지시고 나서는 하나님의 집에 마음이 쏠렸다는 것입니다. 이 말은 하나님의 집에서 행해지는 일들에 관심을 가지셨다는 의미입니다. 하나님의 말씀에 대해 알고 싶어 하는 욕구, 하나님에게 기도하고 싶은 소원, 하나님을 찬양하고 싶은 바람이 꿈틀거립니다. 소년 예수는 하나님이 당신의 친아버지이심을 아는 동시에 아버지 집에 자신이 반드시 있어야 한다는 결단을 나타내신 것입니다. 그것이 "내가 내 아버지 집에 있어야 될 줄을 알지 못하셨나이까"(눅 2:49)라는 예수님의 말씀의 의미입니다. 하나님의 백성의 마음은 하나님의 집에 있습니다(시 84:1-2, 122:1).

하나님이 아버지이심을 알게 될 때

자신이 하나님과 독특한 관계를 가진 자라는 자의식을 가지면 분명한 소명 의식을 가지게 됩니다. 즉 내가 누구인지 알고 나면 내가 무엇을 해야 하는지를 알게 됩니다. 이때부터 소년 예수는 하나님에 의해서 정해진 그 길을 당신이 반드시 걸어야 할 길로 인식했습니다. '나는 반드시 그 일을 해야 한다'는 하나님의 뜻에 대한 결단이 있었습니다.

성도들의 삶에는 하나님의 일에 대한 관심이 있어야 합니다. 내가 하나님의 사랑받는 자녀라는 사실을 알게 되면 하나님을 기쁘시게 하고자 하는 거룩하고 새로운 소원이 생깁니다. 전에는 하나님의 일에 무관심했지만 이제는 나를 사랑하시는 하나님의 일에 관심이 있습니다. 그렇기에 모든 성도는 "몸밖에 드릴 것 없어 이 몸 드립니다"라고 고백합니다.

또 하나, 소년 예수는 당신이 하나님의 아들임을 알았을 때 즉각적으로 순종했음을 본문에서 볼 수 있습니다. 하나님을 안다는 것은 하나님에게 순종함으로 나타날 때 가치가 있습니다. 성경은 하나님에 대해 아는 것과 순종하는 것을 구별하지 않습니다. 존 칼빈의 《기독교 강요》제 1장을 보면, 하나님을 안다는 것은 하나님을 두려워하고 그분을 경배하고 찬송하는 것으로 나타나야 한다고 말합니다. 하나님을 안다고 하는 사람은 하나님에 대해서 찬송하고 싶은 사람입니다. 하나님과 더불어 지내고 싶은 사람입니다. 하나님에 대해서 좀 더 알고 싶은 욕망이 있는 사람입니다. 그러기 위해서 하나님과 자기만의 시간을 좀 더 가지려고 하는 사람입니다.

우리는 하나님을 전능하신 분으로 만났기 때문에 그분에게 우리의 삶을 맡기는 동시에, 실제적인 삶에서 문제가 생겼을 때 하나님에게로 돌아가야 합니다. 어려움에 봉착할 때도 하나님에게 우리의 사정을 아뢸 수 있는 인격적인 관계가 맺어져야 하나님을 안다는 것이 의미가 있습니다. 당신의 행복하고 고독한 순간에, 당신은 하나님을 주님으로 만나고 있습니까?

하나님을 안다는 것은 언제나 순종으로 나타나야 합니다. 하나님에 대해서 조금씩 조금씩 더 안다는 것이 순종으로 직결되지 않고는 아무런 유익이 되지 않습니다. 순종이 따르지 않는 지식은 오히려 위험입니다. 예수님은 당신이 하나님의 아들인 것을 인식하고 나서 당신은 아버지 집에 반드시 있어야 하며, 아버지의 말씀대로 반드시 준행해야 하는 사람임을 인식하셨습니다.

○

소년 예수는 당신과 부모의 관계가 재정립되어야 한다는 것을 인식하셨습니다. 하나님의 소명에 대한 순종은 육신의 부모에 대한 의무를 초월하기 때문입니다. 내가 오늘 하는 일은 반드시 하나님이 원하시는 일이라는 확신 속에서 살아가는 복된 삶이 되기를 바랍니다.

3부

세례 요한과
예수 그리스도

29.

말씀의 도래(3:1-2)

///

　　이 장의 본문이 우리에게 주는 하나님의 메시지를 듣기 전에 본문의 위치를 살펴보겠습니다. 누가복음 2장 마지막 절에서 새로운 이야기로 접어드는 3장 1절 사이에는 30년을 건너뛴 시간적인 차이가 있습니다. 앞서 누가는 요한의 출생 예고(눅 1:5-25), 예수님의 탄생 예고(눅 1:26-56), 요한의 출생 기사(눅 1:57-80), 예수님의 탄생 기사(눅 2장) 등 요한의 사역과 예수님의 사역을 대조해서 실었습니다. 그런데 여기서 다시 한 번 요한의 사역에 대해서 싣고(눅 3:1-20), 예수님의 초기 사역을 한 번 더 대조시킬 것입니다(눅 3:21-9:50).

요한의 모든 삶은 그리스도를 향하여

누가복음 3장 1-2절의 핵심은 "하나님의 말씀이 빈 들에서 사가랴의 아들 요한에게 임한지라"라는 2절 하반 절입니다. 그렇다면 왜 누가는 핵심적인 부분을 전개하기에 앞서 당시의 배경을 길게 기록했을까요? 이는 요한이 이스라엘 역사에 부각된 사실 자체가 중요하기 때문이 아닙니다. 요한의 위대성은 항상 주님과 관련해서 논할 수 있습니다(눅 1:15, 76).

마가복음의 서두는 "하나님의 아들 예수 그리스도의 복음의 시작이라"(막 1:1)라고 선언하고 나서 바로 세례 요한이 회개의 메시지를 전한 이야기로 들어갑니다. 초대 교회는 지극히 높으신 이의 선지자 세례 요한, 오실 메시아의 길을 준비하는 자인 세례 요한의 위치를 바로 알았습니다. 그래서 요한이 등장하는 때의 자세한 역사적인 정황을 말한 것입니다. 그 등장이 바로 예수 그리스도로 말미암는 복음의 시작이기 때문입니다. 그러므로 요한의 모든 삶은 그리스도와 관련해서 설명되고 의미가 부여됩니다. 요한뿐 아니라 요한 이후 모든 그리스도인의 삶도 마찬가지입니다.

뿐만 아닙니다. 요한은 항상 예수와 관련해서 자기를 생각했습니다. 예수의 이름으로 자기를 부각시킨 것이 아니라, 오히려 반대로 예수의 이름 그늘 아래서 예수님의 이름이 드러나게 하는 데 자기 이름을 사용했던 사람입니다. 우리는 어떤 일보다 내가 그리스도의 누구인지를 먼저 생각해야 합니다. 요한은 스스로 자신을 평가할 때 "나는 광야에서 외치는 자의 소리에 불과하다"라고 했습니다. 자신에 대해서는 전혀 내세우려고 하지 않았습니다. 그런 의미에서는 여자가 낳은 자 중에 가장 위대한 사람입니다(눅 7:28). 그는 자신을 주님의 신발 끈을 풀기도 감당하지 못하는 사람이라고 고백했습니다(눅 3:16).

세례 요한처럼 그리스도를 떠나서는 자기를 인식하지 않기로 결심하십시오. 성도는 자신이 누구인지를 바로 보아야 합니다. 성도는 예수님을 섬기는 종으로서 하나님의 일을 할 때만 가치가 있습니다. 또한 신자로서 세상을 살아가는 유일한 이유는 주님을 섬기는 데 있습니다. 다시 말해, 예수님을 모르는 사람들을 섬길 때 그리스도인으로서 부르심을 받은 존재 의의가 있습니다. 이를 위해 하나님이 세상에 아직 우리를 두신 것입니다.

복음이 임한 당시의 사회적, 역사적 상황

하나님의 말씀이 요한에게 임했을 때의 역사적 상황을 한번 살펴봅시다. 사실 누가가 1절에서 길게 이야기했지만, 요한이 나타난 때를 연대기적으로 규정할 수 있는 단서는 첫 문장밖에 없습니다. "디베료 황제가 통치한 지 열다섯 해." 학자들은 주후 25-29년을 이야기합니다. 그러나 정확한 연대보다 우리에게 중요한 것은, 세례 요한의 등장으로 말미암은 그리스도의 복음의 시작이 분명한 세계 역사 속에 자리를 잡고 있다는 사실입니다. 이 복음은 세계 역사를 변혁시키기 위해 시작됐기에 세계 역사의 연대 속에서 소개된 것입니다. 이 복음은 온 세상 사람의 운명과 관계가 있기에 세계 역사 속에 이 복음의 시작을 소개한 것입니다.

이제 세상을 살고 있는 그 누구도 복음에 대해서 무시할 수 없습니다. 사람들이 복음의 연대 속에 살고 있기 때문입니다. 서력기원의 라틴어 약자 'A.D.'는 '주님의 연대 안에'(Anno Domini)라는 뜻입니다. 사람들은 주님으로 말미암아 구원 역사가 일어난 현장에 태어나서, 주님이 오신 연대를 기점으로 자신이 태어난 해를 소개합니다. 그렇기에 예수 그리스도의 복음은 세계사적인 사건이며, 세계를 변혁시켜야 하는 사건입니다.

복음이 처음 시작되었을 때, 하나님의 복음이 요한에게 임한 당시의 정치적인 현실을 보십시오. 남한 크기밖에 되지 않는 조그마한 땅덩어리가 갈기갈기 찢어져 사분되어 비참한 상태였습니다. 백성을 위하는 정치가 아니라 백성을 수탈하는 정치가 이루어졌습니다.

종교적인 상황이 정치적인 현실보다 조금도 낮지 못한 것은 당연합니다. 본래 이스라엘에서 대제사장이라는 직분은 종신직이기에, 대제사장이 죽고 나면 다음 제사장이 그 직분을 계승했습니다. 그런데 어떤 판국인지, 제사장의 이름이 안나스와 가야바 등 둘이나 나옵니다. 로마의 명령에 의해 대제사장의 자리가 왔다 갔다 한 것입니다. 말하자면 종교가 정치적인 농락을 당할 만큼 이미 타락했다고 볼 수 있습니다. 만약에 종교가 제구실을 해 하나님의 뜻을 땅에 전달했다면 그처럼 암담한 정치적 현실을 초래했겠습니까. 이것은 다만 옛날의 이야기가 아니라 지금 우리의 현실이지 않습니까. 그러나 우리에게 소망이 있는 것은, 그런 상황 속에 하나님의 말씀이 임했다는 사실입니다.

1-2절에서는 정치적, 종교적 형편만 엿볼 수 있는데, 11절 이하에서는 사회적 현실을 짐작해 볼 수 있습니다. 잘 입고 잘 먹는 사람들 틈바구니에서 걸칠 것 없이 살아가는 사람들, 주린 배로 며칠씩 지내는 사람들이 득실거리는 사회를 11절이 보여 줍니다. 정한 규정대로 징수하는 세리를 찾기 힘든 시대였습니다. 그런 그들에게 요한은 옷과 먹을 것을 나누라 했고, 세리에게는 부과된 것 외에는 거두지 말라고 했습니다. 당시는 군

경이 분리되기 전의 사회이기에 세리 다음으로 군인들이 나옵니다. 세례 요한은 그들에게 강탈하지 말며, 거짓으로 고발하지 말고, 받는 급료를 족한 줄로 알라고 말했습니다.

오늘 교회가 전해야 할 메시지 역시 이것뿐입니다. "네가 정말 예수를 믿는다면 고생이 될지라도 양심을 지켜야 한다"고 가르쳐 주어야 합니다. 그렇게 가르치기 위해서는 처음부터 바로 배워야 합니다. 하나님의 말씀에 따라 훈련되지 않으면 하나님의 말씀대로 살 수 없습니다.

그런데 왜 세리들과 군병들이 나옵니까? 그들은 주로 평민들을 착취하던 대상들이었습니다. 권력자들의 손발 노릇을 했던 것입니다. 한쪽에서는 세리가 착취하고, 다른 한쪽에서는 군인들이 압제를 가하던 것이 당시의 사회였습니다. 사회가 이렇게 타락하니까 백성들이 의지할 데가 없어져 종교 모리배가 판을 치게 되었고, 그들이 마지막 수탈을 종교의 이름으로 감행했습니다. 이렇게 한을 품고 사는 사람들이 많아질 때 어떻게 번영된 내일을 기대할 수 있겠습니까. 기다릴 것은 하나님의 심판밖에 없습니다. 그때 하나님의 말씀이 왔습니다.

광야의 세례 요한에게 임한 하나님의 말씀

하나님의 말씀이 빈 들에서 사가랴의 아들 요한에게 임했습니다. 사가랴는 제사장이었기에 요한은 25세에 견습생으로 있다가 30세에 제사장직을 이어받을 수 있었습니다. 그러나 세례 요한은 예루살렘에서 기득권을 행사하려고 하지 않았습니다. 광야에 남아 하나님의 말씀이 임하기를 기다리며 자신이 이 민족을 위해 어떻게 해야 할 것인지, 하나님

260

나라에서 자신이 해야 할 부분이 무엇인지를 생각했습니다. 이미 확보한 권리를 포기할 때 섬김이 가능합니다. 그리스도 예수 안에서 내가 누구인지를 바로 알면 더 많은 사람을 섬길 수 있게 됩니다.

우리는 1-2절을 읽을 때 각자의 현실을 읽어야 합니다. 정치든 종교든 비난하기에 앞서 나 자신이 민족을 섬긴 일이 있는지 고민해 봐야 합니다. 하나님의 말씀이 임했다는 것 자체가 복음입니다. 가장 소망이 없어 보이는 시대, 마지막 남은 소망의 줄까지 끊긴 시대에 복음의 음률이 터져 나온 것입니다. 백성의 신음이 빈 들에까지 들려오는 시대, 수탈당하는 백성의 한이 뭉게구름처럼 하늘에 솟아오르는 때에 빈 들에 있는 요한에게 하나님의 말씀이 임했습니다.

하나님의 말씀이 임했다는 것은 단지 말이 전달된 것을 의미하는 것이 아니라, 그 말씀의 능력이 요한을 사로잡은 것을 뜻합니다. 삶 가운데 말씀이 임하고 있습니까? 당신의 삶이 말씀으로 지배당해 증거하는 삶을 살고 있습니까? 가슴에 와 닿은 말씀을 전하십시오. 그래야 사람들의 가슴에 가닿을 것입니다. 능력의 말씀, 하나님의 말씀을 증거하십시오.

요한이 이스라엘에게 나타나는 날까지 기다린 장소, 광야의 특징은 무엇입니까? 광야는 사람이 살지 않는 곳이요, 인적이 끊긴 곳입니다. 메마른 땅이요, 생명이 살아가기를 거부하는 땅입니다. 때로는 생명의 위협이 느껴지는, 덤불 밑을 기어 다니는 독사만이 아니라 어둠과 함께 두려움으로 사람을 몰아넣는 곳이 광야입니다.

그렇기에 하나님의 지혜가 그 종들을 훈련시키는 장소로 택한 곳이 광야입니다. 오직 전능하신 하나님의 능력의 임재를 간절히 사모하는 곳이 광야입니다. 끊임없는 하나님의 임재 속에 인생을 재조명해 보는 곳, 산다는 것이 무엇인지 곰곰이 생각해 보는 곳이 광야입니다. 광야는 하나님과 대면하며 하나님 나라의 도래를 묵상하는 곳입니다. 사람의 환호 소리를 떠나 하나님 앞에서 조용히 의미를 찾는 곳이면 거기가 광야입니다. 오직 하나님만 대면해서 시간을 보낼 수 있는 곳이면 거기가 광야입니다. 삶을 전율케 하는 하나님의 말씀은 오직 하나님의 임재를 바랄 때 우리 삶에 임합니다.

광야를 사랑하십시오. 광야 체험을 사모하십시오. 지금은 스스로를 하나님의 훈련에 내어 맡길 때입니다. 요한은 이스라엘의 역사에 등장하기까지 광야에 있었습니다. 광야에서 하나님과의 경험이 우리를 하나님의 일꾼으로 만듭니다. 광야의 경험은 양과 염소의 가죽을 입고 유리하며 궁핍과 환난과 학대를 받으면서 하는 경험입니다. 비록 광야와 산과 동굴과 토굴에 유리하지만 세상이 감당할 수 없는 사람들이 걷던 길입니다. 아무데나 유숙할 각오가 되어 있는 사람, 낙타 털옷을 걸치고 사는 사람들이 할 수 있는 경험입니다.

○

하나님의 말씀이 빈 들에서 사가랴의 아들 요한에게 임했다는 기술은 무엇보다 먼저 그의 소명의 엄숙함을 기억나게 합니다. 마치 구약 선지자처럼 요한에게 하나님의 말씀이 찾아온 것입니다. 보편적인 부패의 상황 속에서 남겨진 그루터기를 통한 하나님의 새 역사의 시작을 엄숙히 선포하는 형식입니다. 구약 선지자의 부르심처럼(렘 1:1-3) 세례 요한의 소명이 선포되는 순간입니다.

요한은 어릴 때부터 자기 소명이 확실한 사람이었습니다. 그러나 그는 자기의 주도적 결단이나 분별력에 의지해 사역을 시작하지 않았습니다. 오직 하나님의 말씀이 임함으로 사역을 시작했습니다. 암흑 속에 앉은 백성에게 그리스도의 빛을 비추는 사역자는 하나님의 주도적 부르심에 거역할 수 없어서 나서는 사람입니다. "이 일을 하지 않고는 내게 화가 있으리로다"라는 사로잡힘으로 일하는 자가 바로 하나님의 말씀이 임한 진정한 주의 종입니다.

30.

광야에서 외치는 자의 소리(3:3-6)

///

모든 사람을 향한 세례 요한의 메시지

이 장의 본문을 잘 이해하려면 누가복음 3장 1-6절이 어떻게 서로 연관되어 있는지를 먼저 살펴보아야 합니다. 1-2절은 복음이 역사적으로 어떤 시점에 시작되었는지를 밝혀 주며, 핵심은 2절 하반 절, "하나님의 말씀이 빈 들에서 사가랴의 아들 요한에게 임한지라"입니다. 이어지는 3절은 하나님의 말씀이 임한 요한의 사역을 한마디로 압축한 것입니다. 요한은 죄 사함을 받게 하는 회개의 세례를 전파했다는 말로써 먼저 요약하고, 이후 풀어서 설명합니다. 요한의 활동 무대는 요단 강이었고, 요단 강 부근 각처에서 나오는 사람들에게 회개함으로써 구원을 얻을 수 있는 길을 전파하고, 또 회개한 표시로서 세례를 베풀었습니다.

그런데 요한의 활동을 한마디로 요약한 구절에 이어서 4-6절은 "선지자

이사야의 책에 쓴 바 ⋯ 함과 같으니라"라고 말합니다. 요한이 회개의 세례를 빈 들에서 전파한 것은 이사야 선지자의 예언의 성취라는 것입니다. 이사야 선지자는 요한의 사역을 '광야에서 외치는 자의 소리'로 보았습니다.

우리는 흔히 세례자 요한으로 부르지만, 요한은 자신을 선지자로 알았습니다. 선지자의 고유 직무인 하나님의 뜻을 백성에게 전달하는 것이야말로 자기 사명이라고 생각했습니다. 회개의 세례를 전파했다고 할 때 '전파하다'라는 말은 오늘날로 표현하면 '설교한다'는 말입니다.

그러면 요한은 어디에서 회개의 세례를 설교했습니까? 본문은 요한의 사역지를 요단 강 주변이라고 말합니다. 요단 강은 갈릴리에서 사해까지 이스라엘을 중심으로 흐르고 있는 강입니다. 요한은 지금 이방에 나가서가 아니라 이스라엘 사람들에게 하나님의 말씀을 전했습니다. 게다가 요한은 그들에게 '죄 사함을 얻게 하는 회개의 세례'를 전파했습니다. 본래 세례라는 것은 이스라엘 밖에 사는 사람들을 유대 종교로 받아들일 때 행하던 의식입니다. 그러나 요한은 지금 죄 사함으로 말미암는 회개의 세례를 이스라엘에 전파했습니다.

이스라엘 사람들은 날 때부터 자신들이 '아브라함의 자손'이라고 생각했습니다. 삶의 태도를 고쳐야 할 사람, 죄 사함의 세례를 받아야 할 사람은 당연히 이방 사람들이라고 믿었습니다. 요한은 그런 기존 관념에 도전했던 사람입니다. 요한의 메시지는 모든 사람을 다 하나님 앞에 세웠습니다. 사람은 모두 다 동일한 죄인이기 때문에 하나님의 용서 없이는 소망이 없다는 것을 이스라엘의 마음속에 심어 준 설교자가 요한이었습니다. 그래서 창녀와 세리를 포함해 누구든지 자기가 죄인이라고 인정하는 사람은 요한의 세례에 자신을 내어 맡겼습니다. 그러나 바리새인과 서기관들은 그의 세례를 받지 아니함으로 그들 자신을 위한 하나님의 뜻을 저버렸습니다(눅 7:30).

그렇다면 죄가 무엇입니까? 요한의 메시지에 의하면, 지금 오고 계신 그 왕에 대해서 관심을 기울이지 않고 사는 삶이 바로 죄입니다. 평범하게 살아가는 것이 죄악된 삶입니다. 사람들은 누구나 오고 계신 왕의 길을 준비해야 합니다. 그래서 세례 요한은 그들이 누구인지를 묻지 않고 "너희는 주의 길을 준비하라"(눅 3:4)고 모든 사람을 향해서 선포했습니다.

"너희는 주의 길을 준비하라"

그러면 광야에서 외치는 자의 소리를 새번역 성경으로 들어 봅시다. "너희는 주님의 길을 예비하고, 그 길을 곧게 하여라. 모든 골짜기는 메우고, 모든 산과 언덕은 평평하게 하고, 굽은 것은 곧게 하고, 험한 길은 평탄하게 해야 할 것이니, 모든 사람이 하나님의 구원을 보게 될 것이다"(눅 3:4-6, 새번역). 일찍이 선지자 이사야가 들은 메시지입니다. 이사야 선지자는 요한보다 약 800년 전에 태어난 사람으로서, 하나님의 신에 감동한 그의 귀는 수백 년 후 외칠 요한의 소리를 쟁쟁하게 들을 수 있었습니다. 그래서 이사야가 그 소리를 듣고는 감동해 예언을 했던 것입니다.

하나님의 신에 감동하면 시간의 간격을 초월합니다. 하나님에게는 모든 역사가 한눈에 보입니다. 동일한 성령에 사로잡힌 누가는 요한의 사역이 바로 이사야가 예언한 그 예언의 성취임을 파악했습니다. 성령의 사역은 시공간을 초월한 역사이지만, 동일한 성령의 사역이기에 서로 통합니다.

"너희는 주의 길을 준비하라"라는 말씀은 평서문(서술문)이 아니라 명령문입니다. 광야에서 요한은 이렇게 외치고 나서 "모든 육체가 하나님의 구원하심을 보리라"(눅 3:6)라고 했습니다. 이것은 미래에 이루어질 하나님의 약속입니다. "너희는 주의 길을 준비하라"라는 하나님의 명령을 순종하는 사람들에게 주어질 하나님의 약속이 "모든 육체가 하나님의 구원하심을 보리라"라는 것입니다.

요한의 명령을 귀 기울여서 생각해 보십시오. 그리스도에 대한 사도신경의 한 구절과 아주 유사합니다. "거기로부터 살아 있는 자와 죽은 자를 심판하러 오십니다." 말하자면, 우리는 광야에서 요한이 선포한 진리를 매 주일 우리 입으로 고백하고 있습니다. 예수님이 오고 계신다는 것이 요한의 메시지의 핵심입니다.

하나님의 말씀이 광야에 있는 그를 사로잡던 날, 요한은 더 이상 침묵하고 있을 수 없었습니다. 그리고 하나님의 말씀에 사로잡힌 자의 메시지, 하나님으로부터 임한 말씀은 우리가 생각해야 할 가장 중요한 문제를 다룹니다. 요한은 자질구레한 문제들에 대해서 입을 대지 않았습니다. 말하자면, 30년 동안 준비해서 사람들 앞에 섰을 때 한 분이 오고 계신다는 소식을 전했습니다. 요한의 "너희는 주의 길을 준비하라"라는 메시지는 그분이 오고 계신다는 사실에 근거한 것입니다.

길을 준비하라고 외치는 요한은 오고 계신 주님의 발자국 소리를 듣고 있었기에 더 이상 은둔하고 있을 수 없었습니다. 그는 뛰쳐나가서 주님이 오시는 길을 준비하라고 외쳤습니다. 오고 계신 구원자에 대해서 말하지 않는 설교는 다 훈화에 불과합니다. 설교자가 전해야 하는 가장 중요한 메시지는 왕이 오고 계심을 깨우쳐 주는 것입니다. 이는 설교자의 사명일 뿐만 아니라 성도들의 사명입니다. 그렇기에 우리는 신앙 고백을 할 때 "그가 오십니다"라고, 아버지의 영광스런 보좌에 지금 앉아 계신 주님이 장차 오실 것이라고 고백합니다.

모든 인생을 향해서 우리가 전해야 할 소식은 세상에 도취되어서 거기에만 빠져 있어서는 안 된다는 것입니다. 지금 왕이 오고 계신다는 것을 전해야 합니다. 세상을 향한 기독교의 메시지는 항상 불변합니다.

요한이 전한 주님의 오심은 주님의 초림입니다. 오시는 왕을 맞이하는데 조금도 부족함이 없도록 하라는 것이 그의 메시지였습니다. 오늘 우리는 다시 오시는 주님에 대해서 신앙 고백을 합니다. "거기로부터 살아 있는 자와 죽은 자를 심판하러 오십니다." 신앙 고백은 우리가 믿는 신앙의 가장 중요한 요지를 다시 한 번 자신에게 확인시키고 세상을 향해 선언하는 것입니다. 처음에 오시느냐, 두 번째 오시느냐는 다르지만, 그가 오신다는 핵심 사실에 대해서는 요한의 설교나 우리의 고백이 일치합니다.

그분이 오고 계십니다. 우리가 너무 쉽게 망각하는 이 엄청난 진리에 직면하십시오. 광야에서 외치는 자의 소리에 귀를 기울여 보십시오. 요한은 예수님의 사명을 바로 파악해 사람들에게 설교를 통해서 "모든 육체가 하나님의 구원하심을 보리라"라는 바른 약속, 소망을 던져 주었습니다. 그 이하나 그 이상의 약속은 모두 거짓입니다. 하나님의 말씀이 약속하는 것은 오직 회개하는 인생에게만 살길이 있다는 것입니다.

요한이 증거한 초림 예수의 핵심 사역은 구원입니다. 처음 예수님이 오셔서 하신 가장 중요한 일은 죄인들을 불러서 회개시키신 것입니다. 그 구원의 주님이 오신 것을 우리는 지금도 믿고 있습니다. 요한은 사람의 마음을 꿰뚫어보고 있었습니다. 겉으로 아무리 번지르르하더라도 인생이 잘못되어 있고, 마음이 높은 산처럼 너무 교만해져 있기 때문에 낮아져야 한다고 그는 믿었습니다. 왜곡되고 거친 인생의 마음이 이제는 부드러워져서 정말로 주님이 보시기에 합당한 준비를 해야 한다는 것을 자기 메시지의 핵심으로 알았습니다.

요한은 누구든 상관없이 오시는 주님을 맞이하기 위해서는 완전히 새로운 길을 준비할 필요가 있다고 선포했습니다. 요한은 자기를 사로잡은 하나님의 말씀에 의해서 인간의 삶을 보았기 때문에, 사람들에게 가장 시급한 문제는 오고 계시는 왕을 맞이할 준비를 하는 것임을 알았습니다. 이것은 설교자로서 요한의 통찰력을 보여 줍니다.

사람들은 늘 천년만년 세상을 살아갈 것처럼 생각합니다. 가장 확실한 사실은 누구나 다 최후를 맞이해야 한다는 것입니다. 주님이 오신다는 사실에 입각해서 우리의 삶을 재조정해야 합니다. 주님이 오늘이라도 오신다면 해야 할 가장 중요한 일이 무엇인지를 생각해야 합니다. 그것을 먼저 하고 그다음 일을 하는 사람이 현명한 사람입니다. 그래서 옛 성도들은 아침에 눈을 떴을 때 마치 그날이 마지막 날인 것처럼 살았습니다.

요한은 모든 인생을 향해서 긴급 명령을 발하고 있습니다. "너희는 주의 길을 준비하라." 젊은이든 늙은이든, 누구를 만나든 주의 길을 준비하라는 메시지를 전합시다. 뿐만 아니라 이 명령과 함께 "모든 육체가 하나님의 구원하심을 보리라"라는 약속을 동시에 해야 합니다. 주의 길을 곧게 하는 자는 누구든지 구원을 받습니다. 주님은 지금도 죄인의 구주로서 잃어버린 자를 찾아 나서시지만, 우리는 우리가 걷는 길에서부터 돌아서야 합니다. 그것이 길을 평탄하게 하라는 요한의 메시지입니다. 바로잡으라는 것입니다.

주님이 오고 계신다

그분이 오실 것입니다. 또 한 번 하나님의 때가 차면 천사장의 호령과 함께 이제는 나타나실 것입니다. 요한 당시에는 율법 아래 오셔서 율법에 종노릇하는 사람을 해방시켜 주셨습니다. 이제는 율법 위에 오셔서 율법대로 살지 않는 자들을 심판하실 것입니다. 당신은 지금 죽은 자의 영역에 속해 있습니까, 아니면 살아 있는 자의 영역에 속해 있습니까? 죽은 자의 영역에 있는 사람은 하나님에 관해서 무관심합니다. 교회를 다니더라도 자기의 삶이 바로 되어야 한다는 것에 대해서 동의하지 않습니다. 그러나 하나님의 생명으로 옮겨진 사람은 자기 삶이 새로워지기를 소원합니다.

초림하신 예수님은 죄 있는 사람을 구원해 주기 위해서 오셨습니다. 그러나 다시 주님이 오시면 그때 죄인을 위한 기회는 마감됩니다. 그 순간에는 죄와 상관없이 사는 사람들을 영접하기 위해서 오십니다. 영광 중에 오시는 주님을 뵙기 위해서는 우리의 삶이 화평함과 거룩함을 추구하는 삶이어야 합니다(히 12:14). 동시에 성경은 하나님을 모르는 사람들과 하나님에게 순종하지 않는 모든 사람을 벌하시기 위해서 주님이 다시 오신다고 경고합니다(살후 1:8).

그래서 우리는 이 복음을 급히 증거해야 할 필요가 있습니다. 그분이 오시는 날은 아무도 회피할 수 없습니다. 오실 주님을 기쁘게 영접할 준비가 되어 있습니까? 2천 년 전 성도들은 주님이 문 앞에 서신 것을 의식하고 살았습니다(약 5:9). 우리가 사는 이 세대는 패역한 세대요, 그분의 오심이 임박한 세대입니다.

주님이 오고 계십니다. 주님이 오시는 것을 준비해야 합니다. 지금은 종말이 준비되어 있는 시대입니다. 그런데 종교계는 여전히 암흑 속에 빠져 있습니다. 마치 전혀 종말이 없는 것처럼 악을 자행하며 살아가고 있습니다. 패역한 세대를 살아가는 성도들은 거기에 빠져 있는 사람들이 아닙니다.

○

모든 사람은 주님을 위한 길을 준비하는 자입니다(요일 3:2-3). 모든 삶의 의의는 하나님을 만날 준비에 있습니다. 원하든 원하지 않든 우리는 주님을 만나게 될 것입니다. 구원자로서 그분을 영접할 것입니까, 심판주로서 그분의 손에 빠져들 것입니까? 이것이 사람이 선택해야 할 가장 중요한 일이요, 세상을 향해서 교회가 던져 주어야 할 가장 중요한 메시지입니다. 양자택일하십시오. 이것이 인간이 해야 할 가장 엄숙한 선택입니다.

31.

회개에 합당한 열매를 맺으라 (3:7-9)

///

여인이 낳은 가장 위대한 설교자 요한이 "회개에 합당한 열매를 맺으라"고 외친 설교를 기록하고 있는 곳이 이 장의 본문입니다. 성경이 존속하는 한 그의 설교는 계속될 것입니다. 다른 복음서와 마찬가지로 누가는 요한이 전한 설교의 핵심만 여기에 기록해 두었습니다. 이 설교는 매우 압축되어 있기에 풀지 않고는 전혀 이해할 수가 없습니다. 칡뿌리를 씹을수록 단맛이 나오듯 누가가 남긴 기록 한 자, 한 자를 곱씹고 음미해야 합니다. 행간을 읽는 기교가 필요합니다. 누가복음 3장 1-6절은 요한의 등장을, 7-9절은 요한의 활동의 핵심을 이루고 있는 설교를, 10-14절은 요한의 설교에 대한 반응을 기록하고 있습니다. 이제 요한의 설교를 하나하나 살펴봅시다.

"독사의 자식들아"로 시작하는 설교

요한의 설교는 "요한이 세례 받으러 나아오는 무리에게 이르되"(눅 3:7)라는 말씀으로 시작합니다. 어떤 영어 성경에는 'used to preach', 즉 늘 그런 식으로 설교하곤 했다고 되어 있습니다. 말하자면, 요한이 즐겨 전하던 메시지가 여기 담겨 있다는 뜻입니다.

그는 먼저 "독사의 자식들아" 하고 시작합니다. 그러니 이 설교는 보통 설교가 아닙니다. 그런데도 사람들이 귀 기울여 듣고 요한에게로 나아왔습니다. 왜 요한은 심한 말로 사람들을 불렀을까요? 상황의 심각성을 알도록 사람들을 좀 흔들어 놓아야겠다는 생각에서였습니다. 무슨 욕을 해서라도 깨우쳐야 하는 것이 자기 사명이라고 생각했던 것입니다. 자기 인기보다 듣는 이의 영혼을 사랑하는 설교자는 "독사의 자식들아"만 아니라 더한 말도 할 수 있습니다.

요한이 자기에게 나아오는 무리를 향해서 "독사의 자식들아" 하고 불러야 했던 데는 필연적인 이유가 있습니다. 자기 청중 분석을 정확히 했던 요한은 역시 위대한 설교자입니다. 요한은 자기에게 떼를 지어서 몰려오는 사람들 때문에 들뜨지 않았습니다. 또한 사람들이 몰려오지 않는다 해서 낙심하지도 않았습니다. 위대한 설교자는 청중의 수효에 따라서 기분이 변하는 사람이 아닙니다. 요한은 우선 지금 어떤 사람들이 모여 있는가를 먼저 분석하는 것을 자기 임무로 알고 그에 알맞은 말씀을 전했습니다.

이 장에서는 요한의 첫 설교만 풀이해 보겠습니다. 이 복음의 첫 메시지는 복음을 오해하는 자들을 향한 설교입니다. 즉 자기 청중을 분석한 것, 그 위에서 지금 말하고 있는 것입니다. 아니, 남의 설교를 오해했을 뿐만 아니라, 남의 설교를 오용하려는 사람들을 향한 설교가 바로 이 설교입니다. 그래서 "독사의 자식들아! 누가 너희더러 지금 닥쳐올 징벌을 피하라 하더냐. 회개했다는 증거를 행실로 보이라"라고 한 것입니다.

세례만 받으면 복 받는다는 오해

　그러면 왜 요한이 이런 설교를 하게 되었는지 그 배경을 한번 살펴봅시다. 3절에 의하면, 요한은 요단 강 온 지역을 두루 다니면서 마음을 바꾼 표시로서 그리고 죄 사함을 받은 징표로서 세례를 받으라고 설교하고 다녔습니다. 예나 지금이나 남의 말을 제대로 듣지 않는 사람들이 있습니다. 애써 설명하는데도 딴 데 정신을 팔거나 잘못된 선입관을 가지고 자기가 듣고 싶은 부분만 들어 버립니다. 그러면 설교자가 아무리 애써도 메시지가 전달되지 않습니다.

　요한은 분명히 세례를 받으라고 했습니다. 그러나 세례만 받으면 죄가 용서된다고 말하지는 않았습니다. 회개한 징표로서 세례를 받아야 한다고 설교했습니다. 그러나 사람들은 여기저기 부분만 듣고 제 나름대로 빨리 이해해 버렸습니다. 세례 받으면 죄 용서가 된다고 거꾸로 생각해 버려 너 나 할 것 없이 많이 몰려들었습니다. 요한이 직선적으로 쏘아 대는데도 불구하고, 예리하게 찔렀는데도 불구하고 거두절미한 채 세례만 받으면 복 받는다고 믿었습니다. 그런 이유로 요한은 "독사의 자식들아" 하고 외친 것입니다. "누가 너희에게 일러 장차 올 진노를 피하라 하더냐", "회개했다면 변화된 삶을 보여라" 하고 도전한 것입니다.

　요한 당시 세례만 받으면 죄가 용서된다고 믿었던 사람들은 오늘날로 말하면 종교 의식에 참가하면 만사형통이라고 생각하는 사람들과 같습니다. 교회만 다니면 구원이 보장된다는 주의입니다. 예배만 안 빠지면 벌을 안 받는다는 식입니다. 헌금만 드리면 축복을 받을 수 있다는 것입니다. 종교 의식에 참석했다는 것이 우리를 거룩한 사람으로 확인해 주는 것은 아닙니다.

세례 받는 것을 한번 생각해 보십시오. 세례는 상습적으로 죄짓는 삶을 청산하고 새 인생을 살겠다고 결단한 사람들이 받아야 하는 것입니다. 하나님이 나의 죄를 씻어 주셨다는 확신이 설 때 그 표시로서 물을 끼얹는 것입니다. 이제 나의 죄짓는 삶은 죽었고, 그리스도와 함께 살아났다는 징표로 받는 것이 세례입니다. 그리스도처럼, 그리스도와 같이 살기로 다짐하는 사람들이 받는 것이 세례입니다. 물론 그 물이 우리의 더러운 마음을 깨끗이 하지는 못합니다. 세례의 물은 그저 예수 그리스도의 보혈이 자신의 죄 된 삶을 깨끗이 했다는 것이 확실히 믿어지는 사람들, 그들이 그 믿음을 겉으로 표시하는 수단일 뿐입니다.

그래서 성인들이 받는 세례는 결단식입니다. 이제는 주님을 따르기로 결정한 제자들이 받는 것이 세례입니다. 세례의 의미는 결코 증서에 있지 않습니다. 삶에서 나타나야 바른 세례입니다. 주를 위해서 남은 삶을 살겠다고 작정하고, 그 결심이 자기 나름대로 확실해졌을 때 받아야 하는 것이 세례여야 합니다. 그런데 엿새 동안은 실컷 죄를 짓다가 주일에 교회에 와서는 '나는 역시 하나님의 백성이구나. 역시 내 죄는 용서받았다'라고 자기 마음속에 생각하면 교회를 잘못 이용하는 것입니다.

교회는 잘못 생각하기 쉽습니다. 회개는 늘 예수님을 모르는 사람들이 할 일이라고 생각합니다. 그렇게 생각하다가는 우리는 항상 옳은 듯 착각에 빠지고 맙니다. 그러나 다른 사람은 모르지만 내 심령이 알고 있는 지탄받아야 할 죄악을 품고 드리는 기도와 찬송은 하나님 앞에 가증한 것입니다. 우리는 우리의 삶을 조명해 볼 필요가 있습니다. 우리의 예배는 변화된 삶을 살겠다고 재결단하는 행위가 되어야 합니다.

물론, 근본적인 변화가 있어야 신자라 할 수 있습니다. 근본적인 변화를 일컬어 성경은 회개라고 합니다. 그것은 180도 전환입니다. 완전히 돌아서서 다른 방향으로 달려가는 것입니다. 말하자면, 자기만 알던 사람이 다른 사람을 알아주게 되었다면 회개입니다. 세상이 전부인 줄 알고 살던 사람이 이제는 하늘에 소망을 갖고 살려고 결심하면 회개입니다. 마귀의 종노릇하던 사람이 하나님을 섬기게 되었으면 그것이 근본적인 회개입니다. 회개 없이는 누구도 소망이 없습니다. 이렇게 회개한 사람이 받는 것이 세례이고, 그 세례를 받은 사람들이 모인 곳이 거룩한 성도의 교제가 이루어지는 예배 처소입니다.

그러나 이것이 전부는 아닙니다. 우리가 예수님을 믿고 돌아섰기 때문에 한 방향을 향해서 계속해서 달려갈 수 있는 것은 아닙니다. 신자의 삶에도 시간이 지나갈 때마다 다시 궤도 수정이 필요합니다. 그러나 먼저 근본적으로 방향을 바꾸지 않으면 궤도를 수정하는 것으로는 소용없습니다. 여기저기 부딪히다 결국은 죽음을 맞이합니다. 거기에는 소망이 없습니다. 유일한 길은 마음을 180도 전환하는, 완전히 고쳐먹는 것입니다.

근본적인 삶의 방향을 전환하기로 결심한 적이 있습니까? 내가 내 생의 주도권을 갖지 않고 그리스도에게 양도한 적이 있습니까? 그 결단을 내린 적이 있다면 그리스도인입니다. 세례를 받음으로 분명히 하십시오. 이제 공적으로 "나는 돌아선 사람입니다"라고 사람들 앞에서 선언하는 것이 세례입니다. 우리의 결단에 하나님의 승인 도장을 찍은 것이 세례이지, 세례가 심판을 면할 수 있다고, 교회만 다니면 복을 받을 수 있다고 생각하면 잘못입니다.

설교는 각성제와도 같다

"온 천하를 다 얻고도 영혼을 잃으면 무슨 소용이 있겠느냐"라고 말하는 곳이 교회입니다(막 8:36). 요한이 "독사의 자식들아"라고 말한 것은 심판만 면하면 된다는 사람들에게 세례가 유익한 방편이 되려면 삶이 바뀌어야 한다는 점을 지적한 것입니다. 설교가 정말 축복이 되기 위해서는 들은 후 무언가 삶이 바뀌어야 합니다.

홍수가 나면 살기 위해 떠내려가는 사람의 몸에 제일 먼저 기어오르는 동물이 바로 뱀입니다. 요한이 있었던 광야에 들불이 가끔 일어나면 제일 먼저 살려고 덤불 속에서 뛰쳐나오는 동물이 독사입니다. 그러니까 요한의 말은 "너희는 마치 독사 같구나! 임박할 진노를 어떻게 그렇게 빨리 알아챘느냐! 그러나 불에 타 죽지 않으려고 달려 나온다고 다 되는 것이 아니라 독한 마음을 바꿔야 한다"는 의미입니다. 마음을 바꿔야 베푸는 세례가 효력이 있는 것이지, 세례 받고 심판만 면하겠다는 식으로만 나온다면 뱀이라는 것입니다.

말씀의 선포는 양심의 통증을 잠재우는 아스피린이 되어서는 안 됩니다. 양심을 각성시키는 각성제가 되어야지, 말씀을 듣고 나서 안도의 한숨을 내쉬게 해서는 안 됩니다. 예배는 성도의 삶을 기존 체제 속에 안주시키는 것이 아니라, 삶의 체제를 흔들어 놓는 것입니다. 설교는 항상 체제 비판이어야 합니다. 우리 자신의 삶의 태도를 바꾸어 놓는 것이 설교여야 합니다. 삶의 궤도를 수정하도록 하는 것이 설교인 것입니다.

○

현대어 성경은 이 장의 본문을 다음과 같이 번역하고 있습니다. "요한은 세례를 받으러 온 군중에게 이렇게 설교하였다. '독사의 자식들아! 너희는 진심으로 하나님께 돌아오려 하지 않고 지옥만을 피하려 하고 있다! 그게 바로 너희가 세례를 받으려는 이유가 아니냐? 그러나 먼저 가서 너희가 참으로 회개했다는 것을 생활로 증명해 보여라"(눅 3:7-8, 현대어 성경). 참으로 마음이 바뀐 것을 증명하는 삶을 살아가는 우리가 되기를 기도합니다.

32.

우리가 무엇을 하리이까 (3:7-14)

/

설교를 듣는 태도에 따른 세 부류의 청중

요한의 설교에 대한 청중의 반응을 중심으로 살펴보겠습니다. 이 장의 본문에 따르면 설교를 듣는 태도에 따라서 청중은 크게 세 부류로 나눌 수 있습니다.

말씀을 오해하는 사람들

첫째, 설교를 듣기는 하지만 무엇을 듣는지에 대해서 신경을 쓰지 않는 청중입니다. 그래서 설교 내용에 반응을 보이기보다는, 그저 와서 설교를 듣고 있다는 것으로 만족하는 사람들입니다. 오늘날에도 그런 사람들이 있습니다. 그들은 말씀을 듣고 바른 반응을 보이기보다 선포되는 말씀을 자기 나름대로 오해하고, '교회 나오면 복을 받는다' 등에만 집중합니다. 요한은 자기에게 나아오는 사람들에게 회개한 증표로서 세례를 받도록 설교했는데, 사람들은 앞뒤 잘라 버리고 세례만 받으면 죄가 용서받는다고 생각했습니다. 요한은 그들에게 "그러므로 회개에 합당한 열매를 맺으라"고 도전했습니다.

말씀이 자기와 상관없다고 생각하는 사람들

둘째, 지금 도끼가 나무뿌리에 놓여 있다 해도 마치 자기하고는 아무 관계 없는 듯이 듣는 청중입니다. 자신은 안전지대에 있다고 믿기 때문입니다. 그런 그들을 향해 요한은 '나는 아브라함의 자손이다'라고 속으로 생각조차 하지 말라고 도전했습니다. 유대 사람들은 자기들이 선민(選民)이라 자부했기 때문에, 아브라함을 통해서 이미 하나님의 축복 안에 들어와 있다고 생각했습니다. 자기는 더 이상 죄인이 아니라는 확신이 있었습니다.

오늘날 교회 안에도 똑같은 부류의 사람들이 있습니다. 예수 그리스도 안에서 하나님의 은혜로 구원받는다는 사실을 바로 이해하지 못할 때 이런 문제가 일어날 수 있습니다. 예수님의 보배로운 피로 죄를 용서받은 사람들은 '그러니까 이제 되었다. 마음대로 살자' 하지 않고, 이제 어떻게 살아야 할지를 생각합니다. 하나님이 우리의 죄를 용서하신 이유는 우리로 죄책감에서 놓여나 이제는 자원하는 심령으로 하나님을 섬기도록 하시기 위함입니다. 요한의 말을 빌려 표현한다면, '회개에 합당한 열매'를 맺게 하시기 위해서입니다.

이 부류에 속한 사람들은 어떤 의미에서 아예 메시지를 들으려고 하지 않는 사람들입니다. 무의식 속에 '난 되었다'고 생각합니다. 그러나 참으로 하나님으로부터 죄를 용서받고 예배의 자리에 나오는 사람은 그때부터 회개할 것을 발견하게 됩니다. 그래서 어떤 사람은 이렇게 표현했습니다. "먹구름이 온 하늘을 뒤덮고 있는 것처럼 큰 죄가 나를 사로잡고 있을 때는 죄가 무엇인지 몰랐다." 그런데 먹구름 같은 큰 죄를 하나님으로부터 용서받고 난 다음부터는 죄가 어떤 것인지 알게 되었다는 것입니다.

이스라엘 사람들은 형식상으로 보면 아브라함의 언약의 혜택을 받는 사람들이었습니다. 그들은 이방인이 아닌 유대인으로서, 하나님의 언약 백성이었습니다. 우리가 삼위 하나님의 이름으로 세례를 받게 되면 형식상 우리는 하나님의 언약 백성이 됩니다. 그럼에도 언약 백성이 된 다음부터 '이제 나는 되었다'고 생각하는 것은 잘못입니다. 세례는 이제 내가 하나님의 백성답게 살기로 했다고 사람 앞에서, 세상 앞에서 공포하는 것입니다. 하나님의 백성답게 살아야 하는 문제는 그때부터 시작됩니다.

요한이 둘째 부류의 사람들을 향해서 전할 수 있었던 메시지는 하나였습니다. "속으로 아브라함이 우리 조상이라 말하지 말라 내가 너희에게 이르노니 하나님이 능히 이 돌들로도 아브라함의 자손이 되게 하시리라 이미 도끼가 나무뿌리에 놓였으니 좋은 열매 맺지 아니하는 나무마다 찍혀 불에 던져지리라"(눅 3:8-9). 외적인 신분이 무엇이든지 안일하게 있으면 아무 소용이 없습니다. 마치 정말 죽은 것과 방불한 아브라함과 사라를 통해서 당신의 민족을 시작하셨듯이, 하나님은 지금도 길거리에 흩어진 돌로써도 당신의 민족을 만드실 수 있습니다. 기존 신분 때문에 하나님의 말씀을 주의해서 듣지 않으려는 사람을 향해서는 최후의 말이 심판에 대한 경고입니다.

'나는 복음이 필요 없다'고 생각하는 사람들을 향한 요한의 메시지는 이미 도끼가 나무뿌리에 놓여 있다는 것입니다. 도끼를 나무뿌리에 내려놓는 이유는 들었다가 내리치기 위해서입니다. 찍을 자리에 도끼를 정확히 겨누어 보는 것입니다. 하나님을 모르는 인생의 운명은 바로 그와 같다는 것이 요한의 메시지였습니다. 그런 사람들을 만날 때는 하나님의 임박한 심판에 대해서 이야기해 줄 필요가 있습니다.

말씀을 받아들인 사람들

셋째, 말씀을 받아들인 청중입니다. 이들은 또다시 세 부류로 나눌 수 있습니다. 보통 사람들, 세리들, 군인들입니다.

먼저, 일반 서민 계층의 사람들이 나아와 "그러면 우리가 무엇을 하리이까"(눅 3:10)라고 물었습니다. 마치 사도행전 2장에서 베드로의 설교를 듣고 "형제들아 우리가 어찌할꼬"(행 2:37)라고 물어 온 사람들과 같습니다. 그들은 자기에게 꼭 필요한 것 외에는 더 가진 것이 없는 가난한 계층의 사람들입니다. 그런데도 요한은 그들을 향해서 회개가 구체화되도록 요구했습니다. 꼭 필요한 것조차도 갖고 있지 못한 사람들을 만났을 때에는 나누라는 것입니다. 먹을 것을 가진 사람도 그렇게 나누라고 말했습니다. 특별히 입에 풀칠하는 것조차 어려운 사람들에게, 그들의 형편에서 어떻게 사랑을 실천해야 하는지를 이야기해 주었습니다. 이것이 하나님의 말씀을 받아들인 사람들이 보여야 하는 바른 반응입니다.

또한 세리들이 세례를 받고자 요한에게 나아왔습니다. 세리는 오늘날로 말하면 세무공무원입니다. 당시 유대 사회에서 '세리'라는 말은 자주 '죄인'이라는 단어와 함께 등장합니다. 세리는 죄인과 같이 사람으로 취급받지 못했고 가장 나쁜 사람으로 통했습니다. 경제적으로는 하층 계층이 아니었으나 누구도 그들을 부러워하거나 존경하지 않았습니다. 그들은 로마 정부에서 위임받아 세금을 거둬들이는 일을 했는데, 직책을 이용해 세금을 더 거둬 자기 호주머니에 넣었기에 동족의 배신자로서 멸시와 미움을 받았던 것입니다.

요한은 자신에게 나아온 세리들에게 그 직업을 그만두라고 권면하지 않았습니다. 그래 봤자 그 직무를 대신한 다른 사람이 똑같은 부정을 저지를 것입니다. 신앙인은 부패한 곳이라고 물러서서는 안 됩니다. 하나님이 그 자리에 우리를 배치하신 뜻이 무엇인지 물어보아야 합니다. 요한은 무엇이라고 충고합니까? 그 직책에 남아서 "부과된 것 외에는 거두지 말라"(눅 3:13)고 했습니다.

참 설교는 모든 계층의 사람에게 영향을 줍니다. 당시 가장 비종교적인 계층에 속한 무리들조차 요한의 세례를 받기 위해 나아왔습니다. 하나님의 복음이 진짜 증거되면 모든 계층의 사람들에게 그 복음이 영향을 끼쳐 남녀노소 불문하고 하나님의 말씀이 그들의 삶에 무언가 관계를 가지게 됩니다. 물론 전하는 메시지는 같지만, 하나님의 성령이 역사하시면 각자 자신의 삶에 말씀이 구체적으로 어떻게 적용되는지를 깨닫게 됩니다. 특별히 복음이 소외된 사람들에게 증거되었다는 것이 요한의 설교의 특징입니다. 복음은 본래부터 가난한 사람들에게 소망을 주는 것이었습니다. 또한 돈이라고 하면 무슨 부정이든 저지르는 사람조차도 변화시키는 위력이 있습니다.

마지막으로, 군인들이 요한에게로 나아왔습니다. "우리는 무엇을 하리이까"(눅 3:14상)라고 묻는 군인들에게 요한은 "강탈하지 말며 거짓으로 고발하지 말고 받는 급료를 족한 줄로 알라"(눅 3:14하)고 말했습니다. 여기 '우리는'은 원문을 살려 번역하면 '우리 같은 것들은'이라는 의미입니다. 군인들이 나와서 "우리 같은 것들은 어떻게 해야 되겠습니까?"라고 물은 것입니다. 요한은 그들에게 필요한 삶을 어떻게 안내했습니까?

첫째, 손에 무기를 지녔다고 해서 자신의 힘을 가지고 다른 사람을 짓밟는 삶을 살아서는 안 된다고 했습니다. 그것이 "강탈하지 말며"라는 말씀의 의미입니다. 둘째, 공권력에 호소하는 삶을 살아서도 안 된다고 했습니다. 이것이 "거짓으로 고발하지 말고"라는 말씀의 의미입니다. 그들은 고발하겠다고 위협해서 사람들에게 돈을 뜯어내는 방법을 즐겨 썼던 것입니다. 이를 위해 "받는 급료를 족한 줄로 알라"고 말했습니다. 좀 더 적극적으로 말하면, 자기가 버는 돈에 만족하는 삶을 살라는 것입니다. 만약 거기에 만족하지 못하게 되면, 결국은 개인적인 힘이든지 구조적인 힘을 빌려서 다른 사람의 것을 갈취하는 삶을 살게 된다는 것입니다. 성경은 누구든지 돈을 사랑하지 말고 있는 바를 족한 줄로 알라고 가르칩니다(히 13:5). 몇 푼의 부정한 수입을 위해 자기의 영혼을 사탄의 손에 팔아넘기지 마십시오.

이제 믿음을 삶으로

하나님의 말씀을 듣고도 삶에 변화가 일어나지 않으면 소망이 없습니다. 정말 어떻게 살 것인지에 대해서 고민하지 않는 사람은 도끼가 이미 그 사람에게 놓여 있는 것입니다. 그를 기다리고 있는 것은 심판밖에 없습니다. 그리스도인은 '지금 내 삶이 되었다'고 생각하지 않고, 아직 이루어야 될 것을 이루지 못한 것으로 괴로워하는 사람입니다. 잡아야 할 것을 잡지 못해서 달려가는 사람입니다. 정말로 살아야 할 수준의 삶에 이르지 못한 것 때문에 고민하는 사람입니다.

오늘날 기독교는 이신득의(以信得義)의 교리를 잘못 이해한 것 같습니다. 믿음으로 용서받고 하나님과 바른 관계를 맺었다면 왜 우리의 삶이 바뀌지 않습니까? 왜 거룩한 삶이 뒤따르지 않습니까? 왜 믿음과 삶이 격리되어 있습니까? 그것은 믿음이 무엇인지 잘못 알았기 때문입니다.

믿음은 "예수 그리스도의 피가 내 죄를 용서해 주었다"고 입으로 중얼거리면 우리 죄가 용서되는 일종의 주문이 아닙니다. 정말로 믿음만이 역사하지만, 의미 없이 사용할 때는 소용이 없습니다. 믿음 때문에 삶이 바뀌어야만 참 믿음입니다. 기독교가 말하는 몇 가지 명제들을 주문 외우듯 외웠다고 해서 안전지대에 있다고 생각해서는 안 됩니다. 예수님이 죄를 용서해 주셨기 때문에 이제는 새로운 삶을 사는 사람이 그리스도인입니다. 이제는 예수의 피를, 그 은혜를 헛되게 받아서는 안 되겠다고 생각하는 사람이 그리스도인입니다. 이들은 매일 하나님의 말씀 앞에서 어떻게 자신이 바뀌어야 하는지를 깨닫는 사람들입니다.

○

설교를 듣는 사람들은 오늘날에도 세 부류로 나뉩니다. 자기 좋을 대로 오해해서 교회에만 나오면 복 받는다고 생각하는 사람들, 무슨 말씀이든 들으려고 하지 않고 '나는 되었다'고 생각하는 사람들, 말씀을 들을 때마다 "그러면 우리가 무엇을 해야 하겠습니까?" 하고 삶에 어떻게 적용시킬 수 있을지를 고민하는 사람들입니다. 당신은 어디에 속해 있습니까? 각자 자신을 점검해 보기 바랍니다. 신자는 말씀을 따라 반응하는 사람입니다.

33.

능력 많으신 분의 오심(3:15-17)

성령에 사로잡힌 세례 요한의 사역은 놀라운 파문을 일으켰습니다. 요단 강 부근 각처에서 사람들이 몰려들어 요한에게 세례를 받고 말씀을 들었습니다. 요한의 설교는 모든 계층의 사람에게 능력으로 전달되었습니다. 사람마다 구체적인 행동이 뒤따른 회개가 일어났습니다. 서민들은 물론 세리와 군병들의 생활까지 변했습니다. 이런 능력의 사역은 자연적으로 사람들의 마음에 '오실 메시아가 요한이 아닐까?' 하는 추측을 낳았습니다.

"모든 사람들이 요한을 혹 그리스도신가 심중에 생각하니"(눅 3:15)라는 기록을 더 적극적으로 이해하면, 사람들이 요한의 설교의 결과로 그리스도의 오심을 더욱 기다리게 되었다는 의미로 볼 수 있습니다. 그리스도의 오심에 대한 대망의 불길이 요한의 설교를 듣는 이들의 가슴마다 일어났습니다. "백성들이 바라고 기다리므로"라는 말은 이런 마음을 보여 줍니다. 주의 이름으로 말하고, 주의 이름으로 행하는 모든 사역자의 목표는 사람들로 하여금 그리스도의 임재를 느끼도록 하는 데 있습니다.

요한의 그리스도 소개

요한은 사람들이 그리스도에 대해 궁금해할 때 오시고 있는 그리스도가 누구이신지를 분명한 대답을 통해 소개하는 기회로 삼았습니다. "요한이 모든 사람에게 대답하여 이르되"(눅 3:16)라는 말씀이 이를 잘 보여 줍니다. 모든 사람 앞에서 요한이 말하는 순간입니다. 참으로 엄숙한 순간이 아닐 수 없습니다. 요한이 메시아가 오기를 오랫동안 기다린 유대인들 앞에서 결정적인 증언을 하는 순간이 지금 다가온 것입니다.

그러면 요한은 그리스도를 어떻게 소개했습니까? 첫째로, 자신과 그리스도의 신분을 먼저 비교했습니다. 둘째로, 자기가 베푸는 세례와 예수님이 베푸시는 세례가 어떻게 다른지를 말해 주었습니다.

자신과 그리스도의 신분에 대하여

우선, 세례 요한이 예수 그리스도의 신분을 어떻게 설명하는지 살펴봅시다. 요한은 능력으로 말하면 자신과 도무지 비교할 수 없는 분이 지금 오고 계시다고 소개했습니다. 이 점을 알아듣도록 하려고 자신은 그분의 신발 끈도 풀어 드릴 자격조차 없다고 했습니다(눅 3:16).

이 표현을 제대로 이해하기 위해서는 당시 상황을 알아야 합니다. 당시 팔레스타인에서는 스승이 돈을 받고 제자를 가르쳐 주지 않았습니다. 배우는 고마움을 이런저런 스승의 일을 대신해 줌으로써 보답하던 것이 당시 제자들의 형편이었습니다. 그래서 종들이 주인에게 하는 모든 일을 제자들이 스승들에게 다 해 주었습니다. 그러나 단 하나의 일만은 하지 않았는데, 스승의 신발을 벗겨 주는 일이었습니다.

당시 신발은 몸을 굽혀서 끈을 풀지 않으면 벗기 어려운 군화를 연상하면 이해가 쉬울 것입니다. 누군가가 구부려서 벗겨 주는 것이 훨씬 쉬웠고, 종들이 있는 사람은 그런 대접을 받았습니다. 그런데 어떤 기록을 보면, 동족 사이에서는 비록 종이라도 신발을 벗기는 일은 하지 않았습니다. 그러니까 신발을 벗겨 주는 것은 제자들이 하기에도 너무 천한 일이었던 것입니다. 그러나 요한은 오고 계시는 그리스도가 워낙 위대한 분이시기에 자신은 그분의 신발을 벗겨 드리는 일도 과분하다고 표현했습니다. 이로써 주님이 얼마나 탁월한 분이신지를 소개한 것입니다.

예수 그리스도는 선지자 중 한 사람이 아닙니다. 종교의 창시자 중 한 분이 아닙니다. 여러 스승들 중 한 명의 스승이 아닙니다. 그분은 하나님의 아들이십니다. 당신은 예수님을 누구라고 고백하고 있습니까? 세상은 인류의 4대 성인 중 한 사람이라고 말합니다. 그러나 요한복음의 기자인 사도 요한은 예수님이 인간의 몸으로 오신 하나님이라고 소개했습니다. 예수님은 "내가 곧 길이요 진리요 생명이니 나로 말미암지 않고는 아버지께로 올 자가 없느니라"(요 14:6)라고 선언하셨습니다.

이 같은 주장을 하시는 예수님에 대해서 어떤 결론을 내릴 수 있습니까? 우리는 예수님이야말로 유일하신 하나님의 아들이라고 고백합니다. 그분을 통하지 않고는 하늘나라에 가지 못한다고 믿습니다. 그러므로 어떤 사람도 그분의 신발을 벗겨 드리는 일조차 할 만한 자격을 갖추지 못했습니다. 예수님은 우리의 크신 하나님이십니다. 그래서 우리는 그분을 노래하고 그분에게 경배를 드립니다.

자신과 그리스도의 사역에 대하여

또한 요한은 신분에 이어 사역에 관해서 증거합니다. 자기가 물로 주는 세례는 오실 그리스도, 능력 많으신 그분이 성령과 불로 주실 세례와 비교조차 할 수 없다고 말했습니다. 물 세례와 불 세례의 차이입니다.

먼저, 요한은 예수 그리스도를 온 백성 앞에 선포할 때 '성령으로 세례를 주시는 분'이라고 소개했습니다. 성령 세례는 능력 많으신 이가 주시는 능력의 세례입니다. 성령과 능력으로 기름 붓듯 한 세례가 성령 세례입니다. 옛 이스라엘에서는 지도자들의 임직 때 성령의 능력 주심을 상징해 뿔에 기름을 가득 채워서 머리에 부었습니다. 이것이 바로 성령 세례입니다. 요한은 주님이 오셔서 하시게 될 특징적인 사역으로서 "성령과 불로 너희에게 세례를 베푸실 것이요"(눅 3:16)라고 말했습니다.

요한이 세상에 온 중요한 사명은 예수님이 누구이신지를 소개해 주는 것이었습니다. 그러므로 요한은 어떤 말로 예수님을 소개할 것인지에 대해서 미리 생각했을 것입니다. 요한이 예수님을 소개한 내용이 복음서에 두 번 나옵니다. 먼저는 요한복음에만 나오는 내용으로 '세상 죄를 지고 가는 하나님의 어린양'입니다(요 1:29). 예수님은 하나님의 어린양으로서 우리 죄를 완전히 씻어 주실 분이라고 소개한 것입니다. 또한 '성령과 불로 세례를 베푸실 분'입니다(눅 3:16). 이 소개는 복음서마다 기록되어 있습니다.

그러면 세례 요한은 예수님의 사역 중에서 어느 것이 더 중요하다고 생각했을까요? 아마도 후자일 것입니다. 복음서 기자들 역시 예수님은 성령으로 세례를 주시는 분이라는 사실은 생략해서는 안 된다고 보았습니다.

그런데 예수님은 우리 죄를 담당하기 위해 십자가에서 돌아가시고, 사흘 만에 부활하시고, 40일 동안 지상에 계셨습니다. 그때까지도 이 약속은 이루어지지 않고 있었습니다. 그러다가 승천하시기 전 예수님은 "요한은 물로 세례를 베풀었으나 너희는 몇 날이 못 되어 성령으로 세례를 받으리라 … 오직 성령이 너희에게 임하시면 너희가 권능을 받고 예루살렘과 온 유대와 사마리아와 땅끝까지 이르러 내 증인이 되리라"(행 1:5, 8)라고 제자들에게 마지막 말씀을 남기셨습니다.

능력 많으신 분이 오신 것은 우리에게 성령으로 세례를 주시기 위함입니다. 그런데도 신자들은 성령 세례가 자신들과 아무 관련 없는 것처럼 살고 있습니다. 성령으로 세례를 주심은 우리에게 신앙생활을 해 나갈 능력을 공급해 주시겠다는 약속입니다. 성령이 우리를 새롭게 하시면, 우리 안에 말씀을 준행하고 싶은 욕망이 샘솟으면 말씀을 들을수록 복이 됩니다. 말씀이 분명하게 제시될수록 우리가 가야 할 길이 분명해집니다. 이처럼 율법은 우리를 속박하는 것이 아니라, 우리를 인도하는 이정표가 되어 줍니다.

하나님의 말씀은 우리로 하여금 바른길을 걷도록 최단 코스를 보여 주기 위해서 선포된 것입니다. 그러나 내 안에 능력이 없으면 그 요구를 받아들이기가 괴롭습니다. 그래서 어떤 사람에게는 계명이 무거운 짐과 같습니다. 그러나 하나님을 사랑하는 성도들에게 계명은 무거운 것이 아닙니다(요일 5:3). 오히려 우리에게 날개를 달아 주어 빠르게 날게 해 줍니다. 따라서 성도의 삶을 살기 위해 우리에게 필요한 것은 바로 능력입니다.

예수님이 우리를 위해 하신 일은 우리 죄를 위해 돌아가신 것뿐만이 아닙니다. 예수님은 다시 살아나시고 당신을 죽음에서부터 살린 그 힘을 우리에게도 주고 싶으셔서 하나님 보좌 우편에 앉으셨습니다. 거기에서부터 성령을 부어 주셔서 우리 역시 죄에서 이기는 삶을 살게 하시려는 것입니다. 예수님은 묶이기 쉬운 모든 것을 떨쳐 버리고 달려 나갈 수 있는 힘을 우리에게 주고자 하십니다.

290

우리의 답답한 상황을 해결할 수 있는 유일한 방법을 세례 요한이 소개했습니다. 바로 성령 세례입니다. 이 성령 세례는 받는 사람으로 하여금 능력이 덧입혀지게 하는 세례입니다. 능력 많으신 이가 주는 세례입니다. 성령 세례를 받기 위해서는 먼저 한마음으로 기도하는 공동체가 되어야 합니다. 예수님의 말씀을 따라 모여서 마음을 같이하여 기도하기를 힘쓰다가 성령 강림 사건을 경험한 제자들처럼 말입니다. 성령이 부어지자 그들은 세상을 놀라게 하는 사람들이 되었습니다.

또한 요한은 예수님을 소개할 때 '불로 세례를 주시는 분'이라고 했습니다. 주님이 오셔서 하시게 될 제일 중요한 사역은 쭉정이와 알곡을 갈라 놓는 것이며, 성령 세례를 주는 분이 다시 오실 때는 불로 세례를 주신다는 것입니다. 그때 주님은 쭉정이를 모아서 꺼지지 않는 불에 태우실 것입니다. 심판의 불은 아직도 붙고 있습니다. 그리스도의 하나님 되심을 신뢰하지 않고 그분으로 말미암는 구원을 받아들이지 않는 사람은 쭉정이로 분류되어 이 불에 던져질 것입니다.

쭉정이와 알곡은 겉이 아니라 안에 그 차이가 있습니다. 이 차이는 내실의 문제로, 내면에 생명이 있느냐가 둘을 구분해 줍니다. 주님은 우리 심령을 보시며 우리가 온 마음으로 주님을 사랑하는지, 적당하게 신앙생활하는 것은 아닌지를 살피십니다.

하나님의 말씀은 평가절하할 수 없습니다. 죄인은 결코 하나님의 심판의 자리에 버티고 설 수 없습니다. 악인의 길에는 꺼지지 않는 심판의 불만 기다리고 있습니다. 그래서 모든 사람이 하나님의 말씀을 들어야 하는 것입니다. 하나님의 말씀을 들어야 할 이유를 모르는 사람일수록 가장 하나님의 말씀을 들을 필요가 있습니다. 필요를 느끼든 말든 심판은 다가오고 있기 때문입니다.

세례 요한이 "그가 오신다"고 선포한 대로 예수님은 약속대로 처음 오셨고, 약속대로 다시 오실 것입니다. 처음 오실 때는 죄인을 구하기 위해 오셨습니다. 그러나 두 번째 오실 때는 죄인을 심판하기 위해 오실 것입니다. 누가 그분의 위엄 앞에 설 것입니까? 기회가 주어졌을 때 지금까지 살아온 삶을 돌이켜 보아야 합니다(고후 13:5).

성경에서 죄악된 삶이란 하나님 없이 사는 삶을 말합니다. 악인이란 하나님을 자신의 전부로 여기지 않는 사람입니다. 그래서 바울은 "만일 누구든지 주를 사랑하지 아니하면 저주를 받을지어다 우리 주여 오시옵소서"(고전 16:22)라고 선포했습니다. 임박한 주님의 오심에 무관심한 삶의 결과는 저주와 파멸과 영원히 꺼지지 않는 불밖에 없습니다.

○

예수님이 당신 안에 계신 것을 알고 있습니까? 예수님이 당신의 중심에 살아 계셔서 그분을 영화롭게 하려는 소원의 불을 붙이고 계십니까? 요한은 능력 많으신 분의 오심을 소개하면서 인생을 알곡과 쭉정이, 둘로 구분합니다. 우리는 알곡이든지 쭉정이든지 둘 중에 하나입니다. 하나님의 말씀은 제3의 영역을 허용하지 않습니다. 주님을 사랑함으로 그분의 나라에 합당한 자가 되기를 바랍니다. 아무도 하나님의 진노의 불에 던져지지 않기를 바랍니다.

34.

요한을 가두다 (3:18-20)

///

이 장의 본문은 요한의 활동의 마지막을 기록하고 있습니다. 하나님의 아들, 예수 그리스도의 사역이 시작되기 위해 요한은 무대에서 퇴장했습니다. 연대적으로 보면, 요한이 활동했던 기간과 주님이 활동하셨던 기간은 서로 겹칩니다. 요한복음을 읽어 보면, 요한이 세례를 주고 있을 당시에 주님의 제자들도 세례를 주었습니다. 같은 기간 활동했음에도 불구하고 누가는 일단 요한의 이야기를 끝맺고 예수님의 이야기를 시작하려고 합니다. 곧이어 21절부터는 예수님이 등장하실 것입니다. 요한의 활동을 결산하고 있는 본문을 통해 하나님이 우리에게 주시는 메시지를 들어 봅시다.

백성에게 좋은 소식을 전한 사람, 요한

첫째, 누가는 요한이 백성에게 좋은 소식을 전한 사람이라는 말로 그의 사역을 요약했습니다. 한마디로, 요한이 복음을 전했다는 것입니다. 요한이 전했던 메시지를 얼핏 생각하면 그는 결코 좋은 소식을 전한 사람으로 여겨지지 않습니다. 그는 사람들을 향해 "독사의 자식들아"라는 독설을 퍼부으며 그들을 신랄하게 질책했습니다. 그러나 요한이 백성이 미워서 그랬겠습니까? 백성을 깨우치려 한 메시지가 아니겠습니까? 우리 역시 이 메시지 앞에서 내 인생을 이런 식으로 살아도 될 것인지를 곰곰이 생각해 볼 필요가 있습니다. 요한이 전파한 하나님의 진노의 날이 당시 사람들보다 훨씬 더 가까이 우리에게 다가오고 있기 때문입니다.

장차 임할 하나님의 진노의 날에 구원받을 준비가 되어 있습니까? 지금처럼 살아도 될 것이라는 확신이 있습니까? 무엇을 근거로 하나님의 진노로부터 벗어날 수 있습니까? 장차 올 심판을 면하기 위해서 모든 일마다 때마다 하나님을 염두에 두십시오. 매 순간 하나님을 인정하고 하나님에게 감사를 드리십시오. 항상 이웃에 관심을 가지십시오. 그리고 형제를 서로 받아 주십시오.

하나님은 누구라도 죄 가운데서 멸망받기를 원하지 않으십니다. 돌이켜서 새 삶을 살기 원하십니다. 겉모습만 신자처럼 처신하고 살기는 크게 어렵지 않습니다. 중요한 것은 마음속에서부터 거룩하게 살고 싶어 하는 욕망이 있어야 한다는 것입니다. 그것이 정말로 하나님을 사랑하는 사람들에게서 나타나야 할 특징입니다. 내실이 없는 쭉정이의 삶을 위해 준비된 것은 하나님 나라가 아니라, 요한의 메시지에 의하면 '꺼지지 않는 불'입니다.

하나님의 뜻에 100퍼센트 부합하지 않는 삶은 소망이 없습니다. 99개 잘했어도 하나가 미흡하면 하나님 나라에 들어갈 수 없습니다. 하나님은 당신의 뜻에 완전히 부합된 삶을 살아야 받아 주십니다. 모든 율법을 다 준수하다가 하나라도 부족하면 '꺼지지 않는 불', 영원한 심판의 불이 기다리고 있다는 것이 요한의 메시지입니다.

착하게 살려고 한 흔적을 가지고 하나님 앞에서 진노를 멸할 수 있을 것이라 생각해서는 안 됩니다. 잘해 보려고 노력했다는 것으로는 하나님을 설득할 수 없습니다. 하나님은 그것으로 우리를 인정해 주지는 않으실 것입니다. 죄인인 우리는 그런 하나님이 가혹하게만 느껴집니다. 그러나 하나님의 공의는 계속 타오르는 불길처럼 죄의 처벌을 요구하고 있습니다. 이 하나님의 법에서부터 어떻게 사람이 구원을 받을 수 있습니까? 그러므로 우리는 요한의 메시지에 귀를 기울일 필요가 있습니다. 요한은 사람들을 향해서 "모든 사람의 죄를 지고 가는 하나님의 어린양을 보라"고 했습니다(요 1:29). 세상 모든 죄를 담당하고 죽으신 그리스도의 피만이 우리를 하나님의 진노에서 구할 수 있습니다.

모든 사람에게 공통되는 사실이 하나 있습니다. 모두가 다 하나님이 보시기에 비열하고 가증한 존재라는 것이 성경의 분석입니다. 그것이 성경이 우리 인생에 대해 하는 첫째 이야기입니다. 원죄를 가지고 태어난 죄인이라는 것입니다. 너도 나도 별 볼 일 없는 것입니다. 자존심이 상할지도 모르겠습니다. 그러나 자존심을 십자가에 못 박기 전에는 소망이 없습니다. 그리스도의 사람들은 정과 욕심을 이미 십자가에 못 박은 사람들입니다. 성경은 "모든 사람이 죄를 범하였으매 하나님의 영광에 이르지 못하더니"(롬 3:23)라고 선언합니다.

우리 죄의 목록이 길든지 짧든지, 큼직큼직한 아이템이 있든지 없든지 그 구체적이고 세세한 목록은 알 필요가 없습니다. 다만 그 죄를 위한 속죄양이 준비되었다는 사실을 알아야 합니다. 과거 이스라엘 백성은 그 민족의 시초부터 대신 벌 받는 원리를 알고 있었습니다. 죄를 지은 사람은 1년에 몇 차례씩 양을 가지고 제사장 앞에 나왔습니다. 그러면 제사장은 그 사람의 머리 위에 한 손을 얹고 나머지 한 손은 제물로 가져온 양 위에 얹었습니다. 그 사람이 지은 죄가 양에게로 전가되는 것을 상징한 후에 그 사람이 죽는 대신에 양을 죽여 죄를 속했습니다. '속죄'의 의미는 '죄를 덮는다'는 것입니다.

속죄 제물인 양이 죽음으로써 그 양을 가지고 나온 사람의 죄악이 덮어졌습니다. 죄가 완전히 치워지진 않았지만 하나님이 양의 피를 보고 죄가 없는 것처럼 인정해 오신 것입니다. 그러다가 요한이 소개한 세상 죄를 지고 가는 하나님의 어린양, 그리스도가 피를 흘려 주심으로써 우리의 죄가 말끔히 씻겼습니다. 이것이 하나님의 속죄의 방법입니다.

하나님은 세상을 끔찍이 사랑하셔서 유일한 사랑의 아들을 내어 주셨습니다. 그 길만이 유일한 속죄의 길이기 때문에 하나님의 독생자를 우리의 죽음과 맞바꾸신 것입니다. 그분이 흘리신 피만이 우리의 죄를 하나님의 눈앞에서 완전히 제거할 수 있습니다. 그러므로 십자가의 보배로운 피에 대해서 깊이 생각하십시오. 우리가 아무리 죄악의 밑바닥을 헤매고 있다 하더라도 예수님의 피가 그 죄를 속해 주십니다.

이처럼 자신이 죄인인 것을 인정하는 것이 요한의 세례입니다. 가장 교만한 자는 하나님의 아들의 필요성을 느끼지 않는 사람입니다. 하나님은 모든 죄를 용서해 주십니다. 그러나 "나는 용서받을 죄를 짓지 않았다"고 주장하는 교만한 사람은 하나님이 용서하지 않으십니다. 하나님의 용서는 무한하지만, 그 하나님의 용서가 절실하지 않다며 뒷짐 지는 사람을 하나님은 용서하지 않으십니다. 이처럼 교만한 자를 위한 하나님의 진노의 불은 지금도 타오르고 있습니다.

지금 이대로의 삶을 고집하겠습니까, 아니면 우리를 위해 당신을 주신 하나님의 아들을 찬송하며 살겠습니까? 하나님을 알되 하나님을 영화롭게도 아니하며 감사하지도 아니하고 오히려 그 생각이 허망하여지며 미련한 마음이 어두워진 자기의 죄악된 삶을 인정하십시오(롬 1:21). 그 길만이 하나님의 거룩한 길을 보도록 해 줍니다.

누가는 요한의 삶을 요약하면서 복음을 전한 자로 규정합니다. 얼핏 이런 설교는 전혀 복음처럼 여겨지지 않습니다. 그러나 사실을 사실대로 말해 주는 것만큼 죄 중에 있는 인생에게 필요한 것은 없습니다. 겉으로 보면 경고이고 질책이지만 그 핵심에는 임박한 진노로부터 구원하기 위한 요한의 마음이 담겨 있기 때문입니다. 요한은 백성에게 필요한 말을 가장 직설적으로 한 사람이었습니다. 자신의 처지를 바로 인식한다면 요한의 직선적인 경고가 기쁜 소식으로 다가올 것입니다.

진리 증언을 사명으로 삼은 사람

둘째, 누가는 요한을 진리 증언을 사명으로 삼은 사람으로 규정하고 있습니다. 요한은 자기가 만난 사람의 지위고하를 막론하고 인생이 가진 문제의 핵심에 대해서 직선적으로 말하기를 두려워하지 않았습니다. 분봉 왕 헤롯조차 그의 동생의 아내 헤로디아의 일과 또 자기가 행한 모든 악한 일로 말미암아 요한에게 책망을 받았습니다(눅 3:19). 헤롯은 악한 왕이었을 뿐만 아니라 평민인 동생의 아내를 빼앗아 자기 아내로 삼았습니다. 모두가 헤롯의 잘못을 알았지만 말하기를 두려워했습니다. 그때 요한이 나타나서 백성들이 하고 싶었던 말을 담대하게 한 것입니다.

요한은 하나님이 강권하시면 어떤 대가를 지불하고라도 말해야 하는 것이 자기 사명인 줄 알았습니다. 결과는 명약관화(明若觀火)지만, 마치 생명으로 생명을 맞바꾸는 시도였지만 요한은 그 일을 감당했습니다. 이를 성경은 헤롯이 다른 모든 악과 아울러 또 하나의 악을 더했다고 기록하고 있습니다(눅 3:20). 헤롯만 아니라 하나님의 말씀을 듣는 순간마다 우리도 결단해야 합니다. 그 말씀을 통해서 내 죄가 폭로될 때 그 죄에서부터 돌아설 것인지, 아니면 그 죄 위에 또 하나의 죄를 더할 것인지를 선택해야 합니다. 생명을 걸고 진리를 증거하는 것이 증거자의 책임이라면, 그 말씀을 듣는 자는 하나님의 진리 앞에서 순종해야 할 책임이 있습니다.

O

하나님은 우리가 지금껏 어떤 삶을 살아왔는지에 대해서는 묻지 않으십니다. 다만, 우리의 삶이 계속 그래서는 안 된다는 것을 인정하기를 원하십니다. 하나님 없이 만족하고 사는 삶이 죄악된 것임을 인정하십시오. 뿐만 아니라 하나님의 말씀은 돌아선 사람들을 향해서도, 돌아섰다고 생각하는 사람들을 향해서도 그 결과를 입증하라고 요구합니다. 다른 사람들이 수긍할 수 있는 삶이 뒤따르고 있는지를 나타내 보이라는 것입니다. 이것이 요한의 메시지입니다.

35.

하늘이 열리다 (3:21-22)

///

주인공은 요한이 아니라 예수님

누가복음 3장 1-20절까지는 세례 요한의 사역이, 이어지는 21절부터 9장 50절까지는 예수님의 초기 사역이 기록되어 있습니다. 그러므로 이 장의 본문은 예수님의 사역이 준비되는 새로운 장면입니다. 예수님은 요한에 의해 세례를 받으심으로 당신의 사역 준비를 완료하셨습니다.

본문은 "백성이 다 세례를 받을새 예수도 세례를 받으시고"(눅 3:21)라는 말씀으로 시작됩니다. 길 예비자 요한과 그 길로 오시는 왕인 예수님의 직접적 만남이 성사되었습니다. 물론 요한의 제자들이 주님에게 와서 금식에 관한 것을 묻기도 했고, 요한이 옥에 갇혔을 때 제자들을 예수님에게 보내 "오실 그이가 당신이오니이까 우리가 다른 이를 기다리오리이까"(눅 7:19)라고 질문한 적도 있습니다. 이처럼 요한과 예수님이 간접적으로 접촉한 적은 몇 번 있었지만, 직접 만난 기록은 이 사건밖에 없습니다.

그러나 누가의 기록을 읽어 보면 정작 세례를 베푼 요한의 이름은 빠져 있습니다. 모든 백성이 세례를 받은 다음에 예수님도 세례를 받으셨다고만 쓰여 있습니다. 앞 이야기와 연결시켜 보면 요한이 세례를 베푼 것이 틀림없습니다. 그런데도 요한의 이름이 빠져 있는 이유는 누가가 우리의 시선을 예수님에게 돌리려고 하기 때문입니다. 왜냐하면 21절부터 주인공이 바뀌기 때문입니다. 21절부터 누가가 소개해 주고 싶은 주인공은 예수 그리스도이십니다.

누가는 3장 초반부에서 길 예비자 요한의 사역을 간단히 소개하고, 21절부터는 자기 복음서의 중심인물인 예수님의 이야기로 넘어갔습니다. 이런 기술 방식을 통해서 누가는 요한이 소개한 예수님을 무대 전면에 등장시켰습니다.

누가의 이런 기술 방법은 예수님의 일꾼 된 우리의 사역을 점검하게 합니다. 우리가 무슨 일을 하든지 우리의 활동을 통해서 부각되셔야 할 분은 오직 그리스도이십니다. 예수님이 뚜렷하게 나타나시는 것이 우리 사역의 목표가 되어야 합니다.

요한은 성령의 능력으로써 사람들이 한 번도 보고 듣지 못했던 설교를 했습니다. 사람들이 그 설교에 얼마나 감동이 되었던지 '메시아가 아닌가' 하는 생각을 마음에 품게 되었습니다. 그러나 요한은 사람들의 마음을 중간에 가로채지 않고 그들의 마음이 오실 예수 그리스도를 바라보도록 했습니다. 물로 세례를 베푸는 자신과는 비교할 수 없는 위대하신 분, 성령과 불로 세례를 베푸시는 분이 지금 오고 계신다고 사람들의 주의를 환기시켰습니다.

그뿐만 아니라 예수님이 오셔서 요단 강에서 세례를 받으실 때를 보십시오. 인류를 구원하러 오시는 메시아를 구비시킨 사람이 자기 이름을 결정적인 순간에 나타내고 있지 않습니다. 우리 역시 오직 주님만 부각되시도록 하나님이 우리에게 순전한 마음을 주시기를 기도해야 합니다.

예수님이 요한을 통해서 세례를 받으신 것은 사실이지만, 누가는 예수님의 모습에 초점을 맞추었습니다. 누가는 요한이 어떤 사람인지를 잘 알았기 때문에 요한의 사역 정신에 따라서 이 사건을 기록한 것입니다.

요한은 어떤 사람입니까? 그는 자기 제자들을 향해서 이런 말을 한 적이 있습니다. "내가 말한 바 나는 그리스도가 아니요 그의 앞에 보내심을 받은 자라고 한 것을 증언할 자는 너희니라"(요 3:28). 이어서 그는 제자들에게 부연 설명을 했습니다. "신부를 취하는 자는 신랑이나 서서 신랑의 음성을 듣는 친구가 크게 기뻐하나니 나는 이러한 기쁨으로 충만하였노라"(요 3:29). 이것이 요한의 선언입니다. 요한은 자기가 신부를 취할 자가 아니라, 다만 신랑의 친구로서 사랑하는 친구의 기쁨에 동참하는 자라고 했습니다.

예수님의 활동이 시작되자 지금껏 요한에게로 몰려들던 사람들이 점점 예수님에게로 몰려갔습니다. 이에 요한의 제자들은 기분이 좋지 않았습니다. 그런 그들에게 요한은 "그는 흥하여야 하겠고 나는 쇠하여야 하리라"(요 3:30)라고 말했습니다. 요한은 이런 마음으로 짧은 생애에 사역을 했던 것입니다. 이러한 요한의 정신에 따라서 그의 활동을 기록한 구절이 바로 "백성이 다 세례를 받을새 예수도 세례를 받으시고"(눅 3:21)라는 말씀입니다.

예수님이 기도하실 때 하늘이 열리다

어떤 성경 번역본은 본문인 누가복음 3장 21-22절에 제목을 달아 놓았습니다. "예수의 세례", "세례를 받으신 예수" 등입니다. 그러나 정말 본문의 초점이 예수님의 세례에 있는지 살펴보아야 합니다. 세례 받으신 것은 하나의 배경으로 되어 있고, 세례 받은 이후의 사건이 오히려 더 중심적으로 소개되고 있습니다. 병행 구절인 마태복음 3장 13-17절과 마가복음 1장 9-11절은 이 제목이 어울릴지 몰라도 누가복음 본문에는 적합하지 않습니다. 누가는 우리의 관심을 예수님이 세례를 받으신 후 기도하실 때 일어난 일로 가져갑니다. "예수도 세례를 받으시고"라는 구절은 달리 번역하면 "예수도 세례를 받으신 후에"라고 할 수 있습니다.

누가는 요단 강가에서 일어나는 부수적인 일들보다 하늘에서 일어나는 초자연적인 역사를 강조하고 있습니다. 세례 자체는 종속적인 위치에 오고 그 후속 사건이 강조되고 있습니다. 세례를 받으신 일보다 그 일 이후에 일어난 일이 중요합니다. 하늘이 열림으로 전개되는 사건들에 본문의 초점이 맞추어지고 있습니다. 하늘이 열림으로 전개된 두 가지 중요한 사건에 대해서는 다음 장에 살펴보고, 여기서는 이 초자연적인 현상이 기도할 때 일어났다는 점에 대해서만 관심을 모으겠습니다.

누가는 어떤 복음서 기자보다도 기도의 중요성을 인식한 사람입니다. 누가는 누구보다도 하늘이 열리는 역사가 항상 기도와 동반된다는 사실을 깊이 인식했습니다. 그래서 예수님이 기도하시는 모습을 다른 기자들보다 7회나 더 많이 언급합니다. 세례 받으신 후에 예수님이 기도하셨다는 것도 누가복음에서만 알 수 있는 내용입니다. 또한 누가는 기도에 관한 예수님의 가르침이 담긴 비유를 많이 전해 주었습니다.

누가 특유의 통찰력을 가지고 기술된 말씀이 "기도하실 때에 하늘이 열리며"(눅 3:21)라는 구절입니다. 하늘이 열린 것이 정확히 어떤 현상인지는 모르지만 그 광경을 본 사람으로서는 달리 표현할 수 없었을 것입니다. 하지만 하늘이 열렸다고 이야기하는 것이 가장 적합한 표현이었을 것이라고 믿습니다. 다분히 상징적이고 시적인 표현처럼 느껴지지만, 그 현장을 본 사람으로서는 실제적으로 그렇게 느꼈을지 모릅니다.

당시는 말라기 선지자 이후 400년 동안이나 하늘이 닫혀 있었다고 표현할 수 있는 시대였습니다. 그런데 예수님이 기도하실 때 하늘이 열렸습니다. 이것은 요단 강에서 세례를 받으신 후 예수님이 드린 기도가 응답되는 것을 표현한 것으로도 볼 수 있겠습니다. 이처럼 답답한 중에 엎드려 기도할 때 하늘이 열리듯 응답된 경험이 있습니까? 아직도 캄캄하고 바람은 세찬데, 지금 봄기운이 불고 있다는 것을 미리 느끼는 기도의 자리에 나아가 본 적이 있습니까? 주위를 둘러보면 아직도 똑같은데, 마음속에는 하나님이 응답해 주실 때가 되었다는 확신이나 '이제는 되었다'고 느껴지는 체험을 해 본 적이 있습니까? 아마 그것이 "하늘이 열리며"라는 말씀에 내포된 의미일 것입니다.

살다 보면 기도하지 않고는 견딜 수 없는 답답한 상황에 부딪힐 때가 있습니다. 누구나 다 그런 경험을 하기 마련인데, 기도할 때 하늘이 열린다는 것을 항상 기억하십시오. 이 사실만 알고 있으면 어떤 상황에 부딪혀도 절대로 절망할 필요가 없습니다. 우리가 당면한 문제를 하나님에게 부르짖는 기회로 삼아 보십시오. 그리고 하늘이 열리듯이 하나님이 응답해 주시는 경험을 한번 해 보십시오. 그러면 신앙이 성장합니다. 하나님에 대해서 듣기만 하는 것이 아니라 직접 그분을 대면하는 기회가 됩니다.

O

구하는 이가 받습니다. 찾는 이가 발견합니다. 두드리는 이에게 열립니다(마 7:8). 그러니까 절망 가운데 한숨만 쉬고 있지 마십시오. 이래도 안 되고 저래도 안 되는 경우 사람들은 자포자기하게 됩니다. 그러나 우리는 오른쪽 문도 닫히고, 왼쪽 문도 닫히고, 앞의 문도 닫히고, 뒤의 문이 닫혔을 때도 소망이 있습니다. 하늘이 열릴 수 있습니다. 문은 두드리는 자에게 열립니다. 오늘도 여전히 하나님은 성도들의 기도의 응답으로서 계시의 의미를 밝혀 주고 계십니다.

36.

기름 부으심을 받은 예수님 (3:21-22)

///

예수님이 기도하실 때 하늘이 열림으로 두 가지 초자연적인 사건이 잇따라 일어났습니다. 하나는 성령이 강림하신 사건이고, 또 하나는 하늘로부터 소리가 들린 사건입니다. 이 장에서는 하늘이 열리고 잇따른 첫 사건, 성령이 강림하신 일을 중심으로 본문을 살펴보겠습니다.

하나님의 기름 부으심을 받은 종

성경은 성령이 예수님 위에 강림하셨다고만 기록하지 않고 비둘기 같은 형체로서 예수님 위로 내려오셨다고 말합니다. 즉 성령이 눈에 보이는 실체로서 오셨다는 뜻입니다. 그러면 성령이 비둘기같이 임하시는 모습이 누구의 눈에 보였습니까? 병행 구절인 마가복음(막 1:10)과 마태복음(마 3:16)을 보면 마치 예수님이 그 광경을 보신 것처럼 쓰여 있습니다. 그러나 누가복음에는 그냥 "성령이 비둘기 같은 형체로 그의 위에 강림하시더니"(눅 3:22)라고만 기술되어 있습니다. 어찌 보면 객관적인 서술이라 볼 수 있고, 아니면 누구든지 볼 수 있었던 장면인 듯합니다.

그러나 요한복음의 기록을 읽어 보면, 하나님이 요한에게 "성령이 내려서 누구 위에든지 머무는 것을 보거든 그가 곧 성령으로 세례를 베푸는 이인 줄 알라"(요 1:33)라고 말씀하십니다. 요한복음의 기록을 따르면, 성령이 임하시는 것을 요한이 본 것 같습니다. 요한복음 3장 34절을 보면, 하나님이 성령을 한량없이 주셨다고 말합니다. 모든 충만으로 성령이 오셔서 예수님 위에 머물러 계셨습니다.

요단 강에서 세례를 받으신 후에 서서 기도하시는 주님을 한번 생각해 보십시오. 예수님은 본래 하나님의 아들이십니다. 그분은 지금 스스로 전능하신 하나님의 능력을 제한하고 사람이 되셔서 종의 모습으로 서 계십니다. 그 주님도 인자로서의 사명을 감당하기 위해서, 메시아로서 당신의 직무를 수행하기 위해서 성령의 능력이 한량없이, 충만하게 필요했음을 보여 줍니다.

주님은 성령이 눈에 보이는 비둘기 형체로 당신 위에 임하신 사건을 '성령의 기름 부음'이라고 이해하셨습니다(눅 4:18). 주님이 그렇게 이해하셨기에 초대 교회 역시 예수님을 성령으로 기름 부으심을 받은 자로 알았습니다(행 4:27). 베드로 역시 주님을 하나님의 기름 부으심을 받은 종으로 선포했습니다(행 10:38).

하늘이 열리고 성령이 형체로서 예수님 위에 강림하신 사건을 두고 성경은 성령과 능력으로 기름 부으심을 받은 사건, 말하자면 성령의 능력으로 구비되신 사건으로 이해하고 있습니다. 그 결과 예수님은 성령으로 충만해지셨습니다. 성령의 능력에 사로잡히셨습니다. 누가복음 4장 1절을 보면, "예수께서 성령의 충만함을 입어 요단 강에서 돌아오사"라고 기록되어 있습니다. 요단 강에 서시기 이전에는 예수님에 대해 그런 표현을 사용하지 않았습니다. 또한 누가복음 4장 14절은 "예수께서 성령의 능력으로 갈릴리에 돌아가시니"라고 말합니다. 그 결과 예수님은 담대하게 은혜의 복음을 증거하셨습니다. 예수님의 설교를 들은 모든 사람이 일치하게 증언하기를, 그분의 입에서 나오는 바 은혜로운 말을 기이히 여겼다고 성경은 설명하고 있습니다(요 7:15, 46; 눅 4:32; 마 7:29). 말씀에 능력이 함께하고 있다는 것을 듣는 사람들이 모두 느꼈던 것입니다. 성령의 기름 부으심의 첫 결과는 능력 있는 말씀 선포로 나타나고, 또한 능력 있는 행동으로 표현됩니다.

말세에는 능력으로 역사하는 종들이 나타날 것입니다. 문제는 그 능력이 어디로부터 오는지를 구별할 수 있어야 한다는 것입니다. 그 모습을 본 사람들이 박수를 치고 있는지, 아니면 두려움에 사로잡히는지가 문제입니다. 하나님의 성령이 역사하시면 하나님의 영이 가까이 오셨기 때문에, 하나님이 임재하심을 느끼기 때문에 죄인들은 두려움을 느낍니다. 하나님의 성령이 역사하시는 현장에는 항상 두려워하는 마음이 같이합니다.

하나님의 영이 역사하시면 거룩한 두려움에 사로잡힙니다. 그것은 웃고 즐기는 현장이 아니라 하나님의 능력이 나타난 현장이기 때문입니다. 천사들이 나타날 때마다 사람들을 향해서 던진 첫마디는 "두려워하지 말라"였습니다. 하나님의 심부름꾼인 천사만 나타나도 사람들은 두려워서 어쩔 줄 몰라 했습니다. 그러므로 정말로 하나님으로부터 말미암은 능력인지 알기 위해서는 그 결과를 보면 됩니다.

예수님의 말씀에는 능력이 있었을 뿐만 아니라 능력으로 인해서 역사가 나타났습니다. 예수님은 완고한 유대인들을 향해서 "내 말을 믿지 않는다면 내가 행하는 일을 보고 믿어라"라고 도전하셨습니다. 예수님이 가시는 곳에는 큰 권능과 기사와 표적이 나타났습니다(행 2:22). 사도행전 10장에서도 베드로가 설교하면서 같은 말을 했습니다(행 10:37-38). 성령의 기름 부으심을 받은 자의 역사는 뚜렷합니다. 모든 유대인이 부인하지 못할 능력을 행사했던 것입니다. 그들은 "너희가 아는 사실이 아니냐", "너희가 들은 사실이 아니냐", "너희가 본 사실이 아니냐" 하시는 예수님을 돌로 칠 수는 없었습니다.

그러므로 하나님 나라의 일꾼 된 우리는 누구나 성령의 기름 부으심을 받아야 합니다. 세상을 구원하기 위한 복음을 증거하는 사람은 성령으로 충만해야 합니다. 성령과 능력을 기름 붓듯 받아야 한다는 것이 본문이 우리를 향해서 주는 도전입니다. 그때 우리는 세상이 반박할 수 없는 구변으로 채워지고, 세상이 감당할 수 없는 능력을 우리 손으로 행사하게 됩니다.

이 기름 부으심은 하나님의 백성으로 인 치는 것이 아닙니다. 이 기름 부으심은 우리를 하나님의 사역자로서 준비시키는 사건입니다. 모든 이스라엘 백성의 마음에는 하나님의 영이 계셨습니다. 그러나 하나님은 당신에 의해 선택된 어떤 사람들에게는 기름을 부어 주셨습니다. 왕과 선지자, 대제사장 등 언약 공동체의 지도자 직분을 감당하기 위해서는 기름 부으심이 필요했습니다. 예수님은 본래부터 하나님의 아들이요 메시아셨습니다. 그러나 메시아로서의 능력을 구비하기 위해서는 기름 부으심이 필요하셨습니다.

예수님은 제자들에게도 똑같이 말씀하셨습니다. "아버지께서 약속하신 것을 기다리라"(행 1:4). 그러면서 예수님은 당신을 믿는 자는 당신이 세상에 있으면서 했던 일보다 더 큰일도 할 것이라고 하셨습니다(요 14:12). 명절 끝날 예수님은 큰 소리로 외치셨습니다. "누구든지 목마르거든 내게로 와서 마시라 나를 믿는 자는 성경에 이름과 같이 그 배에서 생수의 강이 흘러나오리라"(요 7:37-38). 이어지는 39절에는 주(註)가 달려 있는데, "예수께서 아직 영광을 받지 않으셨으므로 성령이 아직 그들에게 계시지 아니하시더라"라고 되어 있습니다. 예수님에게 성령이 임하신 것처럼 제자들에게는 아직 성령이 임하시지 않았음을 밝힌 것입니다.

지금은 어떻습니까? 지금은 예수님이 이미 영광을 받으셨기에 성령이 우리에게 오실 수 있습니다. 개혁주의 주석가들은 사도행전 2장의 사건을 가리켜 '성령의 취임 사건'이라고 부릅니다. 우리는 사도신경을 통해 예수님의 현재에 대해서 이렇게 고백합니다. "전능하신 아버지 하나님 우편에 앉아 계시다가." 그러면 그곳에서 무엇을 하고 계십니까? "거기로부터 살아 있는 자와 죽은 자를 심판하러 오십니다." 전능하신 하나님, 능력의 하나님 보좌 우편에 계신 것은 예수님에게 능력을 구하며 부르짖는 성도들에게 역사하시기 위해서입니다.

그런데 오늘 교회는 왜 무기력합니까? 그것은 전능하신 보좌 우편에 계신 예수 그리스도를 바라보지 않기 때문입니다. 조직과 예산을 가지고 그런대로 메꾸어 나갈 수 있으니 부르짖지 않는 것입니다.

본래 하나님의 아들이신 예수님이 우리의 구주가 되시려고 요단 강에 오셔서 세례를 받고, 기도하고, 성령의 기름 부으심을 받으셨습니다. 하늘이 열리고 성령이 비둘기 같은 형체로 강림하신 일은 예수님의 공사역을 위해 필요 불가결한 준비였습니다. 예수님은 30세가 되도록 평범한 삶을 사셨습니다. 그러다 요단 강에 서신 주님은 당신이 해야 할 일을 하기 위해 나서셨습니다. 당신 앞에 주어진 인류의 구세주로서의 길을 걷기 위해 기도하시는 순간입니다. 하나님이 그 순간에 성령과 능력을 기름 붓듯이 부어 주셨습니다.

우리에게도 성령의 기름 부으심이 필요하다

하나님이 주신 사명을 감당하기 위해서는 우리에게도 동일한 성령의 기름 부으심이 필요합니다. 하나님의 일은 하나님의 신이 아니고는, 하나님의 능력이 아니고는 할 수가 없습니다. 우리 구주 예수님은 이 능력이 입혀지기 전에는 사역을 시작하지 않으셨습니다. 이것은 우리 모두가 배워야 할 사역의 자세입니다. 이제 우리 역시 하나님의 일을 하기 위해 먼저 이 능력을 입어야 합니다.

우리가 하나님의 자녀라는 확인이 되면 그다음 단계로 우리는 하나님의 사역자로서 하나님의 일을 해야 합니다. 내가 구원받은 자라는 확인이 되고 나면 그 구원의 소식을 다른 사람에게 증거해야 합니다. 그러나 그것은 우리의 능력으로 되는 일이 아닙니다. 하나님은 우리가 당신의 능력으로 역사하기를 원하십니다. 하나님의 능력에 사로잡히는 새사람이 될 때 하나님이 맡기신 사역을 제대로 감당할 수 있습니다. 정말 필요한 기도는 하나님의 능력에 사로잡히는 것입니다. 직무로서 일하는 것이 아니라 우리 안에서 역사하시는 힘에 사로잡혀 일하도록 간구합시다. 그러면 상황은 달라질 것입니다.

어떻게 성령의 기름 부으심을 받을 수 있습니까? 성경은 이에 대해 꼭 한 가지 사실을 말해 줍니다. 그것은 우리가 부르짖어야 한다는 것입니다. 간구해야만 한다는 것입니다. 간절히 구할 때 하나님이 주시리라 약속하셨습니다. 끈질긴 기도는 성령을 받은 자들이 사용할 유일한 수단입니다. 누가복음 11장 전체가 그 사실을 보여 줍니다. 어떤 사람들은 이런 구절을 말하면, 오순절이 오기 전에 예수님이 제자들에게 도전하신 것이 아니냐고 묻습니다. 즉 오순절이 오기 전에는 끈질기게 기도할 필요가 있었지만 오순절에 성령이 오셨으니 이제는 그렇게 기도할 필요가 없어졌다는 것입니다.

왜 성령이 이미 오셨는데 이 도전의 기록을 남긴 것일까요? 그것은 오고 오는 모든 세대에게 하나님이 하신 약속이기 때문입니다. 이 약속을 자기 것으로 활용하기 위해서는 이 말씀의 도전이 필요합니다. '성령의 능력을 입기 위해서는 강청하라'는 것은 모든 시대의 사람들에게 하시는 도전입니다.

o

강청하는 기도만이 일을 이루어 냅니다. 계속해서 기도하면서 성령의 능력을 덧입도록 간구합시다. 자기에게 주어진 직무를 어떻게 하면 잘 감당할 수 있을지 기도하는 자에게 성령이 임하십니다. 간절히 기도하는 자에게 성령이 임하십니다. 간절히 강청하는 기도를 하나님이 들어주십니다. 자신이 그리스도인이 된 것을 확인하는 데서 그치지 말고, 그리스도인으로서 직무를 다하기 위해서는 능력이 필요하다는 점을 자인하고 강청하는 기도의 시간이 우리에게 있기를 바랍니다.

37.

인 치심을 받은 예수님 (3:21-22)

  이 장의 본문은 성령의 기름 부으심이 우리 안에서 어떻게 역사하는지를 그림처럼 보여 줍니다. 따라서 하늘이 열리며 일어난 제2의 초자연적인 사건인 하늘로부터 들린 음성을 중심으로 살펴보겠습니다. 누가복음 3장 22절은 다음과 같이 바꾸어 읽을 수 있습니다. "하늘이 열리며 성령이 형체로 비둘기같이 그의 위에 내려오셨다. 그리고 하늘에서 소리가 들렸다." 순서를 바꾸어 읽은 이유는, 하늘이 열린 다음 성령이 내려오신 사건과 하늘로부터 소리가 들린 사건은 서로 병행하는 사건으로서 동등한 무게를 가졌기 때문입니다.

  하늘이 열리는 초자연적인 현상을 통해 성령이 오시는 길이 예비되었습니다. 그리고 하늘의 음성이 들릴 준비가 되었습니다. 하늘로부터 들린 소리의 내용이 무엇입니까? "너는 내 사랑하는 아들이라"라는 말씀과 "내가 너를 기뻐하노라"라는 말씀입니다. 이처럼 하늘의 음성은 주님에 대해 두 가지 사실을 증거하고 있습니다.

"너는 내 사랑하는 아들이라"

하늘에서 들린 첫 번째 음성은 "너는 내 사랑하는 아들이라"입니다. 성령의 인 치심을 받은 자는 하나님과 자신의 관계, 즉 자신이 하나님의 사랑받는 자녀라는 사실을 재확인합니다. 예수님은 이미 당신이 하나님의 사랑을 받는 자녀라는 사실을 알고 계셨습니다. 그분은 이미 12세 때 성전이 아버지의 집이라는 것을 알고 계셨고, 마리아와 요셉에게 "어찌하여 나를 찾으셨나이까 내가 내 아버지 집에 있어야 될 줄을 알지 못하셨나이까"(눅 2:49)라고 말씀하셨습니다. 그 후 예수님은 한순간도 당신이 하나님의 독생하신 아들이라는 것을 잊어버리신 적이 없습니다.

하늘에서 "너는 내 사랑하는 아들이라"라는 음성이 들린 것은, 이미 주님이 알고 계신 사실을 아들의 귀에 확인시켜 주실 뿐 아니라 주위 사람들에게 그분이 누구이신지를 공적으로 선포하신 것입니다. 공사역의 출발 직전에 이 기본적인 관계의 재확신이야말로 주님에게 가장 필요하다는 사실을 하나님은 알고 계셨습니다.

신앙생활을 하면서 우리가 예수 믿는 사람답게 살지 못하는 가장 근본적인 문제는 하나님의 사랑받는 자라는 사실을 망각하기 때문입니다. 내가 택하심을 받은 하나님의 사랑의 대상이라는 사실을 알게 되면 신앙의 길을 한 걸음씩 걷는 것이 즐거움이 됩니다.

세례를 받으신 사건 이후 예수님은 성령의 이끌리심을 받아 마귀로부터 시험을 받으십니다. 그때 마귀가 집요하게 물고 늘어진 문제가 바로 이것입니다. "네가 만일 하나님의 아들이어든 이 돌들에게 명하여 떡이 되게 하라"(눅 4:3), "네가 만일 하나님의 아들이어든 여기서 뛰어내리라"(눅 4:9). 마귀는 메시아 예수를 파멸시킬 수 있는 아킬레스건이 어디인지를 알고 있었기에 그 지점을 물고 늘어진 것입니다. 예수님 안에 하나님 아버지와의 관계에 대한 의혹의 씨앗을 심는다면 모든 일이 수포로 돌아가리라는 계산이 선 것입니다. 그래서 요단 강에서 하늘이 열리고 아버지 하나님이 친히 선포하신 그 사실을 붙들고 늘어진 것입니다. 이는 하나님 아버지가 친히 인 치신 사실에 대한 대담한 공격입니다.

마귀는 때로 우리를 공격할 때 이처럼 대담하게 도전합니다. 성부 하나님이 친히 들리는 음성으로, 초자연적인 현상으로 선포하신 그 사실마저 붙들고 늘어지는 것입니다. 우리도 동일한 유혹을 받아 본 적이 있을 것입니다. "예수님을 믿은 후 행복하게 살았더라"라는 것은 그리스도인의 삶의 이야기가 아닙니다. 예수 믿는 이야기는 오히려 우리가 하나님의 자녀가 되자마자 그때부터 마귀의 공격의 대상이 된다는 것입니다. 오늘도 마귀는 "네가 하나님의 자녀라면서 고작 이런 일을 하고 있느냐!" 하며 물고 늘어집니다. 마귀가 이렇게 공격하고 있다면, 그 사람은 하나님의 자녀임이 틀림없습니다. 마귀는 하나님의 자녀가 아닌 사람에게는 도리어 "너 잘 믿는다" 하기 때문입니다.

사탄은 한편으로는 간교하고, 한편으로는 어리석습니다. 똑같은 방법을 끈질기게 사용하기 때문입니다. 과거나 지금이나 친히 하나님 아버지가 음성으로 인 치신 사실, 하늘로부터 확증된 사실을 공격합니다. 왜냐하면 그 사실이야말로 메시아이신 주님이 절대적인 확신을 가지셔야 할 부분이기 때문입니다.

'내가 누구냐? 나는 하나님의 자녀다'라는 사실은 '내가 무엇이냐?'라는 사실보다 먼저 확인되어야 합니다. 우리의 신자 됨은 우리의 사역자 됨보다 먼저 입증되어야 합니다. 하나님의 사랑받는 자녀 됨의 확신이 우리로 하여금 하나님의 일꾼이 되게 하는 것입니다. 하나님과의 관계는 하나님을 위한 어떤 사역보다 더 중요합니다.

성령으로 충만해지면 가장 먼저 일어나는 내적인 변화가 무엇입니까? 내가 하나님의 사랑받는 자라는 확신이 배가됩니다. 그동안 그 사실을 알고 수긍하고 찬양하고 감사해 왔지만 지금까지 믿었던 것이 도무지 믿기지 않을 정도로 다시금 확실해집니다. 하나님의 사랑이 새롭게 우리의 가슴에 부은 바 되어서 우리가 하나님의 사랑받는 자녀라는 사실이 너무 뿌듯하게 느껴지니까 '지금껏 내가 예수님을 믿은 게 맞나?' 하는 의문을 갖게 됩니다. 성령의 충만함으로 오는 자녀 된 확신이 너무 확실하기에 상대적으로 과거에는 믿지 않았던 것처럼 느껴지는 것입니다. 이런 이유로 어떤 오순절파 사람들은 성령의 인 치심을 받아야만 하나님의 자녀가 된다고 말합니다.

성령의 인 치심을 통해 믿고 있었던 사실이 믿기지 않을 만큼 확실한 하나님의 사랑이 우리의 가슴속에 새롭게 부어질 것입니다. 이 하나님의 사랑에 사로잡힌 사람은 침묵할 수 없습니다. 사랑의 열기에 휩싸인 사람의 증거는 듣는 사람의 마음에서 의심을 물리치고 확신을 심어 줍니다. 하나님의 사랑을 이전보다 더 확실히 체험했기에 그의 전도하는 말에는 능력이 있습니다.

하나님의 사랑받는 자녀 된 확신 때문에 침묵할 수 없을 만큼 가슴속에 그리스도의 사랑이 부은 바 되어 있습니까? 그렇게 되기를 소원하십시오. 모든 성도는 그렇게 되기를 바랄 수 있는 권리를 가지고 있습니다. 청교도들은 이 사실에 대해서 "땅 위에서 하늘을 맛본다"고 표현했습니다.

이처럼 하나님의 자녀라는 기본 사실에 대한 인 치심을 받아야만 우리가 능력 있는 증인, 주님이 쓰시기에 합당한 자로서 준비됩니다. 하나님의 사랑이 부은 바 되면 자신이 지금까지 믿어 왔다는 사실이 믿기지 않을 만큼 하나님이 새롭게 다가옵니다. 새로운 역사가 나타납니다.

"내가 너를 기뻐하노라"

"너는 내 사랑하는 아들이라"라는 말씀은 하늘로부터 들린 유일한 선포가 아닙니다. 하늘에서 계속해서 들린 소리는 "내가 너를 기뻐하노라"입니다. 이 말은 "나는 네가 지금부터 하게 될 일을 기뻐한다"는 의미입니다. 예수님이 인류의 메시아로서 인류를 대신해 세례를 받으실 때 아버지가 만족하셨음을 나타내 주는 말씀입니다.

예수님은 당신이 인류의 메시아라는 사실을 잊으신 적이 없습니다. 아니, 메시아라는 의식 때문에 요단 강으로 나아오셨습니다. 메시아라는 사명감이 예수님을 여기까지 오시게 했습니다. 그분은 메시아이기 때문에 인류를 대신해 세례를 받으셨습니다. 그분이 하나님의 사랑받는 아들이요, 인류의 메시아라는 사실은 이미 알고 있는 것이지만, 하늘의 음성은 그 사실을 다시 확인시켜 주었습니다.

예수님은 요단 강에 나아와 세례를 받으셨습니다. 요한이 베푼 세례는 죄 사함의 세례였습니다. 그렇다면 죄 가운데 태어나지도 않으시고 죄를 알지도 못하신 예수님이 왜 죄 사함의 세례를 받으셨을까요? 예수님은 우리의 죄를 대신 지려고 당신을 죄인인 우리와 동일시하시어 죄 사함의 세례를 받으신 것입니다. 성경은 요단 강으로 나아온 백성이 세례를 받은 것은 하나님의 뜻을 받아들인 것이라고 말합니다(눅 7:29-30). 마찬가지로 예수님이 세례를 받으신 것은 당신을 향한 하나님의 뜻에 순종하신 것입니다. 죄인을 대속하는 구주 되신 하나님의 구체적인 뜻에 순종하신 것입니다.

예수님이 백성이 세례 받는 자리에 나아와 당신을 세례 받는 데 내어주심은 당신과 당신이 구원할 백성의 하나 됨을 보이신 것이요, 이를 통해 대속의 길을 걷기 시작하신 것입니다. 이는 인류의 죄를 대속하시는 구주로서의 첫걸음을 내디디신 주님, 곧 순종하는 아들의 모습입니다. 요단 강에 발을 딛고 들어가신 예수님의 갸룩한 결단으로 인해 하나님 아버지가 하늘을 가르고 "내가 너를 기뻐하노라" 하며 기쁨의 선언을 발하셨습니다. 이는 순종하는 아들을 향한 아버지의 특별한 기쁨을 표현한 말입니다. 하나님이 선택하신 종으로서 할 일을 시작하는 아들에 대한 아버지의 전폭적인 기쁨을 나타낸 말입니다. 예수님의 메시아 되심에 대해 만족하시는 하늘 아버지의 선언입니다.

부모는 모든 자녀를 항상 사랑하지만, 부모에게 특별히 기쁨을 주는 자녀가 따로 있습니다. 부모는 순종하는 자녀를 보며 기뻐합니다. 그 일이 두 번째 하늘로부터 들려온 소리에 나타나 있습니다. 예수님의 사역에 대한 아버지의 만족하심에 대한 선포입니다. 아들이 하는 사역, 즉 선택받은 종 메시아로서의 사역을 만족해하신다는 의미입니다.

비록 주님처럼 육신의 청각을 울리는 음성은 아니더라도, 이러한 선언을 개인적으로 들어 본 적이 있습니까? 우리의 마음이 우리를 향한 하나님의 선언에 의해 기쁨으로 녹아든 적이 있습니까? 성령의 인 치심이 이 체험을 하게 합니다. 주님의 자녀로 용서받은 감격 위에, 주님의 사역자로 부르심을 받은 감격을 새롭게 하십시오. 하나님이 나 같은 것에게 새 생명을 주셔서 자녀로 삼아 주시고, 복음 전하는 전도자의 훈련을 받게 하셔서 전도자로 세워 주심에 감격할 때 우리의 사역은 기쁨과 특권의 사역이 됩니다.

"나는 네가 착수하는 일을 기뻐한다"라는 이 선언을 마음에 확신하는 자는 사역이 달라집니다. 이 확신이 배가될 때 우리의 사역은 변화됩니다. 그 확신이 충만할 때 우리가 전하는 말은 주의 능력에 사로잡히게 하고, 죽은 자를 살아나게 하고, 완고한 자를 부드럽게 하고, 죄를 사랑하는 자를 하나님을 사랑하는 자로 만듭니다. 그런 우리가 전하는 말은 더 이상 사람의 말이 아니라 전능하신 하나님의 말씀으로 변화합니다. 능력의 증거자, 권능을 받는 사역자가 되기 위해 우리에게 필요한 것은 성령의 인 치심이요, 성령의 인 치심으로 말미암는 확신의 배가입니다.

○

주님은 하늘이 열리며 일어난 첫 번째 사건, 즉 성령이 형체로 비둘기같이 내려오신 일을 성령의 기름 부으심으로 이해하셨습니다. 또한 하늘이 열리며 일어난 두 번째 사건을 아버지의 인 치심으로 이해하셨습니다. 그래서 예수님은 요한복음 6장 27절에서 당신을 인 치는 자로 말씀하셨습니다.

인 침의 기능은 다양합니다. 그중 하나는 기존 사실을 재확인하는 것입니다. 서류 작성을 끝내고 도장을 찍음으로 그 사실을 재확인하는 것입니다. 하나님이 성령을 보내심으로, 하늘의 음성으로 예수님은 다시금 확인되시고, 확신하게 되셨습니다. 하나님이 이미 예수님이 알고 계신 두 가지 기본 사실을 확인시켜 주신 일이 본문의 하늘에서부터 들린 소리를 통해 확인되었습니다. 그래서 청교도들은 이 사실을 가리켜 '이중 확신'(double assurance)이라고 했습니다.

"너는 내 사랑하는 아들이라 내가 너를 기뻐하노라"(눅 3:22). 이 두 마디의 말은 주님의 일을 해야 하는 우리 모두의 엄청난 자산입니다. 이두 마디의 말을 확신하게 될 때 우리는 능력에 사로잡혀 주님의 일을 수종 들게 될 것입니다. 이 두 마디의 말을 확신하게 되면 우리가 전하는 말이 기갈 중에 죽어 가는 사람을 살리는 샘물같이 될 것입니다. 이확신을 통해 세상이 감당 못할 능력 있는 일꾼들이 되기를 바랍니다.

38.

예수님의 족보 (3:23-38)

왜 족보가 기록되어 있는가

이 장의 본문은 예수님의 족보입니다. 족보는 한 사람에 대해서 많은 정보를 알게 해 줍니다. 우선, 족보는 자기의 뿌리를 알게 해 줍니다. 그런데 보통 족보는 기껏해야 한 성씨의 시조에서 끝이 나는데, 예수님의 족보는 첫 사람 아담에게까지 소급되고, 또한 아담의 근원인 하나님에게까지 거슬러 올라갑니다. 그런 의미에서 예수님의 족보는 독특한 면이 있습니다.

뿐만 아니라 이 족보는 성경에 기록된 또 하나의 족보를 연상하게 합니다. 마태가 그의 복음서 첫 장에 기록한 족보입니다. 하지만 두 족보는 내용이 상당히 다릅니다. 예수님을 '아브라함과 다윗의 자손'으로 소개하는 큰 맥락에서는 일치하지만, 조금만 상세히 살펴보면 동일 인물의 족보라

320

고 여겨지지 않을 만큼 큰 차이가 있습니다.

마태는 아브라함부터 예수님까지 41명의 이름을 기록한 반면, 누가는 57명을 기록했습니다. 그런가 하면 다윗으로부터 예수님까지 스알디엘과 스룹바벨 등 단 두 명의 이름만 일치합니다. 어쩌면 이 이름들조차 동명이인일 가능성이 있습니다. 또한 가장 확실한 차이는, 마태복음에서는 다윗의 혈통이 솔로몬으로 이어지고, 누가복음에서는 나단으로 이어집니다. 아울러 마태복음의 족보를 보면 예수님의 조부가 야곱으로 되어 있고, 누가복음에는 헬리라고 되어 있습니다.

이런 차이들을 어떻게 조화시킬 수 있을까요? 그동안 여러 가지 설명들이 시도되었는데 그중 가장 그럴듯한 설명은, 마태복음에는 요셉의 친가 쪽 족보가 기록되어 있고, 누가복음에는 요셉의 처가 쪽, 즉 마리아의 족보가 기록되었다는 것입니다. 말하자면 요셉이 무남독녀인 마리아와 결혼해 헬리의 데릴사위가 되어, 헬리의 아들로서 법적 상속인이 되었다는 뜻입니다. 그래서 요셉이 법적으로 헬리의 아들이 되었다는 것입니다. 당시는 아들이 없는 경우 데릴사위를 아들로 삼는 일이 빈번했습니다.

그러면 누가는 왜 예수님의 족보를 여기에 기록했을까요? 그 답을 23절에서 찾을 수 있습니다. "예수께서 가르치심을 시작하실 때에." 지금이 예수님이 공사역을 시작하실 시점으로, 예수님을 공적으로 소개할 때가 되었기 때문입니다. 여기서 '시작'이라는 단어가 중요합니다. 지금껏 누가는 예수님에 대해서 기록해 왔습니다. 누가만 우리에게 전해 준 정보들도 많습니다. 특별히 예수님의 탄생과 어린 시절에 얽힌 이야기들은 누가가 전해 주지 않았다면 우리가 전혀 알 수 없었던 이야기들입니다. 혹 같은 이야기라도 누가를 통해 더 상세하게 알게 된 내용도 있습니다.

그러나 누가는 지금부터 예수님을 본격적으로 소개하려고 합니다. 공적으로 소개하려다 보니 족보를 들고 나온 것입니다. 당시 유대 사회에서는 누군가가 어떤 신분의 사람인지를 보여 주는 중요한 근거로 족보를 사용했습니다. 그렇다면 우리의 과제는 무엇입니까? 누가가 소개하는 예수님이 누구이신지를 함께 살펴보는 일입니다.

누가복음 족보에 기록된 예수님은 누구이신가

공사역을 시작하실 때 예수님의 나이는 30세

첫째, 누가는 족보를 통해서 예수님이 공사역을 시작하실 때의 나이를 언급했습니다. 우리는 공사역 시작 당시 예수님의 나이에 대해서는 사복음서 중에서 오직 누가가 기록한 정보에만 의존하고 있습니다. 누가는 의사인 데다 역사가적인 안목을 가졌기에 예수님의 나이를 언급한 것입니다.

서른이면 유대의 율법에 따라 한 사람이 제 역할을 감당할 수 있게 된 나이입니다. 레위인의 경우 30세가 되면 정식 제사장으로서 임무를 수행했습니다. 민수기 4장 3절에는 봉사하는 연령층이 "삼십 세 이상으로 오십 세까지"로 기록되어 있습니다. 또한 30세는 다윗이 이스라엘을 다스리는 왕이 되었을 때의 나이이기도 합니다(삼하 5:4). 그러므로 예수님이 공사역에 착수하실 때가 30세쯤 되셨다는 것은 유대 전통에 비추어 볼 때 조금도 이상할 것이 없습니다.

30대 성도들에게 권면합니다. 어떤 교회 봉사에서도 더 이상 어린 사람처럼 처신하지 맙시다. 한편 교회에서는 30대 성도를 더 이상 어린 사람 취급하는 풍조를 지양해야 합니다. 우리 구주 예수님이 사람이 할 수 있는 가장 큰일을 착수하신 나이가 30세였음을 기억하십시오. 그 나이의 성도들이 교회 일에 앞장을 서게 되면 그만큼 온 교회가 젊어지고 활기를 되찾을 수 있습니다. 하나님 나라가 더욱 신속히 확장될 수 있습니다.

예수님은 사람 가운데 한 분

둘째, 누가는 족보를 통해 "사람들이 아는 대로" 예수님의 가계를 기록했습니다. 그리하여 예수님을 사람 가운데 한 분으로 소개한 것입니다. 인류 가운데 예수님의 위치를 확정 지은 것입니다. 예수님은 요셉이 마리아와 동침하기 전에 성령으로 잉태되셨기에 출생에 의한 요셉의 아들은 아니십니다. 그럼에도 "사람들이 아는 대로" 요셉의 족보 안에 그분의 정당한 위치가 있습니다. 유대 법에 따라서 예수님은 요셉 가정의 장자요, 상속자이십니다.

예수님은 인류의 구원자가 되기 위해 사람이 되셔야만 했습니다(딤전 2:5-6상). 예수님은 하나님이신 것과 동일하게 사람이시라는 것입니다. 족보가 바로 이 점을 보여 줍니다. 이 점은 족보가 예수님이 세례를 받으신 사건 이후에 위치하고 있다는 사실에서 더 잘 알 수 있습니다. 왜 예수님이 죄 사함이 필요하지 않은 당신을 죄 사함의 세례를 받는 자리에 내어 놓으셨습니까? 당신이 구원해야 하는 백성과 당신이 하나라는 사실을 아셨기 때문입니다. 지금 누가는 예수님의 족보를 기록함으로 그분이 하나님의 아들이실 뿐 아니라 인류의 한 사람임을 밝힌 것입니다.

예수님은 족보에 기록된 대로 아담의 후손이요, 우리와 똑같은 사람이셨습니다. 사람이 되셔야만 중보자적인 역할을 하실 수 있었습니다. 예수님은 당신의 백성의 죄를 담당하기 위해 백성과 하나가 되셨습니다. 백성의 죄를 친히 담당하는 구원자는 백성과 하나 되어 백성의 처지를 잘 이해해야 했습니다(히 4:15-16). 예수님은 우리의 모든 연약함을 다 경험해 보셨기에 우리를 도울 수 있는 분이십니다. 그러므로 우리는 "긍휼하심을 받고 때를 따라 돕는 은혜를 얻기 위하여 은혜의 보좌 앞에 담대히"(히 4:16) 나아갈 수 있습니다.

예수님은 하나님의 아들

셋째, 누가는 족보를 통해서 역설적으로 예수님이 하나님의 아들이시라는 사실을 알려 주었습니다. "사람들이 아는 대로는"이라는 말씀은 사람들은 그렇게 알고 있지만 실상은 누구이신지를 암시한 것입니다. 누가가 이 족보를 배치한 자리를 다시 한 번 생각해 보십시오. 예수님이 세례를 받으신 후 하늘이 열리고 하나님이 "너는 내 사랑하는 아들이라 내가 너를 기뻐하노라"(눅 3:22)라고 선언하셨습니다. 그 후 족보가 등장한 것입니다.

뿐만 아니라 족보 이후 예수님은 광야에서 시험을 받으시는데, 시험하는 자가 찾아와서 "네가 만일 하나님의 아들이어든"이라고 말하며 공격했습니다. 예수님은 당신이 하나님의 아들이라는 사실을 이미 알고 계셨으나 사탄은 집요하게 그 점을 공격했습니다. 하나님의 아들이라는 확신이 없으면 주님의 모든 사역이 끝장나 버릴 것을 알았기 때문입니다.

"사람들이 아는 대로는 요셉의 아들이니…"라는 여운이 있는 소개를 다시 한 번 기억하십시오. 사실 누가는 그의 복음서 처음 두 장에서 예수님이 누구이신지를, 특별히 그분이 하나님의 아들이심을 누누이 말한 바 있습니다. 천사의 수태고지와 엘리사벳과 사가랴의 축복과 천군 천사의 "지극히 높은 곳에서는 하나님께 영광이요 땅에서는 하나님이 기뻐하신 사람들 중에 평화로다"(눅 2:14)라는 노래 등을 떠올려 보십시오. 예수님은 하나님이 보내신 구원자이심이 틀림없습니다. 그렇기에 누가는 넌지시 '사람들이 아는 대로는 요셉의 아들'이라고 말한 것입니다.

예수님은 아담과 대조되는 하나님의 아들

넷째, 누가는 족보를 통해 예수님이 아담과 대조되는 하나님의 아들이심을 알려 줍니다. 누가의 족보는 마태의 족보와 스케일이 다릅니다. 마태가 기록한 족보는 아브라함까지만 예수님의 계보를 추적해 올라갑니다. 그러나 누가는 예수님으로부터 시작해 다윗과 아브라함과 인류의 첫 사람 아담에게까지 거슬러 올라갑니다. 아니, 아담에서 끝나지 않고 하나님에게까지 소급합니다.

누가는 하나님의 아들로서 아담에게까지 거슬러 올라감으로 하나님의 불순종하는 아들 아담(첫째 아담)과 대조적인 하나님의 순종하는 아들로서 예수님(둘째 아담)의 모습을 그리고 있습니다. 물론 누가의 기록에 '첫째 아담', '둘째 아담'이라는 표현이 두드러지게 나오지는 않습니다. 우리는 예수님이 인류의 대표이자 제2의 아담이시라는 표현을 바울 서신을 통해 확인할 수 있습니다(롬 5:12-21; 고전 15:20-28, 45-49 참조).

인류의 첫 사람 아담은 낙원에서 시험을 받았을 때 실패했습니다. 그러나 제2의 아담이신 예수님은 시험을 이기셨습니다. 그러므로 다시 말하지만, 누가의 족보에 이어서 예수님의 광야 시험 기사를 배치한 것은 의미심장합니다. 이제 예수님은 순종하는 아들들로 구성되는 새로운 공동체를 인류 역사에 열어 가실 것입니다.

거슬러 올라가 보면, 혈육을 가지고 태어난 인간은 모두 다 첫 사람 아담에 연결되어 있습니다. 동시에 그리스도인들은 둘째 아담이신 예수님과 연결되어 있습니다. 첫 사람에게는 혈연적, 육신적으로 연결되어 있고, 둘째 사람에게는 신앙적, 영적으로 결속되어 있습니다.

때로 우리 안에 죄성이 꿈틀거리지만 그리스도로 말미암는 새 생명은 승리할 수밖에 없습니다. 아니, 정확히 말하면 그리스도 예수 안에는 결코 정죄함이 없습니다. 새사람 예수님이 주시는 생명의 성령의 법이 옛 사람 아담 안에 있는 죄와 사망의 법에서 우리를 해방시켰습니다. 우리의 육신 안에 있는 죄성으로 말미암아 할 수 없는 그것을 하나님이 성취하셨습니다. 사람에게는 불가능하지만 하나님에게는 가능합니다. 하나님이 어떻게 이를 성취하셨습니까? 하나님은 아들 예수 그리스도를 죄 있는 육신의 모양을 가진 사람으로 보내서서 그 육신에 죄를 담당하심으로써 우리에게 새로운 생명을 주셨습니다.

이제 그리스도인들은 아들의 영으로 새로운 삶을 살아가는 새로운 인류요, 새로운 피조물입니다. 새로운 사람은 하나님의 뜻대로 살기로 결단하는 사람입니다. 이제 유혹에 넘어지는 옛 사람의 발자취를 좇아가는 대신 죽기까지 순종하신 새사람, 예수님의 걸음을 따라가십시오. 둘째 아담 예수로 말미암은 새로운 계보(소속)에 어울리는 삶을 함께 살아가십시오.

예수와 온 인류의 관계

마지막으로, 누가는 족보를 통해 예수님과 온 인류의 관계를 보여 주었습니다. 마태는 누가와 달리 족보를 맨 앞자리에 배치해 구약과 신약 혹은 이스라엘 민족이 예수님과 직접 연결되어 있음을 강조했습니다. 마태는 그의 복음서를 유대인을 위해서 기록했습니다. 마태에게는 예수님이 유대인의 왕으로 오셨다는 사실이 중요했기에 "아브라함과 다윗의 자손 예수 그리스도의 계보라"(마 1:1)라는 선언으로 마태복음의 족보를 시작했습니다.

그러나 누가는 그의 복음서를 쓰면서 이방인들을 염두에 두었습니다. 누가는 예수님의 족보를 인류의 첫 사람 아담까지 소급함으로써 예수님이 아브라함의 자손만을 위하시는 분이 아니라 온 인류를 위한 구주이심을 강조했습니다. 예수님의 이야기를 온 인류의 이야기로 만들어 간 것입니다. 이처럼 누가의 관심은 예수님과 온 인류의 관계입니다.

누가는 예수님이 세계적인 의미를 가지신 분이고, 그분의 탄생이 온 인류와 관계가 있다는 사실을 역설했습니다. 예수님의 탄생은 온 백성에게 미치는 큰 기쁨의 좋은 소식이요, 주의 구원은 하나님이 만민 앞에 예비하신 것이요, 그분은 이방을 비추는 빛이시요, 주의 백성 이스라엘의 영광이라고 소개했습니다. 우리의 족보는 예수님의 족보처럼 아담에게까지 거슬러 올라가야 합니다. 아담 이상은 하나님이시라고 선언해야만 하겠습니다.

○

우리는 누가가 기록한 족보를 통해서 예수님이 참 사람이자 참 하나님이신 것을 알 수 있습니다. 그분이 참 하나님이자 사람이 되신 것은 하나님과 사람 사이에 중보자가 되시기 위함입니다. 새사람 아담 안에서 모든 인류는 하나입니다. 그러므로 우리는 함께 타락했습니다. 그렇기에 우리는 두 번째 아담이신 예수 그리스도를 통해 회복되었을 때 우리의 혈연관계인 인류를 생각해야만 합니다. 그것이 선교를 위한 부르심입니다. 죄로 인한 인생의 비참한 처지를 보고 돌아보는 마음을 가지십시오. 그것이 인류를 한 혈통으로 창조하신 하나님 아버지의 마음입니다. 예수님은 모든 인류의 구속자이십니다. 그러므로 울려 퍼지는 나팔 소리와 같은 명령에 귀를 기울여 보십시오. "너희는 가서 모든 민족을 제자로 삼아"(마 28:19).

4부

예수, 시험받으시고 사역을 시작하시다

39.

시험받으신 예수 (4:1-13)

///

이 장의 본문은 예수님이 시험받으신 이야기입니다. 아마 이 이야기는 예수님이 친히 제자들에게 말씀해 주셨기에 기록으로 남았다고 추측됩니다. 이 이야기는 예수님이 친히 당하시고 누구도 함께하지 않은, 예수님의 생애 가운데 사역의 첫걸음을 내딛기 전에 있었던 일입니다. 여기서는 시험받으신 예수님에 대해서 전반적으로 살펴보도록 하겠습니다. 어떤 본문을 대하든 늘 살펴야 하는 것은 문맥입니다. 이 본문은 예수님이 요단 강에서 세례를 받으신 사건에 이어서 나옵니다.

누가복음 4장 1절은 "예수께서 … 요단 강에서 돌아오사"라고 말함으로써 우리로 하여금 앞선 3장 21-22절의 사건을 다시 한 번 생각하도록 합니다. 다시 말해, 예수님이 요단 강에서 세례 받으신 사건을 통해 전하고 싶은 메시지가 광야에서 시험 받으신 사건에도 그대로 나옵니다. 두 기사는 공통으로 성령에 관해서 말합니다. "성령이 비둘기 같은 형체로 그의 위에 강림하시더니"(눅 3:22), 그 결과 "예수께서 성령의 충만함을 입어 요단 강에서"(눅 4:1) 돌아오셨습니다. 이처럼 두 구절은 연결됩니다. 하나님 아버지가 성령으로 아들을 새 임무에 준비시키셨습니다. 그리고 본문은 성령의 이끌리심을 받아 광야로 오신 예수님이 어떻게 마귀의 시험을 이기셨는지를 보여 줍니다.

성령으로 충만하사 시험받으신 예수님

4장 1절 하반 절과 2절 상반 절을 연결해서 읽으면 다음과 같습니다. "성령에게 이끌리시며 마귀에게 시험을 받으시더라". 우리는 흔히 성령 충만하지 못한 결과 시험을 받는다고 생각합니다. 따라서 얼핏 생각하면 이해가 잘 안 됩니다. 그처럼 성령으로 충만하신 분이, 그처럼 성령의 이끌리심을 받는 분이 동시에 마귀에게 시험을 받으신다니 말입니다. 물론 성령 충만하지 못해 시험에 들기도 하지만, 이 사건은 예수님이 성령 충만해 하나님의 메시아로서의 능력을 구비하셨기에 마귀가 도전한 것입니다. 말하자면, 우리가 영적으로 연약한 상태에도 사탄이 도전해 오지만, 우리가 영적으로 강건해졌을 때도 그에 맞는 강도의 시험이 따라오는 것입니다. 마귀의 도전은 우리의 영적 성숙도에 맞춰서 옵니다.

이 시기는 예수님의 생애에 있어서 결정적인 마귀의 유혹을 받으신 기간입니다. 이제 메시아로서 자격이 있는지를 결정지을 것입니다. 따라서 예수님이 성령으로 충만해지셨기 때문에 마귀의 시험을 받으셨다고 풀어서는 잘못입니다. 그렇게 인과 관계를 맺어서는 안 됩니다. "성령에게 이끌리시며 마귀에게 시험을 받으시더라"라는 말씀은 이 이야기를 전체적으로 표현한 말씀입니다. 즉 예수님은 성령의 이끌리심을 받았기 때문에 그 시험에서 승리하셨다는 것과 관련을 가져야만 합니다. 예수님은 승리자로서 마귀에게 승리하신 분으로 초두부터 당신을 나타내셨습니다. 마귀의 여러 가지 시험들 중 대표적인 세 가지가 기록되어 있는데, 다 실패로 돌아갔습니다.

요단 강에서 성령이 강림하셔서 예수님은 성령으로 충만해지셨습니다. 그리고 광야에서 시험을 이긴 후 예수님은 성령의 능력으로 갈릴리에 돌아가 당신의 사역을 본격적으로 착수하셨습니다(눅 4:14). 이것이 본문의 앞뒤 문맥입니다. 예수님은 갈릴리에 돌아가 가난한 자들에게 복음을 전파하시고, 포로 된 자들에게 해방을 선포하셨으며, 눈먼 자들로 하여금 보게 하시고, 눌린 자들로 하여금 벗어나게 해 주시며, 모든 사람에게 하나님의 은혜의 해를 선포하셨습니다. 누가는 그 사역의 초두에서부터 예수님을 마귀를 이기신 분으로, 승리자로 부각시킨 것입니다.

예수님은 그날 이후부터 지금까지 사탄을 이기시는 분입니다. 우리가 그리스도 예수에게 속해 있을 때 우리를 제어할 수 있는 능력은 세상에 없습니다. 눈에 보이는 세력이든, 눈에 보이지 않는 세력이든, 그 어떤 세력도 우리가 하나님에게 속해 있을 때 우리를 어찌할 수 없습니다.

시험받으신 예수님

우리가 시험받으신 예수님에 대해 전반적으로 살필 때 특별히 다음 몇 가지 사실을 유의해야 합니다.

신자의 삶에는 성령의 인도하심과 마귀의 시험이 뒤따른다

첫째, 예수님의 경우와 마찬가지로 신자의 삶에도 성령의 인도하심과 사탄의 시험이 항상 있다는 사실입니다. 우리가 예수님을 믿기 전에는 성령의 인도하심도 받지 못했고, 사탄의 시험과 유혹도 느끼지 못했습니다. 우리는 고스란히 사탄의 수중에 있는 죄의 종으로서 어두움 속에 살았습니다. 그러나 우리가 하나님 나라에 옮겨지는 순간부터 우리는 하나님의 영의 인도하심과 함께 사탄의 공격을 받습니다. 하나님이 우리에게 메시지를 듣도록 하시는 동시에, 그 하나님의 음성을 듣지 못하도록 사탄이 교란 작전을 펼치는 것입니다.

우리가 살고 있는 세대는 항상 눈에 보이는 것만을 중시하며 그것만이 실제라고 생각합니다. 그러나 성경은 눈으로 볼 수 없는 영의 세계가 존재한다고 말합니다. 보이는 현상과 함께 보이지 않는 현상 및 우리 인생을 속박하고 있는 악의 세력은 실제로 존재합니다. "만물이 그에게서 창조되되 하늘과 땅에서 보이는 것들과 보이지 않는 것들과 혹은 왕권들이나 주권들이나 통치자들이나 권세들이나 만물이 다 그로 말미암고 그를 위하여 창조되었고"(골 1:16).

따라서 우리는 모든 관계의 배후에 악의 영들이 활동하고 있다는 것을 알아야 합니다. "우리의 씨름은 혈과 육을 상대하는 것이 아니요 통치자들과 권세들과 이 어둠의 세상 주관자들과 하늘에 있는 악의 영들을 상대함이라"(엡 6:12)는 사실을 알아야 합니다. 성경은 "하나님의 전신 갑주를 취하라"(엡 6:13상)고 말합니다. 이는 악한 날에 우리가 능히 대적하고 모든 일을 행한 후에 서기 위함입니다(엡 6:13하).

신자의 삶은 성령의 인도하심과 사탄의 유혹을 떠나서는 결코 생각할 수 없습니다. 13절은 "마귀가 모든 시험을 다 한 후에 얼마 동안 떠나니라"라고 말합니다. 예수님조차도 그분 생애의 중요한 고비마다 사탄이 재도전했음을 알 수 있습니다. 이처럼 우리는 사탄의 소리가 들리는 지경을 여전히 걷고 있습니다. 그러나 성령의 인도하심만 따라 걸으면 넘어질 위험이 없습니다. 악한 자가 우리에게 손을 댈 수가 없기 때문입니다.

신자는 성령의 인도하심을 받는 사람이다

둘째, 신자는 당연히 하나님의 영의 인도하심을 받는 자라는 것입니다. 사도 바울은 "무릇 하나님의 영으로 인도함을 받는 사람은 곧 하나님의 아들이라"(롬 8:14)라고 말했습니다. 여기서 '무릇'은 '예외 없이', '원리적으로 말해서'라는 뜻입니다. '하나님의 아들'의 정의는 하나님의 영의 인도하심을 받는 자입니다. 누구든지 그리스도의 영이 없으면 그리스도의 사람이 아닙니다. 그리스도의 영을 좇아 행할 때 궁극적인 승리가 보장되어 있는 자가 바로 신자입니다.

하지만 그 궁극적인 승리를 쟁취할 때까지 험난한 과정이 있지 않습니까. 그 길을 걸어가는 동안 사탄은 우리를 공격해 우리로 하여금 비참한 그리스도인의 삶을 살게 할 수 있습니다. 그러나 궁극적인 승리는 예수 그리스도 안에 있는 자의 것입니다.

바울 사도는 우리에게 "근신하라 깨어라 너희 대적 마귀가 우는 사자같이 두루 다니며 삼킬 자를 찾나니 너희는 믿음을 굳건하게 하여 그를 대적하라"(벧전 5:8-9)고 합니다. 우리는 매 순간 깨어 있어야 합니다.

또한 그리스도인은 성령의 능력 주심으로 하나님에게 전적인 순종을 할 수 있는 자입니다. 이전과는 다릅니다. 과거에는 생각나는 것이 죄악이요, 행하는 것이 범죄였습니다. 삶의 한순간도 하나님을 기쁘시게 할 수 없었습니다. 그러나 이제 하나님을 기쁘시게 할 수 있는 영역으로 방향이 전환되었습니다. 예수님을 믿을 때 바뀐 것은 하나님의 성품을 받은 것입니다. 우리는 하나님의 성품을 받았기 때문에 하나님이 좋고 하나님에 관한 것이 귀하게 여겨집니다.

그러므로 하나님을 사랑한다는 고백을 하고 나서 죄짓는 사람은 어리석은 자입니다. 우리는 죄를 이길 수 있는 자들입니다. 우리는 실패해야 할 이유가 없는 자들입니다. 성령의 능력 주심으로 하나님에게 순종할 수 있는 자들입니다. 하나님의 뜻을 순종함으로써 날마다 거룩한 삶을 살 수 있게 된 것이 신자의 새 신분입니다. 하나님은 우리를 죄에서 건져 내실 때 우리를 괴롭히던 죄를 능히 이길 수 있는 승리자 이상으로 만드셨습니다. 우리 가운데는 예수 그리스도를 죽음에서 살리신 그 동일하신 하나님의 전능한 능력이 약동하고 있습니다.

성도들의 문제는 자신이 누구인지를 모르고 있다는 것입니다. 우리는 사람이지만 사람 이상입니다. 우리는 사람의 아들로 태어났지만 이제 하나님의 아들로 변화되었습니다. 하나님의 아들의 능력을 갖게 되었습니다. 지금은 승리할 수도 있고 실패할 수도 있는 상황으로 옮겨졌으나, 장차 모든 상황을 이길 수 있는 사람으로 바뀔 것입니다. 그리스도가 오시면 지금 가능성으로 주어져 있는 것이 완전하게 현실화될 것입니다.

우리는 지금 우리에게 주어진 능력을 활용할 수 있는 단계에 옮겨졌습니다. 이제는 죄의 욕망대로 살아서 죽음에 이를 필요가 없습니다. 이제는 하나님의 뜻대로 살아서 영생에 이를 자들이 우리입니다.

이제 우리는 우리의 눈, 코, 입, 귀, 손 등 우리 모든 지체를 하나님을 섬기는 데 써야 합니다. 우리는 순종하는 자녀가 되기 위해서 세례 서약을 했습니다. 하나님의 영을 따라 살기로 작정한 것입니다. 다시 자기 능력대로, 자기 꾀대로 살려고 하면 실패합니다. "하나님이 아니면 정말 안 되겠습니다" 하며 하나님만 붙들 수 있도록 하나님은 우리에게 계속 난제들을 보내실 것입니다. 그리하여 우리로 하여금 전적으로 하나님만 붙들 수 있도록 몰아가십니다. 광야가 신자를 훈련하기 좋은 장소인 이유는 도움이 하나님에게밖에 없기 때문입니다. 전적으로 하나님만 바랄 수 있도록 하나님은 우리를 훈련시키실 것입니다.

○

누가는 "예수께서 … 성령에게 이끌리시며 마귀에게 시험을 받으시더라"(눅 4:1-2)라고 기록했습니다. 한편 마가는 "성령이 곧 예수를 광야로 몰아내신지라"(막 1:12)라고 했습니다. 예수님은 성령에 이끌리시는 한편, 마귀에게 시험을 받으셨습니다. 신자의 삶은 성령에 이끌리는 동시에 사탄의 유혹을 떠나서는 생각할 수 없습니다. 그러나 우리는 그리스도의 승리를 통해서 성령으로 승리하는 삶을 살도록 부르심을 받은 그리스도인입니다. 성령 충만은 우리를 사탄의 공격으로부터 면해 주는 것이 아니라, 사탄의 공격을 승리로 이끌 수 있도록 하는 하나님의 능력입니다. 일마다 때마다 성령에 이끌려 살아가는 그리스도인의 삶을 살아가기를 바랍니다.

40.

광야에서 40일 (4:1-13)

이 장에서는 예수님이 시험을 받으신 특정 장소와 특정 시간이 함축하고 있는 메시지를 살펴보겠습니다.

광야에서 시험받으신 예수님

광야는 하나님만 바라는 곳

우선 예수님이 시험받으신 장소에 대해서 먼저 생각해 봅시다. 왜 하나님은 예수님을 광야에서 시험받게 하셨을까요? 성경에는 '요단 강에서 돌아온 광야'라고만 기록되어 있습니다. 그래서 어떤 사람들은 여리고와 예루살렘 사이에 있는 어떤 광야라고 추측하는데, 우리는 정확한 장소를 추측하기보다는 광야가 어떤 곳인지에 대해 생각해 볼 필요가 있습니다.

광야는 어떤 곳입니까? 새번역 성경은 '광야'를 '빈 들'로 번역하고 있습니다. 유대 광야는 대개 돌이 많습니다. 마귀는 그런 곳에서 예수님에게 "이 돌들에게 명하여 떡이 되게 하라"(눅 4:3)고 도전했습니다. 이처럼 광야는 40일 동안 금식하신 예수님에게는 첫 시험의 장소로 적합한 환경이었습니다. 지천으로 흩어져 있는 돌들이 떡덩이로 보일 만한 곳이었습니다. 가끔 돌 사이에 가시덤불이나 잡목이 있고, 비가 내린 후에는 여기저기 앉을 만한 풀밭이 생겨나는 곳이 광야입니다. 물론 광야에는 웅장한 건물도, 번잡한 거리도, 웅성거리는 사람도 없습니다. 사람이 살지 않는 외진 곳을 일컬어 광야라고 말합니다. 오직 적막감만이 온 누리를 채우는 곳입니다. 울창한 숲이 없을 뿐만 아니라 재잘거리며 흐르는 시냇물조차 없는 메마른 땅을 광야라고 부릅니다. 먹을 만한 나무 열매도 없고, 마실 만한 물조차 구하기 쉽지 않은 곳입니다. 간혹 덤불 사이를 기어 다니는 작은 들짐승이나 하늘을 나는 독수리 외에는 생명의 흔적을 쉽게 찾을 수 없는 곳입니다.

마가는 "성령이 곧 예수를 광야로 몰아내신지라 광야에서 사십 일을 계시면서 사탄에게 시험을 받으시며 들짐승과 함께 계시니 천사들이 수종들더라"(막 1:12-13)라는 단 두 절로써 누가의 열세 절의 기록을 요약했습니다. 광야에 계신 40일 동안 예수님은 들짐승과 함께 계셨다고 마가는 말합니다. 광야는 항상 삶의 위협이 느껴지는 곳입니다. 어느 때라도 마귀가 시험할 수 있는 장소입니다. 그렇기에 먹을 것과 마실 것을 주시는 하나님을 신뢰한다는 것을 매 순간 재확인해야 하는 곳입니다. 인간적으로 보면 처절하게 절망적인 곳이지만, 하나님의 관점에서 보면 하나님이 당신의 백성을 단련시키시기에 가장 적합한 장소입니다.

구약성경에서 하나님은 당신의 백성을 훈련시키는 곳으로 광야를 선택하셨습니다(출 16:3; 신 8:2-3). 하나님이 그들로 주리게 하시며 날마다 만나를 먹이신 이유는 생명을 부지시키는 분이 하나님이심을 확인시켜 주시기 위함입니다. 그들의 삶은 하나님의 손안에 있다는 것을 뼈저리게 느끼도록 훈련시키신 장소가 광야인 것입니다. 하나님은 이스라엘 백성이 매일 아침 하나님에게 나아와 영적인 만나를 거두도록 하셨습니다. 우리의 영적인 양식도 마찬가지입니다. 하나님과의 관계는 어제 좋은 관계였다고 해서 오늘 그 관계로 살 수 있는 것이 아닙니다. 인격적인 관계이기에 매일 확인되어야 합니다. 하나님은 우리와의 관계를 이처럼 친밀하게 유지하고 싶어 하십니다. 그래서 우리를 광야로 보내십니다. 인간으로부터의 모든 소망을 끊고 오직 위에 계신 하나님을 바라는 곳이면 그곳이 우리의 광야입니다.

우리가 걷는 광야

하나님은 우리를 인도하실 때 때로는 광야의 노정을 통과하게 하십니다. 아니, 정확히 말하면 우리의 가장 행복한 순간, 가장 풍요한 순간이라 하더라도 지금 걷고 있는 곳은 아직도 광야라는 사실을 명심해야 합니다. 약속된 땅에 이미 들어간 것이 아닙니다. 때로 하나님은 미련한 우리가 그 사실을 분명히 확인하도록 강권하십니다. 우리의 목은 너무 곧아서 마지막 도움의 손길까지 문을 두드려 보고 그 방법마저 막히고 나서야 하나님 앞에 나아와 무릎을 꿇습니다. 하나님은 우리를 사랑하시기 때문에 때로 전후좌우를 다 막아 버리실 때가 있습니다. 그래서 우리 눈이 전능하신 하나님, 주시기에 풍요하신 하나님, 꾸짖지 않으시고 후하게 주시는 하나님을 바라보도록 하십니다. 그때가 하나님이 우리를 끔찍이 사랑하심을 나타내시는 때입니다.

아무리 생각해도 앞뒤좌우가 막막해지면 그곳이 광야요, 그때는 하나님을 바라보고 그분 앞에 고개를 숙여야 합니다. 사람의 수단이나 지혜로는 안 되는 한계 상황에 부딪혔을 때 하나님을 향해서 부르짖어 보십시오. 하나님이 들어 주십니다. 우리의 귀를 지으신 하나님은 우리가 부르짖는 소리를 들으시는 분입니다. 하는 데까지 다 해보아서 이제는 생을 포기하는 것이 마지막 답이라고 생각될 그때에도 하나님을 찾아보십시오. 하나님이 들으십니다. 하나님의 지혜가 우리의 훈련장으로 택한 곳이 광야입니다. 어느 누구도 우리를 도울 수 없는 극한 상황, 오직 전능하신 하나님에게 삶 전부를 거는 곳이면 어디든 그곳이 우리의 광야입니다.

하나님이 귀히 쓰신 특별한 종들을 훈련시키신 장소가 바로 광야입니다. 광야는 모세가 40년 동안 훈련받은 곳이고, 엘리야가 사십 주야를 걸어갔던 곳이며, 세례 요한이 하나님의 백성에게 나타나기까지 준비하던 곳이고, 예수님이 인류의 메시아로서 임무를 수행하시기 직전에 마지막 시험을 당하신 곳입니다.

광야는 하나님이 우리를 시험하시는 곳입니다. 광야는 하나님이 우리의 마음을 낮추시는 곳입니다. 광야는 하나님이 우리의 마음을 저울질하시는 곳입니다. "이런 상황에서도 네가 나를 사랑할 것이냐?" 하고 물으시는 곳입니다. 우리로 하여금 하나님의 말씀이 우리에게 생명임을 확인시켜 주는 곳이 광야입니다. 이스라엘 백성은 출애굽 당시 홍해를 건넌 후 사나흘은 신이 나서 노래하며 춤을 추었습니다. 그러나 물과 양식이 떨어지면서 '아, 여기가 광야구나' 하고 절감하게 되었습니다.

광야에서의 신앙 고백

이 세상을 영주할 안식처로 여기며 살고 있습니까, 아니면 순례자의 행로로서 여기고 있습니까? 세상이 주는 죄악의 낙에 도취되어 살고 있습니까, 아니면 하나님의 백성과 함께 걷는 고난의 걸음을 택하고 있습니까?

세상은 잠깐이면 지나가는 곳이며 다음 노정을 위해 하나님이 시험하시는 곳이지, 우리가 정주할 곳이 아닙니다. 이 세상은 터를 넓게 잡고 큰 기둥을 세우는 곳이 아닙니다. 하나님은 재물을 우리에게 맡겨 주기도 하고 거두어 가기도 하십니다. 세상은 맡겨 주신 재물로써 하나님을 섬기는지, 하나님이 거두어 가시는 가운데서도 하나님을 찬송하는지 시험하시는 곳입니다.

우리는 우리 자신이 누구이며 어디에 있는지를 알아야 합니다. 우리는 광야에 있는 하나님의 백성입니다. 그러니 허튼 생각하지 말고 하나님의 선하심과 인자하심에 대한 신앙을 날마다 새롭게 하십시오. 하나님의 백성의 신실성은 광야라는 극한 상황에서 확인됩니다. 어려울 때 드리는 찬양이 진가를 발휘합니다.

구약뿐 아니라 신약성경 요한계시록에서도 하나님이 교회를 훈련시키는 장소로 예비하신 곳이 광야라고 말합니다. 성도들은 신구약을 막론하고 광야에서 주님을 섬기는 법을 배워 가는 사람들입니다. 신앙인들은 "비록 무화과나무가 무성하지 못하며 포도나무에 열매가 없으며 감람나무에 소출이 없으며 밭에 먹을 것이 없으며 우리에 양이 없으며 외양간에 소가 없을지라도 나는 여호와로 말미암아 즐거워하며 나의 구원의 하나님으로 말미암아 기뻐하리로다"(합 3:17-18)라고 고백합니다.

광야는 세상의 즐거움을 맛볼 수 있는 곳이 아닙니다. 오직 하나의 관심, 즉 하나님을 향한 관심만 가지고 오직 하나님에게 절대적으로 의존하도록 하는 곳이 광야입니다. 신앙생활의 전부가 저울대에 고스란히 올라가는 곳이 광야입니다. 도대체 예수 믿는다는 것이 무엇인지 곰곰이 다시 한 번 확인해 보지 않으면 안 되는 곳입니다. 하나님의 지혜가 예수님을 위해 택한 곳인 동시에 우리 한 사람, 한 사람을 위해 택한 곳이 광야입니다.

광야에서 40일

성경은 예수님이 시험받으신 기간을 40일로 규정하고 있습니다. 40이라는 숫자는 유대인들에게 특별한 의미를 가지고 있습니다. 노아의 홍수 당시 40일간 비가 내렸고, 모세는 40세에 동족을 기억했으며, 40주야 금식했고, 40년간 광야에 있었습니다. 엘리야는 40주야를 걸어갔습니다. 또한 예수님이 하나님과 더불어 전적으로 교제하기 위해 금식하고 매달리신 기간이 40일이었습니다.

무슨 의미입니까? 그 기간에는 시험이 극심하나 40일이 지나면 승리의 면류관이 기다리고 있다는 것입니다. 40일은 전적 순종이 시험되고, 전적 순종을 위해 훈련되는 기간입니다. 그러므로 신자의 삶은 항상 믿음과 순종을 배워 가는 기간이라는 것을 기억하십시오. 하나님은 우리를 죽음으로 끝장나는 보편적인 사람들의 대열에서부터 구출하셨습니다. 보통 사람들이 살듯이 살면 죽음으로 끝나 버립니다. 그러나 하나님은 거기서 돌이켜 새로운 지점을 향해서 걷도록 하셨습니다. 우리는 이 기간을 통해 순종하는 걸음을 배우고 하나님의 영광을 바라보면서 즐거운 삶으로 인도됩니다.

지금 주어진 시간을 어떻게 인식하며 살고 있습니까? 모든 시험을 다 치른 듯이 허리끈을 풀고 안주하면 실패합니다. 날마다의 삶 속에서 '순종이냐 불순종이냐', '생명이냐 죽음이냐'를 놓고 투쟁하는 것이 오늘을 살아가는 성도의 삶의 의미입니다. 비신자들에게는 투쟁할 것조차 없습니다. 하나님의 진노가 그 위에 있으며, 돌이키지 않으면 멸망이 기다리고 있습니다. 그러나 신자들은 이미 돌이켰기 때문에, 이제는 돌이킨 방향대로 걸을 것인지, 아닌지 날마다 우리의 순종을 시험하는 나날들이 됩니다.

우리는 아직도 광야 40년을 걷고 있습니다. 우리가 이 세상에 있는 동안은 광야 40년의 기간이라는 점을 기억하십시오. 성경은 "우리가 하나님 나라에 들어가려면 많은 환난을 겪어야 할 것이라"(행 14:22)라고 말합니다. 하나님 나라에 도달하기 위해서 날마다 뒤를 돌아보지 않고 앞을 향해서 달려 나가는 것이 그리스도인의 삶입니다. 우리는 날마다 투쟁했던 과거에 만족하는 삶이 아니라 앞에 있는 것을 붙잡기 위해서 달려 나가는 사람, 어제보다 오늘 더 많은 순종을 하나님에게 드리는 사람이 되어야 합니다.

○

날마다 투쟁 속에서 전능하신 하나님의 도우심과 성령의 인도하심을 기다리며 성령 충만을 간절히 사모하면 광야에서도 기쁨과 소망의 샘물이 솟아날 것입니다. 우리가 하늘의 즐거움을 이 땅에서 지금 맛보지 못하는 이유는 여기가 광야이기 때문이 아니라, 우리가 지금 불순종하기 때문입니다. 전폭적인 순종을 하나님에게 드리지 않기 때문에 괴로운 것입니다.

내가 누구이며 무엇을 하는가에 대해 확인하십시오. 이것이 광야 생활에 있어서 중요한 관건입니다. 지금 내가 어디를 통과하고 있는지 신앙의 확인이 필요합니다. 우리 앞에 놓인 한 주간의 삶이 광야의 삶입니다. 이제는 불순종해 온 삶을 청산하십시오. 죄를 고백할 때 예수님이 용서해 주십니다. 아직도 십자가의 피는 유효합니다. 매일 순종을 향한 결단을 내리십시오. 성령의 몰아내심으로 광야로 나오신 중보자 그리스도를 바라보십시오. 살아 계신 그리스도와 함께 그리스도의 보혈을 의지하고 담대히 이 걸음을 내딛기를 바랍니다. 그리스도의 영이 우리를 매일 인도하실 것입니다.

41.

첫 번째 시험 (4:3-4)

지금까지 두 장에 걸쳐 예수님이 마귀에게 시험받으신 사건을 서론적으로 살펴보았습니다. 이제 본문에 대해서 본격적으로 나누어 보겠습니다. 세 가지 시험이라고 해서 주님이 그 기간에 시험을 세 번만 받으셨다는 의미로 이해할 필요는 없습니다. 어쩌면 세 가지 시험은 40일 동안, 아니면 40일이 끝날 즈음에 주님이 받으신 대표적인 시험일 수 있습니다. 40일 동안 예수님은 하나님과의 교제에 전념하기 위해 금식하고 계셨습니다. 이제 그 기간이 끝나 갈 즈음, 마귀는 예수님이 하나님과 함께 가지시는 은밀한 교제를 보면서 안달을 했을 것입니다. 그 내밀한 교제를 깨뜨리기 위해 마귀가 행한 첫 번째 시도가 본문에 기록되어 있습니다.

마귀의 간교함

첫 번째 시도를 살펴보면 마귀의 간교함이 드러나 있습니다. 마귀는 금식하는 사람의 치명적인 약점이 무엇인지를 알고 있었습니다. 어쩌면 흩어져 있는 돌들조차 떡으로 보이는 상황이 40일의 금식 기간이 끝나 가는 예수님의 형편이었는지 모르겠습니다. 사탄은 어떤 약점을 가지고 공격해야 하는지를 잘 알고 있습니다. 뿐만 아니라 마귀는 공격 대상이 누구든 상관없이 대담하게 공격합니다. 하나님의 아들이시며 요단강에서 성령으로 충만해 돌아오신 분을 공격할 정도니 그 누가 예외겠습니까.

예수님은 세례를 받으심으로 말미암아 당신을 죄인들과 동일시하셨습니다. 그분은 제2의 아담으로서 시험을 받으셨습니다. 첫 아담이 실패한 그 자리에 서셨습니다. 그런 예수님을 찾아온 마귀는 예수님으로 하여금 메시아로서의 사명을 감당하지 못하도록 부추겼습니다.

마귀의 궁극적인 목표는 오늘날도 불변합니다. 어떻게 해서든 하나님의 백성으로 하여금 아버지 하나님과의 관계에 대해서 의심하도록 하는 것입니다. "너는 내 사랑하는 아들이라 내가 너를 기뻐하노라"(눅 3:22)라는 하늘의 선언을 들으신 예수님이 얼마나 감격하셨을지 한번 상상해 보십시오. 육신의 귀로 들은 아주 놀랍고도 특별한 체험임에도 불구하고 마귀는 물고 늘어졌습니다.

마귀는 수단과 방법을 가리지 않습니다. 우리가 무언가 잘한다고 우쭐댈 때는 우리를 대단히 부추기다가 실패했을 때는 여지없이 짓밟아 비참하게 만들어 버립니다. 우리를 침체하게 만들기만 하면 마귀는 목적을 달성하는 것입니다. 교만하게 하든지, 절망하게 하든지 상관없이 우리가 넘어지기만 하면 마귀는 기뻐합니다.

예수님으로 하여금 메시아로서의 사명을 감당하지 못하도록 부추긴 마귀가 오늘도 우리를 찾아와서 우리로 하여금 하나님의 사랑을 의심하도록 유혹합니다. 예수님을 찾아와 "네가 하나님의 아들이냐"라고 속삭인 마귀가 오늘 신자의 귀에 똑같은 속삭임을 하고 있습니다. 그래서 한편 간교하기도 하지만 해묵은 수법을 계속 사용하기에 참 어리석기도 합니다. "네가 정말 하나님의 자녀냐? 그 모습을 한 너는 정말 중생한 사람이냐?" 하며 우리를 흔듭니다.

신자가 된 다음 이런 마귀의 속삭임을 들어 보지 않았다면 오히려 자신이 신자인지를 의심해 보아야 합니다. 마귀는 누구에게든 마찬가지 수법을 사용해 우리를 침체의 늪 속에 깊숙이 빠뜨리려고 시도합니다.

어떤 상황이든 우리가 하나님의 사랑받는 자녀라는 사실은 천지가 요동해도 절대 변하지 않는 사실입니다. 한평생 살면서 하나님이 우리를 사랑하신다는 사실을 잊지 않으면 환경이 어떠하든 우리는 낙심하거나 좌절하지 않습니다. 영적인 침체에 빠져들지 않습니다. 환경은 변할 수 있지만, 우리가 하나님의 사랑받는 자녀라는 신분은 변하지 않습니다.

인간의 기본적인 본능 앞에서

"이 돌들에게 명하여 떡이 되게 하라"는 것이 첫 번째 유혹인데는 이유가 있습니다. 사람의 여러 욕망 가운데 가장 원초적인 욕망은 식욕입니다. 에덴동산에서 마귀는 선악과를 먹음직하고(미각) 보암직하고 탐스럽게 보이도록 해서(시각) 본능적인 욕구를 자극했습니다. 첫 사람을 선악과로 패배시킨 마귀는 제2의 아담 되시는 예수님을 동일하게 먹는 문제를 가지고 유혹했습니다. 하나님의 아들로서의 능력을 가지고 있는데 무엇 때문에 배고프게 사냐는 것입니다.

예수님은 하나님의 아들로서 능력을 가지고 계십니다. "돌들로 떡을 만들어 먹으라"는 말은 그분에게는 유혹이 되지만 우리에게는 전혀 유혹거리가 되지 않습니다. 할 수 없는 일이기 때문입니다. 하지만 예수님은 무(無)에서 유(有)를 창조해 낸 전능하신 하나님의 아들이시기에 유혹이 됩니다. 예수님은 당신이 능력을 갖고 있다는 것을 알고 계셨습니다. 말하자면 마귀는 주어진 지위와 능력으로 하나님의 뜻을 이루는 대신 자기 욕망을 충족하는 데 쓰라고 유혹한 것입니다.

오늘 우리도 동일한 유혹을 받고 있습니다. 마귀가 우리에게 우리의 지위를 사용해 욕망 충족의 기회로 삼으라고 할 수 있습니다. "하나님이 주신 지혜와 능력을 가지고 네 배를 불리는 데 사용하라. 네 한 몸 보살피고, 네 가정이 잘되게 하는 데 쓰라"고 유혹할 수 있습니다. 은혜로 내가 나 된 것을 가지고 하나님의 뜻과는 관계없이 개인적 욕망만을 채우도록 마귀는 오늘도 부추깁니다. 그러나 우리의 뜻대로 하는 순간 하나님에게 불순종하게 되면서 하나님과의 관계가 깨어져 버립니다. 그때 우리는 하나님의 뜻을 이루는 데 실패합니다.

주님이 마귀의 유혹에 대처하신 방법

우리도 이러한 마귀의 유혹에 부딪히기 때문에 주님이 마귀의 유혹하는 말에 어떻게 대답하셨는지를 자세히 살펴볼 필요가 있습니다. 우리가 마귀의 유혹을 이길 수 있는 방법은 말씀에 대한 구체적인 지식입니다. "기록된 바 사람이 떡으로만 살 것이 아니라 하였느니라"(눅 4:4). 주님은 기록된 말씀으로써 응답하셨습니다. "말씀에 이미 기록되어 있기를", "하나님이 말씀하시기를"이라고 대답하시는 것이 주님의 방법입니다. 구체적인 말씀의 지식이 없으면 마귀의 시험을 당할 때 이겨 낼 수 없습니다.

'기록된 바'는 오늘날로 표현하면 '성경 몇 장 몇 절에서 하나님이 말씀하시기를'입니다. 그래서 신앙 훈련이 필요합니다. 신앙의 성숙은 햇수에 달려 있지 않고 훈련에 달려 있습니다. 말씀으로 잘 훈련받으면 기록된 말씀으로 즉각 대답할 수 있는 신앙인이 될 것입니다.

'기록된 바'란 '기록되어 있다'라는 의미로서, 변경할 수 없는, 이미 기록된 하나님의 말씀이라는 뜻입니다. 유혹자를 향한 주님의 대답을 한 글자, 한 글자 살펴보십시오. 예수님은 '사람이'라는 말로 대답을 시작하셨는데, 당신을 사람의 하나로 간주하신 것입니다. 사람 중에 대표로서, 사람을 대신해서 제2의 아담으로서 대답하셨습니다.

주님은 모든 면에서 우리와 같은 욕구를 가진 사람이셨습니다. 주님은 배고픔을 아시는 분으로서 40일 금식으로 어느 때보다도 욕망이 강렬한 때를 보내셨습니다. 그러나 주님은 "사람이 떡으로만 살 것이 아니라"라고 선언하심으로 본능적인 욕구를 절대화하기를 거부하셨습니다. 먹고 사는 것 자체가 사람의 목적일 수 없다는 것입니다. 본능적인 욕구 문제에 대해서 결단을 내리지 않고는 사람다운 삶을 살 수 없다는 것이 주님의 답변입니다. 이 결단 없이는 아무도 하나님의 사역을 할 수 없다는 의미입니다.

먹고사는 것 자체만을 목적으로 하는 사람은 살 가치가 없습니다. 오히려 생존은 하나님의 뜻을 이루는 기회로서 의미를 가집니다. 살았으나 죽은 자들이 세상에는 많이 있습니다. 산다는 것은 우리를 창조하신 아버지 하나님을 기쁘시게 해 드리는 기회가 될 때 의미가 있는 것입니다. 그럴 때 사는 것이 황홀해집니다.

하나님의 뜻을 이루는 삶

하나님의 뜻을 이루는 한 살아가는 이유가 있음을 분명히 할 때 비로소 거룩한 삶을 살 수 있게 됩니다. 즉 내가 하나님의 백성으로 거룩하게 살겠다고 하는 결단은 사는 것 자체를 목적으로 하지 않겠다고 할 때만 가능합니다. 하나님의 뜻을 이루는 것을 삶의 목적으로 삼을 때 비로소 순교가 가능해집니다.

이제부터 하나님의 입으로 나오는 모든 말씀으로 살 것이라는 결단을 내리십시오. 먹든지 마시든지 무엇을 하든지 다 하나님의 영광을 위하여 하십시오(고전 10:31). 살든지 죽든지 그리스도에게 영광을 돌리기로 결단하십시오(빌 1:20). 그래야 떡으로만 살지 않는 사람들의 자리에 설 수 있습니다. 내 삶을 통해서 그리스도 한 분만이 존귀히 되셔야 한다고 결단하는 사람의 입장은 분명합니다. "이는 내게 사는 것이 그리스도니 죽는 것도 유익함이라"(빌 1:21).

예수님의 경우를 생각해 보십시오. 한번은 제자들이 식사를 청하자 예수님은 "나의 양식은 나를 보내신 이의 뜻을 행하며 그의 일을 온전히 이루는 이것이니라"(요 4:34)라고 말씀하셨습니다. 밥만 먹는다고 사람이 아닙니다. 우리는 하나님의 말씀 앞에 정직하게 서야만 합니다. 주님은 세 끼 식사보다 당신을 세상에 보내신 하나님의 뜻을 이루는 것이 중요하다고 생각하셨습니다. 우리가 하나님의 뜻을 이루고자 작정하면 나머지는 아버지가 알아서 뒷감당해 주십니다. 자녀는 아버지의 뜻대로 살기로 결단만 내리면 됩니다. 이처럼 보내신 이의 뜻을 온전히 이루어 드리는 것이 예수님의 양식이었던 것입니다. 한 영혼, 한 영혼을 하나님에게 인도하는 것이 하나님에게는 일정한 식사보다도 중요하다는 의미입니다.

세상에 살 때 누구나 '무엇을 입고 무엇을 먹고 무엇을 마실까?'라는 생각을 하지 않을 수 없습니다. 그리스도인인 우리 역시 먹고살아야 합니다. 그러나 그 자체가 목적이 될 수는 없습니다. 다만 산다는 것은 하나님의 뜻을 이루는 기회로서 의미를 가집니다. 그리스도인들이 먼저 하나님나라와 그분의 의를 구하면 이 모든 것을 하나님이 그들에게 더해 주십니다(마 6:33). 하나님의 뜻대로 살기로 결단해 보십시오. 그러면 사는 데 하나도 부족함이 없습니다.

그리스도와 함께 죽고 함께 장사 지낸 바 된 자가 그리스도인입니다. 이제는 부활하신 그리스도와 함께, 부활하신 그리스도처럼 아버지의 뜻을 행하기 위해서 살겠다고 결단해야 합니다. 옛 사람과 그 행위를 벗어버리십시오. 욕망을 떨쳐버리십시오. 그래야만 하나님의 뜻을 준행할 수 있는 여지가 우리 삶에 보이기 시작합니다. 하나님의 뜻을 행하는 것을 일정한 음식보다도 중히 여기는 새 인류의 대열에 우리는 이미 참여했습니다. 우리는 사람은 떡으로만 살지 않는다는 확고한 결론을 내린 자들입니다.

ㅇ

우리는 새롭게 지으심을 받은 새로운 피조물입니다. 떡만 있으면 된다는, 돈만 있으면 된다는 유혹을 매일 받고 있지만, 우리는 우리 자신이 누구인지를 알아야만 합니다. 하늘 아버지에 대한 신앙이 확실하면 물질을 쌓지 않아도, 하나님이 매일 보장이 되어 주시면 살아가는 것입니다. 하나님이 우리의 삶을 책임져 주셨기에 지금까지 살아왔고, 앞으로도 우리는 살아갈 것입니다.

날마다 유혹에서 기도로 승리하는 자들이 되십시오. 성숙한 그리스도인이 되도록 간구하는 대열에 참여합시다. 하나님을 사랑하는 마음 때문에 모든 시험을 참고 이기는 자에게 하나님은 생명의 면류관을 약속하셨습니다(약 1:12). 이 생명의 면류관에 대한 약속은 우리 모두에게 유효합니다. 왜냐하면 하늘의 유업이 하나님의 뜻을 이루고자 소원하는 우리를 위해 하늘에 예비되어 있기 때문입니다. 부르짖는 기도로 승리하는 우리 모두가 되기를 바랍니다.

42.

계속된 시험 (4:5-8)

//

마귀의 첫 번째 유혹이 실패로 돌아갔지만 사탄은 순순히 물러서지 않았습니다. "마귀가 또 예수를 이끌고 올라가서"(눅 4:5). 마귀는 끈질긴 공격을 하는 데 있어 악명 높은 자입니다. 그의 공격 대상은 한 사람도 예외가 없습니다. 우리는 하나님의 자녀가 되는 순간부터 사탄의 공격 대상이 됩니다. 우리가 한 번 승리했다고 해서, 자기가 한 번 실패했다고 해서 포기하는 법이 없으므로 우리는 마귀가 다시금 공격해 올 것을 명심해야 합니다. 마귀의 유혹은 우리의 발이 세상을 딛고 서 있는 한 계속될 것이며, 사탄과의 싸움은 우리의 호흡이 남아 있는 한 이어질 것입니다.

또 예수님을 이끌고 올라간 마귀

두 번째 시험의 무대는 더 이상 광야가 아닙니다. 마귀는 예수님을 이끌고 올라갔는데, 어떤 이들은 광야에 있는 높은 산을 연상하기도 하고, 어떤 사람은 공중으로 데리고 올라갔다고 생각하기도 합니다. 그러나 문자적인 경험이라기보다는 은유적인 표현으로 생각하는 편이 타당할 것 같습니다. 세상의 어떤 높은 산에 올라간다고 해서 천하만국이 다 보일 수는 없기 때문입니다. 예수님의 눈앞에 일순간 보인 천하만국은 환상 가운데 보인 것이 틀림없습니다. 천하만국과 그 영광이 예수님에게는 매우 뚜렷하고 생생하게 다가왔습니다. 마귀는 예수님에게 세상 나라의 권세와 영화와 부를 한눈에 보여 주면서 약속했습니다.

세상 모든 권세와 영광은 먼발치에서 바라보는 사람들에게는 별 유혹이 되지 않을지 모르겠습니다. 문제는 손만 뻗치면, 마음만 먹으면 소유할 수 있는 자리에 이르렀을 때 우리에게 굉장한 유혹으로 다가올 수 있습니다. 두 번째 유혹을 살펴봅시다. "이 모든 권위와 그 영광을 내가 네게 주리라"(눅 4:6). 첫 번째 유혹처럼 단순히 무엇을 먹고사느냐의 문제가 아닙니다. 배고픔의 충족을 뛰어넘어 그다음 단계의 유혹이 기다리고 있습니다. 빵 문제가 해결되면 유혹을 받지 않을 것 같습니까? 기본적인 욕망이 해결되고 나면 편해지고 싶고, 즐기고 싶고, 좀 더 가지고 싶고, 좀 더 누리고 싶은 욕구가 한꺼번에 봇물 터지듯이 우리에게 다가올 것입니다.

마귀는 주님에게 하나의 조건을 제시했습니다. "네가 만일 내게 절하면 다 네 것이 되리라"(눅 4:7). 온갖 세상의 아름다움과 권세와 영화를 다 줄 테니 다만 자신을 경배하기만 하라는 것입니다. 우리에게 한꺼번에 그 영광을 보여 주지 않는다고 해서 우리는 그런 유혹을 받지 않는다고 생각하는 것은 오해입니다. 순간순간, 하나씩 보여 주면서 "네가 적당히 처신하면 이런 자리가 있다. 이런 권리를 누릴 수 있다"고 유혹해 옵니다. 삶 자체를 절대시하도록 유혹을 받습니다. 그런 문제들을 해결한 사람들에게도 또 다른 유혹이 기다리고 있습니다. 마귀는 세속적인 욕망을 충동질함으로써 세상의 권세와 영광을 우리 눈앞에 뚜렷이 보여 주면서 우리가 세상과 타협하도록 충동질을 합니다.

여기에 마귀의 전통적인 수법이 동원되었습니다. 마귀는 거짓말하는 자의 아비입니다. 그는 거짓 약속 하나로 지금껏 인류를 비참 속에 몰아넣었습니다. 선악과를 먹고 나니 마귀의 유혹하는 말대로 되었습니까? 아담은 하나님의 아들로서 약속된 모든 특권을 상실했습니다. 에덴에서부터 추방을 당했습니다. "네가 만일 내게 절하면 다 네 것이 되리라"라는 말은 전통적인 마귀의 수법입니다. 유혹을 받아들이기만 하면 행복과 만족이 있을 것처럼 유혹하지만, 유혹을 받아들이고 나면 우리는 만족 대신 절망합니다. 행복 대신에 헛되다는 것을 깨닫게 됩니다. 마귀는 거짓 소망으로 인류를 지옥으로 유인하는 자로서, "이것까지만 하고", "이것만 하면" 하다가 죽기까지, 쓰러지기까지 정신을 못 차리게 만듭니다.

지금 마귀는 즉위식에서 아들에게 왕권을 선포하시는 하나님 아버지의 약속을 흉내 내고 있습니다. "내가 나의 왕을 내 거룩한 산 시온에 세웠다"(시 2:6) 하면서 약속하신 하나님 아버지의 말씀을 기억하십시오. "내가 여호와의 명령을 전하노라 여호와께서 내게 이르시되 너는 내 아들이라 오늘 내가 너를 낳았도다 내게 구하라 내가 이방 나라를 네 유업으로 주리니 네 소유가 땅끝까지 이르리로다"(시 2:7-8).

첫 사람 아담이 섰던 바로 그 자리에 두 번째 아담 예수님이 서셨습니다. 첫 아담은 사탄의 소리에 귀를 기울였고, 그래서 인류는 타락했습니다. 하나님은 둘째 아담이신 예수님에게 "내게 구하라 내가 이방 나라를 네 유업으로 주리니"라고 말씀하셨는데, 사탄은 지금 예수님에게 "내게 절하라. 한 번만 타협하라. 그러면 이 모든 것이 다 네 것이 되리라"라고 한 것입니다. 마귀는 모조품을 만들어 내는 데 명수입니다.

우리는 하나님의 말씀을 믿을 것인지, 아니면 마귀의 소리에 귀를 기울일 것인지를 결단해야만 합니다. 일용할 한 그릇의 밥에서부터 시작해서 우리 눈에 보이는 동서남북 모든 땅을 유업으로 주실 수 있는 분은 하나님이십니다. 그분이 절대자이시고 주재자이십니다. 하나님은 우리를 향해서도 약속하십니다. "내게 구하라"고 도전하십니다. 하나님은 구하는 자에게 은혜를 주십니다. 우리가 알고 있는 세상적인 방법을 따라서 인생을 살려고 하지 마십시오. 그래서 얻을 수 있는 것이 무엇입니까? 한 번 양심을 팔아 모든 것을 손에 넣으려는 어리석은 시도를 하지 마십시오.

하나님에게 구하는 인생은 결코 실패하지 않고 모든 좋은 것에 풍족할 것입니다. 생각하는 것이나 간구하는 것에 훨씬 더 넘치도록 하나님이 허락하실 것입니다. 하나님의 약속을 신뢰하십시오. 기도는 하나님의 엄청난 보화를 끌어 올리는 두레박과 같습니다. "네게 주리라. 내가 주리라" 약속하신 하나님을 만나는 일에 게으르지 마십시오.

위대한 거짓 약속

궁극적으로 세상은 창조주 하나님, 주재자 하나님에게 속해 있습니다. "네가 만일 내게 절하면 다 네 것이 되리라"라는 말은 위대한 거짓 약속입니다. 이러한 거짓 영의 약속이 이 세계를 지배하고 있습니다.

세상이 오늘만큼 타락한 적은 인류 역사상 한 번도 없었습니다. 우리 각자의 가슴속에서 속삭이고 있는 유혹이 있습니다. "도대체 의롭게 산다는 것이 무슨 소용이 있느냐? 신앙대로 산다고 되느냐? 유명한 신자들도 다 타협하는데 왜 너 혼자서 달걀로 바위 치기를 하느냐?" 좁은 나라지만 돈만 있으면 살 만한 이 땅에서 온 세상의 영광을 얼마든지 누릴 수 있다며 유혹해 오고 있습니다.

이와 비슷한 속삭임을 들어 본 적이 있습니까? 마귀의 속삭임을 받아들이는 것과 하나님을 경배하는 것은 서로 공존할 수 없습니다. 세상 모든 나라를 바라보면서 위에 있는 하나님 나라를 사모할 수는 없습니다. 속지 마십시오. 어두움과 빛은 결코 조화할 수 없고, 빛이 오면 어두움은 도망가게 되어 있습니다.

엿새의 삶이 거룩해지기 전에는 주일에 드리는 예배가 영광스러울 수 없습니다. 마귀가 약속하는 부와 쾌락을 누리기를 소원하면서 어떻게 마음이 가난한 자의 대열에 설 수 있습니까? 어떻게 마음이 청결한 자의 대열에 함께 서서 하나님을 경배할 수 있습니까? 불가능합니다. 그러한 예배 행위는 가증한 것입니다. 엿새 동안 하나님의 말씀대로 살기 위해서 투쟁해 보십시오. 예배하는 순간이 영광스러울 것입니다. 삶을 살 때 구별되어야 예배를 드릴 때 은혜가 됩니다.

마귀의 두 번째 유혹에 대한 예수님의 대답

마귀의 두 번째 유혹에 예수님은 "기록된 바 주 너의 하나님에게 경배하고 다만 그를 섬기라 하였느니라"(눅 4:8)라고 답하셨습니다. 사람이 사는 목적은 모든 것을 손안에 넣기 위함이 아닙니다. 천하만국에 있는 형형색색의 권세와 영광을 쟁취하는 데 인생의 목적이 있지 않습니다. 사람의 기쁨은 손안에 얼마만큼 잡았느냐에 따라서 결정되는 것이 아닙니다. 신기루를 좇듯이 좀 더 많은 것을 손안에 넣어 보겠다고 인생을 낭비하지 마십시오. 우리는 이 일을 위해 창조되지 않았습니다.

인생은 우리를 지으신 창조주 하나님을 경배하는 데 존재 이유가 있습니다. 사람은 자기를 창조하신 하나님을 아버지라고 부르고 섬기는 데 인생의 참된 만족이 있습니다. "주 너의 하나님께 경배하고 다만 그를 섬기라"는 것입니다. 우리가 왜 살아갑니까? 주 우리 하나님을 경배하기 위해서 삽니다. 우리가 무엇을 위해 살아갑니까? 그분을 섬기기 위해서 사는 것입니다. 주님은 경배를 받기에 합당하신 분으로, 영원히 칭송을 받으셔야 합니다.

우리는 쾌락을 추구하기 위해 사는 것이 아니며, 권력을 장악하기 위해 사는 것도 아니며, 부를 쟁취하기 위해 사는 것도 아닙니다. 지나가는 세상 영화에 눈길을 팔지 마십시오. 그렇게 사는 자는 어리석은 자입니다. 하나님 앞에 섰을 때 추구하던 모든 것이 물거품과 같다는 것을 알게 될 것입니다. 내가 나 된 것은 하나님의 영예를 칭송하기 위함입니다.

살아 계신 하나님을 섬기는 즐거움을 맛보십시오. 좋으신 하나님, 창조주요, 구속자 되신 하나님을 아는 데 시간을 사용해 보십시오. 그분에게 경배와 찬송을 돌려 드리는 데 24시간 중 몇 시간, 몇 분을 바치고 있습니까? 온 마음과 뜻과 힘과 정성을 다해서 하나님을 섬기십시오.

인생은 단 두 길밖에 없습니다. 하나는, 사탄의 뜻을 따라서 세상 권세와 영광을 추구하면서 나아가는 길입니다. 또 하나는, 하나님을 영화롭게 하고 영원토록 그분을 즐거워하는 길입니다. 인생에게 제3의 선택은 없습니다. 하나님을 예배하는 즐거움을 맛보고 있습니까? 그러면 세상에 나가서 살 때 하나님을 섬기는 거룩한 기쁨을 누리게 될 것입니다.

하나님을 예배하는 기쁨을 누리면 사는 것이 황홀해집니다. 지금까지 살아온 것도 너무나 감사한 일이지만, 앞으로 사는 날들도 정말로 가슴 벅찬 내일이 될 수 있습니다. 하나님을 섬기는 삶의 즐거움을 누리는 사람은 하나님을 경배하는 영광스러운 기쁨을 맛볼 수 있습니다. 둘이 서로 조화를 이루어 가는 것입니다. 엿새의 삶이 거룩해지면 우리가 드리는 예배와 찬양이 달라질 것입니다. 우리에게 다가오는 말씀의 강도가 달라질 것입니다. 우리가 부르짖는 기도의 열기가 달라질 것입니다.

○

인생은 단 두 길밖에 없습니다. 당신이 지금 서 있는 길이 어느 길인지 살펴보기를 바랍니다. 당신이 지금 어느 자리에 앉아 있는지 확인해 보기를 바랍니다. 이제 자신의 수단과 방법대로 사는 삶을 청산하십시오. 하나님 앞에 나아와 부르짖음으로써 사는 특권을 회복하십시오. 하나님은 우리에게 "내게 구하라 내가 주리니"라고 약속하셨습니다.

43.

제3의 유혹(4:9-12)

//

마귀의 첫 유혹은 굶주린 배를 채우고 싶은 신체적인 욕망을 통해서 다가왔습니다. 둘째 유혹은 부와 쾌락을 누리고 싶은 정신적인 욕망에 충동질을 했습니다. 이런 유혹들은 사람이라면 누구나 받을 수 있는 유혹입니다. 그러나 셋째 유혹은 어떤 면에서 이전과 다릅니다. 종교적인 가치를 인정하는 사람들만이 받을 수 있는 유혹입니다. 그러므로 종교적, 영적 욕망에 호소하는 제3의 유혹이라고 부를 수 있습니다.

제3의 유혹을 받으신 장소, 거룩한 성

예수님이 제3의 유혹을 받으신 장소를 생각해 보십시오. 무대는 예루살렘입니다. 마태는 '예루살렘' 대신 '거룩한 성'이라고 부릅니다

(마 4:5). 예루살렘에 하나님을 예배하는 성전이 있기 때문입니다. 거룩한 성 예루살렘에서 예수님은 제3의 유혹을 받으셨습니다.

흩어진 돌들이 떡덩이로 보이는 광야에서만 유혹을 받는 것이 아닙니다. 열국의 영광이 한눈에 보이는 지극히 높은 곳에서만 유혹이 있는 것이 아닙니다. 거룩한 성에서도 유혹은 우리에게 찾아옵니다. 거룩한 성의 가장 거룩한 곳인 하나님의 집에서도 유혹은 피할 수가 없습니다. 이 유혹은 하나님의 백성이 하나님의 집에서 받을 수 있는 유혹입니다. 마귀는 어디서든지 유혹한다는 것이 이 유혹을 통해서 드러납니다. 그는 거룩한 성이라고 예외를 인정하지 않습니다. 마귀는 할 수만 있으면 천국 문 앞까지라도 따라가서 유혹하려고 합니다. 어디서든지 상관없이, 우리가 어떤 행위를 하고 있든지 상관없이 우리를 넘어뜨리려 합니다.

예배하는 시간, 예배하는 장소에서도 사탄은 유혹의 손길을 뻗치고 있습니다. 어떤 거룩한 일을 하더라도 그 일 자체가 마귀의 유혹에서부터 면제되는 것은 아닙니다. 그래서 "우리를 시험에 들게 하지 마시옵고 다만 악에서 구하시옵소서"(마 6:13)라는 기도는 엿새 동안 삶의 현장에서도 필요하지만 예배의 자리에서도 필요합니다. 예배의 자리에 나와 하나님 앞에 고개 숙일 때도 그 기도가 필요합니다.

우리는 하나님을 예배하기 위해 교회에 갑니다. 하나님의 성령이 역사하셔서 하나님의 말씀이 우리 심령에 다가와야 예배가 영광스럽게 드려질 수 있습니다. 예배드리는 자리에 앉아 있지만 자기 생각만 하고 돌아가면 예배가 아닙니다. 어쩌면 엿새 동안 생활할 때보다 예배의 자리에서야말로 마귀가 더 치열하게 공격할 수 있습니다. 왜냐하면 하나님의 말씀을 듣는 동안 마귀의 훼방으로 은혜를 받지 못하면 엿새 동안의 삶이 실패로 돌아가기 때문입니다. 말씀을 듣는 자리에서 유익을 얻지 못하면 삶이 뒤죽박죽되어 버립니다. 그러므로 마귀는 이 시간을 집중 공격합니다. 때로 하나님의 말씀을 귀로는 듣고 있는데 마음에서 은혜로 화합되지 않을 때도 있습니다. 그런 때는 마음으로 기도해야 합니다. 따라서 예배의 자리는 치열한 기도를 하면서 말씀을 듣는 장소가 되어야 합니다.

우리에게는 하나님의 말씀을 떠난 삶의 유혹뿐 아니라 하나님의 말씀을 떠난 예배의 유혹이 있습니다. 삶의 현장에 있어서는 내 욕망을 절대시하고 싶은 유혹을 받고, 예배의 자리에서는 하나님의 말씀을 수용하는 대신 내 생각을, 하나님 대신 자신을 경배하고 싶은 유혹을 받습니다. 그러므로 마귀가 유혹을 못할 만큼 거룩한 장소와 거룩한 행위는 세상에 없다는 사실을 기억하십시오.

제3의 유혹의 실태

유혹자가 예수님을 인도해서 거룩한 성 예루살렘으로 왔습니다. 당시 성전은 바깥뜰과 외부 건물, 내부 건물, 그 외 여러 건물로 구성되어 있었습니다. 마귀는 그중 성전 꼭대기에 예수님을 세워 놓고 "네가 만일 하나님의 아들이어든 여기서 뛰어내리라"(눅 4:9) 하며 부추겼습니다. 그러면서 이번에는 하나님의 말씀을 인용해 "기록되었으되 하나님이 너를 위하여 그 사자들을 명하사 너를 지키게 하시리라 하였고 또한 그들이 손으로 너를 받들어 네 발이 돌에 부딪치지 않게 하시리라 하였느니라"(눅 4:10-11)라고 말했습니다.

마귀는 앞서 두 번이나 하나님의 아들이 말씀으로 응답하심으로 참패를 당했습니다. 그래서 이번에는 자신이 먼저 하나님의 말씀으로 도전해 예수님을 유혹한 것입니다. 주의해서 생각해 보십시오. 우리의 예배는 하나님을 경배하는 것에서 사람에 대한 칭송으로 전락하는 정도의 유혹으로 끝나지 않습니다. 더 나아가 구체적인 말씀을 통해서 "그렇게 하는 것이 옳다"고 우리를 유혹할 수 있습니다. 하나님의 말씀을 자기 욕심을 채우기 위한 수단으로 쓸 수 있습니다. 말하자면, 기록된 하나님의 말씀까지 동원해 이기적인 욕망을 달성하도록 부추기는 사탄의 악랄한 유혹이 우리 삶에는 있는 것입니다. 마귀는 우리가 넘어지기만 한다면 수단, 방법을 가리지 않습니다.

빛의 사자로 가장해 성도들을 미혹하는 일꾼들이 있습니다. 그들은 우는 사자처럼 삼킬 자를 찾아다닙니다. 그래서 한 사람을 물었다 하면 끈질기게 붙들고 늘어집니다. 그러나 말씀을 통한 유혹은 거짓 선생들을 통해서만 들어오는 것이 아닙니다. 우리 스스로의 욕망에 따라 말씀이 유혹이 될 때가 있습니다. 마귀는 우리 마음속에 가만히 찾아와서 우리 욕망에다 대고 "말씀이 있지 않느냐. 말씀대로 하는 거다" 하며 호소합니다.

마귀는 예수님을 유혹할 때 시편의 두 구절을 인용했습니다. 이 말씀들에는 모든 성도를 향한 하나님의 귀한 약속이 담겨 있습니다. "그가 너를 위하여 그의 천사들을 명령하사 네 모든 길에서 너를 지키게 하심이라 그들이 그들의 손으로 너를 붙들어 발이 돌에 부딪치지 아니하게 하리로다"(시 91:11-12). 시편 91편은 한 신앙인의 놀라운 신앙 고백입니다. 마귀는 지금 이 신앙 고백을 가지고 예수님을 유혹하는 것입니다.

하나님이 모든 유혹에서 성도를 지키시리라는 것은 성도의 귀한 신앙 고백입니다. 특별히 돌이 많은 광야 길에서 넘어지지 않도록 하나님이 보호하시리라는 고백이 여기 있습니다. "네 발이 돌에 부딪치지 않으리라"는 것이 본래의 약속입니다. 그런데 마귀는 하나님의 말씀을 조금 꼬아서 가지고 나왔습니다. 유혹자는 하나님의 약속의 진리를 예수님에게 갖다 댔습니다. 우리가 말씀을 바로 알고 있지 않으면 말씀을 가지고 달려드는 마귀의 유혹에 당할 수도 있습니다.

어떤 때는 하나님의 말씀 전부가 우리를 위한 것이지만, 때로는 우리에게 하신 말씀이 아닐 수도 있습니다. 이것이 분별되지 않으면 마치 개인을 향한 말씀인 양 들고 오는 마귀의 유혹을 받을 수 있습니다. 하나님이 성도들 모두에게 주신 축복의 말씀에 어떤 사람은 자기 마음대로 "믿습니다!" 하고 외칩니다. 이때 사탄이 "하나님의 약속의 진리가 있지 않느냐. 진짜인지 입증해 봐라"라고 말합니다. 그러나 하나님의 약속을 신뢰하는 사람은 증명할 필요가 없습니다. 증명하려는 이유는 믿지 못하기 때문입니다.

마귀는 하나님에 대해서 인격적으로 신뢰하지 못하도록 합니다. 그래서 하나님이 우리의 주인이시고 우리의 길을 인도하시는 분이라는 것을 우리로 하여금 신뢰하지 못하도록 유혹하는 것입니다. 수단과 방법을 다 동원해 다른 길을 기웃거리도록 유혹합니다. 이미 믿는 사람은 "믿습니다"라고 꼭 소리칠 필요가 없습니다. 하나님 앞에 나와서 기도할 때도 가까이 계시는 주님을 느낀다면 얼마든지 조용히 기도할 수 있습니다. 또 어떤 때는 하나님이 우리를 강권하셔서 큰 소리로 부르짖게 하실 수도 있습니다.

우리는 하나님을 제대로 믿어야 합니다. 하나님을 우리 수준으로 낮추어서는 안 됩니다. 하나님이 얼마나 광대하고 위대한 분이신지를 알고 그분에게 우리 스스로를 맞추어 가야 합니다. 하나님으로 하여금 자기 불신의 뒷바라지를 하도록 만들어서는 안 됩니다. 그런 사람은 자기 욕망대로 구하다가 "하나님 믿어도 소용없다!" 하며 불평하게 됩니다. 자기 욕망대로 구하고는 뜻대로 되지 않으면 돌아서 버립니다.

〇

예수님이 제3의 유혹을 받으신 것은 제3의 영역에도 유혹이 있다는 것을 보여 줍니다. 먹고사는 데, 혹은 세상의 영광을 추구하는 데서만 아니라 하나님을 섬기는 데서도 유혹을 받을 수 있습니다. 나아가 하나님의 뜻대로 살겠다는 데서도 우리는 유혹을 받습니다. 하나님을 더 잘 섬겨 보겠다는 목표가 유혹이 될 수 있고, 하나님의 말씀 자체가 우리 자신의 욕망을 뒷받침해 주는 데 쓰일 수도 있습니다. 어떤 경우 눈 딱 감고 성경 한 곳을 펴서 손가락으로 짚으면서 스스로 유혹을 당하기도 합니다. 높은 곳에서 뛰어내리면서 하나님이 우리 발을 붙들어 달라고 요구하는 것은 불신 정도가 아니라 하나님에 대한 불경건입니다. 하나님을 우리 욕망의 하수인으로 만드는 것은 죄입니다.

마귀의 세 번째 유혹에 예수님은 "주 너의 하나님을 시험하지 말라 하였느니라"(눅 4:12)라고 말씀하셨습니다. 이 말씀은 사탄을 향해서 "주 너의 하나님인 나를 유혹하지 말라"는 의미가 아닙니다. 사탄이 유혹해 올 때 예수님 스스로 이 말씀을 붙드신 것입니다. 이는 "하나님, 주 너의 하나님을 시험하지 말라 하였다는 말씀의 영역 안에 내가 머물러 서겠습니다"라는 고백입니다. 끝까지 아버지 하나님만 신뢰하겠다는 확인입니다. 나는 아버지 하나님과 나의 관계에 만족한다는 신앙 고백입니다.

성도는 성전 꼭대기에서 뛰어내려 발목이 다치지 않음으로써 하나님이 특별히 사랑하신다는 사실을 확인받는 사람이 아니라, 이미 들은 말씀 속에서 확인을 받은 사람입니다. 하나님이 하늘을 여시고 "너는 내 사랑하는 아들이라 내가 너를 기뻐하노라"(눅 3:22)라고 말씀하실 때 "아멘"으로 받아들이는 자입니다.

말씀만으로도 우리 마음이 뜨거워질 수 있습니다. 내가 하나님의 사랑 받는 자녀라는 사실을 알고 내가 하는 일이 하나님의 뜻대로 하는 일임을 확신하는 사람은 더 이상 증명을 필요로 하지 않습니다. 내가 하나님의 사랑받는 자녀라는 것을 이미 아는 사람은 항상 감사할 수 있습니다. 그 입에서 찬송이 터져 나옵니다. 그는 언제나 하나님에게 기도할 수 있는 사람입니다. 대단한 유혹을 통해 하나님의 사랑을 확인하려 하지 않습니다. 우리는 하나님의 약속을 빙자해 자기 욕심을 충족시키려는 유혹에 빠져서는 안 됩니다. 불신을 신앙의 행위로 착각하는 사람이 얼마나 많은지 모릅니다. 제3의 유혹이 어떤 것인지 깊이 생각하고 그 유혹에서 승리하는 신실한 성도들로 주 앞에 서기를 바랍니다.

44.

말씀하기를 (4:4, 8, 12)

///

　　이 장에서는 우리의 대표 예수 그리스도가 어떻게 마귀의 간교한 유혹을 물리치고 승리하셨는지 살펴봄으로써 오늘 우리가 살면서 당하는 악한 자의 유혹을 이길 지혜를 얻기 원합니다.

　마귀는 육체적, 정신적, 영적으로 모든 통로를 통해 다양한 공격을 했으나 예수님은 세 번 다 기록된 말씀의 지혜 안에서 답변하셨습니다(눅 4:4, 8, 12). 주님의 승리는 기록된 하나님의 말씀에서 얻은 지혜로 쟁취한 것입니다. 오늘도 우리는 동일한 유혹을 받습니다. 우리를 넘어뜨리려는 세상에서 어떻게 승리할 수 있습니까? 그 비결은 하나님의 말씀인 성경을 잘 아는 것입니다. 주님처럼 경우에 합당한 성경 말씀을 알아야 악한 자의 유혹을 물리칠 수 있습니다.

말씀으로 유혹을 물리치려면

사실 우리 모두는 하나님의 말씀을 더 잘 알기를 소원합니다. 하지만 문제는 어떻게 성경을 더 잘 알 수 있는지, 그 방법을 모른다는 것입니다. 우리는 성경의 가르침을 어떻게 우리의 마음속에 간직할 수 있는지 그 방법을 배울 필요가 있습니다. 어떻게 하면 성경 말씀을 잘 배울 수 있는지 그 방법을 제시하겠습니다.

들음 - 성경 말씀을 들으라

첫째, 왼손을 펴고 새끼손가락에 '들음'이라고 쓰십시오. 연필로 써도 좋고 자기만 아는 마음의 글자를 새겨도 좋습니다. 신앙생활에서 듣는 것이 얼마나 중요합니까. "그러므로 믿음은 들음에서 나며 들음은 그리스도의 말씀으로 말미암았느니라"(롬 10:17). 믿음은 들음에서 나며, 다른 어떤 것이 아니라 바로 그리스도의 말씀을 들어야 믿음이 생깁니다.

2천 년 전 사람들은 오늘 우리처럼 제각기 성경책을 가지고 있지 못했습니다. 교회에 한 권의 성경책이 있으면 대단한 교회였습니다. 큰 도시에 위치한 대형 교회라면 성경 필사본을 가지고 있었을지 모르겠습니다. 그것도 성경 66권 가운데 몇 권만 가지고 있어도 매우 훌륭했습니다. 당시 성도들은 두루마리 성경책에 대한 자부심이 대단했기에 회중이 모이면 누군가 한 사람이 두루마리 성경책을 펴서 읽었고, 나머지 성도들은 귀 기울여 그 말씀을 들었습니다. 당시는 귀로 듣기만 하는 것이 전부였기에 귀를 기울여 잘 들으려고 노력했을 것입니다. 그러므로 바울은 로마에 있는 성도들에게 믿음은 들음에서 난다고 선언한 것입니다.

믿음은 들음에서 납니다. 이 사실에 관해서는 요한도 같은 입장이었습니다. "이 예언의 말씀을 읽는 자와 듣는 자와 그 가운데에 기록한 것을 지키는 자는 복이 있나니"(계 1:3). 요한은 말씀을 읽는 한 사람뿐 아니라 듣는 많은 사람을 이 축복 속에 포함시켰습니다. 우리는 말씀을 들을 수 있는 기회를 놓치지 말아야 합니다. 하나님의 말씀은 달고 오묘한 생명의 말씀으로서, 그 말씀을 들어야 복을 받습니다. 믿음은 들음에서 나기에 하나님의 말씀을 잘 들어야 합니다. 예배 현장에서 듣는 하나님의 말씀만큼 감동적인 것은 없습니다. 그러나 상황이 여의치 않은 경우 낙담하고 주저앉아 있지 말고 다양한 매체를 통해 꾸준히 하나님의 말씀을 들어야 합니다.

오늘날은 원하기만 하면 아무 때나 하나님의 말씀을 들을 수 있습니다. 출퇴근길 차 안에서, 집안일을 하면서 성경 말씀에 귀 기울여 보십시오. 10년 예수님을 믿었는데 눈이 침침해 성경을 한 번도 제대로 읽지 못했다고 고민만 하지 말고 휴대전화 내 성경 애플리케이션 등을 이용해 듣는 성경을 활용해 보십시오. 하나님이 주신 청각을 사용해 하나님의 말씀을 열심히 들으십시오. 믿음은 들음에서 납니다.

읽음 - 성경을 통독하라

둘째, 왼손 약지에 '읽음'이라고 쓰십시오. 바울은 디모데를 향해 "읽는 것에 전념하라"고 명했고(딤전 4:13), 요한은 "예언의 말씀을 읽는 자가 복이 있다"고 선언했습니다(계 1:3).

그러면 성경을 어떻게 읽는 것이 유익할까요? 가장 손쉬운 방법은 통독하는 것입니다. 창세기부터 출애굽기, 레위기, 민수기, 신명기, 여호수아서까지 내리읽는 것이 좋습니다. 특히 민수기를 지나갈 때는 속독하는 것이 좋습니다. 일일이 살피려면 광야에서 길을 잃고 헤매게 됩니다. 마태복음이나 요한복음으로 통독을 시작해도 좋습니다.

전통적으로 성도들은 통독으로 말씀의 무장을 해 왔습니다. 일단 시간을 들여 성경을 읽어 보십시오. 성경 66권을 읽은 적이 없다면 그리스도인으로 일컬음 받는 것을 부끄럽게 생각해야 합니다. 성경 여기저기를 읽는 것으로 만족하지 말고 한 책을 읽으면 끝장을 보십시오. 신앙이 확실해지기 원한다면 규칙적으로 성경을 읽어 보십시오. 매일 성경을 네 장 정도 읽겠다고 결심해 보십시오. 그러면 한 주에 서른 장 가까이 볼 수 있고, 1년에 적어도 신구약 성경을 한 번씩은 읽어 낼 수 있습니다. 시간을 들여 통독하십시오. 통독을 위한 좋은 길잡이들이 나와 있으니 참고하면 좋겠습니다.

그리스도인은 영적 싸움의 무기인 성령의 검, 곧 하나님의 말씀을 알아야 합니다. 하나님의 말씀은 우리 손에 들려진 검입니다. 칼 없는 군인이 어떻게 싸울 수 있습니까? 성경을 알지 못하는 성도는 무장 해제당한 군인입니다. 그는 싸움을 하기 전에 패배한 군인입니다. 말씀의 검을 잡고 싸울 준비를 갖춘 후 십자가 군병의 대열에 서십시오.

성경을 통독하면서 특별히 감동되는 부분이나 기억하고 싶은 말씀에 색연필로 표시를 하면 좋습니다. 예를 들어, 버려야 할 죄에는 검정색 색연필을, 순종해야 할 명령에는 빨간색 색연필을, 따라야 할 모범에는 초록색 색연필을, 믿어야 할 약속에는 노란색 색연필을, 성삼위 하나님에 대한 가르침과 그분의 영광이 나타나는 곳과 하나님이 어떤 분이신지를 알려 주는 부분에는 가장 마음에 드는 색연필을 사용해 줄을 그으십시오. 이런 식으로 성경을 읽어 가면 성경책이 곧 총천연색으로 변할 것입니다. 변하는 성경책만 아니라 우리 마음에도 하나님의 생명이 약동하기 시작할 것입니다.

공부 - 성경을 공부하라

셋째, 중지에는 '공부'라고 적어 보십시오. 성경을 공부하는 것입니다. 현세에서 잠깐 유익이 있는 학교 공부도 중요한데, 연필 들고 성경을 공부하면 얼마나 큰 유익이 있겠습니까. 성경 공부는 현세와 내세에 모두 유익합니다. 베뢰아에 있는 사람들은 간절한 마음으로 말씀을 받고 이것이 그러한가 하여 날마다 성경을 상고했습니다(행 17:11). 성경을 공부하기 위해서는 색연필 대신 연필을 손에 잡으십시오. 종이 위에 글자를 한 자만 써도 성경 공부가 시작됩니다.

성경 공부를 하는 데는 몇 가지 방법이 있습니다. 성경의 중요한 말씀이나 교리 중심으로 공부할 수도 있고, 중요 인물들을 공부함으로써 그들의 삶에서 교훈을 얻을 수도 있습니다. 최근에는 소위 귀납법적 성경 공부가 인기입니다. 귀납법적 성경 공부는 가장 먼저 본문을 관찰합니다. 본문의 구조와 주제, 강조점 등을 살피다 의문이 생기면 그 의문에 답을 하는데, 그것이 해석입니다. 그러고는 깨달은 바를 자기 삶에 적용해 나갑니다. 이후 말씀에서 은혜 받은 것을 성도들과 함께 나누는 식으로 성경을 공부하는 매우 유익한 방법입니다. 본문의 문체에 따라서 구체적인 방법은 달라질 수 있고, 여러 성경 번역본과 비교하거나 성경 사전, 성경 해설서 등을 참조하면 좋습니다.

암송 - 성경을 암송하라

넷째, 검지에는 '암송'이라고 기록하십시오. "내가 주께 범죄하지 아니하려 하여 주의 말씀을 내 마음에 두었나이다"(시 119:11). 유명한 설교자 찰스 스펄전(Charles Spurgeon)은 "성경이 나를 죄로부터 막아 주지 않는다면 죄가 나를 성경에서부터 멀어지게 할 것이다"라고 말했습니다. 이것은 진리입니다.

성도들이 가장 많이 암송한 말씀은 요한복음 3장 16절입니다. "하나님이 세상을 이처럼 사랑하사 독생자를 주셨으니 이는 그를 믿는 자마다 멸망하지 않고 영생을 얻게 하려 하심이라." 이 말씀 한 절만 암송하고 묵상하고 붙들어도 천국 갑니다. 이처럼 암송은 매우 중요합니다. 암송은 그리스도인들이 하나님의 말씀을 깊이 배우게 되는 매우 효과적인 방법입니다.

그러므로 한 주에 두 개씩 성경 구절을 열심히 암송하십시오. 그러면 놀라운 하나님의 용사가 될 수 있습니다. 암송한 말씀은 성령이 경우에 따라 적절히 사용하십시오. 주님이 적절한 계시의 진리에 호소하실 수 있었던 것은 구체적인 구절을 암송하고 계셨기 때문입니다. 성령의 검, 곧 하나님의 말씀을 가지면 유혹의 순간에 무기가 될 것입니다. 날 선 검을 가지듯이 하나님의 말씀을 정확히 암송하십시오. 또한 곤고한 날에는 위로의 말씀이 될 것입니다. 기쁜 날에는 찬양의 주제가 될 것입니다.

묵상 - 말씀을 묵상하라

마지막으로, 가장 중요한 엄지에는 '묵상'이라고 쓰십시오. 묵상은 앞선 네 가지 방법들 중에 가장 중요합니다. 묵상이란 한 가지 대상에 대해 계속적으로 생각하는 것입니다. 음식을 오래 씹어 몸의 일부가 되게 하는 것과 마찬가지입니다. 마찬가지로 하나님의 말씀을 계속적으로 묵상할 때 그 말씀이 우리 삶의 일부가 됩니다.

묵상은 말씀을 분석하고, 여러 의미들을 생각하고, 새롭게 이해하고, 그대로 사는 것을 포함합니다. 묵상은 말씀을 깊이 생각하고, 그 생각을 행동으로 옮기는 것입니다. 우리는 하나님의 말씀을 순종함으로 복을 받습니다. 하나님의 말씀을 들어 복을 받고, 순종해서 복을 받습니다.

엄지가 다른 손가락에 어떻게 닿는지를 살펴보십시오. 우리는 우리가 듣고 읽고 공부하고 암송한 말씀을 모두 다 묵상할 수 있습니다. 하나님의 말씀을 듣고 묵상하고, 읽고 묵상하고, 공부하고 묵상하고, 암송하고 묵상하면 마치 성경책을 다섯 손가락으로 꽉 잡고 있는 것과 같습니다. 아무나 쉽게 우리의 마음에서 하나님의 말씀을 빼앗아 갈 수 없습니다.

성령의 검으로

바울은 에베소 성도들에게 보내는 편지에서 성도들이 영적 싸움에서 갖추어야 하는 무장을 소개했습니다(엡 6:10-17). 허리띠, 신발, 방패 등은 모두 방어용입니다. 싸움이 어디에서 결정 납니까? 날 선 검, 즉 하나님의 말씀이 손에 들려 있어야 합니다. 악한 영을 대적하기 위해 하나님이 성도에게 주신 유일한 공격용 무기는 하나님의 말씀입니다. 칼은 날 카로워야 제 구실을 하듯, 우리의 성경 지식도 구체적이어야 합니다. 주님도 마귀의 유혹에 적절하고 구체적인 말씀으로 대응하셨습니다.

성령은 무엇보다도 말씀을 이용하기를 즐겨하십니다. 하나님의 백성을 구체적인 경우에 합당한 말씀으로 도우십니다. 우리를 박해하는 대항 세력에 답할 지혜를 기록된 말씀에서 주기를 원하십니다. 복음을 들고 나가 전도할 때도 마찬가지로 적절히 답할 말씀을 주십니다. 말씀이 성령의 능력 가운데 역사하면 마귀의 철옹성에 갇힌 사람도 해방됩니다.

○

묵상한 말씀은 성령 안에서 언제나 활용될 수 있는 보배로운 칼과 같습니다. 주님은 유혹마다 기록된 말씀으로 승리하심으로 우리에게 유혹에서 이기는 방법을 보여 주셨습니다. 성령이 사용하시는 말씀의 능력은 무적의 무기입니다. 성령이 사용하시는 말씀으로 우리는 새로운 생명을 얻었습니다. 또한 성령은 말씀을 통해서 우리를 영적으로 자라게 하시고 온갖 유혹에서부터 지켜 주십니다. 이제부터 하나님의 말씀을 듣고, 하나님의 말씀을 읽고, 하나님의 말씀을 공부하고, 하나님의 말씀을 외우고, 묵상한 말씀의 능력으로 승리하는 삶을 살기 바랍니다.

45.

사역의 시작 (4:14-15)

//

　　지금까지 예수님의 탄생 및 메시아 사역을 위한 준비 과정 등 주님에 대한 예비 고찰을 했습니다. 이 장의 본문은 예수님의 공사역을 보여 줌과 동시에 그분이 갈릴리 사역을 시작하셨음을 기록하고 있습니다. 하지만 누가는 본문 두 절을 통해 갈릴리 사역에 대한 일반적인 개요만을 기록해 두었습니다. 나사렛과 가버나움 사역을 구체적으로 기록하기에 앞서 갈릴리 사역에 대한 일반적인 소개를 한 셈입니다. 이것이 누가복음 안에서 본문의 위치입니다. 이제 우리 구주 예수 그리스도의 사역을 살펴보는 자리에 들어왔습니다. 누가가 보여 주는 예수님의 복된 모습을 본격적으로 만나기를 원합니다.

"예수께서 성령의 능력으로 갈릴리에 돌아가시니"

누가복음 4장 14-15절의 구조는 크게 네 문장으로 구성되어 있습니다. 첫째와 셋째 문장은 예수님의 활동에 관한 기록이고, 둘째와 넷째 문장은 그 활동에 따른 반응을 기록하고 있습니다.

먼저, 누가는 예수님의 행동에 우리의 관심을 모읍니다. 예수님이 성령의 권능으로 고향 갈릴리에 돌아가셨다고 말하는데, 문맥상 광야에서 돌아오셨음을 알 수 있습니다. 조금 더 소급하면 세례를 받으신 요단 강에서 돌아오셨다고 볼 수 있습니다. 요단 강에서 예수님은 죄 씻음의 세례를 받아야 할 아무런 이유가 없으심에도 물로 세례를 받으심으로 죄 용서를 받아야 할 백성의 처지와 하나 되어 구원자의 자리를 맡으셨습니다. 히브리서 기자는 "거룩하게 하시는 이와 거룩하게 함을 입은 자들이 다 한 근원에서 난지라 그러므로 형제라 부르시기를 부끄러워하지 아니하시고"(히 2:11)라고 말했습니다.

예수님이 세례를 받으실 때 성령이 형체로 비둘기같이 강림하신 결과, 예수님은 성령의 충만함을 입어 요단 강에서 돌아오셨습니다. 광야에서 마귀의 시험을 받았으나 말씀과 성령의 능력으로 이기셔서 명실공히 메시아의 사역을 착수할 자격을 인정받으셨습니다. 본문은 예수님이 시험을 이기신 그 광야에서 돌아오셨다고 말합니다. 그러므로 이 말씀은 예수님이 고향 갈릴리에서 사역을 착수하실 때 '성령의 능력으로' 구비되셨음을 강조하고 있습니다. 이것이 핵심입니다.

예수님이 성령의 능력으로 갈릴리에 오셨다는 소문이 퍼진 것을 제대로 이해하기 위해 우리는 그 능력이 사역을 통해 나타났을 것임을 짐작할 수 있습니다. 다만 어떤 권능을 행하셨는지 누가는 아직 밝히지 않았습니다. 이어지는 15절의 예수님이 회당에서 가르치셨다는 언급도 무엇을, 어떻게 가르치셨는지 구체적인 기록은 없습니다. 본문은 갈릴리 사역의 일반적인 서두에 불과하기 때문입니다.

"그 소문이 사방에 퍼졌고"

요단 강에서 예수님에게 성령이 강림하셨고, 예수님은 광야에서 성령 충만해서 오셨고, 이제는 성령의 능력으로 고향에 오셨습니다. 예수님 스스로 자랑하지 아니하셨을 것임은 분명합니다. 성령이 임하시고 성령 충만을 입은 자는 스스로를 나타내려 하지 않습니다. 성령의 능력은 나를 각광받게 하려고 주시는 은사가 아니라 주님을 나타내고 성도들을 섬기기 위한 것입니다. 능력은 행동으로 나타나기 마련입니다. 은혜 받은 사람은 은혜 받은 삶을 살면서 보여 주는 것입니다.

"그 소문이 사방에 퍼졌고"라는 짧은 기록은 성령의 능력을 친히 본 사람들이 입에서 입으로 소문을 퍼뜨렸다는 것을 보여 줍니다. 가장 힘 있는 선전은 입에서 입으로 전해지는 것입니다. 성경은 기적을 통해서만 아니라 가르침을 통해서도 성령의 능력이 나타났음을 강조합니다. 성령으로 하는 사역은 소문이 나기 마련이요, 칭송을 들을 수밖에 없습니다. 침묵하려야 침묵할 수 없고, 감추려야 감출 수 없는 것이 하나님의 크신 능력의 나타남이 아닙니까. 소문을 퍼뜨리지 말라고 엄히 명해도 소용없습니다. 그 능력을 경험한 사도들은 "우리는 보고 들은 것을 말하지 아니할 수 없다"(행 4:20)라고 고백했습니다.

성령의 능력으로 베푸는 가르침 또한 두드러지게 나타날 수밖에 없습니다. 그 가르침의 내용에는 생명이 있습니다. 믿음으로 받는 모든 심령을 새롭게 하는 힘이 내재합니다. 이처럼 성령의 능력이 내재한 사역은 한 회당만으로 제한될 수 없었습니다. "친히 그 여러 회당에서 가르치시매 뭇사람에게 칭송을 받으시더라"(눅 4:15). 성령의 능력으로 사역하시는 주님에게 따라오는 당연한 반응입니다. 갈릴리에 예수님에 관한 소문이 파다했습니다. 갈릴리는 팔레스타인 북부에 위치해 있으며 세워 놓은 달걀처럼 타원형으로 생겼습니다(남북 80킬로미터, 동서 40킬로미터). 여러 이방 민족에게 둘러싸여 문화 유입이 빠른 지역입니다. 이 장의 본문은 누가복음 9장 50절까지 기술하게 될 주님의 갈릴리 사역을 간략히 요약하고 있습니다. 이 말씀은 예수님의 사역 초기의 분위기를 설명합니다.

"친히 그 여러 회당에서 가르치시매"

다른 복음서 기자들 역시 예수님의 가르침에 대한 반응을 언급했습니다. "무리들이 그의 가르치심에 놀라니 이는 그 가르치시는 것이 권위 있는 자와 같고 그들의 서기관들과 같지 아니함일러라"(마 7:28-29). 마가는 "다 놀라 서로 물어 이르되 이는 어찜이냐 권위 있는 새 교훈이로다"(막 1:27)라고 기록했습니다. 사람들은 모두 그 말씀에 함께하고 있는 권위를 느꼈습니다.

요한의 기록은 한층 재미있습니다. 공사역 초기 명절에 예루살렘에서 예수님이 잠깐 가르치실 때의 일입니다. 대제사장들과 바리새인들이 아랫사람들을 보내 예수님을 잡으려고 했으나 그들이 그냥 돌아와서는 "그 사람이 말하는 것처럼 말한 사람은 이때까지 없었나이다"(요 7:46)라고 보고했습니다. 그러자 당국자들은 아랫사람들을 향해 신경질적인 반응을 나타냈습니다. "너희도 미혹되었느냐 … 율법을 알지 못하는 이 무리는 저주를 받은 자로다"(요 7:47, 49).

어느 안식일에도 들은 적이 없던 능력 있는 가르침은 들은 사람들의 입에서 입으로 전해졌고, 곧 예수님의 소문이 갈릴리 온 사방에 퍼졌습니다. 예수님은 사람들을 찾아 전도하신 것이 아니라, 무리들이 예수님을 찾아와서 만나고 싶어 하고 더 붙들어 두고 싶어 했습니다. 그러나 예수님은 당신의 사역을 분명히 인식하시고 "내가 다른 동네들에서도 하나님 나라 복음을 전하여야 하리니 나는 이 일을 위해 보내심을 받았노라"(눅 4:43)라고 답하셨습니다. 고향 나사렛에서는 첫 설교를 듣자마자 사람들이 얼마나 화가 났던지 동네가 세워져 있는 벼랑 끝에서 예수님을 밀쳐서 죽여 버리려고 시도했습니다. 하지만 가버나움 사람들은 예수님을 붙들고 늘어졌습니다.

예수님의 갈릴리 사역을 개략적으로 소개해 분위기를 짐작케 하는 본문의 기록이 오늘 우리에게 어떤 도전을 주고 있습니까? 본문 두 절은 오래전부터 제게 큰 도전이 되었던 구절입니다. 8년 유학 생활 막바지가 되면서 기도했던 주제가 예수님처럼 '성령의 능력으로' 고국에 돌아가 일하게 해 달라는 것이었습니다. 예수님이 성령의 능력으로 사역을 착수하셨다면 그분이 위임하신 일을 맡은 사역자들 역시 반드시 동일한 성령의 능력으로 일을 시작해야 하며, 동일한 성령의 능력으로 사역할 때 그 사역을 감당할 수 있다고 믿습니다. 모든 사역자가 성령의 권능으로 사역하도록 간구해 주십시오. 그 결과 하나님 사역의 소문이 사방에 퍼지도록 기도해 주십시오.

주님의 이름을 위한 사역은 가르치는 사역을 포함해 어떤 일이든지 성령의 능력으로 행해야 합니다. 성령의 능력으로 행할 때 생명의 역사가 나타납니다. 성령의 능력으로 맡은 일을 감당하도록 서로를 위해서 간구합시다. 성령의 권능만이 우리의 사역을 통해 하나님이 찬송을 받으시도록 할 수 있습니다(벧전 4:10-11).

"뭇사람에게 칭송을 받으시더라"

언제 어디서나 그리스도인답게 살기 위해서는 성령의 능력이 필요합니다. 누가는 본문을 통해 예수님의 사역이 성령의 능력으로 되었음을 보여 줍니다. 이 메시지는 사도행전에서도 동일한데, 초대 교회가 성령의 능력을 받아 온 세상의 증인이 된 것처럼, 예수님도 성령의 능력으로 메시아의 사역을 감당하셨음을 증거합니다. 누가는 예수님의 생애와 사역 그리고 초대 교회의 행적을 모두 성령의 능력과 관련시켜 설명했습니다. 기쁜 소식을 땅 위에 알리며 하나님 나라를 세상 속에 확장시키는 사역은 성령의 능력으로 구비될 때만 가능하다고 증거한 것입니다.

증인의 삶을 사는 것은 성령의 능력만이 가능하게 합니다. 성령의 능력으로 사는 삶의 소식이 우리 삶의 구체적 현장에서 온 사방에 두루 퍼지기를 바랍니다. 이 어두운 세대 속에 성령의 능력으로 타오르는 횃불 같은 삶이 되기를 바랍니다.

그리스도인의 삶은 그리스도를 따르는 삶입니다. 가치관이 전도된 이 민족의 눈앞에 밝히 나타난 새로운 삶의 모습을 보이기 위해서는 성령 충만이 반드시 필요합니다. 집집마다, 시가지 곳곳마다 우리의 삶이 새벽을 깨우는 삶이 되기를 바랍니다. 어두운 민족의 삶을 깨우는 간구로 말미암아 우리의 삶이 사방에 퍼지는 아름다운 소문이 되기를 바랍니다. 이를 위해 우리 각 사람 위에도 성령이 강림하셔야 합니다.

물론 성령은 그리스도인 안에 계십니다. 그러나 성령의 능력이 부어지는 체험이 필요합니다. 지금 우리의 삶 속에 역사하시기 시작한 성령의 능력이 우리를 통해서 넘쳐흐르게 되는 것입니다. 물통에 물을 가득 채우면 넘쳐흐를 수밖에 없듯이, 우리에게 성령의 능력이 부어지는 체험을 하게 되면 아무리 감추려고 해도 감출 수가 없는 것입니다. 지금 당신 안에 계신 성령에게 순종하십시오. 지금 성령이 주신 능력을 가지고 한번 움직여 보십시오. 그러면 이전에 체험하지 못한 능력이 사로잡을 것입니다. 그 순간 삶에 뚜렷한 헌신의 방향이 결정될 것입니다. 우리의 걸음이 주님의 축복 속에 내딛는 걸음임을 확신하게 될 것입니다. 성령의 능력은 우리의 무한한 힘의 원천입니다.

무한한 힘의 원천을 어떻게 우리의 삶에 활용할 수 있을까요? 최선을 다해 주님의 명령에 순종해 보면 우리 안에 엄청난 힘이 있다는 것을 감지하게 됩니다. "자기의 기쁘신 뜻을 위하여 너희에게 소원을 두고 행하게"(빌 2:13) 하시는 하나님이 얼마나 위대하신 분인지를 경험하게 될 것입니다.

바울은 "내게 능력 주시는 자 안에서 내가 모든 것을 할 수 있느니라"(빌 4:13)라고 고백했습니다. 얼마나 놀라운 고백입니까! 뒷짐 진 채 이 고백을 할 수는 없습니다. 바울은 밤낮없이 주를 위해 살았습니다. 그리스도인은 다만 고난을 위해서라면 자기 몸을 기꺼이 드리는 사람입니다. 탈진될 만큼 열심히 일하지만 그때 비로소 하나님의 전능하심을 경험하게 되는 것입니다. 순종의 첫걸음을 내디디면 순종의 두 번째 걸음을 내디딜 수 있는 힘을 하나님이 주십니다.

악령이 판을 치는 이 시대에 어떻게 성도답게 살아갈 수 있습니까? 사람들의 인간성이 고갈되었습니다. 성령으로 충만한 삶이라야 모든 마귀의 유혹을 이겨 낼 수 있습니다. 나아가 성령의 능력은 우리로 하여금 그리스도인으로서 증거하는 삶을 적극적으로 살도록 하는 원천입니다. 예수님이 메시아의 사역을 위해 고향으로 돌아가시는 첫걸음에 성령의 능력이 함께했습니다. 그러면 메시아를 증거하는 일도 성령의 권능으로만 가능합니다.

o

성령이 능력으로 함께할 때 우리는 광야에서 갖가지 유혹에 승리할 수 있습니다. 성령이 우리에게 임하시고 우리가 성령으로 충만하게 될 때 우리의 삶을 주를 위해 바치고자 하는 거룩한 소원이 불타오르게 될 것입니다. 우리는 성령 충만으로, 성령의 능력으로만 우리의 갈릴리를, 우리의 삶의 현장을 변화시킬 수 있습니다. 성령의 인도하심을 받은 우리 삶의 결단이 내일 좋은 소문을 낳게 될 것입니다. 성령의 능력을 더욱 사모하는 오늘 우리의 간구가 내일 좋은 소문을 퍼뜨릴 것이요, 뭇사람의 칭송거리가 될 것을 확신합니다. 우리 가운데 하나님의 사역이 성령의 능력으로 역사해 교회가 온 백성의 칭송받는 모임이 되기를 소원합니다.

46.

나사렛 회당에서 (4:16-30)

누구나 자신이 살던 고향을 꽃 피는 마을로 기억하듯이, 나사렛이란 동네는 우리 주님의 마음속에 특별한 감회를 갖게 했을 것입니다. 예수님이 태어나신 곳인 유대 베들레헴은 주님의 기억 속에 남은 것이 없는 동네에 불과했으나 자라나신 곳 나사렛은 달랐습니다. 그런 주님의 심정을 대변이라도 하듯이 누가는 '그 자라나신 곳 나사렛'이라고 설명을 붙였습니다. 어린 시절의 추억이 담긴 고향은 이름만 들어도 그리운 곳입니다. 땅 위에 사람 사는 동네가 많고 많지만 고향 마을은 그 가운데 하나로 생각되지 않습니다. 이 장의 본문에서 주님은 그 고향 나사렛 회당에서 처음이자 마지막으로 설교를 하셨습니다.

나사렛 회당에 서신 예수님

주님이 어떤 심정으로 회당에 서셨을까요? 광야에서 시험을 받으시고 갈릴리 여러 회당에서 가르치기를 시작하셨다는 누가의 기록을 읽으면 마치 공사역을 갈릴리에서 시작한 것 같은 인상을 받습니다. 그러나 복음서를 모두 읽어 보면 예수님의 공사역은 예루살렘이 있는 유대 지방에서 시작되었습니다. 예수님은 예루살렘을 중심으로 한 초기 유대 사역을 약 1년간 하신 다음 갈릴리에 오셨고, 갈릴리 나사렛이 아닌 갈릴리 가버나움에서 주로 사역을 하셨습니다.

23절을 보면, 고향 나사렛 사람들은 예수님의 가버나움 사역의 소문을 듣고 있었습니다. 본문에서 주님이 서신 나사렛 회당은 유대인으로 태어나신 예수님에게 특별한 의미가 있는 곳입니다. 예수님은 요한이 잡혔다는 소문을 들으신 후 유대에서 갈릴리로 물러가셨다가 나사렛을 떠나 스불론과 납달리 지경 해변에 있는 가버나움으로 이사 가서 사셨다고 마태는 밝혔습니다(마 4:13). 이사 가서 가버나움에서 사실 때까지, 어린 시절부터 소년기를 보내고 청년이 되어 사역을 시작하실 즈음까지 자라나신 터전은 갈릴리 지방 나사렛이었습니다.

이미 성령의 능력으로 유대 예루살렘과 갈릴리 가버나움에서 많은 사역을 행하신 지 1년쯤이 지난 후의 일입니다. 그즈음 마리아의 아들 예수님의 소문이 꽤나 나사렛 사람들에게 퍼져 있었습니다. 고향 나사렛을 방문한 예수님은 안식일이 되자 회당에 가셨습니다. 이것이 본문의 시작인 누가복음 4장 16절의 배경입니다.

어릴 때부터 안식일마다 회당에 가시던 것은 주님의 관습이었으며, 회당에서 하나님을 배우고 예배하는 것은 그분에게 특별하고 소중한 일이었습니다. 안식일에 회당에 가는 것이 어린 시절부터 예수님의 습관이듯이, 공사역을 시작한 이후 사역 초기의 관습 역시 회당을 중심으로 한 설교였습니다. 가버나움을 중심으로 한 갈릴리 여러 회당에서 이미 수없이 가르치셨고, 그 반응 역시 꽤 좋은 평판으로 나타났습니다.

그러나 그 안식일에 나사렛 회당에서 설교하시는 예수님은 여느 회당에서 설교하는 것과 다르게 마음의 부담을 갖고 계셨습니다. 고향 사람들의 기대가 무엇인지 그리고 그들의 기대가 충족되지 않을 때 그들이 어떻게 나올지를 예상하셨기에 그 안식일에 늘 하시던 대로 회당에 들어가시는 주님의 마음은 결코 가볍지 않았습니다. 무척이나 아끼고 사랑하는 이들을 향한 간절한 사랑의 고백이 그 사랑하는 이들에 의해 무참히 짓밟히고 말 것 같은 우려 때문에 주님의 발걸음은 무겁기만 했습니다.

본문을 사건 진행에 따라 간추려 보면, 등단(눅 4:16하), 성경 봉독(눅 4:16하-19), 설교(눅 4:20-21), 청중의 중간 반응(눅 4:22), 설교 계속(눅 4:23-27), 최종 반응(눅 4:28-29)과 설교자 퇴장(눅 4:30) 등으로 구성되어 있습니다. 마치 주보의 예배 순서와 같은 내용이 본문에 담겨 있는 것 같습니다.

비장한 각오를 하신 주님의 마음과는 아랑곳없이 목가적인 나사렛 회당에서의 안식일 예배가 시작되고 주님이 등단하시는 장면으로 본문은 시작합니다. 마지막은 살기 어린 청중의 반응과 그분을 죽이려는 시도가 기록되어 있고, 그 와중에 위엄을 갖추신 예수님의 퇴장으로 끝을 맺습니다.

첫 설교에 대한 고향 사람들의 반응

이 장에서는 주님의 설교 내용 자체보다 본문에 흐르는 정서

(phatos)를 함께 느껴 보고 싶습니다. 예수님이 고향에서 행하신 첫 설교의 반응치고는 너무 살벌한 느낌이 들지 않습니까? 생명의 위협까지 당할 만큼 철저히 실패한 설교로 보이지 않습니까? 그렇지 않습니다. 그날 주님의 설교는 실패로 끝난 것이 아닙니다. 그날 주님의 설교는 성령의 능력이 나타남으로 행해졌기에 그런 결과를 가져온 것입니다. 주님의 나사렛 설교가 성령의 능력으로 행해진 설교라는 역력한 증거가 본문에 내포되어 있습니다.

태풍을 가장 잘 알기 위해서는 태풍이 부는 현장에 있어야 하듯, 성령이 역사하신 권세 있는 설교는 그 설교가 행해지는 현장에서만 제대로 감지할 수 있습니다. 그 흔적이 본문의 기록 여기저기에 나타납니다. 마틴 로이드 존스(Martyn Lloyd-Johns)는 그의 책 《설교와 설교자》(복있는사람 역간)에서 권세 있는 설교가 행해질 때 알아챌 수 있는 시금석을 여럿 들었는데, 누가의 기록을 통해서 그 몇 가지 특징을 발견할 수 있습니다.

회당의 엄숙한 분위기

가장 먼저, 그날 설교가 행해진 회당의 분위기입니다. 로이드 존스는 참 설교의 특징으로 청중을 제어하는 그리고 순서 하나하나를 통제하는 권위(a sense of authority)를 말합니다. 누가의 기록은 그날 주님이 성경을 읽기 위해 서시고, 설교를 하기 위해 앉으시는 등 순서 하나하나가 그런 권위 속에서 진행되었음을 보여 줍니다. 그것은 사람들의 시선이 주님에게 집중되어 있었다는 것을 우리로 하여금 느낄 수 있도록 한 것입니다.

우선, 안식일에 "늘 하시던 대로"(눅 4:16) 회당에 들어가서 성경을 읽으려고 서셨다는 말씀이 나옵니다. 주님이 생애 처음으로 고향 회당에서 설교를 하시게 된 것입니다. 이미 선생으로 알려지셨기에 성경 봉독과 권면의 말을 해 달라는 요청을 받았을 수도 있지만, 그런 초대를 받았다는 아무 언급이 없는 것으로 보아 예수님 당신이 나사렛 사람들에게 설교하시려 했다고 어떤 주석은 지적합니다. 그러면서 그 이유에 대해 예수님이 그들을 향한 특별한 말씀을 가지고 계셨기 때문이라고 설명합니다. 예수님은 전할 말씀이 마음속에 있었기에 강단에 서신 것입니다. 그러고는 대부분의 주석가들이 말하는 대로, 주님의 요청에 따라 책을 맡은 자에게서 이사야서를 건네받으시고 본문인 61장 1절 이하를 읽으셨다고 볼 수 있습니다. 원하는 본문을 펴서 봉독하시고 책을 덮어 그 맡은 자에게 주셨다고 누가는 기록합니다. 그다음 앉으셨을 때 모든 사람이 다 주목했다는 기록이 있습니다. 그때 설교자들은 앉아서도 설교를 할 수 있었던 것 같습니다.

여기서 우리는 그 안식일에 나사렛 회당에서의 주님의 행동 하나하나가 주목의 대상이었기에 자세히 언급되고 있다는 점을 간파해야 합니다. 서고 앉으신 모든 행동이 기록된 이유는 그날 모든 사람의 이목이 주님에게 집중되어 있었기에 그 흔적을 남긴 것임이 틀림없습니다.

어떤 주석가는 회당에 있는 자들이 다 예수님을 주목한 이유에 대해 권세 있는 가르침을 베푸는 선생으로서의 평판과 기적을 일으키는 능력자로서의 소문뿐만 아니라, 주님이 그들 가운데 자라나신 분이라는 이유 때문이었을 것이라고 말합니다. 또 어떤 사람은 주님의 성경을 읽으시는 태도와 표정이 너무나 엄숙해 사람들이 모두 주님을 바라본 순간 그들의 마음속에 거룩한 두려움이 찾아왔다고 말합니다. 저는 이 마지막 설명에 가장 공감합니다. 순서 하나하나 위에 하나님의 위엄이 함께하고 있었음을 "다 주목하여 보더라"(눅 4:20)라는 말씀이 설명해 주기 때문입니다.

누가는 '주목하여 보다'라는 표현을 특별한 능력이 시작되기 전에 가끔 사용합니다. 한 예로, 그는 스데반이 공회 앞에서 설교하기 직전에 온 회중이 그를 주목하여 보았다고 기록했습니다(행 6:15). 모든 청중이 숨을 죽이고 주시하는 현장에 대한 묘사입니다. 바늘 하나가 떨어져도 소리가 날만큼 고요하고 엄숙한 현장 묘사입니다. 마치 폭풍 전야의 고요함처럼 느껴지는 순간입니다. 설교자에게서 풍기는 그 일에 대한 엄숙함과 진지함과 중요함 때문에 청중이 그 분위기에 휩쓸려 들어가고 있음을 우리로 하여금 느끼게 합니다. 표정 하나하나, 순서 하나하나에 엄숙한 권위가 감돌고 있었음을 누가의 기록은 보여 줍니다.

은혜 받아 감동한 회중

또한 그날 설교가 예외적인 권세 있는 설교였음을 알게 하는 묘사가 이어지는데, "그들이 다 그를 증언하고 그 입으로 나오는 바 은혜로운 말을 놀랍게" 여겼습니다(눅 4:22). "이 글이 오늘 너희 귀에 응하였느니라"(눅 4:21)라는 주님의 명쾌하고 자세한 설교를 듣고 난 다음에 나사렛 고향 사람들이 보인 반응입니다. 예수님의 설교 분위기에 압도당해 자기들이 들은 소문이 근거가 있다며 수긍한 것 같습니다.

'그 입으로 나오는 바'라는 표현은 설교의 내용이 설교자 자신의 한 부분임을 암시합니다. 그 입에서 나오는 한마디, 한마디가 설교자 자신의 인격이요, 그가 누구인지를, 그가 어떤 삶을 사는 사람인지를, 그가 무엇을 위해 사는지를 보여 준다는 의미입니다. 이것은 참된 설교의 요건입니다. 능력 있는 설교는 설교자의 전인격이 여과된 진리가 선포될 때 이루어집니다. 필립스 브룩스(Phillips Brooks)의 표현을 빌리면, "설교는 인격을 여과한 진리"입니다.

권세 있는 설교가 선포되었을 때

권세 있는 설교가 선포되었을 때 나사렛 사람들은 가부간에 결단을 내려야 했습니다. 무엇보다 설교하신 예수님이 성령의 기름 부으심을 받은 선지자요, 메시아라는 사실을 수긍하든지, 거부하든지 결단을 내리도록 몰아가셨습니다.

선포되는 진리 앞에 결단하지 못하는 청중은 어떤 모습을 보일까요? 설교자의 삶을 추적해 흠을 잡아 설교자가 선포한 말씀에 정직한 반응을 보이기를 회피합니다. 권세 있는 설교는 청중을 하여금 그 자리에 나오기 전과 같은 사람으로 돌려보낼 수 없습니다. 능력 있는 설교는 듣는 자로 하여금 자기의 죄악을 목도하게 하고, 죄를 짓는 자신을 미워하게 하고, 그런 죄를 짓는 삶을 청산하게 만드는 설교입니다. 그러나 그 각오가 되지 않았을 때는 그런 말을 하는 설교자를 미워하게 되는 것이 청중의 일반적인 반응입니다. 마르틴 루터가 필립 멜란히톤(Philipp Melanchthon)에게 했던 충고대로입니다. "자네가 설교를 하면 사람들이 죄를 짓는 자신을 미워하든지, 죄악을 버리도록 촉구하는 자네를 미워하든지 둘 가운데 하나를 택하도록 설교하게."

권세 있는 설교는 양단간에 결단을 내리도록 합니다. 나사렛 사람들은 "이 사람이 요셉의 아들이 아니냐"(눅 4:22) 하며 도전적인 중간 반응을 보였고, 예수님의 설교가 계속 그들을 몰아붙이자 도무지 그 설교를 감당할 수 없었습니다. 그래서 그 동네가 건설된 산 낭떠러지까지 끌고 가서 예수님을 밀쳐 떨어뜨려 죽이고자 하는 살인적인 최후 반응을 보였습니다. 실패한 설교가 아니라 오히려 예외적인 권세 있는 설교였기에 설교자이신 예수님이 죽음의 위협 아래 내몰리신 것입니다.

그러나 예수님이 누구십니까? 온 세상의 주권자이십니다. 어떤 주석가가 설명하는 대로, 예수님은 장엄한 표정 하나로도 달려붙는 인생들을 순식간에 얼어붙게 할 수 있는 권세자이십니다. 다만 그들의 죄악이 어떠한지, 그들의 분노가 얼마나 비열한지를 보여 주시기 위해 낭떠러지로 끌고 가서 죽이려는 그들에게 잠깐 기회를 주셨을 뿐, 그 지점에 왔을 때 주님은 당당히 그들 가운데로 지나서 가셨다고 기록하며 누가는 이 사건을 종결짓습니다. 아무도 그분을 막을 자가 없었습니다. 아직은 그분의 때가 아니었기 때문입니다. 그분의 표정 하나로도 아무도 감히 손을 내밀 수 없었던 것입니다.

○

누가가 연대기를 따른 가버나움에서의 사역이 아니라 고향 갈릴리 나사렛에서 처음으로 설교하셨던 것을 맨 앞에 대두시킨 이유는 무엇입니까? 나사렛에서 그날 있었던 일이 주님의 공사역 3년간의 귀결이 될 것임을 예표적으로 보여 주기 때문입니다. 첫날 설교의 반응이 그분이 걸으셔야 하는 길이 어떠한지를 알려 주기 때문입니다. 주님은 장차 세상에서 당할 배척을 그날 맛보셨습니다. 그런 의미에서 갈릴리 나사렛 회당 사건은 "자기 땅에 오매 자기 백성이 영접하지 아니하였으나"라는 요한복음 1장 11절의 해설이요, 예증입니다.

그날 예수님이 당하신 일은 세상에서 배척받는 교회의 모습이요, 진리대로 살기 원하는 우리 모두를 향해 세상이 어떻게 대할지를 보여 주는 사건입니다. "형제들아 세상이 너희를 미워하여도 이상히 여기지 말라"(요일 3:13). "무릇 그리스도 예수 안에서 경건하게 살고자 하는 자는 박해를 받으리라"(딤후 3:12). 설교자뿐 아니라 모든 하나님의 백성은 진리를 증거하는 자가 지불할 값을 치를 준비를 하고 살아야 합니다. 누가는 주님의 나사렛 회당 설교를 통해서 우리 모두가 복음에 대한 각오를 새롭게 하도록 요청하고 있습니다.

47.

주의 은혜의 해 (4:16-30)

이 장에서는 갈릴리 나사렛 회당에서 선포된 주님의 설교를 살펴보겠습니다. 예수님은 선지자 이사야의 글이 기록된 두루마리를 받아 읽으셨습니다(사 61:1-2). 그날 주님이 선택하신 말씀을 보면 주님이 당신을 어떻게 이해하셨는지가 나타나 있습니다. 당신이 누구이며, 무엇을 하기 위한 자인지, 누구에게 파송 받은 자인지, 당신이 설교해야 할 대상의 처지가 어떠한지 등을 정확히 인식하신 것이 드러납니다.

설교자의 자기 인식

예수님은 당신을 '주의 기름 부으심을 받은 자'로 인식하셨습니다. 구약 시대에는 왕이나 선지자나 대제사장을 세울 때 기름을 부었습니다. 이는 직무를 수행하는 데 필요한 '성령의 능력 주심'을 상징합니다. 모든 시대를 막론하고 하나님의 백성의 마음속에는 성령이 계십니다. 성령이 없이는 아무도 예수를 '주'라고 할 수 없습니다. 하지만 특수한 임무를 받을 때는 그 직임을 감당할 특별한 능력이 필요합니다. 박윤선 목사는《신약주석 공관복음》(영음사)에서 "주님은 직무를 수행하기 위해 성령을 특수하게 받으셨습니다"라고 말했습니다. 누구나 성령이 계셔야 하나님의 백성이지만, 직무를 감당하기 위해서는 특별한 성령의 능력을 필요로 한다는 것이 누가가 일관성 있게 주장하는 사실입니다.

복음을 전파하는 사명은 오직 성령의 특별한 능력 주심으로 감당할 수 있는 사역입니다. 초대 교회 성도들 역시 예루살렘을 떠나지 않고 아버지가 약속하신 성령의 능력을 받기 위해 기다렸습니다. 그 능력으로 예루살렘에서부터 온 유대와 사마리아, 땅끝까지 증인 노릇을 감당했습니다.

주님은 "주의 성령이 내게 임하셨으니"라는 말씀을 읽을 때 요단 강 사건을 회상하시며 "이 글이 오늘 너희 귀에 응하였느니라"(눅 4:21)라고 하셨습니다. 주님은 또 하나의 선지자나 왕 정도가 아니라 구원을 실현시키신 하나님의 사랑하시는 아들입니다(눅 3:22). 하늘이 창조되고 땅이 지음을 받고, 인생이 타락해서 낙원에서 쫓겨난 이후로 하나님은 아들이 메시아로 나서는 이때를 기다려 오셨습니다. 이에 하나님은 예수님이 세례를 받고 죄인들과 하나가 되셨을 때 하늘을 가르고 "내가 너를 기뻐하노라"(눅 3:22)라고 선언하셨습니다.

또한 주님은 당신을 '파송 받은 자'로 이해하셨습니다. "주의 성령이 내게 임하셨으니"라는 말씀은 "내게 기름을 부으시고"라는 말씀과 병행하는 구절입니다. 예수님은 성령이 임하신 사건을 기름 부으심으로 이해하셨습니다. 메시아의 직무를 수행하기 위한 능력 주심으로 받아들이셨습니다. 메시아로서 직무를 수행하도록 당신을 보내셨다고 이해하셨습니다. 헬라어로 '보내다'라는 말은 두 가지입니다. 하나는 '펨포'로서, 보내는 자와 보냄 받은 자 사이에 아무런 관련이 없는 경우에 쓰는 말이고, 다른 하나는 '아포스텔로'로서 보냄 받은 자로 하여금 보내는 자를 대신할 권한을 위임한 경우를 가리킵니다. 예수님은 당신이 하나님을 대신해서 파송 받은 자임을 인식하고 계셨습니다.

복음을 전하는 자들은 자신이 파송 받은 자라는 의식이 투철해야 합니다. 우리를 통해 전달되는 하나님의 말씀을 받아들일 때 그는 생명의 자리로 옮겨지고, 거절할 때 그는 하나님을 거절하는 것입니다. 파송한 자의 권위를 가지고 접근하십시오. 동시에 우리는 파송하신 자의 사랑으로 접근해야 합니다. 복음을 전하는 자는 하나님을 대신한 자로서, "모든 사람이 구원을 받으며 진리를 아는 데에 이르기를"(딤전 2:4) 원하시는 아버지의 마음으로 호소해야 합니다.

설교자의 청중 이해

동시에 예수님은 당신이 누구에게로 파송되었는지를 알고 계셨습니다. 18절에 설교자이신 주님의 청중 이해가 있습니다. 주님의 청중 분석이야말로 참 설교자의 진면목을 유감없이 보여 줍니다. 예수님은 당신이 파송된 대상, 즉 복음을 전해야 할 대상이 가난한 자임을 인식하고 계셨습니다.

가난한 자에게 복음을

주님은 인생의 궁극적인 처지를 바로 파악하셨습니다. 인간의 참 모습을 인식하기까지 설교자는 별로 할 말을 갖고 있지 않습니다. 인생을 겉으로

만 보면 가난한 자를 찾아 특정 지역으로 가야 할 것입니다. 그러나 이 세상에는 돈이 없고 처지가 곤란해도 자신을 전혀 가난한 자로 생각하지 않는 사람이 많습니다.

성경이 말하는 '가난한 자'는 일차적으로 소유의 많고 적음과 관계가 없습니다. 하나님 외에는 달리 기대할 수 없는 절실한 상황에서 오직 하나님의 말씀에 소망을 거는 사람이 가난한 자입니다. "오, 하나님! 저는 도무지 제 힘으로는 더 이상 버틸 수 없습니다. 저를 살려 주십시오"라고 부르짖는 사람입니다.

어떤 경우건 자신의 핍절한 처지를 인식한 사람은 이미 축복의 자리에 가까이 있습니다. 때때로 난관은 우리를 하나님의 축복으로 이끄시는 하나님의 손짓일 수 있습니다. 절망의 수렁에서, 앞뒤좌우가 막힌 상황 속에서 다만 하늘만을 바라보게 되는 것은 하나님의 섭리입니다. 내 힘으로, 내 판단과 결심으로 어쩔 수 없음을 인식하는 자는 복이 있습니다. 그는 그곳에서 구출해 주시는 구주 예수님을 만날 수 있을 것입니다.

가난한 자는 하나님 외에는 아무도 바라보지 않습니다. 처절한 자기 인식, 자기 상황에 대한 절박한 인식이 없이는 아무도 구주를 만날 수 없습니다. 왜냐하면 주님은 가난한 자에게 복음을 전하기 위해 구별되신 분이기 때문입니다. 주님은 어쩔 수 없는 자기 처지 때문에 하나님에게 도움을 호소하는 모든 자를 구원하기에 능하신 분입니다.

하나님은 지금도 가난한 자를 긍휼히 여기십니다. 그래서 주님은 산상보훈 설교에서 "심령이 가난한 자는 복이 있나니"(마 5:3상)라고 말씀하셨습니다. 자기가 아무것도 아니라는 것을 아는 자, 하나님만이 소망의 전부임을 인식하는 사람에게는 "천국이 그들의 것임이요"(마 5:3하)라고 하셨습니다. "무릇 마음이 가난하고 심령에 통회하며 내 말을 듣고 떠는 자 그 사람은 내가 돌보려니와"(사 66:2). 하나님에게 소망을 두십시오. 그때 예수님이 문제의 답이 되십니다. 하나님에게 응답하십시오. 하나님에게 마음을 열어 보십시오. 하나님을 절실히 바라볼 때 예수님이 좋은 소식이 되실 것입니다.

'가난한 자'는 더 구체적으로 누구입니까? '가난한 자'와 나란히 '포로 된 자', '눈먼 자', '눌린 자'가 나옵니다. 기름 부으심을 받은 분인 우리 주님은 인생을 악한 영에게 포로 된 자로 여기십니다. 더러운 습성의 노예가 되어 있습니까? 이래서는 안 된다고 가슴을 치면서도 악한 자리에서 벗어나지 못하고 있지는 않습니까? 기름 부으심을 받은 우리 주님은 죄악 가운데 있는 우리를 눈먼 자로 여기십니다. 강렬한 태양빛처럼 선포되는 진리를 파악하지 못하기 때문입니다.

처절한 속박 속에 있는 포로에게는 자유의 소식이 기쁜 소식입니다. 눈먼 자에게 기쁜 소식은 다시 보는 것밖에 없습니다. 억눌림 속에 사는 자에게 기쁜 소식은 눌림에서 벗어나는 것입니다. 기름 부으심을 받은 주님이 우리를 자유하게 하십니다. 그분을 바라보고 그분에게 도움을 요청함으로 죄악의 포로에서 놓여 자유를 누리십시오.

주의 은혜의 해

"눌린 자를 자유롭게 하고 주의 은혜의 해를 전파하게 하려"(눅 4:18-19) 주님이 오셨습니다. 우리로 하여금 하나님의 아들들이 누리는 영광스런 자유를 누리게 하려고 하나님의 아들이 오셨습니다. 하나님은 우리 한 사람, 한 사람이 주의 은혜의 날을 맛보기를 원하십니다. '주의 은혜의 해'가 이제 시작되었습니다.

50년 만에 돌아오는 희년은 다가올 예수 그리스도로 말미암은 해방을 예표합니다. 50년이 될 때마다 이스라엘에 울려 퍼진 나팔 소리는 예수 그리스도가 오심으로 축복의 날이 오리라는 것을 미리 보여 준 의식입니다. 희년이 오면 욕망의 굴레에서 벗어나며 죄악의 사슬로부터 풀려나는 새날이 열립니다.

가난으로 남의 종이 된 자들이 해방되는 해가 희년입니다. 가난으로 남의 손에 들어간 땅도 본래 소유주의 손으로 돌아오는 해가 희년입니다. 자신의 인생을 주체하지 못하고 종처럼 살아가는 자들로 하여금 해방을 누리도록 하시려고 주님은 오셨습니다. 마음껏 하나님을 섬기며 살아가는 자유를 누리도록 하기 위해 주님은 은혜의 해를 선포하셨습니다. 이제는 더 이상 종살이가 필요 없다고 선포하신 것입니다.

지금은 하나님의 은혜의 시대입니다. 아직도 자아의 감옥 속에서 열린 문을 보지 못하는 눈먼 처지에 머물러 있는 사람이 있다면 누구든지 나와서 좋으신 하나님을 마음껏 섬기는 자유를 누리십시오. 하나님이 우리를 그분의 지극한 사랑의 대상으로 맞이하려 나오신 복된 시대입니다. 그 복된 날을 선포하시려 주님은 나사렛에 오셨고, 오늘 우리에게 찾아오십니다.

예수님은 나사렛 회당에서 하나님의 은혜의 해를 선포하기 위해 당신이 파송을 받았다고 선포하셨습니다. "내 말을 듣는 사람은 이제 자유할 것이다. 기뻐 뛰며 살 것이다. 축제의 삶을 살 것이다"라고 선포하신 셈입니다. 주님은 이어서 "이 글이 오늘 너희 귀에 응하였느니라"(눅 4:21)라고 선언하셨습니다.

○

그리스도 안에 있는 자에게 삶은 이제 축제입니다. 비록 그리스도의 남은 고난을 우리 몸에 채워 가지만, 우리 마음 깊숙한 곳에서는 주의 은혜의 해를 누리고 있습니다. 믿는 자에게 시간은 새로운 의미가 있습니다. 주님의 통치 아래(A.D.)로 들어가는 것입니다. 이제 주님의 통치 아래 삶의 전부를 맡기십시오. 세상에 주님의 통치가 도래한 지 2천 년이 넘었습니다. 그리스도인들에게는 모든 날이 새로운 날이요, 축제의 날입니다. 우리 모두 주의 은혜의 날을 경험합시다.

48.

선지자가 고향에서 (4:16-30)

//

      이 장은 예수님이 고향 나사렛 회당에서 하신 첫 설교에 대한 세 번째 고찰입니다. 세 장에 걸쳐 살펴보는 까닭은 본문 자체가 그 사건을 길게 다루고 있기 때문입니다. 일찍이 사도 요한이 그 복음서의 목적을 기록하면서 밝혔듯이, 예수님은 복음서에 기록된 사건보다 훨씬 많은 일을 행하셨습니다. 성령이 당신의 의도에 따라 어떤 사건은 기록하고 어떤 사건은 생략하셨습니다. 또한 기록된 사건들의 깊이나 분량도 각각 다릅니다. 이는 오늘날의 신문 편집자가 자신의 가치관을 기준으로 중요도에 따라 기사의 분량을 정하고 지면을 할애하는 것과 마찬가지입니다. 누가는 성령의 영감 아래 성경을 기록했습니다. 그날 나사렛 회당에서의 첫 설교와 일련의 사건들을 예외적으로 길게 기록한 이 일은 성령이 중요하게 여기신 사건임이 분명합니다.

예수님의 고향 나사렛 사람들의 한계

누가는 주님이 택하신 설교, 즉 이사야 61장 1절 이하에 대한 설교는 단 한마디로 요약한 반면, 청중의 중간 반응 후 주님의 대답은 자세하게 기록했습니다. 물론 예수님이 "이 글이 오늘 너희 귀에 응하였느니라"(눅 4:21)라는 한마디 말씀만 하시고는 바로 강단에서 내려가지는 않으셨을 것입니다. 다만, 누가가 그날 설교의 핵심을 요약해서 기록한 것임이 분명합니다. 반면에 누가는 청중의 중간 반응에 답하신 주님의 설교를 더 자세히 취급했습니다. 의도적으로 그날 설교의 강조점이 후반부에 있었음을 보여 준 것입니다.

당시 유대인들 중에 '하나님의 은혜의 해'를 사모하지 않는 사람은 없었을 것입니다. 그러므로 하나님의 은혜의 해가 도래했다는 예수님의 설교를 듣고 있는 그들의 귀에 들린 "이 글이 오늘 너희 귀에 응하였느니라"라는 말씀은 귀를 의심할 만한 기쁜 소식이었습니다. 게다가 그들은 예수님이 엄청난 기적을 행하시는 분이라는 점에 대해 의심하지 않았습니다. 의심하기는커녕 뭔가 하나라도 더 보여 주시기를 오히려 바랐습니다.

그러나 문제는 그 하나님의 은혜가 목수 요셉의 아들 예수를 통해 임했다는 사실이었습니다. 그 사실은 나사렛 회당에 모인 사람들에게는 도무지 용납하기 힘든 문제였습니다. 이스라엘 사람들이 수천 년 기다려 온 메시아가 바로 그들 가운데서 자라난 그 예수라는 사실을 그들은 수긍할 수 없어 했습니다. 그러기에는 예수의 출신과 그 가족들을 너무 잘 알고 있었습니다.

그날 그들은 예수님의 입에서 나오는 은혜로운 말씀을 인해서 찬사를 돌렸습니다. "역시 소문대로구나!" 하며 감탄했습니다. 내적 확신과 신선함, 권위와 생동감 등은 그들 모두를 감탄하게 만든 주님의 설교의 요소였습니다. 그들은 주님의 지혜와 능력 앞에 순간적으로 압도당했습니다. 그러나 그것이 나사렛 사람들을 참된 신앙인으로 만들지는 못했습니다. 청중인 그들이 응당 해야 하는 일은 설교자이신 예수님에게 찬사를 돌리기보다 그분을 메시아로 믿고 대우하는 것이었습니다.

그들은 "하나님의 은혜의 때가 오늘 너희에게 임했다"라는 설교를 즐기면서도 그 은혜의 날이 그들 가운데 자라나신 예수님을 통해 왔다는 사실만은 거부하고 싶었습니다. 다시 말해, 당신이 하나님의 메시아라는 논지는 불경스런 주장이며 언어도단이라고 생각했습니다. 넋을 잃고 한동안 예수님의 입에서 나오는 은혜로운 말을 잘 듣고 있던 그들은 마치 잠에서 깨어난 듯 여기저기서 웅성거렸습니다. 조상과 신분을 모두 들추어내면서 모욕하는 말로 거부감과 적의를 나타냈습니다. 이러한 웅성거림을 들으신 주님은 그들의 속마음을 다 읽고 폭로하면서 당신의 논지를 펴셨습니다.

주님의 본문 설교를 단 한 절로 요약한 누가는 나사렛 사람들의 마음속에 자리한 불신과 배척, 의혹을 향한 주님의 대답을 오히려 다섯 절을 할애해 길게 기록했습니다. 우리 역시 본문을 기록한 성령의 의도하심에 충실해 우리의 관심을 주님의 대답에 치중합시다.

의혹과 불신에 대한 주님의 대답

먼저 예수님은 앞으로 나사렛 사람들이 하게 될 말을 예언하셨습니다. "가버나움에서 행한 일을 네 고향 여기서도 행하라"(눅 4:23). 그러면서 "선지자가 고향에서는 환영을 받는 자가 없느니라"(눅 4:24)라는 말씀으로 기적을 보아야 믿겠다는 그들의 주장을 거부하셨습니다. 사람들은 그때뿐 아니라 지금도 기적이라면 몰려듭니다. 하나님의 말씀을 귀로 듣고 싶어 하는 것이 아니라 눈에 나타나는 무언가를 보고 싶어 하는 것입니다.

오병이어의 기적으로 장정만 5천 명이 배불리 먹었다는 소문이 퍼지자 군중이 어찌나 몰려드는지 감당할 수가 없었습니다. 모여든 군중을 향해 주님이 썩어질 양식 대신 영생의 떡을 설명하시자 사람들은 하나둘 빠져나가면서 너무 어렵다고 투덜댔습니다. 그러나 사실은 관심이 전혀 엉뚱한 데 있었기 때문에 진리의 말씀이 마음에 들어가지 못했던 것입니다. 주님은 사람들의 눈에 기적을 베풀어 주기 위해 세상에 오신 분이 아닙니다. 그들의 마음속을 들여다보신 주님은 그 장단에 춤을 추지 않으셨습니다.

"내가 진실로 너희에게 이르노니"(눅 4:24)는 주님이 권위 있는 말씀, 무게 있는 말씀, 엄숙한 진리를 선포하기 전에 으레 사용하시던 표현 방식입니다. 누가는 그의 복음서에서 예수님이 이 말씀을 여섯 번 하신 것으로 기록했는데, 그중 첫 번째가 여기 나옵니다. 그만큼 이 말씀은 누가복음 전체를 통해서 예수님이 진실로 하고 싶으셨던 말씀 가운데 하나입니다. "내가 분명히 너희에게 말해 두는데, 선지자가 언제 자기 고향에서 대접받은 적이 있느냐?"라는 것입니다. 누가는 예수님이 하신 "진실로"(아멘)라는 말씀을 다른 표현으로 바꾸어서 기록하곤 했는데, 여기서는 그대로 사용함으로 본래적인 권위의 말씀, 본래적인 주님의 어법을 보여 주었습니다.

예수님이 "아멘"으로 보증하신 불변의 진리는 선지자가 고향에서 제대로 대접을 받은 경우가 없다는 사실입니다. 이는 한편으로 선지자는 하나님이 보내신 곳에서는 환영을 받았다는 뜻입니다. 그러면서 예수님은 사람들이 익히 아는 구약 사건을 예증하셨습니다. 엘리야는 마땅히 이스라엘에 파송되어야 했지만 이스라엘 백성이 그를 하나님의 종으로 대우하지 않았기에 하나님은 그를 시돈 땅 사렙다 과부에게 보내셨습니다. 하나님은 엘리사도 마찬가지로 이스라엘의 수많은 나병 환자들이 아니라 이방인인 수리아 사람 나아만을 고치게 하셨습니다.

하나님의 은혜는 인간이 만든 인위적 장벽을 초월합니다. 하나님은 땅위의 모든 인생을 궁휼히 여기사 아무도 멸망받기를 원하지 않으십니다. 하나님은 당신의 주권적 은혜로 고칠 자를 고치시고 복 주실 자에게 복을 주시는 분입니다. 우리의 생각과는 다릅니다. '내가 먼저', '우리가 먼저'라는 주장은 하나님 앞에 설득력이 없습니다. 하나님은 전혀 예상 밖의 사람에게 자비를 나타내 보이기를 좋아하십니다.

불신이냐, 믿음이냐

불신은 언제나 하나님의 기적과 하나님의 축복의 역사를 가로막습니다. 이 사건에 대해 마태는 "그들이 믿지 않음으로 말미암아 거기서 많은 능력을 행하지 아니하시니라"(마 13:58)라고 기록했고, 마가는 "예수께서 그들에게 이르시되 선지자가 자기 고향과 자기 친척과 자기 집 외에서는 존경을 받지 못함이 없느니라 하시며 거기서는 아무 권능도 행하실 수 없어 다만 소수의 병자에게 안수하여 고치실 뿐이었고 그들이 믿지 않음을 이상히 여기셨더라"(막 6:4-6)라고 썼습니다.

오늘 주님이 우리에게 오셔서 큰 역사를 이루겠다고 하신다면 그분을 어떻게 대우해야 할까요? 우리는 불신을 버리고 믿음으로 그 크신 역사를 대망해야 합니다. 주님이 말씀하시면 순종해야 합니다. 그리고 주님이 약속하시는 놀라운 역사가 나타나기까지 쉬지 말고 간구해야 합니다.

하나님의 권능은 무한합니다. 다만 우리 믿음의 반응이 문제입니다. 우리가 믿음으로 반응할 것인지, 불신으로 나올 것인지가 문제입니다. 주님을 주님으로 믿으십시오. 신앙 전부를 걸고 "하나님, 우리 가운데서 당신의 위대한 모습을 나타내 보이십시오"라고 간구하십시오.

○

그날 나사렛 회당에 모인 사람들은 한편으로는 감탄했고, 다른 한편으로는 당혹했습니다. 우리는 어떻습니까? 선포된 말씀을 수용합니까, 아니면 원치 않는 말이라고 무시합니까? 하나님의 말씀 앞에 설 때 당신이 듣기 원하는 말씀을 들으려고 합니까, 아니면 하나님이 하시는 말씀이라면 무엇이든지 순종하겠다고 결단합니까?

하나님의 말씀에 귀 기울이고, 그분의 말씀을 사모하십시오. 그 말씀이 삶을 변화시킬 것입니다. 그 말씀이 우리를 그리스도 예수와 같이 하나님을 사랑하고 하나님을 섬기는 일에 완벽한 수준의 사람으로 만들 것입니다. 하나님의 말씀이 우리를 복 받는 자리로 인도하고 우리 가운데서 복된 역사를 일으키기를 간절히 바랍니다.

49.

그 말씀이
권세가 있음이러라 (4:31-32)

이제 예수님이 고향 나사렛을 떠나 이웃 마을 가버나움 회당에서 행하신 사역을 살펴보겠습니다. 세상에 오신 주님이 가장 많은 시간을 투자해서 하신 일은 무엇일까요? 갈릴리 사역을 소개하는 서두에 해당하는 누가복음 4장 14-15절은 "친히 그 여러 회당에서 가르치시매"라고 기록하고 있습니다(마태나 마가는 가르침보다 전파하는 일을 먼저 기록했습니다). 누가의 소개에 따르면, 세상에 오신 하나님의 아들 예수님은 할 말을 가지고 계신 분이셨습니다. 따라서 이 장에서는 주님의 가버나움 사역 가운데 가르치심, 즉 그 말씀의 권위에 대해 집중적으로 추적해 보겠습니다.

하나님의 아들 예수님이 가버나움에서 행하신 일을 기록한 본문의 구조는 크게 둘로 나뉘는데, 31-32절은 권세 있는 가르침에 대한 일반적인 묘사이고, 33-37절은 권세 있는 말씀의 구체적인 예로서 능력 있는 사역에 대한 증거입니다. 이 장에서는 전반부를 살펴보겠습니다.

예수님의 사역, 가르치는 일

예수님이 세상에 오셔서 하신 가장 중요한 일은 가르치는 것이었습니다. 복음서 기자들은 예수님이 하나님 나라에 대해 가르치셨다고 요약해서 말합니다. 왜 하나님 나라에 대해서 말씀하셨을까요? 세상 사람들은 타락한 이후 세상일에 대해서는 아주 해박해졌기에 예수님이 그에 대해서는 더 이상 말씀해 주실 필요가 없었습니다. 그들의 문제는 세상 것이 영원한 양 붙들고 사는 데 있었습니다. 따라서 하나님의 아들이 세상에 오셔서 해야 할 일은 세상에 매몰되어 있는 그들이 천국을 바라보도록 하시는 것이었습니다.

우리의 삶의 문제는 하나님이 우리의 마음을 다스리지 않으시는 것임을 주님은 아셨습니다. 어떻게 하면 하나님의 통치 아래 들어갈 것인지, 어떻게 하면 하나님에게 우리의 마음을 내어 맡길 수 있을 것인지에 주님은 관심을 가지셨습니다. 우리가 삶의 방향을 돌이키지 않으면 거기에는 만족이 없습니다. 땅에 쏟는 관심에서 하늘을 향한 관심으로 바꾸지 않으면 하나님이 주시는 평안과 기쁨을 결코 누릴 수 없습니다.

우리 주위에는 이 세상에 빠져서 살고 있는 사람들이 많습니다. 누가 그들에게 바른 진리를 가르쳐 주어야 합니까? 먼저 진리를 깨닫고 하나님의 용서를 체험한 우리가 가서 하나님 앞에 돌아와야 문제가 해결된다고 해 주어야 합니다. 누군가가 가르쳐 주지 않으면 인생은 소망이 없습니다 (롬 5장). 그 진리가 믿어지지 않는 이유는 우리의 죄 때문이므로, 죄에 대한 하나님의 유일한 대책이신 예수 그리스도를 소개해 주어야 합니다. 그리스도를 영접하는 순간 하나님의 자녀가 되는 놀라운 권세를 소유하게 된다고 가르쳐 주어야 합니다. 하나님과의 관계가 회복되는 것이 인간의 최우선 과제임을 알려 주어야 합니다.

권세 있는 가르침의 비결

나사렛과 가버나움은 같은 갈릴리 지방입니다. 즉 같은 지방에 있는 두 도시라고 해석해도 좋습니다. 나사렛은 산 위에 있는 동네이고 가버나움은 호숫가에 있는 동네인데, 고도 차이가 600미터 정도 되었습니다. 그 산 하나 오르는 것 못지않게 두 동네가 서로 차이가 있었습니다. 어쩌면 그것은 나사렛과 가버나움의 영적 차이를 상상하게 만드는지도 모르겠습니다. 게다가 두 동네는 약 30킬로미터 떨어져 있었습니다.

예수님은 갈릴리 가버나움 동네에 내려와 안식일에 회당에서 가르치셨습니다. 누가는 가버나움 사람들이 "그 가르치심에 놀라니 이는 그 말씀이 권위가 있음이러라"(눅 4:32)라고 기록했습니다. 여기에 예수님이 가르치신 내용에 대한 언급은 없고, 대신 그 가르치심에 대한 가버나움 사람들의 반응과 그 이유만 기록되어 있습니다. 예수님의 가르치심 때문에 듣는 사람들이 깜짝 놀랐는데, 그 말씀이 권위가 있기 때문이라는 것입니다.

비록 누가가 그 내용을 밝혀 기록하지는 않았지만, 예수님의 가르치시는 모습과 태도조차도 여느 회당에서는 볼 수 없었던 위엄이 있었을 것입니다. 그러나 그들이 놀란 주 이유는 가르침의 내용 때문임을 어렵잖게 추측할 수 있습니다. 그날 모인 청중은 어렸을 때부터 안식일마다 회당에 다녔던 사람들입니다. 그런데 그날 주님이 가르치신 것과 같은 설교는 처음이었고, 그들은 예수님이 전하신 생수와 같은 말씀을 듣고는 감동하지 않을 수 없었습니다.

'말씀의 권세'는 말하는 내용과 말하는 사람을 떠나서는 논할 수가 없습니다. 누가, 무엇을, 어떻게 말하느냐에 따라서 그 권세 여부가 드러나기 때문입니다. 말은 자기 삶의 표현입니다. 예수님의 표현을 빌리면, 좋은 나무마다 아름다운 열매를 맺고 못된 나무가 나쁜 열매를 맺는 것입니다(마 7:17). 우리의 말은 우리의 인격이 여과되어서 나오는 진리라는 사실을 기억해야 합니다. 권세 있는 말씀은 한 사람의 인격, 한 사람의 영적 수준과 밀접한 관련을 맺고 있습니다. 세상에 오신 하나님의 아들 예수 그리스도는 하나님의 거룩한 자로서의 내재적 권위를 갖고 사람들을 가르치셨습니다.

마찬가지로 우리 역시 특별한 권위를 가지기 위해서는 우리의 가르침 이전에 우리의 삶이 특별해야만 합니다. 반드시 삶이 있어야 그 사람의 말이 은혜를 끼치고 권위를 가지는 것입니다. 우리의 전 삶이 하나님을 향해서 드려져야 합니다. 우리의 중심이 하나님을 사랑하는 마음에서 새로워져야 합니다. 하나님을 위해서 산다는 소명이 투철해져야 합니다. 하나님에게 더 가까이 나아가 섬기기를 원할 때 하나님의 권위를 덧입게 됩니다. 그때 우리의 한마디 충고가, 한마디 권면의 말이 사람들에게 영향을 미치게 됩니다. 우리 안에 계신 그리스도의 영의 권위로써 사역할 수 있게 됩니다.

우리에게 말씀을 가르치는 모든 사람이 예수님처럼 권세 있는 말씀을 전하도록 도웁시다. 부모의 의무는 아이들을 주일 아침마다 교회학교에 데려다 주는 것으로 끝나지 않습니다. 아이를 가르치는 목회자와 선생님을 통해 매 시간 권세 있는 말씀이 나타나도록 간구해야 합니다. 이것이 이 시대에 우리의 사명입니다. 이 시대는 "외치는 자 많건마는 생명수는 말랐어라"(새찬송가 515장) 하고 탄식하는 시대이기 때문입니다. 설교하는 강단이 없는 것이 문제가 아니라, 권세 있는 하나님의 말씀이 희귀하다는 것이 이 시대의 비극입니다.

성도의 의무는 들을 만한 설교를 찾기 위해 이 교회, 저 교회 다니는 것이 아니라, 하나님 나라의 역사가 이루어지기 위해 공동체의 일원으로서 "이 공동체를 통해 하나님의 영광을 보여 주시기까지 저는 물러서지 않겠습니다" 하고 결단하는 것입니다. "저는 이제부터 시간마다 선포되는 말씀을 위해 기도하고 예배의 자리에 나오겠습니다"라고 결단하는 성도들이 많아져야 합니다.

o

온 땅이 새로워지기 위해, 이 민족의 교회가 새로워지기 위해, 이 땅에 있는 강단에 생명수가 넘쳐 나도록 하기 위해 기도해야 하는 소명이 우리에게 있습니다. 그리하여 땅 위에 있는 모든 성도가 신랑 되신 그리스도 예수를 맞이하기에 합당한 자가 되도록 하는 것이 우리의 사명입니다. 우리 모두 그날까지 기도하기로 결심합시다.

50.

그 사람에게서 나오라 (4:33-37)

/ /

"하나님의 아들이 나타나신 것은 마귀의 일을 멸하려 하심이라"(요일 3:8)라는 사도 요한의 선언이 이 장의 본문에서 실현되었습니다. 찬란한 낙원의 빛을 어둡게 한 장본인인 사탄의 하수인들은 아직도 활동하고 있습니다. 사람들이 서로 불신하며 미워하다가 급기야는 서로 죽이도록 합니다. 피조물인 인간이 영광스런 빛 가운데서 창조주 하나님을 신뢰하고 사랑하며 섬기는 모습을 본 사탄은 도무지 그 조화를 깨뜨리지 않고는 배길 수 없었습니다.

하나님의 아들 예수님이 세상에 오신 것은 하나님과 사람의 관계를 회복하시기 위함입니다. 사람으로 하여금 창조주를 찬양하며 섬길 수 있는 본래 자리로 돌아가도록 하기 위해 하나님의 아들이 세상에 오셨습니다. 하나님의 아들이 세상에 오신 것은 파괴된 인간관계를 다시 회복시키시기 위함입니다. 삶이 고달픈 노예 생활이 아니라 축제가 되게 하기 위해

409

서 하나님의 아들이 세상에 오셨습니다. 이 저주의 삶의 자리에서 마귀의 일을 끝장내기 위해 하나님의 아들이 오셨습니다.

귀신을 제압하는 권세

하나님의 아들 예수 그리스도의 놀랄 만한 권세는 하늘로부터 주어진 것이었습니다. 그러므로 그분의 가르침은 듣는 사람들의 양심에 능력으로 역사했습니다. 그러나 본문은 더 나아가 동일한 주님의 입에서 나온 말씀의 권세가 귀신조차 제압했음을 보여 줍니다.

더러운 귀신 들린 사람이 가버나움 회당에서 크게 소리를 질렀습니다. 귀신 들린 사람이 항상 음침한 곳에 거하는 것은 아닙니다. 때로는 회당에도, 교회에도 귀신 들린 사람이 나타날 수 있습니다. 회당에서 주님이 가르치고 계실 때의 그 고요함을 떠올려 보십시오. 말씀이 역사하기 시작하면 분위기가 얼마나 엄숙해지는지요. 깃털 하나 떨어지는 소리조차 들을 수 있을 만큼 숨죽이고 듣고 있는 청중을 상상해 보십시오. 갑자기 그 고요함을 깨뜨리는 괴성, 공포에 떠는 소리가 회당에 울려 퍼졌습니다.

어떤 사람은 귀신 들린 사람이 회당 문을 열고 무심코 들어오다가 예수 그리스도를 대면하고 기겁해서 소리쳤다고 상상합니다. 또 다른 사람은 앉아 있던 사람들 중 한 명이 주님을 알아보고 소리쳤다고 말합니다. 어쩌면 설교 중간에 일어난 일이었을 수도 있겠습니다. 그러나 우리는 소리 지른 사람을 비난할 수가 없습니다. 그는 더러운 귀신에 사로잡혀 있었기 때문입니다. 어떤 사람이 더러운 귀신의 영에 사로잡힌 사람입니까? 귀신의 영의 영향 아래 있는 사람은 주의 피로 사신 하나님의 백성, 형제자매를 참소하는 자입니다. 그 입에서 끊임없이 터져 나오는 모함하는 말이 그가 더러운 귀신 들린 자임을 입증해 줍니다.

"아 나사렛 예수여 우리가 당신과 무슨 상관이 있나이까 우리를 멸하러 왔나이까 나는 당신이 누구인 줄 아노니 하나님의 거룩한 자니이다"(눅 4:34). 깜짝 놀란 탄성이 아니라 공포와 절망의 외침입니다. 귀신은 감히 거룩하신 하나님의 아들 앞에서 버틸 수 있는 능력이 없어 두려워 떨었습니다. "하나님의 아들이 나타나신 것은 마귀의 일을 멸하려 하심"(요일 3:8)임을 정확히 알고 두려워한 것입니다.

성령이냐, 악령이냐

예수님이 누구이신 줄 알고 정통적인 고백을 드리는 것이 우리를 안전지대로 옮겨 놓는 것은 아닙니다. "나는 당신이 누구인 줄 아노니 하나님의 거룩한 자니이다"라는 마귀의 고백은 당시 세상이 알지 못했던 엄청난 고백으로서, 아직 예수님의 수제자 베드로도 이 지식에 미치지 못했고, 주님의 사랑받던 제자 요한도 감을 잡기 이전이었습니다. 마귀는 인간의 지혜를 넘어선 영의 지혜를 가지고 있었습니다. 그러나 예수님은 입술만의 고백을 듣고 감동하지 않으셨습니다. 주님은 회당에 와서 앉아 있는 것만으로도 감지덕지하는 식으로 목양하지 않으셨습니다.

'더러운 귀신이 들렸다'는 말과 '성령으로 충만하다'는 표현은 서로 양극입니다. 중립 지대는 없습니다. 가운데 선을 기준으로 왼쪽은 마귀에게 속한 사람이고, 오른쪽은 하나님에게 속한 사람입니다. 하나님에게 속한 사람은 성령이 그 안에 계신데, 어떤 사람은 성령이 그 안에 계신 정도가 아니라 성령으로 충만합니다. 마귀에게 속한 사람은 그 안에 귀신이 있는데, 어떤 사람은 귀신에 속해 있는 정도가 아니라 귀신에 사로잡혀 있습니다. 귀신에 사로잡힌 사람과 성령 충만한 사람이 대조를 이룹니다.

어느 쪽에 속했는지 한눈에 알 수 없는 사람들이 있습니다. 그러나 분명한 것은, 중심에 선을 그으면 하나님의 영에 소속된 사람인지, 마귀의 영에 소속되어 있는 사람인지 그 소속이 분명해진다는 것입니다. 제3의 소속은 없기 때문입니다. 성도들의 마음속에도 하나님의 영이 계십니다. 따라서 예수님을 주님이라고 고백하고 찬송합니다. 그렇다고 해서 모두 다 성령으로 충만한 것은 아닙니다.

가운데 그은 선 가까이에 올수록 참 모호합니다. 자기 자신을 잃어버린 사람들입니다. 하나님 편에서는 분명한데, 우리가 볼 때는 이쪽인지, 저쪽인지 애매합니다. 그러나 어느 영에 속에 있느냐는 것은 하늘과 땅, 아니 천국과 지옥의 차이입니다. 성령으로 충만하냐, 악령의 지배를 받느냐가 관건입니다.

마귀에게 속한 사람들의 가장 비참한 상태는 마귀에게 사로잡힌 경우입니다. 하나님의 영에 속한 사람들이 소원하는 상태는 성령으로 충만한 것입니다. 그러므로 악령에 사로잡힌 자와 성령 충만한 자의 삶은 완전히 서로 구별됩니다. 성령은 우리를 강제로 지배하지 않으시지만, 악령은 사람을 강제로 지배하기 때문에 '귀신 들렸다'고 표현합니다. 악령에 사로잡힌 사람은 자기가 원치 않는데 이상한 소리를 듣고 더러운 말을 내뱉습니다. 그러나 하나님의 성령에 사로잡힌 사람은 하나님이 중심에서부터 새로운 소원을 주십니다. 주님을 사랑하게 하시고, 주님을 주로 고백하게 하시고, 땅 위에 있는 주의 백성을 사랑하게 하십니다. 더 나아가 복음을 전하며 살아가게 하십니다.

이쪽과 저쪽 끝은 분명한데 중간이 늘 문제입니다. 믿지 않는 사람들 중에 겉으로만 보면 매우 착한 사람이 있습니다. 한편 사망에서 생명으로 소속이 분명히 옮겨졌는데도 가끔 자신이 원하지 않는 일을 하는 사람이 있습니다. 우리는 너무 쉽게 입술의 말만 가지고 신자라고 간주하려고 듭니다.

누가복음 8장 28절에 귀신 들린 사람이 나오는데, 그는 예수님을 보고 "지극히 높으신 하나님의 아들 예수여"라고 절규했습니다. 이는 기쁨이 아닌 두려움의 고함이요, 감사의 고백이 아닌 공포의 절규였습니다. 입에서 나오는 말만 가지고 신자인지, 아닌지를 판가름하는 것은 섣부른 일입니다.

주님의 명령

더러운 귀신의 발작에 주님은 어떻게 대처하셨습니까? "예수께서 꾸짖어 이르시되 잠잠하고 그 사람에게서 나오라 하시니"(눅 4:35상). 여기에 우리가 배워야 하는 주님의 지혜가 있습니다. 주님은 악한 영과 더불어 일일이 따지지 않고 즉시 더러운 귀신을 꾸짖으셨습니다. 전능하신 하나님의 아들의 권위로 명령하셨습니다. 그리고 귀신은 즉각 그 명령 앞에 복종했습니다. 그러나 끝까지 발악해 그 사람을 무리 중에 넘어뜨리고 나왔습니다. 이것은 귀신의 특성 중 하나입니다. 아주 끈질기고 집요합니다. 물러나면서도 하는 데까지 해 보는 것입니다. 사탄은 절망적인 분노 속에 그 사람을 팽개치며 나왔습니다.

그러나 이 모든 귀신의 작태를 조금도 겁내지 마십시오. '사랑받는 의원' 누가는 의사의 눈으로 쓰러진 사람의 상태에 대해서 다음과 같이 진단 소견서를 작성했습니다. "그 사람은 상하지 아니한지라"(눅 4:35하). 예수님은 능력의 구주이십니다. 그분이 구원하기로 작정하신 사람은 아무도 건드릴 수 없습니다. 아무도 해하거나 상하게 할 수 없습니다. 우리는 비록 약하지만 사탄은 모든 능력을 동원해도 하나님의 허락 없이는 우리를 상하게 할 수 없습니다. 참새 한 마리가 땅에 떨어지는 것조차도 전능하신 하나님의 뜻을 벗어날 수 없습니다.

복음서는 종종 예수님이 귀신을 쫓아내셨다고 기록하고 있습니다. 그것은 복음서 기자들의 입장에서는 놓칠 수 없는 이야기였고, 초대 교회 성도들에게는 굉장한 의미가 있었습니다. 악의 영이 지배하는 세상 속을 살아가는 사람들에게 주님이 악령을 쫓아내셨다는 것은 '주님이야말로 만주의 주이시고 만왕의 왕이시다'라는 사실을 입증해 주었기 때문입니다. 따라서 그 기록은 감동적인 기록이요, "역시 예수님이 주님이시다. 예수님이 모든 신의 신이시구나!"라는 사실을 알려 주는 장면이었습니다.

그러면 그리스도인은 귀신을 이길 수 있을까요? 비록 우리는 약하지만, 우리를 사랑하고 당신의 몸을 주신 그리스도 예수의 이름으로써 우리는 승리할 수 있습니다. 악한 자는 우리를 만질 수조차 없습니다. 우리와 연합되신 그리스도의 영이 반드시 승리하십니다.

반응과 여파

예수님이 더러운 귀신을 쫓아내신 현장을 목격한 사람들의 반응과 여파가 이어서 나옵니다. "다 놀라 서로 말하여 이르되 이 어떠한 말씀인고 권위와 능력으로 더러운 귀신을 명하매 나가는도다 하더라"(눅 4:36).

하나님의 능력이 나타난 현장을 목격한 사람들의 반응은 한마디로 "오늘 엄청난 것을 보았다"는 것이었고, 아마 그들은 사람들을 만날 때마다 그 광경을 소개했을 것입니다. 엄청난 광경을 보고도 침묵을 지킬 만큼 입이 무거운 사람은 별로 없습니다. 이 역사가 우리 가운데 나타나야 합니다.

여기서 놀람은 거룩한 두려움의 엄습을 의미합니다. 하나님의 능력 있는 말씀 선포 현장에서 흔히 발견할 수 있는 현상입니다. 어떤 때는 큰 두려움이 회중 전체에 찾아오기도 합니다. 그러나 어떤 때는 큰 기쁨으로 가득 차기도 합니다. 말씀이 역사하면 어떤 때는 큰 통회의 자복이 일어나기도 하고, 감사와 찬송이 터지기도 합니다. 거룩하신 하나님의 영이 임하신 자리에서는 사람들이 '하나님의 영이 임하셨다'는 두려움 가운데 하나님을 칭송하게 될 것입니다. 뿐만 아니라 그 능력의 현장을 체험한 사람들은 나아가 그 사실을 널리 알릴 것입니다. "이에 예수의 소문이 그 근처 사방에 퍼지니라"(눅 4:37).

○

우리는 이처럼 엄청난 반응이 터져 나올 때까지 부족하지만 계속해서 복음을 전해야 합니다. 그러나 그것이 우리가 할 수 있는 전부라고 생각하지는 말아야 합니다. 하나님은 더 놀랍게 역사하실 수 있습니다. 하나님이 역사하시면 구름 떼와 같이 사람들이 몰려들 것입니다. 마치 밀물이 밀려들어오기 시작하면 어떤 장사도 막을 수 없듯이, 어떤 세력도 하나님의 역사를 막을 수 없습니다. 다 죽은 것 같은 지면에 봄기운이 돌기 시작하면 하루하루가 달라집니다. 달라지게 되면 그 변화를 막을 수 있는 사람은 아무도 없습니다. 하나님의 거룩한 역사가 이 땅에 밀물처럼 터지기를 소원합니다.

51.

치료자 예수님 (4:38-39)

이 장의 본문에서 예수님은 인간의 질병을 고치는 치료자로 당신을 나타내고 계십니다. 단순한 질병의 치료자가 아니라 그 이상입니다. 그분은 모든 인간 문제의 근원인 사탄을 제압하신 분으로, 사람의 모든 차원의 문제를 해결하시는 구원자입니다. 육체의 질병과 영혼의 문제를 해결하시는 구주로 세상에 오신 분이 우리 주님이십니다. 누가는 예수님이 시몬의 장모를 고치신 간략한 기록을 통해 치료자 예수님의 위엄을 전달하고자 했습니다.

성경을 피상적으로 대하면 이 사건은 '병 고치는 일은 예수님이 늘 하시던 일'이라며 사실 별다른 의미를 주지 않을 수도 있습니다. 그러나 말 한마디로 사람의 병이 고쳐지는 모습을 한 번도 본 적이 없었던 제자들의 입장에서 보면 그것은 아주 충격적인 사건이었습니다. 그래서 마태, 마가, 누가 등 소위 공관복음서 기자마다 이 사건을 기록해 놓았습니다. 거

416

기에 군더더기 설명을 붙이지 않고 사실 그 자체를 말함으로써 그날의 충격이 얼마나 컸던가를 우리에게 그대로 전달해 주려 한 것입니다.

이 사건이 제자들에게 준 충격은 대단했습니다. 누가는 앞서 예수님을 권세 있는 가르침을 베푸시는 분으로 소개했습니다. 이어서 하나님의 거룩한 자의 권위로써 귀신을 제압하신 일이 있은 후 그 소문이 사방에 퍼졌다고 기록했습니다. 그러나 제자들은 아직 예수님의 권세를 다 파악하지는 못했습니다. 그들의 입이 또 한 번 다물어지지 않는 사건이 본문에 기록되어 있습니다.

사건의 발단

이 일은 가버나움 회당에서 더러운 귀신을 쫓아내신 그 안식일에 일어난 사건입니다. 더러운 귀신 들린 사람을 자유하게 하신 일이 회당 안에서 일어난 사건이라면, 이 사건은 회당 밖에서 벌어졌습니다. 회당 예배를 마치고 예수님 일행이 시몬의 집으로 발걸음을 옮겼을 때는 모두들 시장기를 느끼는 시간이었을 것입니다. 마가는 그 일행의 명단을 기록했습니다. "회당에서 나와 곧 야고보와 요한과 함께 시몬과 안드레의 집에 들어가시니"(막 1:29).

네댓 명의 장정이 한꺼번에 들이닥친 집치고는 의외로 조용했습니다. 아침을 설치고 교회에 왔다가 예배가 끝나면 밥 생각이 나듯, 김이 모락모락 나는 갓 차린 밥상을 기대했을 그들인데, 급히 음식을 차려 내올 시몬의 장모가 중한 열병에 걸려 병상에 누워 있었던 것입니다. 이 사건의 발단이 우리에게 보여 주는 바가 있습니다. 우리의 가장 빈번한 불청객

중 하나인 질병은 이처럼 예기치 않게 찾아온다는 것입니다. 질병은 한껏 부푼 꿈을 일순간에 짓밟고 맙니다.

찾아온 손님들의 기대와 전혀 상관없이 시몬의 장모는 위중한 처지에 있었습니다. 의원인 누가는 그 상태를 '중한 열병'이라고 진단했습니다. 여기서 '왜 하필이면 시몬의 장모가 병에 걸렸을까?'라는 의문이 생기지 않습니까? 그렇습니다. 누구나 예기치 않은 질병의 방문을 받을 수 있습니다. 후일 수제자가 될 시몬의 장모라고 해서 질병은 예외적인 대접을 하지 않습니다.

우리는 '왜 하필 주님과 그 일행이 회당 예배를 마치고 점심때가 되어 찾아간 집에 이런 재난이 닥쳤을까?' 하고 때로 이해하기 힘들어합니다. 그러나 현실은 비록 주님이 찾아가신 집에도, 주님이 사랑하시는 가정에도 재난이 닥칠 수 있다는 것입니다. 성도라고 해서 인류가 겪는 보편적인 어려움으로부터 예외가 되지는 않습니다. 죄 중에 태어난 인생은 그날이 재난 가운데 있음이 보편적인 현실입니다. 구약성경 욥기는 "재난은 티끌에서 일어나는 것이 아니며 고생은 흙에서 나는 것이 아니니라 사람은 고생을 위하여 났으니 불꽃이 위로 날아가는 것 같으니라"(욥 5:6-7)라고 기록하고 있습니다.

지금껏 큰 재난 없이 살았다면 더없는 하나님의 은혜이고, 혹 지금 재난 가운데 있다면 그것 또한 죄인인 우리가 마땅히 겪어야 할 일이라고 생각해야 합니다. 신앙인은 '왜 하필 나에게 이런 일이 닥칩니까?'라고 묻지 않습니다. 위기에 직면한 신앙인은 어려움 없이 지낼 수 있었던 지난 날들을 하나님에게 감사하며, 지금 이 어려움을 통해 하나님이 내게 어떤 말씀을 하고자 원하시는지 겸허하게 배우려는 자세로 사는 자입니다.

우리의 고통 중에서도 하나님이 우리를 사랑하신다는 사실은 변하지 않습니다. 우리를 향한 하나님의 뜻은 조금도 흔들리지 않는다는 것을 우리는 알고 있습니다. 오히려 우리를 괴롭히는 것은 재난이나 질병이 아니라 무의미입니다. 도대체 이런 일이 왜 일어나는지 그 이유를 알지 못할 때 더 힘들어지는 것입니다. 성도가 당하는 고통과 재난에는 하나님의 귀한 뜻이 있습니다. 그것은 우리를 주님에게로 인도하는 새로운 기회, 주님을 새롭게 알아 가는 기회가 되기 때문입니다.

사건의 진전

"사람들이 그를 위하여 예수께 구하니"(눅 4:38). 마가와 누가는 이 상황 보고와 아울러 누군가가 예수님에게 도움을 요청했다고 기록했습니다. 우리는 시몬의 장모가 중한 열병에 붙잡힌 상황이 예수님에게 보고되고 그분에게 도움이 요청되는 사건의 진전을 보게 됩니다. 여기에 누구나 배울 수 있는 진리가 있습니다. 누군가가 우리 곁에서 고통을 당할 때 우리에게 맡겨진 직무가 무엇입니까? 어려움을 당한 사람들의 일을 그대로 주님에게 아뢰고 도움을 청하는 것입니다. 위기는 당면한 자신뿐 아니라 모든 사람에게 주님에게로 나아가는 새로운 기회가 됩니다.

사람은 연약하고 깨어지기 쉬운 존재입니다. 감기만 덮쳐도 때로는 기력을 잃고 헤매기도 합니다. 하물며 심한 열병에 사로잡힌 상태에서 어찌 스스로 주님에게 도움을 요청할 수 있겠습니까? 그때야말로 가까이에 있는 믿음의 형제자매들이 그를 위해서 간구할 때입니다. "믿음의 기도는 병든 자를 구원하리니 주께서 그를 일으키시리라"(약 5:15). 아뢰는 것은 우리가 할 일이고, 일으키시는 것은 주님이 하실 일입니다. 있는 그대로 상황을 아뢰고, 간절히 주님의 도우심을 호소하십시오. 주님이 일으키실 것입니다.

사건의 전환점

"예수께서 가까이 서서 열병을 꾸짖으신대 병이 떠나고"(눅 4:39). 여기에 사건의 전환점이 있습니다. 어떤 상황이든 우리의 상황이 바뀌는 유일한 요소는 전능자 하나님이 개입하시는 것입니다. 그러므로 우리의 위기는 그분이 개입하시는 계기가 됩니다. 상황을 보고받고 도움을 요청받으신 주님은 즉각 응답하셨습니다. 여기서 우리는 고통과 낙망 중에 있는 하나님의 백성을 위해 즉각 나아가시는 주님의 모습을 보게 됩니다. 특히 주님은 병 중에 있는 당신의 백성에게 세심한 배려와 관심을 가지고 다가서십니다. "예수께서 가까이 서서"를 표준새번역은 "예수께서 그 여자에게 다가서서 굽어보시고"라고 기록했습니다. 의원 누가는 이 말을 사용함으로 예수님이 의사로서 누워 있는 병자를 자세히 진찰하시는 모습을 보여 주었습니다.

예수님은 의사로서 어떤 진단과 처방을 주셨습니까? 예수님의 진단과 처방은 너무 간단하고 믿기지 않을 만큼 단순했습니다. 주님은 사랑하시는 자를 괴롭히는 열병을 향해 구주로서의 위엄을 가지고 명하셨습니다. 누가는 "그가 열병을 꾸짖으시니 열병이 떠났다"고 놀라울 만큼 간단히 기록함으로써 현장의 감동을 생생하게 전해 주고자 했습니다. 인격체인 마귀에게 명하듯이 질병에게 명령하시는 주님의 위엄을 기록했습니다. 예수님은 마귀에게 명하실 뿐만 아니라 마귀로 인해서 나타나는 모든 재난에도 명하실 수 있는 분입니다. 누가는 질병을 제어하시는 그분의 크신 위엄을 달리 표현할 길이 없어, "명하시니 그대로 되었다"고 기록한 것입니다. 마치 "빛이 있으라"(창 1:3) 하시니 빛이 있었듯이, 그분이 명하시매 그대로 되었습니다. 권세 있는 말씀으로 질병을 치료하신 주님의 위엄은 그 광경을 처음 지켜본 제자들에게 깊은 감동을 주었음이 틀림없습니다. 이 첫 사건은 제자들에게 결코 잊어버릴 수 없는 사건이었을 것입니다. 예수 그리스도는 육체의 질병에서 우리를 구하시는 분입니다. 마태는 이 사실을 기록하면서 이사야의 예언이 이루어졌음을 증거했습니다. "우리의 연약한 것을 친히 담당하시고 병을 짊어지셨도다 함을 이루려 하심이더라"(마 8:17).

사건의 귀결

시몬의 장모는 즉각 도움을 받았습니다. 그 신음하던 여인이 금세, 마치 잠에서 깨어난 듯 일어나 일을 했습니다. 누가는 사건의 마지막 귀결을 이렇게 기록했습니다. "여자가 곧 일어나 그들에게 수종드니라"(눅 4:39). 체온이 정상으로 회복되었을 뿐만 아니라 그녀의 몸 구석구석에서, 세포의 조직마다 새로운 힘이 솟구쳐 나왔습니다. 중한 열병에 사로잡혔던 여인답지 않게 즉각 일어나 수종드는 모습을 상상해 보십시오.

이 귀결은 우리에게 무언가를 시사합니다. 주님이 우리의 구원자이시라면, 우리를 질병뿐만 아니라 어떠한 문제에서든 벗어나게 해 주셨다면 우리의 삶이 어떻게 쓰여야 할지를 생각하게 해 줍니다. 우리는 본문에서 이전보다 더욱 주님의 영광을 위해 자신을 드리는 그녀의 모습을 보게 됩니다. 그녀는 병상에서 일어서는 순간부터 주님을 섬기는 일에 자신을 드렸습니다. 주님을 섬기는 새로운 삶이 주님에게 속한 모든 이를 섬기는 것으로 이어졌습니다. 그녀는 그날 자기 집을 찾아온 장정 네댓 명을 위해 아마도 바쁘게 음식 준비를 했을 것입니다. 자신을 위해 간구했던 이들이기에, 자신을 중한 열병에서 고쳐 주신 주님이기에 그들을 섬기는 것은 아마도 기쁨과 감격이 넘치는 일이었을 것입니다. 주님을 섬기는 자들은 어디에서든 기쁜 마음으로 감사하며 섬겨야 합니다.

○

주님이 곁에 계신다면 주님에게 아뢰고 싶은 상황이 우리 주위에 있지 않습니까? 우리의 사랑하는 이들을 위해 주님의 도움을 요청하는 기도를 드립시다. 모든 문제를 아뢰십시오. 그분은 우리를 도와주기를 원하십니다. 주님이 우리 삶에 찾아오시면 우리가 사는 기쁨과 감격이 회복될 것입니다. "사는 것이 황홀하다"는 것이 신앙인들의 고백이어야 합니다.

신앙 안에서 살아가면 함께 지낸다는 것이 정말 행복입니다. 사람들과 더불어 사는 것이 얼마나 황홀한 것인지 경험하게 될 것입니다. 중한 열병에서 고침 받은 시몬의 장모처럼 새롭게 살아가게 될 것입니다. 예수님은 우리 삶에 새로운 의미를 주십니다. 예수님은 우리가 하나님을 모시고 살아가기를 바라십니다. 하나님으로부터 구원받은 사람답게 감사하는 삶을 살아갑시다.

52.

치유와 축사 (4:40-41)

///

한 사람, 한 사람 치유하신 주님

이 장에서는 누가복음 4장 마지막 부분이 보여 주는 주님의 사역 이모저모를 살펴보겠습니다. 본문의 사건은 안식일이 거의 다 지나가는 '해 질 무렵에' 일어난 일입니다. 갈릴리 가버나움에서 보낸 그 안식일은 무척 바쁜 하루였습니다. 회당에서 더러운 귀신을 쫓아내시고 시몬의 집에서 장모의 중한 열병을 고치신 소식이 가버나움 온 동네에 퍼졌습니다. 이는 당시 갈릴리 사람들에게 있어서는 금시초문인 사건으로, 너무 놀라워서 온 동네를 들끓게 한 사건임이 틀림없습니다.

복음서를 읽을 때는 당시 사람들의 눈으로 기사를 읽어야 피상적으로 주님의 행적을 대하는 비극에서 벗어날 수 있습니다. 예수 그리스도의 사건의 본래적인 충격과 의미를 한 번도 접한 적이 없으면서도 병 고치는 예수, 귀신 쫓는 주님을 익히 알고 있다는 식으로 성경을 대하면 성경은 우리에게 더 이상 열리지 않습니다. 교만한 마음으로 사건을 내려다볼 때 복음서의 기사는 박제된 골동품에 지나지 않습니다. 겸손한 마음으로 사건에 등장하시는 주님을 우러러보게 될 때 비로소 성경의 기록이 우리에게 살아 있는 사건으로 다가옵니다.

겸손한 마음으로 본문의 사건을 읽으면 가버나움 온 동네가 술렁거리고 예수님 이야기로 웅성대는 소리를 들을 수 있을 것입니다. 하나님의 아들 예수 그리스도의 빛이 비추기 전 세상은 어두움 속에 있었습니다. 의의 태양 예수 그리스도로 말미암는 치료의 광선이 발해지기 전에는 온갖 질병에 시달리는 것이 인류의 보편적인 참상입니다. 당시 갈릴리 가버나움 동네의 상황도 예외는 아니었습니다.

더러운 귀신이 쫓겨 나가는 현장에 있었던 이들의 마음속에는 귀신에 사로잡혀 고통당하는 그들의 친지도 나사렛 예수에게 나오면 고침 받을 수 있을 것이라는 한 가닥 소망의 빛이 비추기 시작했습니다. 온갖 병을 앓고 있는 사랑하는 이들의 신음이 귀에 쟁쟁한 사람들은 주님에게 그를 데리고 나오기만 하면 나을 수 있다는 희망을 갖게 되었습니다. 시몬의 장모의 중한 열병이 순식간에 완전히 나아서 그녀가 예수님 일행을 시중들었다는 이야기를 들었을 때 아픈 사람을 예수님에게 데리고 나오고 싶은 소원의 뭉게구름이 그들의 마음속에 피어났을 것입니다.

그들은 다만 안식일이기에 (전통적 종교의 계율에 얽매인 그들로서는) 자기 주위의 고통당하는 자들을 예수님에게로 데리고 오는 '일'을 감히 하지 못하고 애태우고 있었습니다. 안식일의 해가 서산에 기울기가 무섭게 그들은 병자들을 데리고 예수님이 계신 시몬의 집으로 몰려왔습니다. 그들은 질병의 고통에 얽매여 있었고, 더러운 귀신의 충동 속에 사로잡혀 있었으며,

게다가 형식적인 종교의 계율에 억눌려 살고 있었습니다. 그러므로 '해 질 무렵에'라는 말은 무척 의미 있는 표현입니다.

통금 해제를 기다린 자들처럼 해가 지기 무섭게 병자들을 데리고 나아 온 행렬은 금세 시몬의 집을 야전 병원으로 만들기에 충분했습니다. 그 장터 같은 와중에서 주님은 한 사람, 한 사람 세심한 진찰을 하시며 그 위에 손을 얹고 고쳐 주셨습니다. 그처럼 능력이 충만하신 분이지만 몰려드는 환자들을 군중으로 대하지 않으셨습니다. '일일이 그 위에' 손을 얹으셨습니다. 여기에 탁월하신 대의사 주님의 무한한 자비와 인격이 돋보입니다.

주님은 손을 대셔야만 고칠 수 있는 분이 아니십니다. 그분은 말 한마디로 고칠 수 있는 분이십니다. 마음만 먹으면 시몬 집의 대문을 들어서는 사람마다 문지방을 넘어오는 순간에 고침 받도록 하실 수 있었습니다. 그럼에도 주님은 한 사람, 한 사람 그 위에 손을 얹으셨습니다. 마치 그들의 질병과 죄악을 당신의 것으로 감당하시고 당신의 생명을 그들에게 주시듯이 손을 얹으셨습니다. 하나님의 축복, 하나님의 능력, 하나님의 치유가 전달됨을 상징하는 행위로서 그분은 안수하셨습니다. 손을 얹는 자마다 신체가 온전해졌습니다. 치료의 광선이 전달되어 새로운 생기가 그 세포 조직마다 넘쳐 났습니다. 그래서 모든 앓는 자가 계속해서 고침을 받았다는 것이 본문의 의미입니다.

온갖 질병의 전문의이신 예수님을 만나 본 적이 있습니까? 그분의 사랑의 손길이 당신의 삶에 머물러 치유된 적이 있습니까? 그렇다면 그분을 온갖 병을 앓고 있는 사람들에게 소개하기를 주저하지 마십시오. 우리를 치료하신 하나님은 다른 사람들 또한 능히 치료하실 수 있습니다. 우리를 치유하길 기뻐하신 하나님은 당신에게 나아오는 모든 사람을 치료하길 기뻐하십니다. 그분은 어제나 오늘이나 동일하게 개인적인 관심으로, 능력의 손길로 우리의 앓는 자들을 치료하십니다.

하나님은 우리의 앓는 자들이 치료받을 수 있도록 그들을 주님에게 데리고 나아가는 일을 우리에게 맡기셨습니다. 본문에도 앓는 자들을 '데리고' 나아왔다는 말씀이 있습니다. 아픈 사람들과 귀신에 사로잡힌 사람들은 스스로 나아올 수 없습니다. 누군가가 나아가자고 강권해야만 합니다. 그런 열심이 전도의 사명을 받은 우리에게 필요합니다. 주님의 손길이 연약한 우리의 몸에 닿기만 하면 우리는 새로운 힘을 얻을 수 있습니다. 주님은 여호와 라파, 우리의 치료자이십니다.

귀신을 내쫓으신 예수님

나사렛에서 내려오신 예수 그리스도는 또한 가버나움 회당에서 더러운 귀신을 추방하셨습니다. 해가 지기 무섭게 예수님을 찾아온 사람들의 요구는 신체적 질병 치료만이 아니라 자기의 사랑하는 자들을 사로잡고 있는 귀신을 쫓아내 주시는 것이었습니다. "여러 사람에게서 귀신들이 나가며 소리 질러 이르되"(눅 4:41). 귀신 들린 사람들이 예수님에게 나아올 때마다 귀신들이 절망과 낭패의 고함을 치며 쫓겨 나갔습니다. 얼마나 감격적인 주님의 사역입니까!

하나님을 모르는 자들을 묶고 있는 사탄의 사슬이 얼마나 강한지 생각해 본 적 있습니까? 사탄은 불화와 의심을 심어 인간관계를 파괴하는 데서 즐거움을 찾는 존재입니다. 악한 영의 활동은 오늘도 모든 일의 배후에서 역사하고 있습니다. 자기도 어쩔 수 없이 남을 의심하고 미워하고 두려워하고, 자기 심정이 아닌 마귀의 말을 쏟아 내고, 이성이 행동을 더이상 규제할 수 없는, 더 나아가서는 악령에 사로잡혔다는 것을 누가 보아도 알 수 있는 상태로 빠져들게 합니다. 보통 때는 정상적인 사고와 행동을 하다가도 결정적인 순간에 자기의 정체를 폭로하는 언행을 하게 됩니다.

본문은 그 양상이 어떠하든, 어떤 정도로 심하게 사로잡혔든지 관계없이 예수님이 그 귀신들을 내쫓으셨다고 말합니다. 귀신들이 쫓겨 가며 하는 말을 들어 보십시오. 섬뜩한 진리의 고백입니다. "당신은 하나님의 아들이니이다"(눅 4:41) 아무도 예수님이 하나님의 아들이시라는 사실을 알지 못했을 그때에 귀신 들린 사람이 예수님을 향해서 한 고백입니다. 옳은 말이지만 그 말이 우리에게 섬뜩하게 들리는 까닭은 거기에 악의 영이 활동하고 있기 때문입니다. 악한 영은 본능적으로 하나님의 거룩하신 자를 알아봅니다. 다만 거룩하신 하나님의 아들 앞에 경배하기를 거부할 따름입니다. 진리를 알면서도 진리를 따라 행동할 수 없도록 악한 영은 역사합니다.

'내가 이래서는 안 된다'고 느끼면서도 그렇게 못 하는 것이 문제입니다. '나는 반드시 이렇게 해야 된다'고 하면서도 그렇게 하지 못하는 의지가 어디에서 기인한 것인지 생각해 볼 필요가 있습니다. 나를 구속하신 예수 그리스도가 나의 주인이시라면 그분이 기뻐하시는 뜻을 준행할 수 있어야 합니다. 그것이 옳다고 생각하면서도 왜 번번이 그것을 실행하기를 실패하고 맙니까? 하나님의 영에 충만해 있지 못하기 때문입니다. 한 번도 하나님을 기쁘시게 하는 일을 자기 생에 하지 못했던 사람은 자신의 내부에서 자기를 지배하고 있는 악한 영으로부터 벗어나야 합니다. 마음 속으로부터 생수와 같은 찬양이 터져 나와야 합니다.

사람은 하나님에게 속해 있든지, 아니면 귀신에게 속해 있든지 둘 중하나입니다. 하나님의 영의 인도하심을 받고 있지 못하다면 귀신의 지시를 무의식적으로 순종하고 있는 것입니다. 거기에 중립적인 영역은 없습니다. 어떻게 속해 있는가는 각각 다릅니다. 예수님을 구주로 고백한 자들은 하나님에게 속한 것이 맞습니다. 그러나 어느 정도로 하나님의 영의지배를 받느냐는 것은 사람마다 다릅니다. 하나님의 영으로 충만한 상태가 있는가 하면, 하나님의 영으로 충만하지 못한 그리스도인의 삶을 사는사람도 있습니다. 마귀에게 속한 자들도 마찬가지입니다. 귀신에게 완전히 사로잡혀 있는 사람도 있고, 그렇게 사로잡혀 있지 않아도 악한 영에속한 자들이 있습니다. 하나님의 영에 전적으로 순종하십시오. 그것이 그리스도인의 본연의 자세입니다.

치유와 축사에 관한 성경적 개념

누가는 본문에서 주님의 해 질 때의 사역을 크게 둘로 구분했습니다. 하나는 병 고침(치유)이고, 다른 하나는 귀신 추방(축사)입니다. 몰려드는 군중을 향한 주님의 봉사의 고유 영역을 혼동하지 마십시오. 예수님은 병을 고치시는 분인 동시에 귀신을 쫓아내시는 분입니다. 물론 세상에 일어나는 모든 재앙은 다 사탄으로 인한 것임이 틀림없습니다. 다시말해, 질병이 생기고 가시와 엉겅퀴가 이 땅에 돋아난 것은 사탄의 영향때문에 시작되었습니다. 그러나 성경은 사탄이 질병을 주었다고 말하지않습니다. 궁극적으로 추리해 보면 인간이 타락한 후 삶에 모든 재앙이찾아온 것은 맞습니다. 그래도 성경은 마귀를 가리켜 질병을 주는 영이라고 표현하지 않습니다.

이 땅을 사는 동안에 우리는 사탄이 저질러 놓은 고통에서 살아야 하는 것이 맞습니다. 그렇기에 자유함을 누리기 위해서는 그리스도에게로 나아가야 합니다. 그리스도에게로 나아가 우리 주위의 여전한 죽음과 고통과 아픔 가운데서도 승리의 노래를 부르며 살아가야 합니다. 우리는 '거기' 하나님 나라에 가면 더 이상 눈물이 없을 것입니다. 아픈 것이 다시 있지 않을 것입니다. 고통이 사라질 것입니다. 그러나 '여기' 세상에 있을 때는 우리에게도 본래적인 타락으로 말미암는 고통이 있습니다. 예수님을 믿는데도 불구하고 말입니다. 이는 '여기'가 세상이라는 것을 우리가 기억하게 하시고, 고통당하는 동료 인생들에 대해서 우리가 동정할 수 있는 사람이 되도록 하시기 위함입니다.

사탄의 장난으로 말미암아 모든 재난과 질병의 고통까지 찾아온 것은 사실입니다. 그러나 성경은 '질병의 치유'와 '귀신 쫓아냄'을 구분해서 말합니다. 즉 근본적으로 모든 질병은 사탄으로부터 왔지만, 성경은 질병을 치유하는 것으로 묘사하지, 병마를 쫓아냈다고 말하지는 않습니다. 이 점이 중요합니다. 병을 고치신 경우에 '병을 고치셨다'고 기록했지, 병의 궁극적인 원인이 사탄의 악한 세력 때문이라고 해서 '귀신을 쫓아내셨다'라고 기록하지는 않았습니다.

여기에 한국 교회 일각에서의 혼란이 있습니다. 한편에서는 귀신을 쫓아내는 사역을 (이론적으로는 예수님이 귀신을 쫓아내실 수 있다고 믿으면서도) 아예 부인해 버립니다. 그들에게 예수님은 더 이상 귀신을 쫓아내실 수 있는 분으로 역사하지 않으십니다. 한편 다른 극단에서는 모든 질병을 귀신의 활동으로 보고 소위 '병마'라고 지칭합니다. 질병의 결과인데도 악한 영의 결과인 것처럼 치부하면 다른 사람들이 상처를 받을 수 있습니다. 뿐만 아니라 세상 사람들에게 복음이 증거되지 못하게 합니다.

성경으로 돌아갑시다. 성경의 기록을 주의 깊게 살피고 성경적인 규범을 준수합시다. 성경은 귀신의 활동과 귀신 들린 자 그리고 귀신을 쫓아내는 사역을 모두 말하고 있습니다. 그 주님의 능력이 오늘 우리와 함께하기를 바라고, 그 주님의 사역이 우리 가운데서 나타나기를 바랍니다. 자기 스스로 사탄의 세력으로부터 벗어나지 못하는 사람들을 위해서 교회는 한마음으로 기도해야 합니다. 그러나 모든 질병을 소위 병마에 사로잡힌 것으로 부르는 일은 중지해야 합니다.

주님은 모든 질병을 고치실 수 있는 분입니다. '그때' 그렇게 하셨기 때문에 '지금'도 그렇게 하실 수 있습니다. 동시에 주님은 귀신을 쫓아내실 수 있습니다. 예수 그리스도는 우리 육신의 질병과 영혼의 속박을 해방시키는 구주이십니다.

O

인생은 누구나 어두움의 영역에서 빛의 영역으로 옮겨져야 합니다. 마귀의 권세 아래서 하나님의 사랑의 아들의 통치 아래로 넘어와야만 합니다. "하나님! 저를 붙잡아 주십시오"라고 마음의 중심에서 소원하면 전능자 하나님이 우리 삶에 개입하실 것입니다. 나사렛 예수님은 질병을 고치심으로, 귀신을 쫓아내심으로 당신이 하나님의 아들이심을, 우리의 구원자이심을 간접적으로 증거하셨습니다. 그분의 치유와 안식을 누리는 안식의 날이 우리에게 있기를 바랍니다.

53.

곳곳마다 복음을 (4:42-44)

///

복음 전파 사명에 투철하신 예수님

온종일 밤늦도록 바빴던 안식일이 지나가고 새날이 밝아 올 때 시몬의 집을 나오시는 예수님의 모습을 주목해 보십시오. 그 이른 시간, 예수님은 한적한 곳을 찾아 집을 나서셨습니다. 주님의 그 엄청난 능력의 비결이 42절 상반 절에 암시되어 있습니다. 예수님이 이른 시간 한적한 곳을 찾으신 이유를 마가는 "거기서 기도하시더니"(막 1:35)라고 밝혔지만, 놀랍게도 누가는 침묵했습니다.

사실 누가는 마태, 마가, 누가, 요한 등 사복음서 기자 중에서 예수님이 기도하시던 모습과 기도에 관한 예수님의 교훈을 늘 부각시켰음에도 불구하고, 예수님이 한적한 곳에 가셨다고만 기록했습니다. 여기에는 이유가 있습니다. 그것은 몰려드는 군중을 향한 주님의 대답을 강조하기 위해서였습니다. 그 위대한 안식일, 그 하루의 성공적인 사역은 가버나움 사람들로 하여금 새벽부터 주님을 찾아 나서게 만들었습니다. 그 사실을 "모든 사람이 주를 찾나이다"(막 1:37)라고 마가는 밝혔습니다. 예수님이 고향 나사렛에서 설교하셨을 때 그 설교를 수용하기 힘들어 동네가 건설된 산 낭떠러지까지 끌고 가서 밀쳐 떨어뜨리고자 했던 고향 사람들과 얼마나 상반된 반응입니까.

두 곳의 반응이 대조적이긴 하지만, 본질은 다를 바 없는 반응이었습니다. 하나의 극단에서 또 하나의 극단으로 치닫고 있었습니다. 예수를 밀쳐 떨어뜨려 죽이려고 했던 나사렛 사람들의 마음속에 역사했던 악한 영과 동일한 영이 다른 곳으로 떠나지 못하게 붙들어 두려고 했던 가버나움 사람들의 마음속에서도 역사했던 것입니다. 그러나 예수님은 그들을 향해서 "내가 다른 동네들에서도 하나님 나라 복음을 전하여야 하리니 나는 이 일을 위해 보내심을 받았노라"(눅 4:43)라고 단호하게 말씀하셨습니다. 누가는 예수님의 이 대답을 우리 모두를 향해 강조하고 싶어서 한적한 곳에서 기도하셨다는 말을 하지 않았던 것입니다.

날이 채 밝기도 전에 당신의 심정을 하늘 아버지 앞에 쏟으신 주님의 모습에서 배울 것이 있습니다. 어쩌면 예수님이 당신을 붙드는 사람들에게 붙들리지 않고 받은 사명을 인식하며 나아가실 수 있었던 것은 이 시간의 교제가 주는 힘 때문이었을지도 모릅니다. 사람들이 배척하면 낙심하고, 사람들이 따르면 그 인기에 영합해서 타락하고 마는 지도자가 아니라, 당신이 걸어야 할 길을 분명히 알고 세상을 사셨던 주님의 힘의 원천은 바로 이 새벽 시간에 있었던 것입니다. 바쁠수록 기도에 당신을 쏟는 구주의 모습은 우리 모두의 흠모의 대상이요, 따라야 할 모범입니다.

그러나 누가는 그 사실의 언급조차 회피함으로 주님의 강한 소명 의식을 오히려 전면에 부각시켰습니다. 예수님의 마음속에는 갈릴리의 한 동네가 아니라 유대 곳곳마다 복음을 전해야 한다는 소명이 불타오르고 있었습니다. 우리 역시 우리의 눈을 보다 멀리, 보다 넓게 떠서 일할 곳을 바라보아야 합니다. 곳곳마다 집집마다 복음을 전하는 일을 위해 하나님은 우리를 부르셨습니다. 우리는 사람 낚는 어부 노릇을 감당해야 합니다. 사람들이 몰려드는 곳마다 사람 낚는 어부들을 파송해야 합니다. 우리가 사는 도시 곳곳마다, 한반도 곳곳마다 복음을 전할 마지막 때입니다. 남북 장벽이 무너지면 북녘 마을 곳곳마다 복음을 전해야 합니다. 주님의 마음으로 세상을 바라보면 곳곳에서 하나님 나라의 복음을 기다리는 요청 소리를 들을 수 있을 것입니다. 지금은 보다 멀리, 보다 넓게 선교적 관심을 쏟을 때입니다. 한반도 금수강산뿐 아니라 지구촌 곳곳마다 복음을 전할 때입니다.

주님은 잠드시는 순간에도, 잠이 깨시는 순간에도 복음 전파의 사명 속에 살아가셨습니다. 때로는 음식마저 뒷전으로 돌린 채 희어져 추수하게 될 밭에 대한 관심으로 사셨습니다(요 4:34). 주님은 소명 의식이 투철하셨습니다. 당신의 생애를 보내심을 입은 생애로 인식하셨습니다. 보내심을 받아 세상에 태어났고, 보내심을 받아 갈릴리 나사렛과 가버나움으로 갔고, 이제는 또 다른 곳으로 가서 일해야 한다는 것이 그분의 의식이었습니다. 주님은 보내심을 입은 사명을 완수하기 위해 붙잡는 사람들을 뒤로하고 갈릴리 여러 회당을 향해 가셨습니다.

하나님 나라의 선포

이 주님의 선언에는 누가복음 최초로 '하나님 나라'라는 말이 언급되었습니다. 여기서 누가는 그의 복음서 최초로 하나님 나라를 말했습니다. 그리고 이후 계속해서 하나님 나라를 예수님의 활동과 설교의 핵심으로 소개합니다. 예수님은 하나님 나라를 전파하시는 분이고, 예수님의 설교의 요지는 하나님 나라에 관한 것이라고 말했습니다(눅 8:1). 그는 예수님 사역의 핵심이 하나님 나라의 반포, 그 복음 전파라고 기술했습니다(눅 9:1-2). 파송하는 열두 제자의 사역의 핵심도 하나님 나라 전파라고 말했습니다(눅 9:60). 이름 모르는 한 제자가 따르기를 주저할 때 주님은 그의 사명을 분명하게 말씀하셨습니다. "너는 가서 하나님 나라를 전파하라"(눅 9:60). "율법과 선지자는 요한의 때까지요 그 후부터는 하나님 나라의 복음이 전파되어 사람마다 그리로 침입하느니라"(눅 16:16). 여기서 '사람마다 그리로 침입하느니라'라는 말은 하나님 나라의 복음을 들은 사람들이 그리로 들어가겠다고 몰려드는 광경을 묘사한 것입니다.

그렇다면 사람마다 몰려드는 하나님 나라는 무엇입니까? 예수님이 붙잡는 무리를 뿌리치고 곳곳마다 전파하시려는 하나님 나라는 도대체 무엇을 뜻하는 것입니까? 누가복음에서 하나님 나라는 '하나님의 행동하심'을 뜻합니다. 사람에게 구원을 가져다주시는 하나님의 활동입니다. 또한 하나님의 활동으로 말미암아 창조된 영역을 가리키기도 합니다. 이 하나님 나라는 예수님의 사역을 통해서 나타납니다. 귀신들이 쫓겨 나가고 질병이 씻은 듯이 나은 사람들의 마음속에 감사와 찬양이 터져 나올 때 그 마음이 하나님이 통치하시는 하나님 나라가 되는 것입니다. 하나님이 다스리시는 곳에는 기쁨과 평강과 희락이 있습니다. 하나님이 통치하시는 곳은 감사와 찬양이 충만한 곳입니다.

이 하나님 나라를 체험해 본 적이 있습니까? 이 하나님 나라가 당신의 마음속에 찾아왔다는 것을 느끼고 있습니까? 우리 삶의 환경이 한 치도

변하지 않아도, 사람들과의 관계가 하나도 달라지지 않는다 해도 하나님 나라의 능력이 찾아오면 감사가 넘쳐 날 것입니다. 침묵하려야 침묵할 수 없습니다.

몇십 년 교회를 다녔어도 바깥만을 맴돌았다면 그곳은 비 한 방울 떨어진 적이 없는 사막과 같을 것입니다. 그곳은 풀 한 포기 심을 수 있는 곳이 아니며, 나무 한 그루 옮길 수 있는 터전이 아닙니다. 그러나 그곳이 새로운 모습으로 피어나는 것을 바라보리라고 선지자들이 예언했습니다. "사막이 백합화같이 피어 즐거워하며"(사 35:1). 척박한 땅에서 꽃이 피어날 때 그것을 우리는 기적이라 부르고, 하나님이 하셨다고 말합니다. 우리를 부르신 하나님은 불모지에서 꽃을 피우는 전능한 하나님이십니다. 척박한 땅일수록 그곳에 꽃이 피어날 때 하나님의 영광이 더욱 드러나는 것입니다. 하나님이 우리에게 맡기신 땅이 어떠하든지 우리 마음을 하나님이 통치하시면 기쁨, 기도, 감사가 끊이지 않을 것입니다.

날마다 찬송하십시오. 날마다 기도하며 계속해서 감사하십시오. 사탄은 우리가 감사할 순간이 되면 엉뚱한 악재로 우리로 하여금 실망하고 근심하게 만듭니다. 그러나 우리가 해야 할 일은 항상 기뻐하며 쉬지 않고 기도하며 범사에 감사하는 이 숭고한 사명을 감당하는 것입니다. 우리는 하나님 나라의 싸움에서 최선봉에 선 여호사밧 왕의 찬양대와 같습니다. 싸움의 방법이 달라야 합니다. 하나님의 역사는 우리 가운데서 먼저 시작됩니다. 그 나라가 이제는 하나님을 믿는 사람들의 마음속에 확장되어 나가야 합니다.

하나님 나라의 확장

예수님은 가버나움만이 아니라 갈릴리 전역, 나아가 온 유대 회당에서 계속해서 하나님 나라의 복음을 전파하셨습니다. 사람들에게 무관심한 하나님 나라를 깨우치고, 그 나라가 가까이 왔음을 알리고, 그 나라에 들어가도록 설복하는 것이 주님의 주된 사역이자 오늘 우리의 주된 관심사여야 합니다. 이제 더 이상 사람들은 흑암의 권세 아래 있어야 할 이유가 없습니다. 예수 그리스도의 영광스런 빛이 어둠을 뚫고 들어왔습니다. 단지, 사람들이 그것을 깨닫지 못할 뿐입니다. 그래서 이 빛을 먼저 받은 사람들이 나아가서 그들에게 전해야 합니다. 빛이 왔으니 어두운 동굴로부터 나오라고 소리쳐 주어야 합니다.

설교자이신 예수님은 사람들의 근본 문제가 하나님 나라 결핍 때문이라는 사실을 아셨습니다. 그래서 그분의 설교의 주제는 '하나님 나라'였습니다. 사람들이 마땅히 사람답게 살기 위해서, 행복하게 살기 위해서 알아야 하는 사실은 하나님의 통치, 하나님의 다스리심, 하나님의 주권입니다. 밝은 빛이 우리의 마음에 비치기 시작하면 삶은 순간적으로 새로워질 것입니다. "사는 것이 황홀하다"고 고백할 수 있는 새로운 차원으로 들어갈 수 있습니다. 하나님이 다스리신다는 것을 알아야만 병든 삶이 치유될 수 있습니다.

하나님 없이 속고 속이며 거짓과 불신으로 황폐해진 인간의 마음에 하나님의 통치하심을 전하기 위해 우리는 이 땅을 살아갑니다. 이 세상이 아니라 새 하늘과 새 땅에 대한 소망 때문에, 하나님의 통치하심을 선포하기 위해, 그 하나님의 통치권 안으로 들어오게 하기 위해 살고 있는 것입니다.

삶의 목표를 새롭게 합시다. 우선 마음속에 하나님 나라의 통치하심이 이전보다 더 가시적인 모습으로, 더 특징적인 모습으로, 더 지배적인 양상을 띠고 임하고 있는지 살펴보십시오. 상황은 비록 어렵지만 이전보다 짜증을 내지 않게 되었는지, 아직도 힘들게 하는 사람들 사이에 있지만 거뜬히 이겨 낼 수 있게 되었는지 확인해 보십시오. 이것이 자기 속에서 하나님 나라가 확장되었는지를 점검해 볼 수 있는 방법입니다. 기쁨, 기도, 감사가 오늘 내 삶의 특징이 되고 있다면 내 삶에 하나님 나라가 임한 것입니다.

이제 당신의 마음이 하나님이 다스리시는 하나님 나라가 되었다면 눈을 들어 하나님 나라의 복음을 기다리는 이웃들을 바라봅시다. 이전보다 더 연민의 정을 가지고, 하나님 없이 하나님의 통치권 밖에서 소망도, 의미도, 기쁨도 없이 살아가는 인생이 있는 곳이면 곳곳마다 찾아가서 복음을 전하고픈 거룩한 소원의 불길이 더욱 타오르기를 바랍니다. 우리와 언어와 문화가 같은 사람들뿐 아니라 언어와 문화가 다른 사람들에게까지 하나님 나라를 전해야 합니다.

○

하나님 나라는 2천 년 전 예수님의 인격과 사역을 통해서 이미 시작되었고, 복음을 전하는 그 백성의 순종을 통해서 지금도 확장되고 있으며, 곧 우리 주 예수 그리스도의 다시 오심으로 완성될 것입니다. 그 승리의 날이 오기까지 순종하는 백성으로 곳곳마다 복음을 전하는 전도자의 삶을 살아가기로 결단하는 우리가 되기를 바랍니다.

54.

사람 낚는 어부들 (5:1-11)

/

사건의 발단 - 겟네사렛 호숫가에서

이제 본문은 예수님의 사역의 일반적 기술에서부터 게네사렛 호숫가에서 있었던 특수한 한 사건으로 옮겨집니다. 구속 역사의 스포트라이트를 특정 그룹, 즉 시몬과 그의 동업자들에게 비추고 있습니다. 그들이 처음 제자로 부르심을 받았기 때문입니다.

무리들이 게네사렛 호숫가에 둘러서서 하나님의 말씀을 듣고 있었습니다. 누가는 이 상황을 "무리가 몰려와서 하나님의 말씀을 들을새"(눅 5:1)라고 기록했습니다. 한 인간 예수가 호숫가에 서서 말하고 있는 것이 아니라 하나님 당신이 말씀하고 계시며, 사람들이 듣고 있는 말씀은 바로 하나님의 말씀이라고 암시하는 듯합니다. 이는 예수님의 당신의 사역에 대한 이해이기도 합니다(눅 8:21). 주님은 당신이 하는 말이 곧 하나님의 말씀이라고 인식하고 계셨습니다. 하나님의 영이 하게 하시는 말씀은 더 이상 사람의 말이 아니라 하나님의 말씀입니다. 하나님의 말씀이기에 예수님의 설교가 계속될수록 들으려고 몰려드는 사람들의 수효도 늘어났습니다.

붐비는 군중 때문에 도무지 그 상태로는 더 이상 말씀을 전하기가 곤란해지신 주님은 더 나은 장소를 찾기 위해 주위를 둘러보셨습니다. 마침 일을 마치고 그물을 씻고 있는 어부들의 배가 눈에 들어왔습니다. 누가는 예수님이 그중 시몬의 배를 타고 육지에서 조금 띄기를 청하신 후 말씀을 계속하셨다고 기록하고 있습니다.

이야기의 발단이 기록된 이 부분에서 우리는 주님의 실제적인 지혜를 보게 됩니다. 몰려드는 사람들로 인해 가르치기 곤란한 상황에 봉착하시자 더 나은 위치를 확보함으로 그 문제를 해결하셨습니다. 주님은 실제적 상황 변화에 따라 지혜롭게 대처하시는 분입니다. 주님은 상식이 통하는 범위 안에서, 합리적인 이성의 한계 내에서 유연하게 사람들에게 다가서셨습니다. 회당에서는 유대인의 전통에 따라 앉아서 설교하셨고, 예루살렘 성전에서는 서서 날마다 가르치셨습니다. 때로 주님은 산에서도, 빈 들에서도, 심지어 공동묘지에서도 설교하셨습니다. 집 안에 들어가시면 그곳에 어울리는 위치에 자리를 정하고 그곳에 어울리는 목소리로 사람들에게 말씀하셨습니다. 본문에서 우리는 그런 주님의 소탈하고 지혜로운 모습을 발견하게 됩니다.

사건의 발전 – 시몬의 배에 올라타셔서

사건의 발전을 따라가 보기 위해 이어지는 누가복음 5장 4-7절 말씀을 살펴봅시다. 예수님이 시몬의 배를 빌리신 데는 단순히 잘 들리게 하려는 목적만 아니라 그 배의 주인인 베드로를 향한 특별한 의도가 있었습니다. 주님은 시몬의 배를 빌려 무리를 향해 말씀하시는 것을 마치신 후 제2막을 여셨습니다. 한 사람 시몬을 향해서 말씀하신 것입니다. 일반적 교훈에서 특수한 권고로 옮겨 가고 있습니다.

밤이 새도록 수고했으나 얻은 것이 없어 피곤한 손으로 그물을 씻어 말리는 시몬을 향해 주님은 "깊은 데로 가서 그물을 내려 고기를 잡으라"(눅 5:4)고 명령하셨습니다. 이 명령을 들은 시몬의 머릿속에 순간 어떤 생각이 스쳤을까요? 시몬의 마음속에는 어부의 본능적인 이성의 반발이 있었을 테지만, 예수님이 배에 앉아 전하신 말씀의 위력이 아직도 그 마음속에 남아 있었기에 그는 순종했을 것입니다.

시몬의 이성은 어젯밤 헛수고로 끝난 노력을 아직도 생생히 기억하고 자인하고 있었습니다. "선생님 우리들이 밤이 새도록 수고하였으되 잡은 것이 없지마는"(눅 5:5상). 시몬의 이 고백은 전날 밤 구체적 실패에 근거한 것이지만, 그의 입을 통해 나온 그 말은 상징적으로 시사하는 바가 매우 큽니다. 시몬의 말이 영감으로 성경에 기록된 순간, 또 하나의 메시지를 지니게 된 것입니다. 즉 예수님 없이 사는 삶의 귀결이 어떠한지를 상징적으로 보여 주는 고백이기도 한 것입니다.

이 인식에 도달했던 적이 있습니까? 시몬의 이 고백을 자신의 것으로 고백한 적이 있습니까? 그리스도인의 삶의 시작은 이 고백에서 비롯됩니다. '그리스도 없는 삶의 총결산은 아무것도 남은 것이 없다'는 처절한 인식 없이는 그리스도의 명령에 순종하는 제자의 삶을 살아갈 수 없습니다. 특히 그 시간에 깊은 데로 가서 그물을 던지라는 주님의 구체적인 명령에 순종할 수 없습니다.

시몬의 고백에 주의를 기울여 봅시다. 실패의 고백의 주체가 '우리'입니다. '우리 모두가 수고했다'는 인식을 여기 나타낸 것입니다. 그러나 그 실패를 개선해 나가는 고백은 어떻습니까? "말씀에 의지하여 내가 그물을 내리리이다"(눅 5:5하). 수고는 함께한 것이고, 잘못은 내 것이기에, 개선도 스스로 해야 합니다. 허물을 상대방의 탓으로 돌리려는 것은 사탄의 마수에 걸려든 사람이 즐겨 사용하는 방법입니다. 아담과 하와도 그러했습니다. 남을 향한 원망과 책임 전가에는 해결책이 없습니다. 새로운 개선책은 "주의 말씀에 의지하여 내가 하겠다"는 결단을 요구합니다. 여기에 소망으로의 전환이 있습니다.

전혀 있을 것 같지 않은 곳에, 전혀 될 법하지 않은 일이라도 말씀에 순종해 봅시다. "깊은 곳에 그물을 던지라"고 하실 때 주저 없이 던져 봅시다. 주님은 이러한 순종이 우리 삶에 있기를 바라십니다. 명령이 합리적인지, 비합리적인지를 따지지 말고 말씀하시는 분이 누구이신지를 생각하고 그 말씀에 순종하십시오. 그분이 누구십니까? 그분은 우리가 어디에 그물을 내려야 할지를 아시는 분입니다. 그분은 또한 우리가 순종해서 그물을 내리는 바로 그곳에 고기를 몰아가실 수 있는 분이십니다. 그분은 전지하시며 전능하신 분입니다.

순종하는 자에게 넘치도록 주시는 예수님

순종하는 자를 축복하시는 하나님의 관대하심을 헤아려 보십시오. 그물이 찢어질 만큼, 두 척의 배가 모두 잠길 만큼 고기를 잡도록 하셨습니다. 그것도 밤새도록 던져서 한 마리도 못 건진 그곳에서 단번에 엄청난 고기를 건지게 하셨습니다. 순종하는 길은 은혜 위에 은혜요, 축복 위에 축복을 받는 지름길입니다.

한번 순종해 보십시오. 아주 사소한 일이라도 좋습니다. 하나님을 믿어 1년이 되면 작년 이맘때보다 신앙이 성숙해야 합니다. 만약 성숙하지 않았다면 1년 전부터 하나님의 말씀에 순종하지 않았기 때문입니다. 순종하면 할수록 주님은 더 놀라운 분으로 우리에게 나타나실 것입니다. 왜 신앙생활을 오래 하면서도 기쁨이 없습니까? 얼굴에 감사하며 찬양하는 그리스도를 아는 영광의 빛을 발산하지 못합니까? 신앙의 성장이 멈추었기 때문입니다. 말씀을 듣고 순종하기를 거부하기 때문입니다.

주님은 항상 넘치도록 주시는 분입니다. 물질적인 것이든 영적인 것이든 우리가 생각하거나 구하는 것에 훨씬 더 넘치도록 주시는 하나님이 우리와 항상 함께 계시기에 오늘 우리의 삶이 있습니다. 주님의 명령에 순종할 때 인간적인 계산을 하지 마십시오. 하나님에게 순종할 때 그다음의 삶은 하나님이 책임져 주십니다. 하나님은 당신의 일꾼들의 삶을 책임져 주는 분이십니다. 주님은 시몬이 걱정하지 않도록 엄청나게 많은 물고기를 한꺼번에 건지도록 하셨습니다.

말씀에 순종할 때 얻는 축복은 그야말로 하나님의 이름에 어울리는 축복입니다. 오직 하나님 나라와 그분의 의를 사모하십시오. 그러면 하나님이 나머지를 후히 주십니다. 하나님은 무엇이 그 자녀에게 최선의 길인지 알고 계시며, 그 모든 일을 최선의 방법으로 몰고가시는 분입니다. 순종의 대가는 두려울 만큼 엄청날 것입니다.

사건의 반전 - 시몬의 고백

이 사건의 반전이자 본격적인 면모가 이어지는 8절 이하에 나옵니다. "주여 나를 떠나소서 나는 죄인이로소이다"(눅 5:8하)라는 시몬의 고백이 그것입니다. 앞의 이야기는 다만 이 고백이 터져 나오게 되는 상황일 뿐입니다. 주님은 시몬의 항복을 받아 내기 위해서 상황을 그렇게 설정하셨습니다. 밤새 고기가 잡히지 않았던 이유가 있었던 것입니다.

전지전능하신 주님을 대면한 시몬은 그 기질대로 누구보다 먼저 반응을 보였습니다. 고기잡이 시몬을 항복시키신 방법이 무엇입니까? 어부가 상상할 수 없는 고기를 한꺼번에 끌어 올리게 하신 것입니다. "주님, 저는 전지전능하신 주님 앞에 몸 둘 자리를 발견할 수 없는 큰 죄인입니다. 이런 저를 주님, 어떻게 찾아오셨습니까" 하고 호소하게 될 때 삶의 다음 장이 열리게 됩니다. 인생은 하나님의 거룩하신 임재 앞에서 자기의 초라한 모습을 보고 절망해야 합니다.

시몬은 더 이상 버틸 근거를 갖고 있지 못했습니다. 놀라고 무서워 떠는 시몬을 향한 주님의 대답을 한번 들어 보십시오. "무서워하지 말라 이제 후로는 네가 사람을 취하리라"(눅 5:10). 누가는 주님을 하나님의 임재 앞에 두려워하는 우리를 언제나 만나 주시는 분으로 소개하고 있습니다. 하나님의 큰 역사가 나타나는 현장에는 두려움이 찾아옵니다. 두려워 떠는 인간을 향한 주님의 첫마디는 "두려워하지 말라"입니다. 주님은 "너를 통해서 내가 새로운 역사를 이루겠다"라고 말씀하셨습니다. '두려워하지 말라'라는 말은 죄 용서를 선언하는 말입니다. 이는 단순히 이제는 겁내지 말라는 것이 아니라 '내가 죄인인 너를 받아 주겠다. 내가 죄인인 너와 교제하겠다'라는 약속의 말씀입니다.

전지하신 하나님이 모습을 드러내실 때 우리는 가부간 결단할 수밖에 없습니다. 고기잡이 시몬은 자기 영역에 찾아오신 하나님을 대면함으로써 '선생님' 대신 '주여'라고 고백하게 되었습니다. 시몬은 놀라운 기적의 초청 앞에 경배와 찬양을 드리지 않을 수 없었습니다.

사건의 종결 – 사명자로 부르심

"무서워하지 말라 이제 후로는 네가 사람을 취하리라"(눅 5:10하). 이 말씀은 놀라운 예언인 동시에 구체적인 명령입니다. '이제 후로는'이라는 말씀에서 알 수 있듯이, 여기 그리스도인의 삶의 전환점이 있습니다. 삶 가운데 '이제 후로는'이라는 역사적인 변화의 시점이 있었습니까? 주님을 대면하면 삶의 전환점이 마련됩니다. 지금까지 살아왔던 실패의 삶을 청산하고 이제는 그리스도의 말씀에 구체적으로 순종하는, 던지라고 하시는 곳에 그물을 던지는 복된 삶이 펼쳐집니다.

주님을 만난 자는 삶의 파산을 경험한 자입니다. 주님을 만난 자는 자신의 죄악됨을 처절히 느낀 자입니다. 주님을 대면하면 그 발 앞에 엎드러지기 마련입니다. "주여 나를 떠나소서 나는 죄인이로소이다"(눅 5:8). 이 고백이 선행되지 않고는 아무도 사람을 낚는, 사람을 살리는 거룩한 임무에 부르심을 받을 수 없습니다. 예수님을 직면하면 '이제 후로는'이라는 새로운 사명 앞에서 하나님을 만나게 됩니다.

사람을 '낚는' 것은 부정적인 의미가 아니라, 사람을 위험에서부터 구출하고 죽음에서부터 살리는 일을 의미합니다. 여기서 '취하리라'라는 말은 살리는 일을 뜻합니다. 살리는 일이요, 새롭게 하는 일이요, 인생을 부요하게 하는 그 일에 내가 너를 부르리라고 예수님은 말씀하셨습니다. 주님의 부르심에 시몬 혼자만이 아니라 야고보와 요한도 배들을 육지에 대고 모든 것을 버려둔 채 예수님을 따랐습니다. 그들은 모두 영광스런 주님의 약속을 따라서 나섰습니다.

누가 먼저, 누가 어떻게 반응했느냐는 중요하지 않습니다. 중요한 것은 "이제 후로는 네가 사람을 취하리라"라는 예수님의 약속입니다. 이 말씀은 약속인 동시에 명령입니다. 이후로는 더 이상 고기잡이에 매여 있지 말고 사람을 취하는 이 일에 종사하라는 명령인 것입니다. 이 약속이 있었기에 이후 사도행전에서 베드로는 하루에 3천 명이 회개하는 역사를 일으킬 수 있었습니다.

○

예수님을 따라 나선 제자들과 함께 나서지 않겠습니까? 비록 우리는 초라한 자들이지만 우리에게 그 임무를 부여하고 약속하시는 분이 누구이신지를 생각하면 그것은 불가능한 과업이 아닙니다. 얼마든지 해낼 수 있는 일입니다. "이제 후로는 네가 사람을 취하리라"고 말씀하시는 주님을 만나 보십시오. 실패의 밤, 불순종의 날들은 지나간 날들로 족하고, 이 명령을 위해 준비하며 이 약속이 실현되는 것을 바라보는 복된 내일이 있기를 바랍니다.

55.

깨끗함을 받으라 (5:12-16)

주님은 계속해서 갈릴리 지방에서 사역하셨습니다(눅 4:14-9:50). 첫째 부분(눅 4:14-5:11)에서는 하나님 나라의 복음을 전하시는 주님의 초기 사역을 기술하고 있고, 둘째 부분(눅 5:12-6:11)에서는 주님의 사역이 점점 분명한 모습을 띠어 가다 결국 바리새인들과 필연적인 충돌을 초래하게 되는 과정을 보게 됩니다. 둘째 부분에는 모두 여섯 가지 사건이 담겨 있습니다. 그중 첫째 사건이 본문인 나병 환자를 고치신 사건입니다.

주님 발 앞에 엎드린 나병 환자

등장인물은 누구이며 주인공은 누구입니까? 우리는 고침 받은 나병 환자를 주인공으로 생각하기 쉽습니다. 하지만 누가는 그의 이름조차 밝히지 않았습니다. 성경, 특히 복음서 기사의 주인공은 항상 변함없이 세상에 오신 구주 예수 그리스도이십니다. 주님은 나병 환자를 고치심으로 당신이 누구인지를 드러내셨습니다. 누가는 언제, 어디서 이 사건이 있었는지에 대해 상세히 언급하지 않았습니다. 그보다 더 중요한 사실, 즉 대의사이신 주님을 부각시키려는 것이 그의 관심사이기 때문입니다.

총 다섯 절의 기록을 크게는 두 부분으로 나눌 수 있습니다. 사건 자체에 대한 기록이 있고(눅 5:12-14), 이어서 그 기적이 일어난 이후 청중의 반응과 주님의 처신이 각각 대조적으로 기록되어 있습니다(눅 5:15-16). 전반부인 사건 자체에 대한 기록도 또다시 둘로 나눌 수 있습니다. 모든 기적은 12-13절에서 일어났고, 기적이 일어난 다음 예수님이 깨끗함을 받은 성도를 향해 해야 할 일이 무엇인지, 경계를 들려주시는 장면이 14절에 기록되어 있습니다.

이제 사건 발생 현장으로 가 봅시다. 이 사건은 아마 예수님이 가버나움의 한 동네에 계실 때 일어났던 일로 여겨집니다. 한 나병 환자가 등장합니다. 당시 전염병이었던 나병에 걸렸다는 것은 사회 전반으로부터의 단절과 사랑하는 이들로부터의 자발적 격리를 의미했습니다. 이것이 나병 환자들의 처지였습니다. 율법은 나병 환자를 일반 시민이 사는 거주지로부터 추방해 격리 수용하도록 명하고 있습니다. 따라서 이 나병 환자의 출현은 의외의 사건이었을 것입니다. 나타나지 말아야 할 자리에 등장한 그의 사연을 듣기 전에 그의 모습과 행동을 살펴볼 필요가 있습니다.

한 사람의 표정과 행동은 매우 중요합니다. 그래서 누가는 그의 입에서 나오는 말을 전달하기 전에 그가 어떤 행동을 했는지를 기록했습니다. 예수님을 보자마자 달려가서 그 발 앞에 엎드렸다고 말입니다. 누가는 본래 의사였는데, 여기에 직업 본능이 보입니다. 다른 복음서 기자들은 그저 나병 환자라고 기록한 이 사건에 대해 누가는 '온몸에 나병 들린 사람', 곧 나병이 만연해 아주 중한 상태라는 사실을 기록해 두었습니다.

온몸에 성한 곳이 없이 진물이 나고 심하게 문드러진 그가 예수님을 보자 그 발 앞에 나와서 엎드려 간청을 했습니다. 어떤 경로를 통했는지는 알 수 없지만, 예수님이 놀라운 치료자시라는 명성을 듣고 격리되어 있던 곳에서부터 예수님이 계신 마을로 찾아온 것입니다. 당시 수많은 나병 환자가 있었을 텐데 유독 그만이 예수님의 소식을 들었을 때 마치 자력에 끌리듯 의도적으로 예수님을 찾아왔고, 땅에 엎드려 "주여 원하시면 나를 깨끗하게 하실 수 있나이다"(눅 5:12)라고 간구했습니다. 주님의 뜻에 대한 전적인 순종의 고백입니다. 예수님의 처분만을 바란다는 뜻입니다.

이 처절한 호소를 들으신 주님은 어떻게 반응하셨습니까? 주님은 그를 향해 손을 내밀어 그의 환부에 대시며 "내가 원하노니 깨끗함을 받으라"(눅 5:13)라고 선언하셨습니다. 율법의 규정보다는 율법의 정신과 원리를 따라 행동하시는 주님의 모습입니다. 유대 율법에 따르면 사람이 나병 환자를 만지는 것은 부정해지는 것으로서, 금기 사항이었습니다. 하지만 누가 이 숭고한 자비의 손길을 향해 비난의 돌을 던질 수 있겠습니까.

주님은 능력의 무한하심만큼이나 자비 역시 무한하신 분입니다. 우리는 하나님이 전능하시다는 것을 비교적 쉽게 믿습니다. 그러면서도 가끔 그 하나님이 정말 나를 도우려고 하시는가에 대해서는 자신을 갖지 못합니다. 하나님의 전능하심이 크겠습니까, 자비하심이 크겠습니까? 하나님은 능력에 있어 무한하신 만큼이나 자비에 있어 다함이 없으십니다. "내가 원하노니 깨끗함을 받으라"(눅 5:13). 여기에 전능하신 분의 권위 있는 선언이 있습니다.

언제나 그러했듯이 주님의 치료는 즉각적이고 완벽합니다. 주님의 말씀이 그 입술에서 선포되는 즉시 나병이 그의 몸에서 떠나갔습니다. 온몸이 어린아이의 살같이 깨끗하게 변화되었습니다. 본문의 구절구절 사이에는 이 고침 받은 나병 환자의 감격이 스며 있습니다. 우리는 여기서 그 감격을 읽을 수 있어야 합니다. 성경을 기록하게 하신 성령이 우리로 하여금 이 구절구절에 스며 있는 감격을 깨닫게 해 주실 것입니다. 깨끗함을 확인한 순간, 나병 환자의 마음이 어떠했겠습니까? 아마 온 세상이 달리 보였을 것입니다. 이 감격이 느껴진다면 나병 환자의 이야기는 더 이상 남의 이야기가 될 수 없습니다.

이 사람은 자신의 살을 보았을 때 믿을 수가 없었습니다. 아마 만나는 사람마다 붙들고 이야기하고 싶었을 것이고, 살던 동네로 곧장 달려가고 싶었을 것입니다. 이처럼 감격에 벅찬 그를 향해 주님은 신중한 충고를 하셨습니다. "아무에게도 이르지 말고 가서 제사장에게 네 몸을 보이고 또 네가 깨끗하게 됨으로 인하여 모세가 명한 대로 예물을 드려 그들에게 입증하라"(눅 5:14). 그가 공동체에 다시 받아들여지기 위해서는 먼저 제사장에게 가서 소위 '건강 진단서'를 받아야만 했습니다. 또한 이 놀라운 기적의 치료로 인해 먼저 하나님에게 감사의 예물을 드려야만 했습니다.

절망적인 상황에 부딪혔을 때는 하나님 외에는 소망이 없다고 생각합니다. 그러나 그 절망 가운데서 구출받고 나면 쉽게, 바로 그 순간에 하나님을 잊어버립니다. 이 감격의 순간을 나눌 사람들을 찾게 됩니다. 그러나 우리는 하나님 앞에 먼저 달려가야 합니다.

마지막 두 절은 이 기적의 뒷이야기를 전해 줍니다. 불치의 병이 깨끗해졌다는 소식은 입에서 입으로 퍼져 나갔고, 허다한 사람들이 주님의 그 은혜로운 말씀을 듣고 병 고침을 받으려고 찾아들기 시작했습니다. 하지만 주님은 그들의 요구에 응하지 않고 조용한 곳에 가서 하나님과 교제하셨다는 내용으로 마감하고 있습니다. 여기까지가 사건 자체에 대한 해설입니다.

나병 환자는 인류 모두의 참상

우리는 이 말씀을 대할 때 마치 결론을 다 아는 예수님의 전형적인 치유 이야기로 간주하는 대신에, 본문이 전하고자 하는 메시지가 무엇인지를 새롭게 생각해 보아야 합니다.

천형으로 불리는 나병이 나은 한 사람의 감격을 묘사한 말씀을 접할 때 그것이 남의 이야기처럼 들리지 않는 사람을 일컬어 우리는 그리스도인이라고 부릅니다. 그런 사람만이 "만 입이 내게 있으면 그 입 다 가지고 내 구주 주신 은총을 늘 찬송하겠네"(새찬송가 23장)라는 찬양이 가슴에서 샘솟는 사람입니다.

온몸이 문드러져 내리는 그 환자의 모습 속에서 그리스도 없이, 소망 없이 무너져 내리던 어제의 자아상을 본 사람만이 이 기적의 감격에 동참할 수 있습니다. 전적으로 타락한 자신의 모습을 보았던 사람만이 구주가 하신 일의 의미를 깨달을 수 있습니다. 그는 유일한 소망이신 치료자 예수의 발 앞에 엎드린 경험이 있는 사람입니다. 사람답게 살 수 없는 비참한 처지로 인해서 몸부림쳐 본 사람이라면 이 이야기는 이미 갈릴리 어떤 동네에서 일어난 옛날이야기가 아닙니다.

어쩌면 성령이 이 나병 환자의 이름을 밝히지 않은 것은 이런 이유에서였을지 모르겠습니다. 굳이 이름을 밝혀서 한 사람에게 한정해야 할 이유가 없기 때문입니다. 온몸에 나병이 만연한 것은 바로 나의 모습이요, 하

450

나님을 떠난 인류 모두의 참상이기 때문입니다. 한 군데도 성한 곳 없이 온몸에 나병이 발한, 그처럼 병적으로 타락한 사람의 표상인 것입니다.

그 모습 그대로라면 사람들 사이에서 배척받게 됩니다. 사람들만 기피하는 것이 아니라 하나님의 거룩하심 앞에서도 그는 용납될 수 없는 자입니다. 자신의 이러한 비참한 영적 실존을 본 사람은 구주 예수님의 발 앞에 비로소 엎드러집니다. 모든 그리스도인의 삶은 바로 나병 환자가 엎드린 그리스도의 발 앞에 엎드려 간구할 때 시작됩니다. "주여 원하시면 나를 깨끗하게 하실 수 있나이다"(눅 5:12). 그리스도인의 삶은 이 고백과 함께 비로소 시작합니다.

나병은 성경에 의하면 죄의 상징입니다. 특별히 죄의 근본인 교만의 상징으로 나타나고 있습니다. 세상에서 가장 교만한 사람은 하나님이 치료해 주기를 원하시는데도 그 발 앞에 엎드러지지 않는 사람입니다. 우리 중 누구도 이 이야기를 남의 이야기로 듣고 지나가서는 안 됩니다. 추한 죄 중에 있는 인생을 정결하게 하셔서 신부로 삼고자 하시는 주님의 사랑을 오늘 거절한 결과가 내일 어떻게 나타날지 생각해 봐야만 합니다. 성경은 주님의 치유하심을 한 귀로 듣고 다른 한 귀로 흘려버리는 인생을 일컬어 교만한 자라고 말하며, 그 전형적인 모습이 바로 나병 환자입니다.

우리는 이 기적 속에서 자신의 추한 모습을 보고 죄악 중에 있는 자신을 건지려고 오신 구주를 만난 자의 사명이 무엇인지 생각해 볼 필요가 있습니다. 전도는 훈련되는 것이 아닙니다. 자기 죄를 용서받은 자가 그 감격을 말하지 않을 수 없어서 전하는 것이 전도입니다.

주변에 죄로 인해 주저앉아 있는 사람은 없습니까? 사탄이 그 눈을 멀게 해서 빛 대신 어두움을 고집하고 있는 자는 없습니까? 교만의 나병이 온몸에 발해 마디마디 문드러져 내리는 자신의 비참한 모습만을 애무하고 있는 자는 없습니까? "내가 원하노니 깨끗함을 받으라"라는 선언은 모든 죄인을 보실 때 주님이 갖는 마음입니다. 하나님은 아무도 자기 죄 가운데 죽는 것을 원하지 않으십니다. 추한 인생이 깨끗해지기를 소원하십니다. 이 선언을 받은 사람마다 이 소식을 알리고 싶은 소원이 그 마음에 가득해야 합니다. 전도는 이러한 내적인 감격이 있어야만 가장 강력한 힘을 발휘합니다. 예수 그리스도의 발 앞에 엎드려 고백한 이후에 변하여 새사람 된 자신으로 인해 사람들에게 가서 말하지 않을 수 없습니다.

○

우리의 자발적인 감사와 증거를 인해서 예수님에 대한 소문이 사방에 더욱 퍼지기를 소원합니다. 우리가 사는 동네마다, 우리가 일하는 직장마다 그날 있었던 그 감격적인 이야기가 자연스럽게 전해지는 그것이 바로 전도입니다. 새로워진 우리의 삶을 사람들에게 증거하는 하루하루가 되기를 기도합니다.

56.

네 죄 사함을 받았느니라(5:17-26)

바리새인의 첫 등장

주님은 가버나움 한 동네에서 여느 날처럼 가르치고 계셨습니다. 그즈음 시골 갈릴리에서 시작된 예수님의 권세 있는 가르침은 갈릴리의 각 마을과 유대와 예루살렘까지 영향을 끼쳤습니다. 그 참신한 설교의 권위는 유대의 기성 종교 체제를 송두리째 흔들어 놓았습니다. 예수님의 가르침은 율법의 정신과 원리보다는 계율과 조문에만 집착하던 당시의 시대 조류와 충돌할 수밖에 없었습니다.

누가의 상황 설정은 그런 충돌의 조짐을 우리에게 보여 줍니다. "하루는 가르치실 때에 갈릴리의 각 마을과 유대와 예루살렘에서 온 바리새인과 율법교사들이 앉았는데"(눅 5:17상). 말하자면 경향 각지에서 나아온 율법학자들이 예수님의 가르침을 문제 삼고자 하는 현장입니다. 물론 여기에는 예수님의 가르침에 매료된 이들과 그분을 따르는 제자들도 있었지만, 누가는 우리의 관심을 비판적인 청중에게로 향하도록 합니다. 그들은 주님의 가르침을 들어 보고 판단하기 위해서 나온 무리가 아니라, '이미' 판단해 놓고 그 근거를 마련하고자 나온 무리입니다.

누가는 그의 복음서 최초로 '바리새인'을 언급했습니다. 흔히 바리새인이라고 하면 '나쁜 사람'으로 규정짓고 생각합니다. 그러나 당시 사람들에게 바리새인은 '대단한 사람', '열심 있는 사람'으로서 모든 사람이 흠모하는 대상이었습니다. 그들은 수적으로는 약 6천 명 정도 되는 소수였지만 그 영향력은 막강했습니다. 당시 유대를 움직이는 막후의 실세들이었습니다. 그처럼 막강한 실력자들이 예수님이 가르치시는 현장에 첫 모습을 나타냈습니다.

보통 설교자 같으면 벌써 주눅이 들었을 텐데, 주님은 이제야말로 분명하게 해야 할 말을 해 주어야겠다고 생각하셨습니다. 몰려드는 군중과 그 가르침의 내용으로 인해 벌써 심기가 불편한 실력자들 앞에서 예수님이 한층 더 분명하게 당신이 누구인지를 밝히신 것이 본문의 중심 내용입니다.

바리새인이라는 이름 뜻은 '분리주의자'입니다. 스스로를 이방인과 세리들, 죄인들, 율법에 별 신경을 쓰지 않고 사는 평범한 유대 사람들로부터 분리시키는 사람입니다. 율법이 규정하는 모든 더러움으로부터 스스로를 분리시킨, 깨끗하게 살려는 사람입니다. 그들은 율법 준수에 특별한 열심이 있었습니다. 옷차림부터 거동 하나하나에 이르기까지 구별되어야 한다고 생각했습니다. 그들은 율법의 계율을 어기지 않기 위해서 여러 가지 안전장치를 마련해 두고 지키려고 노력했습니다. 하지만 이로써 종교가 형식화되고, 마음으로 하나님을 사랑하는 일보다 외형적인 계율 준수에만 급급했던 그들은 필연적으로 예수님의 가르침을 받아들일 수 없었을 것입니다.

여기서 누가는 그날 바리새인들이 와서 진을 치고 앉았다는 것을 말하면서 동시에 "병을 고치는 주의 능력이 예수와 함께하더라"(눅 5:17하)라고 말했습니다. 바리새인들의 마음속에는 분기가 가득한 반면, 예수님에게는 병을 고치는 능력이 가득해 있었습니다. 예수님에게는 고통 중에 있는 인생을 도와주시고자 하는 하나님의 능력이 함께했습니다.

죽이려는 욕망과 살리고자 하는 소원은 필연적으로 충돌하기 마련입니다. 두 마음은 근원 자체가 다르기 때문입니다. 하나는 위로부터 나온 마음인 반면, 또 하나는 마귀로부터 비롯되었습니다. 시기심과 미움은 사탄으로부터 나오고, 연민과 동정심은 하나님에게서 나옵니다. 우리의 마음속에는 어떤 마음이 지배적입니까?

네 죄 사함을 받았느니라

한 중풍 병자가 등장합니다. 그는 스스로 자기 몸을 움직일 수 없었지만 그의 주위에는 그의 처지를 딱하게 여긴 사랑하는 친구들이 있었습니다. 그 친구들이 주님의 소식을 듣고 중풍 병자를 들것에 실어 옮겨 왔습니다. 그러나 예수님의 소식을 듣고 그 집에 도착했을 때는 이미 소문을 듣고 온 사람들로 북적여 들어갈 수가 없었습니다. 동일한 사건을 마가의 눈으로 한번 읽어 봅시다. "많은 사람이 모여서 문 앞까지도 들어설 자리가 없게 되었는데"(막 2:2). 그래서 그들이 생각해 낸 것이 지붕 위로 올라가는 것이었습니다. 유대인들의 집에는 바깥 계단이 있었고, 지붕

이 거의 평평했기 때문에 올라가면 뜯어낼 수 있었습니다.

병자가 침상째 무리 가운데로 예수님 앞에 달아 내려졌습니다. 마비된 신경과 근육이 제 기능을 발휘하도록 치료를 받고 싶어 하는 처절한 노력이 주님의 마음을 움직였습니다. 세 복음서 모두 데려온 친구들이나 달아 내려진 중풍 병자나 말로써 어떤 요청을 했다는 기록이 없습니다. 그들의 필사적인 행동이야말로 간절한 요청인 것을 주님이 모르실 리 없었습니다. "이 사람아 네 죄 사함을 받았느니라"(눅 5:20). 중풍 병자를 포함한 다섯 사람의 믿음은 주님의 입술에서 이 선언이 나오도록 했습니다.

그분은 주님이시기에 그들의 존재 근원에 있는 믿음을 보셨습니다. 주님은 하나님이시기에 사람들의 마음속의 흐름을 읽고 계셨던 것입니다. 그분은 주님이시기에 중풍 병자의 문제의 근원인 죄를 사하셨습니다. 말 없는, 그러나 처절한 호소를 들으시고 주님은 응답하셨습니다. 먼저, 예수님은 죄 사함을 선포하셨습니다. 병 고침보다 죄 사함을 우선으로 여기셨습니다. 사람들은 늘 겉으로 나타난 것을 문제 삼지만, 주님은 병의 원인인 죄의 문제를 먼저 다루고 싶어 하십니다.

주님은 항상 우리가 구하는 정도에 그치시는 분이 아닙니다. 우리가 기도할 때 언급한 것만 받았다면 오늘 우리의 모습은 처량했을 것입니다. 구하는 것에 더 넘치도록, 더 풍부하게 주시는 주님을 바라보십시오. 소원의 앞자리에 신체적인 고침이 있는 사람에게 주님은 정신적인, 영적인 회복을 선언하셨습니다. 순간적인 고통에서 벗어나는 것이 그의 욕구의 전부였지만, 주님은 호소하는 자에게 영원한 고통으로부터의 해방을 선포하셨습니다. 모든 문제로부터 벗어나는 해방, 즉 하나님과의 관계를 회복시키신 것입니다.

그러나 안타깝게 찾아온 사람을 향해 예수님이 "네 죄 사함을 받았느니라"라고 선언하실 때 그 사죄의 기쁨에 함께하지 못하는 사람들은 언제나 불만을 갖기 마련입니다. 그들은 하나님의 역사가 나타나는 현장에서 바로 거역하기 마련입니다. 그 자리에 주님의 사죄의 선언 앞에 술렁이는 사람들이 있었습니다. 예수님은 그들의 마음속에 발아되는 악한 생각을 환히 보고 계셨습니다.

서기관과 바리새인들은 역시 율법의 대가답게 "네 죄 사함을 받았느니라"라는 예수님의 선언에 함축된 의미를 바로 알아차렸습니다. "오직 하나님 외에 누가 능히 죄를 사하겠느냐"(눅 5:21). 이 말씀은 옳습니다. 그러나 죄 사함을 선포하신 예수님이야말로 가까이 오신 하나님의 아들이시라는 것을 그들은 알지 못했습니다. 그들은 예수님이 누구이신지 바로 알았어야만 했습니다.

그들은 예수님이 바로 사람의 모습을 입고 세상에 오신 하나님이시라는 것을 알아채지 못하고 그 하나님의 위엄을 거역했습니다. "이 신성 모독하는 자가 누구냐 오직 하나님 외에 누가 능히 죄를 사하겠느냐"(눅 5:21) 하고 마음속의 생각을 주고받으며 저렇게 함부로 신성 모독하는 말을 한다면, 충분한 증거를 잡았다고 생각했습니다.

사람들의 마음속 생각을 읽으신 주님은 "너희 마음에 무슨 생각을 하느냐"(눅 5:22)라고 물으셨습니다. 예수님을 만나 책잡을 말을 찾아서 결국 죽이고자 하는 이들에게 하나님의 말씀이 들릴 리 만무합니다. 사죄를 선포하는 주님의 말씀은 다만 그들에게 하나의 건수를 제공한 것밖에 되지 않았습니다.

그런데 "네 죄 사함을 받았느니라" 하는 말씀과 "일어나 걸어가라" 하는 말씀 중 어느 것이 더 쉬운지 분간이 잘 안 됩니다. 얼핏 생각하면 "죄 사함을 받았다"는 선언이 듣는 사람에게 표면적으로 나타나지 않기에 쉬운

듯 보입니다. 그러나 사실 둘 다 아무나 할 수 있는 일이 아닙니다. 누가 인생의 죄를 사합니까? 누가 중풍 병자를 일으켜 세워 걸어가게 할 수 있습니까?

주님은 죄를 사하는 권세가 영적인 영역에서 중풍 병자의 마음속에 일어났다는 것을 입증하기 위해 기적을 행하기로 결단하셨습니다. 율법학자들에게 하여금 땅에서 죄를 사하는 권세가 인자에게 있다는 것을 보여주시기 위해 중풍 병자를 향해서 명령하셨습니다. "내가 네게 이르노니 일어나 네 침상을 가지고 집으로 가라"(눅 5:24).

당시 유대인들은 모든 질병을 죄의 결과라고 보았습니다(요 9:2). 그래서 한 랍비는 "어떤 병자라도 그 모든 죄가 사하여지기까지는 질병에서부터 회복될 수 없다"라고 기록하기까지 했습니다. 이런 그들의 생각에 비추어 볼 때 중풍 병자가 곧 일어나 그 누웠던 것을 가지고 하나님에게 영광을 돌린 사실은 그의 죄가 사하여진 확실한 증표임이 틀림없었습니다.

여기 행복한 결말이 있습니다. 자신이 누워서 왔던 침상을 이제는 들고 가는 중풍 병자를 보십시오. 주님의 사역에 대한 반응이 군중 사이에서 나타났습니다. "모든 사람이 놀라 하나님께 영광을 돌리며 심히 두려워하여 이르되 오늘 우리가 놀라운 일을 보았다 하니라"(눅 5:26). 중풍 병자가 자유롭게 걷게 된 현장은 박수하고 환호하고 깔깔대며 웃는 자리가 아닙니다. 그 일이 하나님으로부터 말미암았다면, 그 자리에 능력으로 임재하셨던 하나님의 거룩하심 앞에서 모두 압도당하는 것이 정상입니다. 그곳은 하나님을 향한 영광의 찬양 가운데 장엄한 영광송이 어울리는 자리입니다.

핵심은 '죄 사함'

본문의 주인공은 고침 받은 중풍 병자가 아닙니다. 이 이야기의 핵심은 '병 고침'이 아니라 '죄 사함'입니다. 중풍 병자를 고치는 것을 소재로 삼고 있지만 주님은 이 이야기를 통해 당신이 땅에서 죄를 사하는 권세가 있는 분임을 모여든 바리새인과 율법학자들에게 나타내고자 하셨습니다.

이 영광스러운 순간에 사람들은 또다시 두 갈래로 갈라졌습니다. 더욱 죽이려고 미워하는 사람들과 영광과 찬양을 하나님에게 드리는 이들입니다. 기적을 보는 것이, 신체적인 치유와 건강이 우리로 하여금 하나님을 찬양하도록 만들지는 않습니다. 병 고침을 받을 수 있으나 그것이 우리 마음속에 기쁨의 샘을 터뜨리지는 못합니다. 오직 죄 사함만이 우리 마음속에 기쁨의 샘이 솟아나게 하고 그곳을 꽃이 피는 동산으로 바꿀 수 있습니다. 그렇기에 치유보다 죄 사함이 더 우선적입니다.

주님을 우리가 살아가는 데 불편한 질병과 고통, 장애를 제거하시는 분으로만 생각하지 마십시오. 주님은 바리새인의 시기와 증오를 무릅쓰고 이 말을 함으로써 더욱 미움을 사게 될 것을 아시고도 당신이 죄를 사하는 분임을 밝히고자 하셨습니다. 주님은 이 일로 인해 당신이 궁극적으로 십자가에 달려 죽게 된다는 것을 아시면서도 당신이 세상에 온 목적은 단순히 병을 고치는 것이 아니라, 땅에서 죄를 사하는 권세가 있는 줄을 사람들이 알게 하기 위함이라고 말씀하셨습니다. 왜냐하면 질병의 고통은 결코 내세까지 따라가지 않지만, 죄로 말미암는 고통은 이 세상에서 행복하게 살지 못하게 할뿐더러 내세에 하나님의 심판대 앞에 설 때도 우리를 무섭게 괴롭힐 것이기 때문입니다. 죄로 인한 고통은 이 땅에서 우리의 행복을 빼앗아 가는 동시에 영원토록 우리를 저주 가운데 던질 것입니다. 그렇기에 주님은 육신의 질병의 고통을 치유해 주시기 전에 "네 죄 사함을 받았느니라"라고 선포하시는 것입니다.

주님이 땅에서 죄를 사하는 권세가 있다고 말씀하신 이유는 우리의 죄가 지금 이 땅에서 처리되어 사함을 받아야 하기 때문입니다. 땅에서 용서받지 못한 죄는 결코 하늘에서 용서되는 법이 없습니다. 땅에서 풀면 하늘에서도 풀릴 것이고, 땅에서 매이면 하늘에서도 매일 것입니다. 인자가 땅에서 들림으로 사죄의 복음이 선포되었기 때문에 땅에 사는 모든 인생은 지금 여기, 이 땅에서 죄의 용서를 받아야만 합니다.

예수님은 당신을 '인자'(人子), 즉 '사람의 아들'이라고 부르셨습니다. 당신이 사람이 되어 사람의 아들로 온 것은 땅에서 고통당하는 인생들의 죄를 용서해 주기 위해서라는 뜻입니다. 예수님이 사람이 되심은 우리의 죄를 땅에서 용서하시기 위함입니다. 하늘은 죄를 용서하는 곳이 아니라 죄가 용서된 사람이 가서 영원히 누리는 곳입니다. 죄를 용서받는 곳은 '하늘'이 아니라 '이 땅'입니다. 하나님의 아들이 사람의 아들이 되심은 사람의 아들들로 땅에서 죄를 용서받아 영원토록 하나님의 아들들로 살게 하려 하심입니다. 중풍 병자가 치유된 기적은 예수님이 이 땅에서 죄를 용서하는 자임을 나타내시기 위해서였습니다.

○

당신의 관심은 어디에 있습니까? 아직도 세상과 함께 끝나 버리는 육신의 고통을 면하는 것이 관심의 전부입니까? 그렇다면 "인자가 땅에서 죄를 사하는 권세가 있는 줄을 너희로 알게 하리라"(눅 5:24)라는 주님의 음성이 귀에 들리는 그 순간까지 이 말씀에서 떠나서는 안 됩니다. 거듭거듭 이 말씀을 읽으십시오. 주님은 목숨을 걸고 당신이 죄를 사하는 분임을, 죄를 사하기 위해 이 땅에 내려와 하나님의 아들로서 사람의 아들이 되었음을 사람의 아들들에게 선포하셨습니다.

이 사건의 결말로 인해 찬양하던 모든 사람의 찬양이 우리 마음속에도 있어야만 합니다. "네 죄 사함을 받았느니라"라는 말씀에 자리를 들고 일어나 찬양하면서 돌아가는, 영광을 하나님에게 돌리는 중풍 병자의 마음을 이해할 수 있어야 합니다. 그를 보면서 같이 기뻐하는 사람들의 마음을 이해할 수 있어야 합니다. 주님은 땅에서 죄를 사하는 권세를 가지신 분입니다.

57.

죄인을 부르시는 예수 (5:27-32)

/

　　　이 장의 본문은 일반적인 사건 전개 양식을 따라 기승전결, 네 단락으로 뚜렷하게 구분할 수 있습니다. 시작(눅 5:27-28), 발전(눅 5:29), 반전(눅 5:30), 종결(눅 5:31-32)입니다.

　예수님은 죄 용서의 권위를 선포하신 데서 한 걸음 더 나아가 죄인과 더불어 함께 먹고 마시는 교제의 잔치를 벌이셨습니다. 죄를 용서하는 권세를 가지신 분임을 앞 사건을 통해 분명히 보여 주신 후에, 죄인과 한 상에서 먹고 마심으로 용서뿐 아니라 교제를 나누는 분으로 당신을 나타내신 것입니다. 흔히 이 기록을 일컬어 '예수께서 레위를 부르신 사건'이라고 부르지만, 사실 이는 이야기의 소재, 발단에 불과할 뿐 핵심 주제는 아닙니다. 이 이야기의 주제는 예수님이 어떤 사람들을 부르시는지와 그런 자들과 더불어 교제하시는 그분의 행동이 정당함을 보여 주는 데 있습니다. 이제 죄인을 부르러 오신 예수님을 만나 봅시다.

시작 – 레위라고 하는 세리 마태

"그 후에 예수께서 나가사"(눅 5:27상). 중풍 병자의 죄를 용서하신 증표로 그를 고치신 후 예수님은 그 집에서 나서서 다시 갈릴리 바닷가로 가셨다고 마가는 설명하고 있습니다(막 2:13). 네 제자를 부르신 그 근방, 해변의 세관에서 예수님이 레위를 제자로 부르신 사건이 벌어졌습니다. 누가는 그의 이름이 '레위'라고 소개하지만, 레위 자신이 쓴 마태복음에서 그는 자신을 '마태'라고 밝혔습니다. '레위라고 하는 마태'라고 할 수 있습니다. 당시 유대 사람들은 흔히 두 개의 이름을 가지고 있었습니다. 자기 나라식 이름과 일반적으로 통용될 수 있는 로마 또는 헬라식 이름이었습니다. '레위라고 하는 마태'가 세관에 앉아 있던 사람입니다.

그는 가버나움을 통치하던 헤롯 안디바스 왕을 위해 세리로 일하던 사람입니다. 성경은 일부러 그 악명 높은 직업을 밝히고 있습니다. 당시 유대인들이 가장 미워하는 대상이 바로 세리였습니다. 당시 유대는 로마의 속국으로서, 세금을 걷는 일은 압박자 로마를 위한 일이므로 세리는 로마의 앞잡이요, 민족의 반역자로서 취급을 당했습니다. 뿐만 아니라 로마의 세금 제도 자체에도 민원의 소지가 충분히 있었습니다. 로마는 세금을 대리 수납하는 제도를 채택했습니다. 한 지역 세금을 얼마를 거둘 것인지 입찰식으로 해서 제일 많이 거둬들이겠다는 사람에게 징수권이 맡겨졌습니다. 정해진 액수를 로마 국고에 수납하고 나면 실제로 얼마나 많은 액수를 거둬들이든지 크게 상관하지 않았습니다.

당시 정직한 세리는 기념비를 세워 줄 만큼 찾기 힘든 상태였습니다. 그래서 강도, 살인자, 세리는 같은 부류로 취급되었습니다. 물론 세리들에게는 안식일에 회당 출입이 허용되지 않았습니다. 그런 나쁜 사람들은 회당에 발도 디딜 수 없다고 생각했습니다.

레위가 헤롯 안디바스를 위해 세금을 걷던 가버나움은 시리아와 이집트로 통하는 국제적인 도로가 지나가는 곳이었습니다. 그래서 어쩌면 지나가던 사람들로부터 세금을 걷었을 수도 있고, 또는 게네사렛 호수가 언급된 것으로 보아 호수를 통해서 배로 실려 오는 화물에 세금을 징수하던 세리였을지도 모릅니다. 여기서 중요한 것은 세관 앞에서 세금을 징수하던 레위를 주님이 주시하셨다는 것입니다. 한 사람, 한 사람을 살펴보시는 주님이 레위를 주시하고 계셨습니다.

레위 역시 세상 돌아가는 소문을 둘째가라면 서러울 정도로 환히 알고 있었기에 갈릴리에서 특히 가버나움을 중심으로 한 예수님의 사역을 몰랐을 리 없습니다. 소문을 들은 것만으로는 만족할 수 없어 궁금한 생각들을 가지고 있었을 것입니다. 레위도 세금을 걷다 말고 예수님을 쳐다보았을 것입니다. 예수님 역시 그의 속생각을 읽으시려는 듯 뚫어지게 바라보셨습니다. 두 사람의 눈과 눈이 마주친 것입니다.

모든 이의 증오의 대상이었던 세리라는 직업이 예수님의 부르심을 막지 못했습니다. 예수님은 그를 보셨고, 부르셨습니다. 주님은 어떤 부류의 사람이라도 부르시는 분입니다. 어쩌면 눈과 눈이 마주친 사이에, 말은 하지 않았지만 많은 이야기를 서로가 주고받았을지 모릅니다. "나를 따르라"(눅 5:27), 이 한마디의 말씀이 레위를 자석처럼 끌어당겼을 수 있지만, 꼭 이 한마디의 말씀만 하셨으리라고 생각할 이유는 없습니다. 기록에는 없지만 예수님이 레위와 상당한 시간 이야기를 나누셨을 수도 있습니다.

레위는 당장 그 직업을 그만두고 예수님을 따라 나섰습니다. 본래 제자가 되는 데는 모든 것을 버리는 것이 기본입니다. 처음 두 제자도 물고기들을 버려두고 따랐습니다. 이것이 제자도의 첫걸음입니다. 우리는 포기하지 않으려고 하기에 제자의 삶을 제대로 시작하지 못합니다. 다 버려두고 떠나는 것은 누구나 해야 하는 일입니다. 이전의 삶의 양식을 버리고 새로운 삶의 주인을 따라서 나서는 자들이 그리스도의 백성입니다.

발전 - 레위의 기쁨

레위의 다음 행동을 주시해서 보십시오. 여기에 이 이야기의 발전이 있습니다. 앞부분이 서론이라면 29절은 본격적인 전개입니다. "레위가 예수를 위하여 자기 집에서 큰 잔치를 하니 세리와 다른 사람이 많이 함께 앉아 있는지라"(눅 5:29).

예수님의 제자가 되는 부르심을 듣는 순간, 후일 사도가 되는 이 영광스런 부르심을 자기 귀로 듣는 순간, 레위의 가슴속에는 기쁨의 샘이 터졌습니다. 온 세상이 기쁨으로 충일하고 게네사렛 호수의 물결이 이전 어느 때보다 기쁨으로 출렁이는 순간이었습니다. 레위가 왜 자기 집에서 큰 잔치를 베풀었는지 대뜸 알아채야 성도다운 성도입니다. 레위의 마음속에 말로 표현할 수 없는 기쁨이 넘쳤기 때문입니다. 날마다 예수님을 좇는 새로운 삶의 기쁨과 보람은 레위를 가만있도록 내버려 두지 않았습니다. 그래서 큰 잔치를 베푼 것입니다. 예수님을 만난 삶은 축제입니다.

자신의 삶을 조용히 평가해 보십시오. 세상이 주지 못하는 기쁨과 행복이 있습니까? 비록 우리의 삶은 아직 여기 세상에 머물러 있기에 때로는 한숨짓고 아직도 눈물 흘릴 일이 완전히 끝난 것은 아니지만, 아무도 우리의 마음 깊숙한 곳에 있는 기쁨을 빼앗을 수 없습니다. 생의 즐거움이 그 마음에 넘치는 자는 누구든 큰 잔치를 베풀 수 있습니다.

레위는 지금 자기 인생에 찾아오신 예수님을 혼자만 알고 있을 수 없었습니다. 인생을 살면서 자기처럼 만족하지 못하던 사람들, 상당히 가졌는데도 불구하고, 직업이 있음에도 불구하고 참 기쁨을 누리지 못했던 친구들, 세관에서 같이 일을 보던 사람들, 자신과 같이 따돌림을 당하고 조롱받던 사람들에게 자신이 만난 주님을 만나게 해 주어야겠다는 생각을 한 것입니다. 새로운 제자는 옛 친구들로 하여금 자기의 새 주인을 사귈 기회를 제공하고 싶었던 것입니다. 천국의 길은 혼자 걸으며 즐기는 길이 아닙니다. 복된 소망을 가진 자는 그 소망에 누구나 동참하기를 바랍니다.

예수님을 위해 모든 것을 버렸을 때 얻는 기쁨, 그것은 역설적인 기쁨입니다. 모든 것을 움켜잡으려고 버둥댈 때 결코 소유하지 못했던 놀라운 기쁨이 레위에게 엄습했습니다. 레위는 새 주님을 소개하는 데 도움이 된다면 옛 친구 누구라도 초청하고 싶었습니다.

그런데 '다른 사람들'은 누구일까요? 누가는 특별히 어려운 이웃에 대해 세심한 배려를 하는 자비의 은사를 가진 사람 같습니다. 그는 그 당시 사회에서 소외당하던 계층인 여자들, 어린이들 그리고 가난한 사람들, 비천한 직업에 있던 사람들에 대해 아주 세심한 관심을 가지고 있었습니다. 그는 차마 자기 입으로 그들을 '죄인들'이라고 말하고 싶지 않았습니다. 그래서 '다른 사람들'이라고 말했습니다.

그리스도와 함께하는 삶은 축제입니다. 동시에 그 축제는 홀로 즐기는 잔치일 수 없습니다. 잔치는 많은 손님이 있어야 즐거운 것입니다. 주위에 있는 소외된 이들을 데리고 주님 앞으로 나오십시오. 예수 그리스도 우리 주님은 그런 소외된 사람들을 위해 세상에 오신 분입니다.

반전 – "어찌하여"

　　잔치의 풍악 소리가 채 끝나기도 전에 잔치의 즐거움과는 전혀 어울리지 않는 불평이 바리새인과 서기관들의 입에서 터져 나왔습니다. 앞서 언급했듯이, 그들은 당시 가장 존경받던 자타가 공인하는 무리였습니다. 그들의 말은 큰 영향력을 가지고 있었고, 그들의 행동은 유대 사회에서 가장 규범적이었습니다. "바리새인과 서기관들은 이렇게 하는데 너는 왜 그렇게 하느냐?"라고 말하면 달리 할 말이 없었습니다. 그것이 유대 사회에서 그들의 위치였습니다. 그런 바리새인과 서기관들이 갑자기 제자들을 비방했다는 것은 매우 충격적인 일입니다. 어떻게 이런 일이 있을 수 있습니까.

　매사에 잘잘못을 가리는 그들에게 레위의 잔치는 충분한 문젯거리를 제공했습니다. 명색이 선생이라고 제자들을 불러 모으는 이가 어떻게 세리와 죄인들과 함께 먹고 마실 수 있는가, 도대체 있을 수 없는 일이라는 것입니다. 그들은 기뻐하는 사람들과 함께 기뻐하면 큰일이라도 날 것처럼 생각하는 사람들이었습니다. 슬퍼하는 사람들과 함께 눈물 흘리면 마치 그 재난이 자기들에게 전염이라도 될까 두려워하던 사람들이었습니다. 그들은 소외된 사람들의 외로움에는 전혀 무감각한 채 종교 의식의 준수에만 열심을 내는 사람들이었습니다.

　물론 "너희가 어찌하여 세리와 죄인과 함께 먹고 마시느냐"(눅 5:30)라는 말은 그들의 입장에서 보면 일리가 있는 논박입니다. 옷깃만 스쳐도 부정을 탄다고 생각해 세리가 옆으로 지나가기만 하는 것도 허용할 수 없었던 그들에게 그 세리와 죄인들과 함께 잔칫상에 앉아서 즐기고 교제하는 것은 있을 수 없는 일이었습니다. 그들의 율법에 비추어 볼 때 이해가 되지 않았습니다. 그래서 바리새인과 서기관들이 그 제자들을 비방했다고 누가는 기록하고 있습니다. 마태와 마가의 기록을 보면 제자들에게 대놓고 예수님을 비방했습니다. 예수님과 제자들은 모두 공히 바리새인들의 지탄의 대상이었습니다.

종결 – "죄인을 불러 회개시키러 왔노라"

주님은 제자들을 향한 비난이 궁극적으로는 당신의 행위를 지탄하고 있음을 바로 알아채시고는 제자들을 대신해 답을 하셨습니다. "건강한 자에게는 의사가 쓸데없고 병든 자에게라야 쓸데 있나니 내가 의인을 부르러 온 것이 아니요 죄인을 불러 회개시키러 왔노라"(눅 5:31-32). 여기 바리새인들과 서기관들이 미처 생각하지 못한 대답이 있습니다. 아마 그들은 "너희가 어찌하여 세리와 죄인과 함께 먹고 마시느냐" 하는 말에 예수님이 하실 말씀이 없을 줄 알았습니다. 그러나 그들이 생각하지 못한 대답이 나왔습니다.

바리새인들은 구별된 삶을 주장하며 죄인들과 어울리는 것은 품위를 떨어뜨리는 일이라고 생각했습니다. 아무리 선한 바리새인이라도 감히 죄인을 찾아 나서는 일은 생각도 하지 못했습니다. 그러나 주님은 다르셨습니다. 낙인찍힌 자들을 찾아가셨고, 그들과 함께 교제하셨고, 그들에게 죄 용서를 선포하셨습니다. 주님은 그 대답이 다르셨고, 주님은 그 태도가 다르셨습니다. 주님은 당신이 세상에 온 구주임을, 병든 인생을 불러 그들을 치료하기 위해 이 세상에 오신 분임을 말씀하셨습니다. 그들의 잘못된 삶을 바로잡는 구주임을 말씀하셨습니다. 예수님은 죄인들을 불러 그 죄를 용서하시며 하늘나라 잔치에 초대하기 위해 이 세상에 오셨습니다.

여기서 '부르다'라는 말은 잔치에 '초대하다'라는 의미입니다. 누가는 '부르다'라는 말을 다른 복음서 기자들과는 달리 조금 변형시킴으로써 이 부름이 아직도 계속되고 있다는 의미를 심고 있습니다. 주님은 그때만 죄인과 세리를 부르러 오신 것이 아니라 지금도 우리를 초청하십니다. 지금껏 자기 식으로 살면서 자기 삶에 만족하지 못했다면 주님의 부르심을 받아들여 보십시오. 그리고 주님의 잔칫상에 같이 앉아 보십시오. 이 부르심은 지금도 계속되고 있습니다.

○

당신의 삶은 축제입니까? 예수님은 우리로 하여금 천국 잔치를 맛보도록 지금도 부르고 계십니다. 주님의 음성을 마음을 열고 받아들이는 자에게 기쁨이 찾아옵니다. 스스로 괜찮다고, 건강하다고 생각하는 사람은 주님의 말씀이 귀에 들어올 리가 만무합니다. 주님은 죄인을 부르러 오신 구주이십니다. 인간은 완악하고 전적으로 타락했기에 스스로 죄인인 것을 처절히 인식하기 전에는 예수님이 내밀어 주시는 손을 붙잡지 않습니다. 죄악된 실존으로 인해 고민해 보십시오. 그 상처로 인해서 몸부림쳐 보십시오. 그러면 주님이 귀한 분으로서 삶에 찾아오실 것입니다. 주님은 우리를 향해 죄인이라고 선고하고 끝내지 않으십니다. 주님은 우리에게 사죄함을 선포하실 뿐만 아니라 용서받은 새로운 삶을 살아가게 하시는 분입니다. 예배는 죄를 용서해 주신 주님을 찬양하는 축제입니다. 새로운 삶을 살도록 하신 주님에게 감사하는 것입니다. 예수님은 우리를 이 축제로 부르셨습니다.

58.

새 포도주는 새 부대에 (5:33-39)

//

금식과 혼인 잔칫날

예수 그리스도는 특별한 권세와 능력을 가지신 분이며, 동시에 유별난 처신을 하신 분입니다. 유대 온 사회가 사람 취급을 하지 않는 무리와 어울려 먹고 마시면서도 유대 모든 종교인이 하고 있는 금식조차 그 제자들에게 요구하지 않는 별난 분이시기도 합니다. 이 장의 본문 역시 독특한 주님의 삶의 방식을 의문시하는 무리의 질문으로 시작됩니다. "요한의 제자는 자주 금식하며 기도하고 바리새인의 제자들도 또한 그리하되 당신의 제자들은 먹고 마시나이다"(눅 5:33).

당시 유대 교계에서는 금식이 보편적 현상이었습니다. 요한의 제자들은 자주 금식하며 기도했습니다. 그 점에 있어서는 바리새인의 제자들도 마찬가지였습니다. 통회의 표시로서, 국가적인 재난 앞에, 혹은 하나님에게 가까이 나아가고자 하는 종교적 열심 때문에 특별한 경우 금식해 오던 관습이 예수님 당시에는 급기야 일주일에 이틀씩 정규적으로 금식하는 것으로 그 절정을 이루었습니다.

바리새인들은 국가를 위한 중보 기도를 드리기 위해 일주일에 이틀씩 금식했습니다. 모세가 율법을 받기 위해 시내 산에 올라간 목요일과 율법을 받아 내려온 월요일을 기념해서 금식 기도를 했습니다. 그들은 금식할 때 금식하는 사람이 얼굴에 윤기가 나서야 되겠느냐는 생각에 가끔 얼굴을 희게 칠했는데, 그러다 보니 금식하는 사람과 그렇지 않은 사람이 확연히 구분되었습니다. 그러면서 금식을 한다는 표시를 외형적으로 나타내기 좋아하는 사람들이 생겨나기 시작했습니다. 주님은 그런 외형적인 금식 풍조에 대해서 당연히 반대하셨습니다. 금식을 할 때는 얼굴을 씻고 기름을 바르라고 명하셨습니다. 금식은 은밀한 중에 보시는 하나님만 아시게 하라고 명하셨습니다.

당시 유대인들은 기도 시간 역시 규격화해 정오, 오후 3시 그리고 6시 등 각각 시간을 정해 놓고 기도를 드렸습니다. 이런 면에 있어서 요한이 자신의 제자들을 훈련시킬 때도 비슷한 방법을 사용한 듯합니다. 금식하며 기도하기를 요구했는데, 이는 그가 베푼 회개의 세례에 병행하는 의식이었습니다. 요한은 제자들에게 기도문을 가르쳐 주어 그것을 그대로 외어 기도하기를 요구한 것 같습니다(눅 11:1). 이러한 엄격함은 세례 요한만 아니라, 당시 열심 있는 유대의 종교인들도 마찬가지였습니다.

바리새인과 서기관들의 질문에 대한 주님의 대답을 들어 봅시다. "혼인 집 손님들이 신랑과 함께 있을 때에 너희가 그 손님으로 금식하게 할 수 있느냐 그러나 그날에 이르러 그들이 신랑을 빼앗기리니 그날에는 금식할 것이니라"(눅 5:34-35).

예수님은 당시 유대인의 결혼 풍습을 가지고 설명하셨습니다. 유대인들은 결혼식이 끝나면 한 주간 집에 머물러 손님들과 먹고 마시며 잔치를 벌였습니다. 그때 신랑은 제일 좋은 옷을 입고 때로는 왕관을 쓰고 제왕과 같이 처신했습니다. 신랑의 말은 곧 법이었습니다. 고달픈 인생살이에서 다시없는 즐거움이 있는 자리가 결혼 잔치였습니다. 이 잔치에 초대된 손님들은 그 즐거움에 동참했습니다. 예수님의 대답은 자명합니다. 한창 잔치가 계속되는 자리에 금식이 어울리느냐는 질문입니다. '금식은 할 때가 있고 하지 말아야 할 때가 있다. 지금은 신랑과 함께 즐거워할 때인데 왜 나의 제자들이 금식해야 하느냐'는 뜻입니다. 여기서 주님은 당신을 신랑으로, 제자들을 혼인집 손님으로 비유하셨습니다.

누가 들어도 옳은 말씀입니다. 우리는 이 예수님의 대답을 곰곰이 새겨 볼 필요가 있습니다. 주님은 그분과 함께 지내는 삶을 결혼 잔치, 즉 인생이 아는 최고의 기쁜 순간으로 비유하십니다. 우리는 어떻습니까? 예수님을 믿는 것, 신앙생활하는 것이 무엇이냐고 물으면 '결혼 잔치에 참여한 것처럼 즐겁고 설렌다'고 생각합니까? 결혼 잔치의 기쁨은 주님을 따르는 제자들이 누리는 특권이요, 기쁨은 그리스도인의 삶의 기본적인 특징입니다. 예수님을 주와 구주로 섬기는 모든 성도의 마음 한복판에는 샘솟는 기쁨이 가득해야 정상입니다. 그리스도인이 된다는 것은 신나는 일입니다.

예수님을 믿는 것은, 예수님의 설명에 의하면 결혼 잔치에 참여하는 것입니다. 신랑과 함께 있는 순간, 그것이 바로 신앙생활의 특징이 되는 모습입니다. 예수님의 다락방 설교를 기억해 보십시오. "내가 이것을 너희에게 이름은 내 기쁨이 너희 안에 있어 너희 기쁨을 충만하게 하려 함이라"(요 15:11).

물론 그들은 신랑을 빼앗기는 순간 근심하며 슬퍼하고 금식할 것입니다. "그러나 그날에 이르러 그들이 신랑을 빼앗기리니 그날에는 금식할 것이니라"(눅 5:35). 주님은 일찍부터 당신이 당할 죽음을 내다보고 말씀하셨습니다. 하지만 십자가의 죽음과 부활 후에 성령이 임하시면 기쁨을 회복할 것 역시 미리 말씀하셨습니다. "내가 다시 너희를 보리니 너희 마음이 기쁠 것이요 너희 기쁨을 빼앗을 자가 없으리라"(요 16:22).

그날 이후 성도들은 이 기쁨을 경험했습니다. 사도들이 전한 서신서를 읽어 보면 이 기쁨에 대한 증거가 구구절절 나타나 있습니다. 사도 바울에게 있어서 기독교는 기쁨의 종교였습니다(롬 5:5, 11, 15:13; 갈 5:22-23). 특히 빌립보교회에 보낸 서신에는 이 기쁨이 두드러집니다(빌 1:3-4, 18, 2:17-18). 베드로 역시 그리스도인의 삶의 특징으로 기쁨을 말했습니다(벧전 1:8, 4:13). 사도 요한에게 있어서도 금식이 아닌 기쁨이 기독교의 특징입니다 (요일 1:3-4; 요이 1:12).

부인할 수 없고 감출 수 없는 그리스도인의 삶의 특징은 신랑 예수님과 함께하는 즐거움입니다. 그렇기에 주님은 제자들이 당신과 함께하는 날 동안에는 금식할 수 없다고 단호히 선언하셨습니다.

새 포도주는 새 부대에 넣어야 한다

더 나아가서 주님은 그 제자들에게 금식을 강요하면 결과가 어떠할지를 두 가지 비유를 들어 설명하셨습니다. 하나는 헌 옷을 깁는 이야기이고, 다른 하나는 포도주를 담는 이야기입니다. 여기서 또 한 번 주님의 가르침의 특징을 만나게 됩니다. 주님은 당시 팔레스타인에 사는 유대인이라면 누구나 일상생활에서 쉽게 접하게 되는 예를 들어 설명하셨습니다.

누구도 새 옷을 찢어 헌 옷을 기워 입지는 않습니다. 헌 옷을 수선한다고 멀쩡한 새 옷을 찢어 내면 둘 다 버리고 맙니다. 주님의 말씀의 요지가 무엇입니까? 주님이 전하시는 이 새 소식을 어떻게 그 헌 종교식으로 섬길 수 있냐는 의미입니다. 옛 종교야 그것이 바리새인의 종교든, 심지어 세례 요한의 종교든 금식하는 것이 최고의 종교적 열정이라고 여겼지만, 주님이 전하시는 복음은 그러한 것이 아닙니다. 주님은 사람들에게 재 대신 화관을 씌우기 위해 이 땅에 오셨습니다. 당신이 슬픔 대신 기쁨을 주기 위해, 근심 대신 찬양의 노래로 채우기 위해 세상에 왔는데, 도대체 무슨 이야기를 하고 있냐는 것입니다. 어떻게 새 옷을 찢어 헌 옷에 댈 수 있느냐는 것입니다.

예수님은 이어서 포도주를 담는 예화를 말씀하셨습니다. 포도주를 담그면 병이나 독에 넣어 저장합니다. 그런데 당시 유대인들이 가장 손쉽게 구할 수 있는 것은 부대였습니다. 염소나 양의 가죽을 벗겨 털을 제하고 무두질을 한 다음, 짐승의 목 부분을 부대의 목으로 삼고 꼬리와 발 부분에 실을 묶어 부대를 만들었습니다. 새 포도주를 담그면 새 부대를 가져와 넣었습니다. 새 포도주는 발효를 하기 때문에 탄력성이 좋은 새 부대에 넣어야 했습니다. 만약 새 포도주를 탄력성이 없는 헌 부대에 넣으면 부대가 찢어지거나 해지기 때문입니다. 그러면 부대뿐 아니라 포도주도 버리게 되고 맙니다. 유대인들은 새 술을 담그면서 헌 가죽 부대에 넣는 어리석은 일을 하지 않습니다. 이는 모두 고개를 끄덕이는 예화였습니다. 달리 설명이 필요 없는 상식적인 이야기였습니다.

주님은 지금 두 예화를 들어 당신의 본래의 논지를 강화하고 계십니다.

혼인집 손님들이 신랑과 함께 있을 동안 금식하게 할 수 있느냐, 즉 새 포도주의 기쁨을 어찌 금식의 낡은 부대에 넣을 수 있느냐는 말씀입니다. 잔칫집에서 금식하는 것만큼이나 어울리지 않는 것이 예수님을 믿으면서 근심하고 슬퍼하는 삶을 사는 것입니다. 주님이 오심으로 슬픔의 세상에 기쁨의 빛이 비쳤습니다. 흑암 속에 살던 인생이 빛 가운데로 나아오게 되었습니다. 주님의 사역은 우리 마음에 근심과 슬픔을 제하고 기쁨과 평안을 주시는 것입니다.

주님이 전하신 소식은 또 하나의 종교가 아닙니다. "너희가 이틀 금식하니 우리는 사흘 금식하겠다"는 식이 아닙니다. 예수님이 전하신 복음은 질적으로 완전히 새로운 소식입니다. 옛 종교에 새 모양을 내는 식이 아닙니다. 전적으로 다른 소식이고, 전적으로 다른 종교입니다. 복음은 새로운 삶의 소식입니다. 그렇기에 전적으로 새로운 삶의 양식을 요구하고 있습니다.

불교적 지성과 유교적 정성을 합한 자의적 숭배 행위가 기독교라고 생각하지 마십시오. 그렇게 예수님을 믿으려고 생각하지 마십시오. 예수를 만나기 전에는 우리가 할 수 있는 것이 기껏 그 정도밖에 안 됩니다. 옛 틀에 맞추는 대신 새 생명에 어울리는 삶을 살아야 합니다. 기독교는 또 하나의 종교적 규율을 강요하지 않습니다. 예수님이 베푸신 잔치에 우리는 그저 나와서 함께 즐기고 기뻐하면 됩니다.

새 포도주는 새 부대를 필요로 합니다. 금식이 옛 종교의 특징적인 형식이라면, 잔치는 새 종교의 특징적인 모습입니다. 금식이 옛 종교의 상표라면, 잔치는 새 종교의 상표인 것입니다. 자기 노력의 극치가 금식이라면(실제로 유대인들은 금식을 하나님께 자기 살을 드리는 행위라고 여겼습니다), 주님이 베푸시는 구원은 차려 놓은 잔치에 참여해서 먹고 즐기는 즐거움입니다. 그래서 우리는 '내가 새 종교를 갖게 되었는데 무엇을 해야 할까?'를 생각하기 전에 하나님이 나를 위해서 어떤 잔치 음식을 차려 놓으셨는지를 알아야 합니다. 기독교는 우리가 무엇을 하려고 노력하는 대신, 이미 하나님이 우리를 위해 무엇을 모두 다 해 놓으셨는지를 들어야만 합니다.

차려 놓은 잔치에 가서 먹고 마시기만 하면 되는 것이 예수 믿는 것입니다. 너무 기뻐 마냥 찬양할 수밖에 없는 그것이 바로 그리스도인의 삶의 첫걸음입니다. 기쁨이 충만하기 때문에 그 기쁨을 주위 사람들에게도 전하고 싶은 마음이 생기게 됩니다. 세상의 없어질 것들로 인해 연연하고 매달리고 한 번은 기뻐하다가 한 번은 슬퍼하는 이들을 붙들고 우리가 누리는 기쁨을 함께하자고 전하는 것이 전도입니다. 하나님이 베푸신 잔치에 참여해 즐거워하는 것, 그것이 기독교의 본질입니다.

o

옛 죄와 불신앙의 삶을 이제는 단절하고 새로운 순종과 신뢰 가운데 하나님을 섬기는 즐거움을 마음껏 표현하십시오. 찬양하며 기뻐하십시오. 춤추며 경배하십시오. 물밀듯 내 맘에 넘치는 기쁨을 누리십시오. 예수님은 우리 삶을 완전히 변화시키십니다. 예수 그리스도 안에 있는 자의 삶은 모든 것이 새로워진 삶입니다(고후 5:17). 예수 그리스도, 그분이 오심으로 삶은 새로워졌습니다(롬 8:1-2; 사 61:2-3). 이제 예수님으로 말미암는 새 삶, 새 자유, 새 기쁨을 누리십시오. 재를 뒤집어쓰는 대신에 아름다운 꽃으로 장식된 면류관을 쓰십시오. 기쁨의 기름으로 옛 슬픔을 대신하십시오.

59.

안식일과 예수(6:1-5)

///

　　누가가 전한 복음서에서 한 사건, 한 사건 진행될수록 메시아로서 예수님의 모습이 더 분명히 드러나고 있습니다. 누가복음 5장 마지막 부분에서 예수님은 "새 포도주는 새 부대에 넣어야 할 것이니라"(눅 5:38)라고 선언하셨습니다. 기독교는 완전히 새로운 종교이기에 전적으로 새로운 형태와 표현이 요구됩니다. 이제 6장 초두에서 이 원리가 구체적으로 안식일 준수 문제에 적용되는 현장을 만나게 됩니다.

　안식일을 어떻게 준수해야 하느냐는 문제는 우리에게 별반 관심사가 아닐지 모릅니다. 그러나 이 문제는 주님과 당대 유대 종교인들 사이에 벌어진 큰 쟁점 중 하나였습니다. 금식에 대한 입장이 달랐듯이 안식일 준수에 대한 입장도 달랐습니다. 예수님의 가르침을 따르면, 신랑 예수님과 밀접한 교제 속에 사는 삶은 금식보다는 잔치의 삶입니다. 슬픔 대신 기쁨을 나타내는 삶은 안식일 준수에 있어서도 달라야만 합니다. 새 종교의 표현을 옛 종교의 틀 속에 가두어 둘 수 없음은 당연합니다.

안식일 규정을 네 가지나 어긴 제자들

예수님이 제자들과 함께 밀밭 사이로 지나가셨습니다. 이는 세 복음서에 모두 기록된 사건으로서, 예수님이 앞서시고 제자들이 뒤따라가는 것으로 서술되어 있습니다. 뒤따라 걷는 제자들은 벌써 시장기를 느끼다 못해 손에 잡히는 밀 이삭을 잘라 비벼 먹기 시작했습니다. 병행 구절인 마태복음 12장 1절을 보면, 그때 제자들이 배가 고파서 이삭을 잘라 먹었다고 밝히고 있습니다.

그런데 하필이면 왜 바리새인들이 그 광경을 보았습니까. 바리새인들의 항의의 요지는 "남의 곡식에 왜 손을 대었느냐"가 아니었습니다. 율법은 일찍부터 지금 제자들이 하고 있는 행동에 대한 배려를 하고 있습니다. 가난하고 연약한 자들을 위해 곡식에 낫을 대는 것은 금지되어 있으나 배고파서 손으로 이삭을 잘라 먹는 것은 율법이 허용하고 있습니다. 하나님은 가난한 사람들에 대해서 일찍부터 깊은 배려를 하신 분입니다(신 23:25).

각 복음서마다 기록된 바리새인들의 항의를 그대로 읽어 보면(마 12:2; 막 2:24; 눅 6:2), 그들은 모두 다 왜 안식일에 하지 못할 일을 하느냐고 지적했습니다. 사람은 본질적인 것을 망각할수록 비본질적인 것에 지대한 관심을 쏟게 됩니다. 하나님에 대한 바른 관계, 이웃에 대한 마땅한 배려에 무관심하면 할수록 종교는 그 의식과 절차에 신경을 씁니다. 안식일 준수는 당시 유대인 모두의 관심사요, 특히 바리새인들의 대단한 관심 사항이었습니다. 그들의 종교적 열심은 십계명 중 제4계명("안식일을 기억하여 거룩하게 지키라")에 대한 시행 세칙을 아주 까다롭게 만들어서 지켰습니다. 안식일에 해서는 안 되는 주요한 일이 서른아홉 개이고 각 조항마다 여섯 개의 세부 규정이 있었으므로 총 234개의 규정이 존재했습니다.

이 시행 세칙에 따르면 지금 제자들은 금지된 규정을 몇 개씩이나 어겼습니다. 밀 이삭을 꺾는 것은 안식일에는 금지된 추수 행위입니다. 밀 이삭을 손바닥에 놓고 비비는 것은 타작 행위이기에 물론 안식일에 해서는 안 됩니다. 비벼서 껍질을 깐 다음 불어서 그 껍질을 날려 보내는 것은 키질 내지 풍로질입니다. 그것을 입에 털어 넣고 씹는 것은 안식일에 음식을 만드는 행위입니다. 네 개나 규정을 어겼습니다. 이는 당시 사람들에게는 생명을 걸고 시비가 붙는 일이었습니다. 이 문제에 있어서 예수님의 행동이 용납되지 않았기에 예수님을 십자가로 몰아갔던 것이 그들의 열심이었습니다.

예수님을 십자가로 몰아댄 것은 그분이 행하신 수없이 많은 자비의 행위 때문이 아니었습니다. 단 두 가지, 당신이 안식일의 주인이라고 말하면서 스스로를 하나님으로 여기신 것과 안식일 준수 문제에 대해 유대인들이 예수님을 용납하지 않았던 것입니다.

한 움큼의 밀을 한입에 털어 넣는 행위를 통해 금지된 안식일 규정을 네 가지나 위반했다는 것이 그들의 시비 내용이었습니다. 그들은 당시 엄격한 안식일 성수 관습상 도무지 용인할 수 없는 범법 행위를 보고만 계신 예수님을 비난했습니다. 그들 자신이 만든 전통으로, 인간의 가르침으로 하나님이 만드신 자비의 법을 무색하게 만들고 제자들을 범법자로 몰아갔습니다. 형식화된 유대 종교의 참 모습이 드러난 사건입니다. 완전히 형식 속에 화석화된 종교입니다. 그렇기에 예수님의 새로운 종교와는 필연적으로 충돌할 수밖에 없었습니다. 안식일에 대한 예수님의 자유롭고 영적인 태도는 유대 종교의 낡은 부대에 수용이 불가능했기 때문입니다.

인자가 안식일의 주인이다

옛 종교의 도전에 대한 주님의 답변을 들어 보십시오. "예수께서 대답하여 이르시되 다윗이 자기 및 자기와 함께한 자들이 시장할 때에 한 일을 읽지 못하였느냐 그가 하나님의 전에 들어가서 다만 제사장 외에는 먹어서는 안 되는 진설병을 먹고 함께한 자들에게도 주지 아니하였느냐"(눅 6:3-4). 여기서 다시 한 번 누가의 강조점을 보게 됩니다. 누가는 제자들이 궁지에 몰릴 때 항상 스스로 대신 답변하시던 분으로 주님을 소개하고 있습니다. 누가는 '예수께서' 그 대답을 하고 계심을 강조했습니다. 궁지에 몰린 제자들을 대신해 답변하시던 주님을 바라보십시오. 우리의 난관에 대해 그분의 지혜와 능력이 언제나 대기하고 있습니다.

주님은 구약성경 사무엘상 21장 1-6절에 나오는 한 사건을 예로 들어 그들의 항의에 반박하셨습니다. 다윗과 그의 동료들이 배가 매우 고파 성막에 들어가서 진설병(하나님 앞에 차려 놓은 떡)을 먹은 사건을 예로 드셨습니다. 진설병은 지성소 앞 성소 북편에 늘 차려 놓던 떡인데, 이스라엘 열두 지파를 상징하는 열두 덩이의 떡이 두 줄로 차려져 있었습니다. 안식일마다 새로 만든 떡과 대치되었고, 옛 떡은 제사장들이 먹었습니다. '아론과 그 자손', 즉 제사장들이 먹는 떡이지, 누구나 먹을 수 있는 떡이 아니었습니다. 하지만 다윗은 너무 시장해서 제사장에게 진설병을 얻어 자기도 먹고 함께한 친구들에게도 주었습니다. 절박한 다윗의 형편이 율법의 규정을 초월했습니다.

인간의 절박한 필요가 말라빠진 형식적 율법주의에 종속되어서는 안 됩니다. 만약 다윗이 절박한 상황 속에서 하나님이 규정하신 의식 법규를 초월할 권한을 가지고 있었다면, 다윗의 주 예수 그리스도(하나님이 친히 기름 부어 세우심을 받은 자)는 동일한 상황 가운데 인간이 만든 얼토당토않은 안식일 준수 규정을 무시할 권한을 당연히 가지고 계신다는 것이 이 이야기의 요점입니다. 인간의 절박한 상황을 도외시한 규정은 결코 있을 수 없다는 것이 주님이 하신 말씀의 논점입니다.

안식일을 준수한다는 것이 결코 사람들로 하여금 불필요한 짐을 지도록 해서는 안 된다는 원리입니다. 마가가 기록했듯이, 인간이 안식일을 위해 존재하는 것이 아니라 안식일이 인간을 위해 주어진 것입니다 (막 2:27). 수고하고 고달픈 삶을 사는 사람들에게 하루 숨을 돌릴 수 있는 여유를 주기 위해서 하나님이 안식일 제도를 주신 것이지, 사람을 꼼짝도 하지 못하도록 234개나 되는 법을 가지고 묶어 놓기 위해서 주신 제도는 아니라는 것입니다.

인간이 율법을 위해 태어난 것이 아니라, 율법이 인간을 사람답게 살도록 도와주기 위해서 만들어진 것입니다. 이 큰 원리를 항상 염두에 두고 신앙생활을 해야 합니다. 원리 대신 규정만 강조하다 보면 바리새인들의 잘못을 되풀이하기 쉽습니다.

예수님은 안식일마다 회당을 찾아가셨는데 그것은 예수님의 규례였습니다. 동시에 주님은 인간이 만든 외형적인 형식주의를 배척하셨습니다. 때로는 우리의 열심이, 우리의 규정이 하나님의 율법의 정신을 짓밟아 버리기도 합니다. 규정 그 자체로서 인간의 행위가 정죄되는 것을 주님은 구약의 다윗의 예를 들어 반박하셨습니다.

뿐만 아니라 주님은 한 걸음 더 나아가 당신이야말로 이 문제에 대해

최종 선언을 할 자라고 선언하셨습니다. 안식일은 하나님을 위해 바쳐진 날이요, 하나님을 그 주인으로 알고 있는 모든 유대인들(이러한 믿음에 있어서는 그 누구보다도 특별했던 바리새인들)을 향해 "인자는 안식일의 주인이니라"(눅 6:5)라고 주장하셨습니다. 달리 말해, "내가 이날의 주인이다"라고 하신 것입니다. 안식일은 하나님에게 예배하는 날이고, 안식일의 주인은 하나님이시라고 믿고 있었던 그들에게 "내가 이날의 주인이다"라는 예수님의 말씀이 얼마나 심각한 도전이 되었을지 한번 생각해 보십시오.

예수님은 당신이 바로 하나님과 동등한 분이요, 사람의 아들로 이 땅에 온 당신이 바로 안식일의 주인이라며 당신이 하나님의 아들이심을 밝히셨습니다. 메시아이신 주님은 이날에 관한 최종 선언을 할 권한을 가지고 계십니다. 어떤 정신으로, 어떤 방법으로 지켜야 할지를 안식일의 주인 외에 누가 말할 수 있는 최종 권위를 가지겠습니까. 안식일의 주인이신 예수님만이 하나님이 세우신 안식일 제도의 궁극적 의미를 성취하시는 분입니다.

본래 안식일은 하나님의 창조의 기념일이요, 복된 휴식의 날입니다. 예수님은 우리에게 쉼을 주기 위해 오셨습니다(마 11:28). 우리를 쉬게 하실 분은 예수님 한 분밖에 없습니다. 세 복음서 모두 예수님이 안식일의 주인이심을 강조하고 있습니다. 인자가 안식일을 관장하는 주인이시지, 안식일이 인자를 관장할 수 없습니다.

주일에 우리는 안식일의 주인이신 예수님을 만나야 합니다. 창조의 기념일로 하나님이 안식일을 정하셨지만, 그 창조는 인간이 타락함으로 인해 곤두박질치고 말았습니다. 타락한 세상에 새 질서를 확립하기 위해 예수님이 오셔서 모든 일을 완성하셨습니다. "다 이루었다"고 선언하셨습니다. 그분이 이루고 승리하신 주님의 부활의 날이 오늘날 주일입니다.

모든 역사를 새로 이루신 날입니다. 그래서 주님이 부활하시기 전, 구약에서는 하나님의 백성이 토요일을 안식하는 날로 지키고 창조의 기념일을 예배일로 지켰습니다. 그러나 주님이 부활하신 다음부터 주님 오실 때까지는 주님이 부활하신 그날이 바로 재창조의 기념일이고, 그날이 바로 우리에게 예배일입니다. 그날이 바로 우리에게 안식일이 되었습니다. 예수님이 부활하셔서 모든 역사를 완성하셨기 때문입니다. 쉼 없이 사는 인류를 향해서 약속하시는 하나님의 안식의 표요, 그 안식에 이미 들어온 증거로서 주일에 우리는 안식하고 있습니다.

안식일은 동시에 우리가 장차 누릴 안식의 표입니다. 예배와 휴식을 통해서 우리는 이미 우리의 신앙을 고백하고 있습니다. 일상적인 일에서 벗어나 하나님을 찬양하고 예배함으로써 인자로 오신 예수님이 이날의 주인이심을 고백하고 있습니다. "안식일의 주인이신 주님만이 우리의 마음에 참된 안식을 주십니다"라고 고백하는 행위가 주일 성수의 본래 정신입니다. 규정에 앞서서 안식일의 본래 정신, 그 근본적 성취를 음미합시다. 우리가 소망하는 안식은 오직 예수 그리스도, '안식일의 주인'이 장차 놀랍게 완성하실 것입니다.

지금 일주일에 하루 누리는 이 안식은 다만 맛보는 것에 지나지 않습니다. 예수님이 우리의 영혼에 주신 이 안식은 한날 그 꽃을 활짝 피우게 될 것입니다. 수고하고 무거운 짐 진 것같이 살아가는 우리 모두에게 그분은 참된 안식을, 복된 쉼을 허락하십니다. 그렇기에 인자가 안식일의 주인이라고 선언하신 것입니다. 인류의 구원자 메시아만이 인생의 마음속에 참된 쉼을 주십니다. 성 어거스틴(St. Augustine)의 고백을 들어 보십시오. "오 하나님, 당신께서 당신 자신을 위하여 우리를 창조하셨기에 당신의 품에서 쉼을 얻기까지 우리 마음에 쉼이 없습니다."

○

주일 성수의 모든 규정을 근본 원리에 따라 재조명해 봅시다. 무엇 때문에 우리가 주일을 지키는지, 예수 그리스도 안에서 진정으로 우리는 자유하고 있는지, 예수님을 통해 참된 만족, 복된 휴식을 누리고 있는지 확인해 보십시오. 주님은 지금도 선언하십니다. "인자는 안식일의 주인이니라." 쉼을 누리지 못하는 인류를 위해 스스로 쉼을 주는 분으로 당신을 알리신 주님을 찬양합시다. 주님이 주신 안식에 함께 나아가게 되기를 바랍니다. 참된 만족과 복된 안식은 오직 예수 그리스도, 우리 주님이 우리의 마음에 허락해 주십니다. 인자는 안식일의 주인이십니다.

60.

안식일과 선행 (6:6-11)

///

　　사건이 진행될수록 누가는 예수님을 더욱 분명히 보여 주고 있습니다. 예수님의 모습이 분명히 드러날수록 그에 대한 반대도 노골화되고 있습니다. "새 포도주는 새 부대에 넣어야 할 것이니라"(눅 5:38)라는 주님의 선언은 여러 가지 면에서 당시 유대 종교의 형식주의와 충돌할 수밖에 없었습니다. 단순히 금식 문제만이 아니라 유대 종교의 근간이라고 할 수 있는 안식일 준수 문제에서도 예리한 충돌을 가져왔습니다.

　　앞 장에서 살핀 부분보다 이 장 본문에서는 충돌이 심화되고 있습니다. 앞서는 바리새인들이 제자들에 대해 시비를 걸었다면, 여기서는 예수님을 향해 도전했습니다. 앞서는 밀 이삭을 잘라 먹는 제자들을 우연히 보고 시비를 한 인상을 전혀 배제할 수 없는 사건이라면, 본문의 사건은 예수님을 송사할 구실을 찾으려는 의도적인 연출입니다.

　　예수님은 앞서 안식일의 참된 성격을 규정하신 후 본문에서는 안식일의 바른 사용을 보여 주셨습니다. '무엇을 해서는 안 되는지'에만 집착하는 유대 종교의 관심에서 벗어나 '무엇을 하는 것'이 안식일을 바르게 준수하는 방법인지를 보여 주신 것입니다. 따라서 이 말씀은 우리에게 바른 주일 성수 방법에 대해 가르쳐 주는 바가 큽니다.

안식일 규정에 정면 도전하신 주님

사건의 발생이 안식일인 점은 앞 사건과 공통점이지만, 꼭 연속적인 두 안식일에 일어난 사건으로 단정할 근거는 없습니다. 공관복음서마다 이 사건을 기록하고 있는데, 여기서 누가는 적어도 두 가지 새로운 관찰을 하고 있습니다. '예수께서 안식일에 회당에 들어가서 가르치셨다'는 점과 다른 복음서와 달리 '병자의 오른손이 말랐다'는 언급입니다(다른 복음서 기자들은 '한 편 손이 말랐다'고 표현했습니다). 누가는 본래 의사였기 때문에 그 환자의 아픈 손이 오른손인지, 왼손인지를 관찰한 것입니다. 오른손이 말랐다는 것은 그에게는 그만큼 큰 고통이라는 것을 알 수 있습니다. 누가는 일종의 근육 마비 증세가 오른손에 나타났다고 밝힘으로써 그 환자가 얼마나 불행하고 불편한 처지였는가를 상기시켰습니다.

바리새인들은 주님이 가르치시는 회당에 의도적으로 오른손이 마른 사람을 '심어 두고'는 주님이 어떻게 하시는지를 세심히 관찰했습니다. 아니, 틀림없이 주님이 고치실 것이라는 것을 알고 주님이 고치시기만 하면 안식일을 준수하지 않는 사람으로 고발하겠다는 것이 그들의 의도였습니다. 주님을 향한 미움이 가득 차서 고소할 건수를 잡기 위해 덫을 놓은 셈입니다.

안식일 준수 규정에 의하면, 안식일 치료 행위에 관해서도 엄격한 시행 세칙이 있었습니다. 생명에 급박한 위험이 있는 경우에는 안식일에도 치료하는 일이 허용되었지만, 다음 날까지 두어도 생명에 지장이 없는 경우에는 엄격히 금지되었습니다. 그래서 그들은 다음 날 치료해도 생명에 지장이 없는 오른손 마른 사람을 심어 둔 것입니다. 지금 그들은 그 불편한 병자가 고침 받는 일에는 전혀 관심이 없고, 단지 예수님을 고발하는 일에만 관심을 쏟고 있었습니다. 그들은 이미 예수님을 제거해야 할 대상으로 규정해 놓고 있었습니다. 그들은 예수님을 싫어하고 미워하고 있었습니다. 그분이 나타나시기 전까지 그들은 존경받으며 살았습니다. 그런데 예수님이 오시자 자기들의 추한 모습이 탄로 나기 시작했습니다. 자기들의 행동이 얼마나 위선으로 가득 찬 것인지를 보게 되었습니다. 게다가 죄를 사하는 권세를 주장하시기에 그들의 눈에 예수님은 신성 모독자로 비쳤습니다. 말마다 행동마다 눈에 거슬렸습니다.

그들은 '한번 보자!' 하며 악의에 가득 찬 눈으로 예수님을 살피고 있습니다. 안식일은 누가 잘했는지, 잘못했는지 시비를 붙는 날이 아닙니다. 특히 다른 사람을 죽이려고 악의를 품고 살피는 날은 더더욱 아닙니다. 안식일은 하나님에게 예배하는 날이고, 평소에 돌아보지 못했던 다른 사람을 돌보며 관심을 쏟는 날입니다. 그러나 바리새인들은 더 이상 안식일 준수에 관심이 있는 것이 아니라, 안식일 규정을 빙자해서 사람을 잡으려는 구실을 찾는 데만 온 관심을 쏟았습니다.

이 긴장된 상황에서 주님은 오히려 공세를 취하셨습니다. "예수께서 그들의 생각을 아시고 손 마른 사람에게 이르시되 일어나 한가운데 서라 하시니 그가 일어나 서거늘"(눅 6:8). 그들의 악한 생각을 꿰뚫어 보신 주님은 그들을 겁내어 치료 행위를 기피하지 않으시고, 오히려 그를 불러내 모든 사람이 볼 수 있는 자리에 세우셨습니다.

주님과 바리새인들의 행동을 대조해 보십시오. 그들은 이 모든 일을 계획했고 지금 숨어서 엿보고 있습니다. 그러나 예수님은 완전히 공개적으로 행동하셨습니다. 그러시고는 자기를 엿보는 사람들을 향해 공개적인 질문을 하셨습니다. "내가 너희에게 묻노니 안식일에 선을 행하는 것과 악을 행하는 것, 생명을 구하는 것과 죽이는 것, 어느 것이 옳으냐"(눅 6:9). 생명에 위협이 있는 질병만 안식일에 치료할 수 있다는 당시 안식일 규정에 정면 도전장을 던지신 것입니다.

주님은 치료할 수 있는 기회가 주어졌는데도 불구하고 그를 그 불쌍한 처지에 내일까지 머물러 두도록 하는 것은 잔인한 일이라고 생각하셨습니다. 안식일은 선을 행하는 날로 사용되어야지 악을 도모하는 날로 사용해서는 안 된다는 것이 주님의 입장이었습니다. 치료할 수 있는 기회가 있는데도 불구하고 그대로 두는 것은 악을 행하는 것이라고 규정하셨습니다. 고칠 수 있는 병자를 고치는 것과 그대로 버려두는 것은 선을 행하는 것과 적극적으로 악을 행하는 것 사이의 선택입니다. 선을 행하는 것을 거절하는 것은 바로 악을 행하는 것을 선택하는 행위입니다. 안식일에 악을 행하는 일이야말로 옳지 않다는 것입니다.

사람들은 때로 자신들의 논리와 사상과 전통에 얽매여 스스로를 속박합니다. 주님의 질문은 누구라도 대답할 수 있는 단순한 질문이었습니다. 그럼에도 그들은 침묵했습니다. 몰라서가 아니라 대답하기 싫어서입니다. 주님의 질문에 답하게 되면 자기 삶 자체를 다시 새롭게 해야만 하는 근본적인 질문이었기 때문입니다. 대답함으로써 자기들의 악한 태도를 인정하기 싫었던 것입니다.

안식일에 손 마른 자를 고치는지를 엿보고 있는 그들의 입장이 어떤 것인지를 직면시키는 질문과 함께 주님은 주위를 둘러보셨습니다. 마가는 이때 주님의 심정을 다음과 같이 기록했습니다. "그들의 마음이 완악함을 탄식하사 노하심으로 그들을 둘러보시고"(막 3:5). 무리를 둘러보시며 대답할 기회를 주신 것입니다. 그러나 아무도 감히 대답하지 못하자 주님은 손 마른 사람에게 "네 손을 내밀라"(눅 6:10) 하고 명하셨습니다. 손 마른 자가 순종하자 즉각적으로 그리고 완전히 회복되었습니다. 주님의 능력과 자비로 그 손이 치료를 받았습니다. 모든 사람이 보는 자리에서 기적이 일어났습니다.

바리새인들의 모순

바리새인들의 반응은 어떠했습니까? "그들은 노기가 가득하여 예수를 어떻게 할까 하고 서로 의논"했습니다(눅 6:11). 옳고 그른 것을 따지기로 유명한 그들이었지만 어느 것이 옳으냐고 주님이 도전하실 때 답할 말이 없었다는 그 자체가 그들을 화나게 했고, 이제는 안식일에 엄연히 그들이 보는 앞에서 손 마른 자를 치료하는 일을 자행하신 예수님으로 인해 더욱 화가 치밀었습니다. 여기서 '노기가 가득하다'라는 말은 맹목적이고 비이성적인 화, 즉 화가 너무 많이 나서 어쩔 줄을 몰라 하는 것을 의미합니다. 종교 지도자들은 예수님이 제시하신 객관적인 증거를 고려하기를 거부했습니다. 안식일에 선을 행하는 것과 악을 행하는 것 중 어느 것이 옳은지, 생명을 살리는 것과 죽이는 것 중 어느 것이 옳은지 등 누구라도 알 수 있는 답에 대해 생각해 보는 일조차 거부한 것입니다.

게다가 조금만 더 생각해 보면, 안식일에 병을 고치는 사람이라면 그가 하나님에게 쓰임 받고 있는 자라는 것을 알 수 있지 않겠습니까. 예수님의 행동이 그들을 궁지로 몰아갔습니다. 바리새인들은 불행히도 하나님보다 소위 하나님의 법을 더 사랑한 사람들이었습니다. 자유보다는 질서를 내세워서 자유를 속박하려고 드는 자들이었습니다. 지체가 부자유한 자의 형편보다는 그들의 전통에 더 집착한 무리들이었습니다. 이제 그들은 이성을 잃고 분노에 사로잡혀서 자기들의 삶을 폭로하신 예수님을 죽이려고 결단하고 의논하고 있습니다. 그것을 거룩한 안식일에 의논하고 있습니다. 이것이 결국 예수님을 십자가에까지 몰고 간 사건의 도화선입니다.

우리는 여기서 바리새인들의 모순을 보고 자신을 살펴야 할 필요가 있습니다. 그들은 안식일을 거룩히 지켜야 한다고 주장했지만 안식일을 주신 본래적인 하나님의 뜻을 망각했습니다. 이러한 잘못은 우리 모두에게 항상 있을 수 있는 위험입니다. 하나님에 대한 충성보다는 자신의 규범을 더 붙들고 늘어질 위험은 언제나, 누구에게나 있습니다. 하나님보다 자신의 기존 생각과 관습과 체제를 사랑할 수 있습니다. 한 사람의 행복과 건강보다 자신들의 규정에 더 집착할 수 있습니다. 그리하여 마침내 안식일에 선을 행하는 것과 악을 행하는 것, 생명을 구하는 것과 죽이는 것 중 어느 것이 옳은지조차 구별하지 못하는 처지에 빠질 수 있습니다.

안식일을 어떻게 지내야 된다는 것은 성경적이라기보다는 다분히 문화적인 것입니다. 우리는 유교 문화에서 태어났고 자랐기에 일정 부분 유교 문화의 잣대로 그리스도인의 자유를 재고 있을 수 있습니다. 주일을 무죄한 자를 정죄하는 날로 삼지 말고, 오히려 주일을 형제자매를 이해하는 날로 삼으십시오. 무엇을 해서는 안 되는가에 집착하는 대신에, 무엇을 하는 것이 옳은지를 생각해 보십시오. 메마른 형식 속에 자유를 상실한 채 살아가지 마십시오. 하나님이 주신 복된 날을 형제자매를 미워하고 정죄하는 것으로 소모하지 마십시오.

한편 주일을 그저 쉬는 날로만 여기는 것도 하나님의 뜻이 아닙니다. 오히려 우리 자신을 주님의 뜻에 적극적으로 맡기는 날이 되어야 합니다. 온전히 주님에게 맡겨 엿새 동안 바빠서 하지 못했던 주님을 섬기는 일, 주님의 백성을 돌아보는 일을 하겠다고 결심하십시오. 주일을 하나님의 사랑과 자비를 행하는 날, 능동적으로 선을 행하는 날로 삼읍시다. 공동체 가운데 온전하지 못한 사람들을 돕는 일에 시간을 내어 봅시다. 영적으로나 육체적으로 도움이 필요한 자들을 찾아보는 날로 정해 봅시다.

○

주일은 '어떻게 하면 하나님을 기쁘시게 할까?'에 관심을 써야만 합니다. 좋지 못한 동기로 남의 행동을 살피며 비난하지 말고, 오히려 내가 해야 하는 선한 일이 무엇인지 찾아서 관심을 가지고 실천합시다. 주일 하루만이라도 선을 행하는 일에, 생명을 구하는 일에 동참합시다. 그것이 주님이 보여 주신 안식일 성수의 모습이요, 안식일에 손 마른 자를 고치신 사건을 통해 주님이 우리에게 주시는 메시지입니다.

61.

열두 사도를 택하심(6:12-16)

열두 제자 선택 전 기도하신 주님

주님의 자기 계시(자기를 나타냄 혹은 자기를 드러냄)가 분명해질수록 사람들은 주님에 대해서 반감을 가지게 되었습니다. 그분을 거부하는 움직임이 더 노골화된 것입니다. "빛이 어둠에 비치되 어둠이 깨닫지 못하더라"(요 1:5)라는 요한의 설명이 입증되고 있습니다. 안식일의 주인이 오른손 마른 사람의 병을 고치며 바리새인들로 하여금 진리에 직면하게 하시자, 그들은 노기가 가득하여 급기야 예수를 어떻게 처치할까 서로 의논하는 어두움의 심연으로 치달았습니다. 이런 상황 속에서 이 장의 사건은 이어지고 있습니다.

급박하게 돌아가는 상황 속에서 주님은 지금 중대한 결단의 순간을 맞이하셨습니다. 이 장의 제목에서 밝힌 대로 열두 제자를 택해서 사도로 부르신 것입니다. '이때에'라는 말은 이런 분위기를 알려 줍니다. 이런 일이 전개되고 있을 그때에 예수님은 기도하러 산으로 가사 밤이 새도록 하나님에게 기도하셨습니다. 열둘을 택해 사도로 부르시기 위해 맨 먼저 밤을 새워 기도하시는 주님을 만나게 됩니다. 누가가 보여 주는 인간 예수님의 특징적인 모습은 그분의 기도에 있습니다. 기도로써 하늘 아버지와 친밀히 교제하시는 주님의 모습을 누가는 인상적으로 보여 줍니다. 생의 중요한 고비마다 특별한 기도 시간을 갖고 계신 주님을 바라봅시다.

예수님이 메시아이시라는 주장을 거부하는 이스라엘은 그분을 죽이려는 모의를 이미 시작했습니다. 한날 그들은 예수님을 죽일 것입니다. 예수님은 사역 초기부터 그 사실을 미리 알고 계셨습니다. 그래서 그분의 설교는 사람들과의 결전의 시간이었습니다. 그 말씀을 받아들이는 사람들은 생명의 자리로 옮겨지는 동시에, 그토록 간절히 죄의 자리로부터 돌아설 것을 말하는데도 불구하고 그 자리에 머물러 있는 자들은 심판을 받을 것입니다. 그 심판의 두려움을 주님은 알고 계셨습니다.

그들은 주님이 아신 바대로 그들의 악한 뜻을 이룰 것입니다. 그러나 복음의 증거는 계속되어야 하기에, 주님이 떠나신 다음에도 역사가 계속되기 위해 지금 일단의 사람들을 선별해야만 했습니다. 이는 전 세계에 복음을 증거할 선교단을 창설할 중대한 사건이었습니다. 그렇기에 예수님은 온통 자신을 쏟아 기도하기 위해 지금 산으로 올라가 밤이 새도록 하나님에게 기도하셨습니다.

우리는 하나님 아버지의 영광과 일용할 양식을 위해서 계속 간구해야 합니다. 그러나 생의 중대한 기로에 설 때에는 특별한 기도의 시간이 필요합니다. 주님처럼 산으로 갈 수도 있습니다. 다른 때처럼 광야로 갈 수도 있습니다. 친히 권면하신 장소인 골방을 택할 수도 있습니다. 나의 선택이 하늘 아버지의 뜻에 따른 선택이 되도록 간구하는 시간을 가져야 합니다. 온 밤을 지새우며 하늘 아버지의 뜻을 묻는 시간을 가진다면 수십 년의 생을 낭비하지 않아도 됩니다.

기도는 자신의 욕망대로 하나님을 설득하는 과정이 아니라, 아버지의 뜻에 자신을 적응시키고 쳐서 복종시키는 시간이어야 합니다. 비록 내게 고통일지라도 따를 수 있도록 간구해야 합니다. 죄의 욕망이 없으신 구주 예수님도 아버지의 뜻에 순복하기 위해서는 눈물과 통곡의 시간이 필요했습니다. 그렇다면 죄인으로 태어난 우리는 더 말할 여지가 없습니다. 하나님의 뜻을 우리의 삶에 받아들이는 일이 고통 없이, 눈물 없이 이루어질 것이라고 생각하지 마십시오. 히브리서 기자는 예수님이 "육체에 계실 때에 자기를 죽음에서 능히 구원하실 이에게 심한 통곡과 눈물로 간구와 소원을 올렸고 그의 경건하심으로 말미암아 들으심을 얻었느니라"(히 5:7)라고 말했습니다.

왜 열두 제자인가

주님은 누구와 더불어 사역할 것인지를 두고 온 밤을 새워 기도하셨습니다. 우리도 하나님에게 결단의 기도를 먼저 드리고, 주님의 뜻을 확신하며 걸음을 내디뎌야 합니다. 우리는 정해진 목표를 향해서 나아가야 할 사람들입니다. 누구와 더불어 어디에서 무슨 일을 하면서 삶을 살아야 할지는 우리에게 중대한 질문입니다.

"밝으매 그 제자들을 부르사 그중에서 열둘을 택하여 사도라 칭하셨으니"(눅 6:13). 날이 밝아 올 때 드디어 아버지의 뜻이 분명해진 것처럼, 주님은 날이 밝으매 제자들을 부르셨습니다. 선택된 자들이 교만해지지 않도록, 또한 선택되지 못한 자들이 낙심하지 않도록 주님은 온 밤을 새워서 기도하셨을 것입니다. 망설임의 밤은 지나가고 결단의 날이 밝아 왔습니다. 그 결과가 어떠하더라도 주님은 아버지의 뜻에 순종하기로 하신 것입니다. 그래서 그동안 가까이 따르며 배우던 제자들을 불러 모으시고 그 가운데서 열둘을 택하셨습니다.

왜 하필이면 열둘을 선택하셨을까요? 옛 이스라엘이 열두 족장으로 구성되었듯이 새 이스라엘은 열두 사도로 구성되어야 한다는 것을 아셨기 때문입니다. 주님은 더 이상 유대인과 이방인의 구별이 없는 믿음의 공동체를 만들기 위해서 그 기초석이 되는 열둘을 선택하셔야 했습니다. 그들을 통해 새로운 신앙 공동체의 골격이 형성될 것입니다.

그렇다면 예수님은 무엇 때문에 이들을 선택하셨을까요? 누가는 '사도'라는 칭호를 통해 그들의 사명을 암시했습니다. 동일한 사건을 기록한 마가의 기록에는 그 이유가 좀 더 구체적으로 기록되어 있습니다. "이는 자기와 함께 있게 하시고 또 보내사 전도도 하며 귀신을 내쫓는 권능도 가지게 하려 하심이러라"(막 3:14-15). 누가의 필체는 주로 사건을 섬세하고 감동적으로 기록한 반면, 마가는 훨씬 간단하고 빠르게 사건을 진행해 기록했습니다. 그런데 가끔 마가가 예상하지 않은 곳에서 자세하게 기록을 남긴 경우도 있습니다. 여기가 그 사례 중 하나로, 예수님이 제자들을 왜 부르셨는지에 대해 긴 설명을 붙였습니다.

함께 있게 하는 일이 있어야 사도로 파송할 수 있습니다. 누구도 예수 그리스도와 함께 있는 시간이 없이는 그리스도의 증인이 될 수 없습니다. 따라서 주님이 열둘을 택하신 것입니다. 또한 주님은 특별한 의미에서, 우정을 나누고자 열둘을 가까이 두고 싶어 하셨습니다. 예수님도 우리와 꼭 같은 인성을 가지고 계셨기 때문입니다.

뿐만 아니라 제자들은 주님과 함께함으로써 그분이 무엇을 하시는지, 어떤 분이신지 잘 관찰하고 친히 목격해야만 했습니다. 오늘날 우리가 하는 제자 훈련은 주님이 하신 제자 훈련의 약식에 지나지 않습니다. 주님은 사도들을 선택하신 이후로 그들과 먹고 마시고 잠자며 늘 함께하셨습니다. 3년을, 그것도 하루 24시간씩 같이하신 과정을 통해 그들을 당신의 백성으로 훈련시켜 가셨습니다.

후일에 가룟 유다를 대신해 한 사람을 보선할 때도 사도의 자격은 다음과 같이 규정했습니다. "이러하므로 요한의 세례로부터 우리 가운데서 올려져 가신 날까지 주 예수께서 우리 가운데 출입하실 때에 항상 우리와 함께 다니던 사람 중에 하나를 세워 우리와 더불어 예수께서 부활하심을 증언할 사람이 되게 하여야 하리라"(행 1:21-22). 열두 제자를 특별한 직분으로 부르셨지만, 주님의 주위에 열두 명만 있지는 않았습니다. 열둘은 상징적인 의미를 가진 숫자로서, 공동체의 결속을 의미합니다. 그래서 주님은 열둘을 선택하셨습니다.

이런 것들을 고려해 볼 때 주님은 제자들로 하여금 당신과 가까이 있게 하시고 감화를 받은 후 세상에 내보내시려고 한 것입니다. 파송할 때 그들의 호칭은 '사도'로 바뀔 것입니다. 주님은 제자들로 하여금 미리 증인이 될 자격을 구비하도록 배려하시고, 권세를 주고 보내어 대신 증거하게 하신 것입니다. 사도는 파송 받은 자로서, 파송한 분의 권위로써 가서 증거하는 사람입니다. 두 증인의 말이면 신뢰해야 하거늘 하나님은 열두 증인을 보내사 사도로 일하도록 미리 선정하시고 일찍부터 남다른 교육을 시작하셨습니다.

그런 의미에서 누가복음 6장 12-49절은 앞부분과는 다른 내용이라고 할 수 있습니다. 여기서 주님은 본격적으로 제자들을 가르치는 일을 하셨습니다. 지금 당신의 사역만 아니라 장차 제자들을 통해 이루어질 주님의 크신 사역을 확장해 나갈 것을 미리 준비하신 것입니다. 예수님은 당신의 삶과 죽음, 십자가와 부활의 증인으로 훈련시키기 위해 제자 가운데서 열두 명을 사도로 선발하셨습니다.

평범한 사람을 쓰신 주님

누가복음 6장 14-16절에는 주님이 택하신 열두 명의 이름이 기록되어 있습니다. "곧 베드로라고도 이름을 주신 시몬과 그의 동생 안드레와 야고보와 요한과 빌립과 바돌로매와 마태와 도마와 알패오의 아들 야고보와 셀롯이라는 시몬과 야고보의 아들 유다와 예수를 파는 자 될 가룟 유다라." 이 명단을 살펴보며 얻게 되는 인상은, 몇몇은 특출한 면이 있기도 하지만, 대체로 보통 이상의 사람들로 구성된 것은 아니라는 것입니다. 예수님은 평범한 사람들을 사도로 택하셨습니다. 평범한 사람들과 더불어 하나님의 역사를 이루시겠다는 의지가 담겨 있는 듯합니다.

그때나 지금이나 주님은 지극히 평범한 사람들을 통해서 역사하기를 원하십니다. 주님이 비범하신 분이기에 평범한 사람들을 통해서도 얼마든지 역사하실 수 있습니다. 전능하신 하나님 앞에 우리가 가졌다면 얼마나 가졌고, 내어놓는다면 얼마나 내어놓을 수 있겠습니까. 사람들은 가끔 이 사실을 망각해서 배운 사람, 권력 있는 사람, 가진 사람을 찾으려 합니다. 착각하지 마십시오. 주님은 가진 것도, 배운 것도, 권력도 없는 이들을 통해서도 사역을 이루어 가시는 분입니다. 바로 여기서 우리는 소망을 얻게 되고 겸손해집니다.

지극히 평범한 우리라도 주님을 증거하는 직무에 부르심을 받을 수 있습니다. 아무리 평범한 사람이라도 주님의 특별한 사역을 감당해 낼 수 있습니다. 하나님 나라를 위해서 주님의 뜻을 따르기로 결정한다면, 우리 자신을 헌신할 마음을 갖기로 한다면, 주님에게 배우려는 마음만 있다면 우리는 세상을 부끄럽게 하는 놀라운 사역자가 될 수 있습니다. 우리 같은 사람도 하나님 나라를 위해서 생을 바칠 수 있습니다. 우리 같은 사람을 통해서도 하나님은 당신의 나라를 확장해 나가실 수 있습니다. 어두움 가운데 있는 사람들에게 밝은 빛을 비치실 수 있습니다. 그것은 우리가 위대해서가 아니라 하나님이 전능하신 분이기 때문입니다. 우리의 결단 때문이 아니라 주님이 우리를 택하셨기에, 그분은 우리를 쓰임에 합당한 자로 만들어 가십니다.

지극히 평범한 사람들, 후일 사도행전이 기록한 것과 같이 세상을 뒤엎는 놀라운 역사를 감당할 사람들을 주님은 선택하셨습니다. 소수의 평범한 사람들을 통해서 세상을 뒤집어엎는 놀라운 일을 하시는 주님의 위대하심이야말로 우리의 소망입니다. 우리 자신을 바라보면 한숨이 나오고 낙심이 됩니다. 그렇지만 우리를 부르신 주님의 이름이 위대하기에 우리는 낙심하지 않습니다. 우리는 포기하지 않습니다. 돌아서지 않습니다. 절망하지 않습니다. 주님은 평범한 소수의 사람들을 택하셔서 세계 역사의 창조적인 소수 집단으로 삼으셨습니다.

자란 배경이 다름에도 불구하고, 심지어 서로 그 기질이 반대임에도 불구하고 주님은 그들을 만나게 하시고, 서로 협력하게 하시고, 그들을 통해서 놀라운 조화의 아름다움을 산출해 가셨습니다. 성령으로 사람의 기질을 통제하시며 하나님의 역사를 이루시는 놀라우신 주님에게 우리의 소망이 있어야 합니다. 셀롯이라 하는 시몬은 불같은 열심을 가지고 로마에 대항하던 그룹의 일원으로, 소위 과격분자입니다. 그의 이름이 세리로서 일한 온건주의자, 타협주의자 마태와 함께 있다는 것을 생각하면 주님의 위대함을 새삼 느끼게 됩니다. 우리는 어떤 배경과 기질을 가졌든지 주님의 은혜로 하나 될 수 있으며, 하나 되어 함께 주를 섬겨야 합니다.

O

열두 명을 제자로 택하는 중대한 국면을 맞아 주님은 밤새워 기도하셨습니다. 택하심을 받은 그들은 새로운 공동체를 위한 기초였습니다. 이름만큼이나 기질과 개성이 다른 사람들이 열두 명의 제자로 함께 부르심을 받았습니다. 하나님의 지혜는 서로 다른 우리를 통해 세상에 주님의 죽으심과 부활을 증거하도록 하는 데 있습니다. 주님의 주님 되심을 인정한다면 서로 다른 우리를 만나게 하신 주님에게 순종하는 것이 우리가 선택해야 하는 유일한 길입니다. 우리가 서로 사랑하는 것을 사람들에게 보여 줄 때, 우리를 하나 되게 하신 그 큰 사랑을 세상에 증거할 수 있는 공동체로서의 자격을 갖추게 됩니다.